Was Eltern und Fachkräfte bewegt

Nicole Biedinger (Hrsg.)

Was Eltern und Fachkräfte bewegt

Ein Überblick über die vorschulische
Bildung in Deutschland

Verlag Barbara Budrich
Opladen • Berlin • Toronto 2020

Bibliografische Information der Deutschen Nationalbibliothek
Die Deutsche Nationalbibliothek verzeichnet diese Publikation in der Deutschen
Nationalbibliografie; detaillierte bibliografische Daten sind im Internet über
https://portal.dnb.de abrufbar.

Gedruckt auf säurefreiem und alterungsbeständigem Papier

ISBN   978-3-8474-2336-2 (Paperback)
eISBN   978-3-8474-1476-6 (eBook)

Umschlaggestaltung: Bettina Lehfeldt, Kleinmachnow – www.lehfeldtgraphic.de
Titelbildnachweis: istock.com
Satz: Anja Borkam, Jena
Druck: Books on Demand GmbH, Norderstedt
Printed in Europe

Inhalt

Die Abbildungen in Farbe auf S. 58 und 59 stehen auf der Website des Verlags zum kostenlosen Download zur Verfügung: https://www.doi.org/10.3224/84742336A

Nicole Biedinger
Einleitung 7

Francesca Beyer, Sarah Haupt und Janine Kastello
1   Historische und gesetzliche Grundlagen der Kindertagesstätten
    in Deutschland 10

Samira Wellnitz und Jennifer Werner
2   Arten der Kinderbetreuung in Deutschland 32

Christine Karsch und Lea Gießler
3   Betreuungssystem für Kinder unter drei Jahren 44

Lea Schlesinger
4   Bilinguale Kindergärten 56

Julia Traska
5   Fachkräftemangel in deutschen Kindertagesstätten 65

Hannah Schwitalla und Tobias Otto
6   Ein Spagat zwischen Familie, Beruf und Elternschaft
    vor dem Hintergrund der Rollentheorie 80

Katharina Lühnsdorf und Johannes Rausch
7   Fördern – Fordern – Überfordern von Kindern 94

Tabea Hottum und Mona Zimmermann
8   Pädagogische Konzepte 108

Carlotta Wenke und Christoph Bemsch
9   Interkulturelle Erziehung: Ansätze und Prinzipien
    einer Pädagogik am Beispiel der Interkulturellen Arbeit
    in Kindertageseinrichtungen 128

Dagmar Hörner und Marie Spiegelhalter

10   Entwicklungsschritte zwischen dem 1. und 6. Lebensjahr   144

Franziska Hahn und Robyn Riedel-Koenig

11   Bindung   161

Daniela Knierim und Natascha Wilding

12   Beziehungsgeflechte in Kindergärten. Die Bedeutung
der Elternarbeit   177

Rebekka Gildermann

13   Logopädie bei Sprachschwierigkeiten und ihre Bedeutung
innerhalb der Kindertagesstätte   192

Kathrin Schlieber

14   Tiergestützte Förderung in der vorschulischen Betreuung
am Beispiel von Therapiehunden   207

Annemarie Freudenberg und Tatjana Höfler

15   Generationen lernen gemeinsam – Konzepte aus Theorie
und Praxis   216

Johanna Gmeiner

16   Hochbegabung   230

Franziska Kneib, Clarissa Schmidt und Christina Völker

17   Kinder von psychisch kranken Eltern   238

AutorInnenverzeichnis   259

Einleitung

Nicole Biedinger

In den letzten Jahren wuchsen in der gesamten Bundesrepublik Deutschland sowohl der qualitative Standard, als auch das Angebot an Kindertageseinrichtungen[1] stetig an. Fast zwei Millionen Kinder besuchen bis zur Vollendung ihres sechsten Lebensjahres eine außerhäusliche Betreuungseinrichtung. Bisherige Forschungsergebnisse legen nahe, dass eine hohe Qualität der Betreuung in Kindertagesstätten einen nachhaltigen positiven Effekt auf den Kompetenzerwerb von Kindern hat. Gerade in den letzten Jahren, teilweise bedingt durch die Zuwanderungsströme, aber auch aufgrund anderer gesellschaftlicher Entwicklungen, wachsen die Anforderungen an das pädagogische Fachpersonal, so dass die dort Beschäftigten zunehmend vor neue Herausforderungen gestellt werden (z. B. Arbeit mit Kindern mit Fluchterfahrung).

Diese aktuellen Entwicklungen bildeten die grundlegende Idee das Thema vorschulische Kinderbetreuung im Rahmen eines Seminars tiefergehend zu behandeln. Im Fachbereich Soziale Arbeit und Sozialwissenschaften an der Katholischen Hochschule Mainz wird im Bachelor Studiengang ab dem 6. Semester ein Seminar angeboten, welches sich über zwei Semester erstreckt und somit ausreichend zeitliche Möglichkeiten bietet, intensiv über ein komplettes Jahr hinweg an einem Buch zu arbeiten. Zusätzlich sind die Teilnehmer bereits am Ende ihres Studiums und verfügen über umfangreiche theoretische und praktische Erfahrungen, um ein Buchkapitel zu verfassen. Einige Autoren haben darüber hinaus, vor Studienbeginn die Ausbildung zur SozialassistentIn begonnen oder abgeschlossen, so dass über die studiumsspezifischen Kompetenzen hinaus auch frühpädagogische Qualifikationen mit eingebracht werden.

Die Arbeiten im sechsten Semester umfassten, neben der prinzipiellen Konzeption eines Buches, vor allem die Findung von geeigneten Themen und Absprache bezüglich der Inhalte zwischen den einzelnen AutorInnen. Im siebten Semester wurden schließlich die ersten Versionen der Kapitel diskutiert und mit einigen Feedbackschleifen verfeinert und in die hier vorliegende Form gebracht.

Das Ziel war, ein Buch zu verfassen, das sowohl Eltern als auch ErzieherInnen über grundsätzliche Themen aufklärt, aber auch besonders über aktuelle Themen wie beispielsweise Inklusion oder Hochbegabung im vorschulischen Sektor informiert.

---

1   Im Folgenden Buch werden Begrifflichkeiten wie Kindertagesstätte, Kindergarten, Krippe und vorschulische Betreuung synonym verwendet. Gemeint sind damit stets institutionelle Betreuungsangebote für noch nicht schulpflichtige Kinder.

Im ersten Drittel des Sammelbandes soll die Situation in Deutschland dargestellt werden, in dem zunächst das System an sich, das Personal und zentrale Einstellungen vorgestellt werden. Diese ersten inhaltlichen Kapitel umfassen sowohl historische und gesetzliche Rahmenbedingungen als auch ein Kapitel, das die verschiedenen Arten der Kinderbetreuung darstellt und im Anschluss daran gezielt die Situation für sehr junge Kinder betrachtet. Neben diesen regulären Angeboten werden auch bilinguale Kindergärten in einem eigenen Beitrag vorgestellt. Neben den eher institutionellen Kapiteln stellen der Fachkräftemangel und die Qualifikationen von pädagogischen Fachkräften weitere wichtige Themen dar. Abgeschlossen wird dieser erste Abschnitt mit einem soziologischen Beitrag zum Einfluss der Elternrolle und der Verbindung von Familie und Beruf sowie das Aufwachsen von Kindern in einer modernen von vielen Medien geprägten Welt.

Im zweiten Drittel sollen dann pädagogische und psychologische Grundlagen dargestellt werden, um sowohl den fachfremden Leser als auch erfahrenen Pädagogen einige neue Entwicklungen näherzubringen. Zunächst werden die pädagogischen Konzepte mit einer anführenden Ergänzung zur interkulturellen Erziehung dargestellt. Im Anschluss daran wird ein Versuch unternommen, die allgemeine Entwicklung von Kindern und die Bindung zwischen Eltern und Kindern zu erörtern und schließlich wird die zentrale Bedeutung von Elternarbeit herausgearbeitet.

Im letzten Teil werden vor allem für Erzieherinnen ganz spezifische Zielgruppen und deren Bedeutung im Betreuungsalltag behandelt. Es sollen neue Förderungsmöglichkeiten und Beispiele aus der praktischen Arbeit aufgezeigt oder auch auf bestehende Schwierigkeiten fokussiert werden. Begonnen wird mit dem Thema Logopädie, das bisweilen schwerpunktmäßig außerhalb der institutionellen Betreuung behandelt wird. Auf diese Beiträge folgt ein Beitrag zu tiergestützten Fördermöglichkeiten und generationsübergreifenden Modellen. Den Abschluss bilden Kapitel zur Erkennung und Förderung von Hochbegabung und ein Beitrag zu den besonderen Bedürfnissen von Kindern mit psychisch kranken Eltern.

Abschließend noch ein kleiner sprachlicher Hinweis: Im gesamten Sammelband werden häufig Beschäftigte in der Kinderbetreuung benannt. Aus sprachlichen Gründen verstehen wir unter ErzieherInnen nicht nur Personen mit dieser spezifischen Ausbildung, sondern alle Personen, die im Rahmen der vorschulischen Betreuung tätig sind und eine pädagogische Ausbildung vorweisen können. Selbstverständlich sind das bei weitem nicht nur ErzieherInnen, sondern es gibt zahlreiche andere Ausbildungs- und Studiengänge. Dies stellt für uns ebenso eine sprachliche Vereinfachung dar, wie die geschlechtsgerechte Sprache, wohlwissend, dass die Verteilung von weiblichen und männlichen Fachkräften in diesem frühpädagogischen Sektor sehr ungleich ist. Gerade aus diesem Grund haben wir uns gegen eine geschlechtsneutrale Formulierung entschieden.

Abschließend möchte ich noch einen großen Dank an alle Autorinnen und Autoren richten, die in stärkerem Maße als in anderen Seminaren Zeit und Arbeit investiert haben, um dieses Buch zu erstellen. Neben den AutorInnen gab es auch noch eine weitere Studentengruppe, die sich intensiv mit dem Lektorat und dem Layout beschäftigt hat. Dieser Gruppe gilt mein großer Dank für die Unterstützung.

Zusammenfassend gehen wir davon aus, dass sowohl interessierte Eltern, als auch pädagogische Fachkräfte, aus den verschiedenen Beiträgen spannende neue Erkenntnisse gewinnen können und hoffen so zu einem besseren Verständnis von sehr unterschiedlichen Bereichen beitragen zu können.

1 Historische und gesetzliche Grundlagen der Kindertagesstätten in Deutschland

Francesca Beyer, Sarah Haupt und Janine Kastello

Viele verbinden mit öffentlicher Kleinkinderziehung in Deutschland den Kindergarten. In der heutigen deutschen Gesellschaft ist es für die meisten selbstverständlich, dass ein Kind ab einem gewissen Alter den Kindergarten besucht. Aber was genau ist der Kindergarten? Der Begriff wird in der Alltagssprache als Synonym für viele unterschiedliche Angebote der öffentlichen Kleinkinderziehung genutzt. Er impliziert das Halbtags- und Ganztagsangebot, den Hort und die Betreuung in der Krippe für unter Dreijährige. Die Angebotsvielfalt, ihr Mitarbeiterschlüssel, der jeweilige Träger, ihre Konzepte und die individuelle Umsetzung sind jedoch so unterschiedlich, dass die Begriffsbezeichnung als Kindergarten im Alltag häufig zu Verwirrung führt.

1.1 Historische Entwicklung des Kindergartens in Deutschland

Der Kindergarten gehört heute zu den Kindertagesstätten (KiTa), welche Einrichtungen der Kinderbetreuung sind. Sie lassen sich unter anderem bezüglich des Alters der Kinder unterteilen. Es gibt die Kinderkrippe, die für Kinder unter drei Jahren zuständig ist; außerdem den Kindergarten für die Altersgruppe von drei bis sechs und den Hort für Grundschüler. Im Rahmen dieses Kapitels soll sich jedoch auf die Kindertagesstätten beziehungsweise den Kindergarten konzentriert werden. Wie die meisten Institutionen musste sich auch der Kindergarten während eines langen Weges durch die Geschichte hinweg entwickeln.

Bis zur Industrialisierung im 19. Jahrhundert in Deutschland wurden Kinder bei ihren Eltern oder Verwandten aufgezogen. Ihre Erziehung bestand darin, das zu lernen, was sie zum Leben brauchten, indem sie sich dies bei den Eltern abschauten. Sobald sie körperlich dazu in der Lage waren, unterstützten sie ihre Familie im Alltag. Es galt die ersten Lebensjahre schnell zu überwinden, da die Kinder in dieser Zeit eine Belastung und keine Unterstützung darstellten. Nach ihrem sechsten oder auch siebten Geburtstag wurden Kinder von Kleinbauern oder Tagelöhnern als vollwertige Arbeitskräfte angesehen. Kinder mit der Laufbahn eines Klerikers (geistlicher Stand) kamen in diesem Alter in eine Klosterschule und die Kinder des Bürgertums begannen zur städtischen Elementarschule zu gehen. Der Nachwuchs der Adligen wurde an fremde Höfe geschickt, um dort seine Erziehung zu beenden (Konrad 2012). Es gab also keine öffentlichen Erziehungseinrichtungen für Kinder unter sechs Jahren.

Die Entwicklung der öffentlichen Kleinkindererziehung in Deutschland gründet auf mehreren Ursachen. Zu diesen gehören die Industrialisierung und die damals vorherrschende Armut, der Strukturwandel der Familie und das sich entwickelnde Bewusstsein für die Kindheit. Durch den Wandel der Wirtschaft wurde das Familienleben umstrukturiert. Zuvor wie selbst verständlich erbrachte soziale Leistungen mussten auf Institutionen außerhalb der Familie übertragen werden. Die ländlichen Unterschichten und das Industrieproletariat konnten sich, auf Grund der Armutszustände, nicht um die Kinder kümmern. Es war nicht möglich sie mit zur Arbeit zu nehmen – wie dies vor der Industrialisierung getan wurde. Da der Sozial- und Wohlfahrtsstaat noch nicht ansatzweise gegründet war, waren die Familien auf das freiwillige Engagement der vermögenden Schichten, wie des Adels und des Bürgertums, angewiesen (Konrad 2012).

Mitte des 19. Jahrhunderts waren in Deutschland verschiedene Institutionen, die der Betreuung und der Erziehung der Kinder im vorschulischen Alter dienten, zu finden. Es gab kein einheitliches Konzept und viele Bezeichnungen. Dazu zählen unter anderem die „Kinderpflege", die „Warteschule", die „Kleinkinderbewahranstalt" und die „Kleinkinderschule". Die Wurzeln der Kleinkinderbewahranstalt reichen bis ins 17. und 18. Jahrhundert zurück. Sie ist die älteste Einrichtung, die Kleinkinder außerhalb der Familie beaufsichtigte. Sie war einfach ausgestattet: mit Tischen und Bänken, teilweise auch ausrangierte Schulmöbel. Oft waren mehr als fünfzig Kinder in einem Raum untergebracht. Kinder wurden ab einem Alter von zwei Jahren aufgenommen. Sie hatten Spielsachen, wie Bauklötze, Puppen, Bälle und Bilderbücher. Die Kleinkinderbewahranstalt war ganztägig, also häufig zwölf Stunden geöffnet und bot ein einfaches Mittagessen für die Kinder an. Durch die Initiative verschiedener Frauen und Männer, entwickelte sich aus der Kleinkinderbewahranstalt die Kleinkinderschule. Die Fürstin Pauline von Lippe-Detmold zum Beispiel, setzte sich dafür ein, dass die Einrichtung nicht nur für die Beaufsichtigung der Kinder zuständig war, sondern auch eine angemessene Beschäftigung bot. Bereits kurz nach der Wende zum 19. Jahrhundert findet man die Kleinkinderschule in einzelnen pädagogischen Schriften. Im Unterschied zur Kleinkinderbewahranstalt ist sie von der Idee der Erziehung und Bildung geprägt. Die Kinder sollten etwas lernen, allerdings wurde durch staatliche Erlässe darauf geachtet, dass keine Inhalte, die der Schule vorbehalten waren, vorweggenommen wurden (ebd.).

Ein wichtiger Meilenstein in der Geschichte des Kindergartens, wie wir ihn heute kennen, war die Fröbelbewegung von 1840 bis 1914. Friedrich Fröbel entwickelte ein Modell der außerfamilialen Kleinkindererziehung nach dem

Vorbild der Familienerziehung. Die Erzieherinnen sollten dem Bild der Mutter entsprechen. Abgesehen von der Arbeit im Kindergarten hatten sie auch den Auftrag positiv auf die Familien einzuwirken. Denn Familie und Kindergarten sollten sich gegenseitig ergänzen, als Spiegel oder als Muster dienen (Fröbel 1982). Fröbels Modell begreift das Spiel als die angemessene Lebens- und Lernform von Kleinkindern. Spielgaben, Beschäftigungsmittel und Bewegungsspiele gründeten zusammen mit der Gartenarbeit den Kern der Kindergartenpädagogik. Als Spielgaben verstand Fröbel in erster Linie Bälle (Fröbel 1982). Beschäftigungsmittel waren beispielsweise das Erbsenlegen oder Basteln mit Karton und Papier. Die Bewegungsspiele waren Gemeinschaftsspiele, die hauptsächlich aus Lauf-, Ball- und Turnspielen bestanden, aber auch Nachahmungsspiele, die heute als soziale Rollenspiele bekannt sind. In modernisierten Formen werden diese Grundsätze bis heute in den Kindergärten praktiziert (Konrad 2012). Eine der wesentlichen Neuerungen bestand darin, dass Fröbels Modell eine Spielkindheit beinhaltete, während in den Kleinkinderbewahranstalten feste Spielzeiten hauptsächlich in den Alltag integriert wurden, um den Kleinkindern Selbstdisziplin beizubringen. Es wurden Fröbelvereine und Fröbelverbände gegründet, die als Träger der Kindergärten auftraten. Auch die bürgerliche Frauenbewegung engagierte sich stark für die Ausbreitung der Kindergartenidee von Fröbel (Konrad 2012).

Mit der Einführung des Bürgerlichen Gesetzbuchs 1900, das eine am Kindeswohl orientierte Fürsorge für alle Minderjährigen beinhaltet, verpflichtete sich der Staat erstmalig für angemessene Bedingungen zu sorgen. Dazu gehörte auch die Finanzierung der Institutionen für die öffentliche Kleinkindererziehung. 1914 versprach die Regierung diese aus öffentlichen Haushaltsmitteln zu fördern. Mitte der 1880er Jahre gab es rund 3.500 Kleinkindererziehungseinrichtungen (ebd.). Auf die verschiedenen Ansätze, die bis heute Bestand haben, wird im Kapitel „Pädagogische Konzepte" (Hottum/Zimmermann) näher eingegangen.

In der Weimarer Republik, in den Jahren zwischen 1918 und 1933, entwickelten sich unterschiedliche Richtungen, die sich positiv auf die Kleinkinderbetreuung auswirkten. Dazu gehören die Jugendgesetzgebung, die eigenständige Jugendhilfebürokratie, der Ausbau des Kindergartens zu einem selbstverständlichen Element des sozialen Handelns und die Erweiterung der didaktisch-methodischen Möglichkeiten. Vor allem von linkspolitischer Seite gab es Bestrebungen den Kindergarten verpflichtend für alle Kleinkinder zu integrieren, welche jedoch nicht zur Umsetzung kamen. Das neu geschaffene Jugendamt spielte auch eine Rolle in der historischen Entwicklung. Es hatte nicht nur die Aufgabe zu kontrollieren und zu überwachen, sondern auch den ErzieherInnen Hilfe, Beratung und Unterstützung zu bieten (Konrad 2012). Auch heute gehören Kindertagesstätten, also auch Kindergärten zu den Pflichtaufgaben des Jugendamts (§22 SGB VIII). Des Weiteren entstand in der Weimarer Republik eine Fülle an alternativen Ansätzen. Die Kinder- und Entwicklungspsychologie etablierte sich, genauso wie die Waldorfpädagogik, die psychoanalytische Kleinkindpädagogik und die Montessoripädagogik. Sie alle konkurrierten mit Fröbels Modell. Die verschiedenen Ansätze sind bis heute aktuell geblieben. Quantitativ gesehen bildeten sie eher die Ausnahme, dennoch dienten sie als Vorbild. Die ErzieherInnen integrierten das, was ihnen sinnvoll erschien, in ihren Alltag. So entstand eine Vielfalt an Angeboten für die Kleinkinderbetreuung in Kindergärten (Konrad 2012).

Mit der Machtergreifung der Nationalsozialisten ereigneten sich deutliche Veränderungen auf institutioneller und inhaltlicher Ebene. In den Jahren zwischen 1933 und 1945 wurde die Arbeit in den Kindergärten nach nationalsozialistischen Vorstellungen ausgerichtet, inhaltsärmer und einseitig. Alle pädagogischen Konzepte, die in der Weimarer Republik zur Vielfalt der Angebote führten, wurden untersagt. Die Montessori-Pädagogik, die psychoanalytische Kleinkind- und die Waldorfpädagogik wurden verboten, ebenso wie reformpädagogische Experimente. Die neue Kindergartenpädagogik bestand aus einzelnen Elementen der Fröbelpädagogik und nationalsozialistischen Erziehungsgrundsätzen. Letztere waren auf vier Säulen gegründet: der körperlichen Tüchtigkeit, der Militarisierung, der Gewöhnung an das Denken und Empfinden in Kategorien von Volk und Rasse, sowie der persönlichen Bindung an den Führer Adolf Hitler und andere wichtige Persönlichkeiten des Nationalsozialismus (Konrad 2012).

In der Bundesrepublik Deutschland wurde nach dem Zweiten Weltkrieg an die Jahre vor 1933 angeknüpft. Die Trägerstruktur wurde restauriert und die pädagogische Vielfalt wieder angenommen. In den 1960er Jahren rückten die Kinder mehr in die öffentliche Wahrnehmung. Der Kindergarten wurde als eine der Familie gleichwertige Sozialisationsinstanz und wichtiger Bildungsfaktor gesehen. Er diente unter anderem der Herstellung von Chancengleichheit, da die Bildungsbenachteiligung der sozialen Unterschicht auch zum Thema des Kindergartens wurde. Die öffentliche Kleinkindererziehung blieb freiwillig und vor allem kostenpflichtig. Trotzdem gab es eine starke quantitative Expansion. Der veränderte Blick auf die öffentliche Kleinkindererziehung war Ursache und Folge der inhaltlichen Neuorientierung der Kindergartenarbeit. Es wurde alles in Frage gestellt. Unter anderem wurde die Entwicklung der Kinder als aktiv zu bewältigende Aufgabe begriffen, welche durch Lernanreize gefördert bzw. unterstützt werden sollte. Der Kindergarten entwickelte sich vom Schutz- und Schonraum zum Lern- und Erfahrungsfeld des Kindes. Der Situationsansatz wurde in die Arbeit integriert. Er betont das soziale Lernen. Es wurde sich vom Repressiven, also Unterdrückendem, vollkommen losgesagt. Zudem erhielt in den 1980er Jahren ein neuer Ansatz Beachtung – die Reggio-Pädagogik, die die kreativen Aspekte des Lernens hervorhebt (Konrad 2012).

Deutliche Unterschiede zeigten sich in der Kindergartenarbeit in der DDR. Im einheitlichen sozialistischen Bildungssystem der DDR kam dem Kindergarten eine solch große Bedeutung zu, wie in keiner anderen Phase der Geschichte Deutschlands. Dort wurde der Kindergarten zu einem kostenfreien, ganztägigen, staatlichen Angebot für alle Kinder ausgebaut. Er war fester Bestandteil des Bildungswegs – genauer gesagt seine Eingangsstufe. Im Zuge der Umstrukturierung des Bildungswesens wurden von der sozialistischen Regierung keine alternativen Kleinkinderbetreuungen gewünscht. Bis auf wenige kirchliche Einrichtungen gab es sie auch nicht. Ziel der Kindergartenarbeit war die Schaffung des neuen Menschen, einer sozialistischen Persönlichkeit. Der Alltag war von Erziehungsplänen bestimmt, die sowohl von den Kindern, als auch von den ErzieherInnen, eingehalten werden mussten. Inhaltlich waren sie am Ziel der Schulvorbereitung orientiert. Es gab keine didaktisch-methodische Vielfalt wie im Westen Deutschlands (Konrad 2012).

Mit der Wende ab 1990 fand eine Anpassung der Vorschulpädagogik statt. Der Kindergarten wurde in ganz Deutschland zum Objekt des Sozialgesetzbuches und seine Angelegenheiten werden bis heute im Kinder- und Jugendhilfegesetz geregelt. Aufgrund der nicht stattfindenden Konfrontation der beiden Systeme zur Verbesserung des Gesamtsystems, gab es keine Vereinigung der Bildungs- und Erziehungssysteme, stattdessen mussten sich die Institutionen der DDR den Strukturen und Inhalten der westdeutschen Kindergärten anpassen (Konrad 2012).

Die Forschung etablierte ein neues Bild des Kindes. Im Sinne des psychologischen Konstruktivismus wird das Kind nun als sich selbstbelehrend, autonom und schöpferisch gesehen. Auf diesen gewandelten Blickwinkel und die neuen Lebensentwürfe der Eltern – durch beispielsweise die steigende Erwerbstätigkeit von Müttern – wird reagiert. Zu der resultierenden Angebotsvielfalt gehören unter anderem Spielkreise, Eltern-Kind-Gruppen, Mütterzentren, der Waldorfkindergarten, die Montessori-Einrichtungen, der Wald- und Naturkindergarten und die Reggio-Pädagogik. Es gibt die klassische Halbtagseinrichtung, aber auch immer häufiger Kindergärten, die mit der Krippe und dem Hort eine Kindertagesstätte darstellen. Die verschiedenen Einrichtungen reagieren flexibel und bedarfsgerecht auf das Umfeld, in dem sie sich befinden.

Im 21. Jahrhundert wurde die Diskussion, inwieweit der Kindergarten als vorschulische Einrichtung positioniert werden sollte, durch die PISA-Tests angeregt. Diese wurden 2000 durchgeführt und 2002 diskutiert (Stanat et al. 2002). Deutschland hatte unerwartet schlecht abgeschnitten. Daraufhin wurde der Fokus in der Ursachenforschung relativ schnell auf den vorschulischen Bereich gelegt. Es gab Diskussionen über einen Krippenausbau und eine eigenständige Krippenpädagogik. Aber auch der Kindergarten wurde kritisiert. Die Arbeit mit den Kindern sollte mehr schulzugewandt werden. Schlüsselbegriffe wie „anschlussfähige Bildungsprozesse" und „Bildungsstätten" erhielten große Aufmerksamkeit. Ziel der Diskussionen ist die Humankapitalaktivierung. In allen 16 Bundesländern wurden Bildungs- und Erziehungspläne erstellt. Die Entwicklung erinnert stark an die Strukturpläne der 1970er Jahre in der DDR. Die Neurowissenschaften und die Kognitionsforschung spielten dabei eine bedeutende Rolle. Sie sind in der Lage, die naturwissenschaftliche Legitimation dieses Diskurses zu schaffen, weil sie nachweisen können, dass Bildung ab dem Zeitpunkt der Geburt beginnt. Ebenso zeigt die Entwicklungspsychologie, dass Kleinkinder bereits eine ausgeprägte Lern- und Leistungsfähigkeit besitzen und die ersten Lebensjahre von großer Bedeutung bezüglich des Lernprozesses und der weiteren Entwicklung sind. Des Weiteren wird der Diskussionsansatz durch die Ergebnisse in allen drei Forschungsbereichen unterstützt, die zeigen, dass eine Kontinuität zwischen den Leistungen des Säuglings und denen in den weiteren Lebensjahren besteht. Man vertrat dementsprechend die Meinung, Kinder müssten im Kindergarten bereits gezielt mit ausgewählten Inhalten konfrontiert werden. Dadurch entstand ein Spannungsfeld zwischen dem Bild des sich selbst belehrenden und des zu belehrenden Kindes (Konrad 2012). Es gilt sich diesem Spannungsfeld bewusst zu sein, sich zu positionieren und das Ergebnis reflektiert in die alltägliche Arbeit in der öffentlichen Kleinkindererziehung einfließen zu lassen.

1.2 Gesetzliche Grundlagen

Der Auftrag der Kindertagesstätten (KiTa) in der Bundesrepublik Deutschland lässt sich aus vielerlei gesetzlichen Grundlagen erschließen. Diese sind wiederum in verschiedene Sektionen abgespalten. Leitgedanken ergeben sich zunächst aus dem Grundgesetz, Artikel 6: „Ehe und Familie stehen unter dem besonderen Schutze der staatlichen Ordnung." Kinder können nur durch die Unterstützung von Erwachsenen sozialisiert werden. Mit dem hier genannten Artikel des Grundgesetzes wird verdeutlicht, dass dies jedoch nicht nur Aufgabe der Eltern ist, sondern auch der Staat sich diesbezüglich in der Verantwortung sieht. Demnach helfen auch die MitarbeiterInnen der Kindertageseinrichtungen dabei, Kinder zu schützen, ihnen bei den Reifungsprozessen zu helfen und sie zu mündigen Mitgliedern der Gesellschaft zu erziehen.

1.2.1 Förderungsauftrag und Rechtsanspruch

In der Rahmengesetzgebung des Bundes, welche im SGB VIII, dem sog. KJHG (Kinder- und Jugendhilfegesetz) verankert ist, sind vor allem die Paragrafen 22 bis 24 relevant. Zum einen ist dort der allgemeine Förderungsauftrag von Kindern festgeschrieben, welcher die Erziehung, Bildung und Betreuung des Kindes umfasst und sich dabei auf soziale, emotionale, körperliche und geistige Entwicklung bezieht. Des Weiteren ist ebenso die Vermittlung von Werten und Regeln darin festgehalten. „Die Förderung soll sich am Alter und

15

Entwicklungsstand, den sprachlichen und sonstigen Fähigkeiten, an der Lebenssituation sowie den Interessen und Bedürfnissen des einzelnen Kindes orientieren und seine ethnische Herkunft berücksichtigen" (SGB VIII, §22).

Zum anderen findet man in § 24KJHG den sogenannten Rechtsanspruch auf Förderung in einer Kindertageseinrichtung oder durch Tagespflege. Damit gemeint sind aber nicht nur Kinder ab dem dritten Lebensjahr bis zum Schuleintritt. Seit August 2013 liegt der Fokus dieser Regelung besonders auf dem Alter von unter Einjährigen, bzw. bis zur Vollendung des dritten Lebensjahres (Bundesministerium für Familie, Senioren, Frauen und Jugend 2015). Bekannt wurde der Paragraf als „Rechtsanspruch auf einen Krippenplatz". Konkret lautet dieser: § 24 Rechtsanspruch auf Förderung in einer Kindertageseinrichtung.

„Ein Kind, das das erste Lebensjahr noch nicht vollendet hat, ist in einer Einrichtung oder in Kindertagespflege zu fördern, wenn diese Leistung für seine Entwicklung zu einer eigenverantwortlichen und gemeinschaftsfähigen Persönlichkeit geboten ist oder die Erziehungsberechtigten einer Erwerbstätigkeit nachgehen, eine Erwerbstätigkeit aufnehmen oder Arbeit suchend sind, sich in einer beruflichen Bildungsmaßnahme, in der Schulausbildung oder Hochschulausbildung befinden oder Leistungen zur Eingliederung in Arbeit im Sinne des Zweiten Buches erhalten." (KJHG, §24).

Das bedeutet, dass allen Eltern, die in irgendeiner Art und Weise auf dem Arbeitsmarkt tätig sind, ein Krippenplatz für ihr Kind unter einem Jahr zusteht, mindestens jedoch eine Tagespflege, die zum Beispiel durch vom Jugendamt geschulte Tagesmütter sichergestellt werden kann.

Weiterhin heißt es: „Ein Kind, das das erste Lebensjahr vollendet hat, hat bis zur Vollendung des dritten Lebensjahres Anspruch auf frühkindliche Förderung in einer Tageseinrichtung oder in Kindertagespflege." (KJHG, §24). Hierbei ist es nicht von Bedeutung, ob die Eltern beide einer Beschäftigung nachgehen oder nicht. Der Anspruch besteht unmittelbar ab dem ersten Geburtstag. Konkret bedeutet dies, dass die jeweiligen Kommunen dazu verpflichtet sind, spätestens ab dann KiTa-Plätze für die jeweiligen Kinder zur Verfügung zu stellen (Bereitstellung).

Vor August 2013 bestand ein Anspruch auf Fremdbetreuung in einer Kindertageseinrichtung nur für Kinder ab dem dritten Lebensjahr. Nun können Eltern, die keinen Krippenplatz für ihr Kind unter drei Jahren bekommen, diesen einklagen. Sollte in der betreffenden Kommune allerdings kein freier Platz vorhanden sein, haben die Eltern weiterhin das Recht, für ihr Kind einen Krippenplatz in einer anderen Kommune zu wählen, bzw. die Betreuung auf anderem Wege selbst zu organisieren. In einem solchen Fall wird aus dem Bereitstellungsanspruch ein Kostenerstattungsanspruch, da die anfallenden Kosten für die anderweitige Betreuung von den Eltern zurückverlangt werden können. Prinzipiell ist die Förderung in einer wohnortnahen Kindertageseinrichtung vorgesehen. Dennoch kann in Einzelfällen auch hier noch durch Tagesmütter betreut werden. Dies ist beispielsweis über den sog. „besonderen Bedarf" zu rechtfertigen, wenn ein Kind in der Einrichtung, die über freie Plätze verfügt, aus persönlichen Gründen (z. B. den Gesundheitszustand) nicht betreut werden kann. Auch dafür müssen den Eltern die Kosten dann entsprechend erstattet werden. Darüber hinaus gibt es noch einen „ergänzenden Bedarf", welcher dann zum Tragen kommt, wenn eine Einrichtung den zeitlichen Betreuungsrahmen der berufstätigen Eltern nicht abdecken kann. Hier besteht die Möglichkeit, das Kind zusätzlich bei einer Tagespflegeperson unterzubringen, welche ebenso finanziert wird, sofern die Betreuungszeiten realistisch sind (KJHG, §23). Beispielsweise wenn eine Mutter von 8.00 Uhr bis 16.30 Uhr arbeitet und die Einrichtung um 15.00 Uhr schließt. In diesem Fall wäre eine Weiterbetreuung durch eine Tagesmutter möglich und würde erstattet werden.

Es sei an dieser Stelle nochmals darauf hingewiesen, dass eine Kostenerstattung nur dann infrage kommt, wenn die Eltern berufstätig sind und die jeweilige Kommune keinen Krippenplatz zur Verfügung stellen kann. In allen anderen Fällen haben die Erziehungsberechtigten selbst die Betreuungskosten zu tragen.

Sollte einem Elternteil aufgrund eines fehlenden Platzes in der KiTa die Möglichkeit der Aufnahme einer Berufstätigkeit verwehrt werden, kann dieser Schadensersatz verlangen.

Vorreiter für den Ausbau der Betreuung für unter Dreijährige war das sog. Kinderförderungsgesetz, welches bereits 2008 in Kraft trat und dessen Ziel es war, in kürzester Zeit ein qualitativ hochwertiges Betreuungsangebot zu schaffen. In der Statistik ist zu beobachten, dass sich die Anzahl der unter Dreijährigen, die eine Krippe oder Tagespflege besuchen, von 2008 bis 2014 fast verdoppelt hat (KifÖG). „Im Kita-Jahr 2013/2014, dem ersten nach Inkrafttreten des Rechtsanspruchs auf einen Betreuungsplatz ab dem vollendeten ersten Lebensjahr, konnten die meisten Jugendämter (86,5 Prozent) allen Eltern einen Platz anbieten, die für ihr Kind unter drei Jahren einen Betreuungsplatz einforderten" (Bundesministerium für Familie, Senioren, Frauen und Jugend 2015: 1). Die Befürchtungen, dass es eine „Klagewelle" von Eltern geben würde, die keinen Krippenplatz für ihr Kind bekommen, blieben damit aus. Betreuungsbedarf und Betreuungsquote konnten überwiegend aneinander angeglichen werden. Was allerdings festgehalten werden kann, ist, dass die Differenz in Ostdeutschland geringer ausfiel und man dort den Bedarfsanstieg der Krippenplätze sehr gut kompensieren konnte. Dieser konnte nicht vorab bestimmt werden, da im Prinzip nicht nur jedes Bundesland, sondern sogar die einzelnen Städte und Gemeinden individuelle Betreuungsschlüssel benötigen (ebd.) „Sowohl die Betreuungsquote, als auch der Bedarf nach Betreuungsplätzen für Kinder unter drei Jahren unterscheiden sich stark zwischen den einzelnen Bundesländern." (Bundesministerium für Familie, Senioren, Frauen und Jugend 2015: 10). Auch innerhalb einer Kommune kann der Bedarf variieren. Daraus lässt sich schließen, dass der Ausbaubedarf nicht zwingend in den Ländern mit der geringsten Betreuungsquote am höchsten ist. Bei der Planung der

Betreuungsplätze müssen die regionalen Unterschiede berücksichtigt werden. Dabei dienen die bundes- und landesweiten Richtlinien als Orientierung (ebd.).

1.2.2 Weitere Bestimmungen

An dieser Stelle wird ein kurzer Überblick über sonstige relevante Gesetze gegeben. Dabei ist zunächst der Paragraf zu nennen, der für alle, die im erzieherischen Bereich tätig sind, immer präsent sein sollte: §8a SGB VIII (Kindeswohlgefährdung). Da alle ErzieherInnen zum Schutze des Kindes zu handeln haben, gilt: „In Vereinbarungen mit den Trägern von Einrichtungen und Diensten, die Leistungen nach diesem Buch erbringen, ist sicherzustellen, dass deren Fachkräfte bei Bekanntwerden gewichtiger Anhaltspunkte für die Gefährdung eines von ihnen betreuten Kindes oder Jugendlichen eine Gefährdungseinschätzung vornehmen, bei der Gefährdungseinschätzung eine insoweit erfahrene Fachkraft beratend hinzugezogen wird […]." (SGB VIII, §8a, Abs.4: 1f.). Dieser Aufgabe sollte sich das Betreuungspersonal stets bewusst sein und dieser gewissenhaft nachkommen.

Im Sozialgesetzbuch finden sich ferner sog. „Spezialfälle". Die Paragrafen 53 und 54 des SGB XII, beziehen sich auf die Eingliederungshilfe behinderter Menschen und somit auch auf die Betreuung von beeinträchtigten Kindern in Tageseinrichtungen.

„Besondere Aufgabe der Eingliederungshilfe ist es, eine drohende Behinderung zu verhüten oder eine Behinderung oder deren Folgen zu beseitigen oder zu mildern und die behinderten Menschen in die Gesellschaft einzugliedern. Hierzu gehört insbesondere, den behinderten Menschen die Teilnahme am Leben in der Gemeinschaft zu ermöglichen oder zu erleichtern, ihnen die Ausübung eines angemessenen Berufs oder einer sonstigen angemessenen Tätigkeit zu ermöglichen oder sie so weit wie möglich unabhängig von Pflege zu machen" (SGB XII, §53, Abs.3).

Außerdem gilt §55 SGB IX: „Behinderte oder von Behinderung bedrohte Menschen erhalten Leistungen nach diesem Buch und den für die Rehabilitationsträger geltenden Leistungsgesetzen, um ihre Selbstbestimmung und gleichberechtigte Teilhabe am Leben in der Gesellschaft zu fördern, Benachteiligungen zu vermeiden oder ihnen entgegenzuwirken. Dabei wird den besonderen Bedürfnissen behinderter und von Behinderung bedrohter Frauen und Kinder Rechnung getragen." Die Eingliederungshilfe bezieht sich ebenso auf geistig behinderte Kinder (SGB VIII, §35a). Dies stellt das Betreuungspersonal vor völlig andere Aufgaben, die es unter Berücksichtigung der Gesetze zu bewältigen hat. Auch die Struktur der Einrichtungen hat sich im Hinblick auf den Integrationsaspekt verändert. Daher gibt es auch diesbezüglich föderale Bestimmungen in den einzelnen Kindertagesstättengesetzen, sowie individuelle Leitbilder der jeweiligen Einrichtungen.

Bezogen auf Verwaltungsvorschriften, kann man eine Kindertagestätte mit einem Unternehmen oder einem Betrieb vergleichen. Auch hier gilt das Datenschutzgesetz, welches sich sowohl auf MitarbeiterInnen, als auch auf die Zu-Betreuenden und ihre Erziehungsberechtigten bezieht und dabei vorrangig die Schweigepflicht zu nennen ist. Darüber hinaus ist das Infektionsschutzgesetz in einer solchen Einrichtung ein wichtiger Faktor. Es dient der Orientierung von Personal und Eltern, da sie durch dieses beispielsweise Sicherheit erlangen, wie sie sich bei bestimmten Erkrankungen zu verhalten haben. Außerdem gilt die Lebensmittelhygieneverordnung, da die Kinder in den Einrichtungen für gewöhnlich gemeinsame Mahlzeiten einnehmen. Ebenso anzuführen ist das Nichtrauchergesetz, welches seit 2008 bestimmt, dass alle Gebäude oder Gebäudeteile, in denen im Rahmen der freien oder der öffentlichen Jugendhilfe Tageseinrichtungen für Kinder oder sonstige Einrichtungen für junge Menschen im Sinne des Achten Buches Sozialgesetzbuch untergebracht sind, sowie zu diesen Einrichtungen gehörende Freiflächen rauchfrei sind (NRauchSchG RP, §4, Abs.1).

Im Bürgerlichen Gesetzbuch (BGB) sind überdies allgemeine Gesetze festgeschrieben, die für eine KiTa bedeutsam sind, wie die Aufsichtspflicht (§1631) oder die Haftung des Aufsichtspflichtigen (§832). Kommunal gibt es ferner in den einzelnen Städten und Gemeinden auch noch weitere Satzungen und anderen Regelungen, die die gesamten Vorgaben des Bundes und der Länder weiter konkretisieren. Schlussendlich haben alle Einrichtungen selbst noch eigene Satzungen und Leitbilder, die sie verfolgen. Dies kann unter Umständen schon zu Verwirrung bei den Beteiligten führen.

1.2.3 Gesetzlicher Bildungsauftrag

Die historische Entwicklung des Kindergartens in Deutschland hat gezeigt, dass Förderung der Bildung von Kindern als Grundsatz gilt. Doch in diesem Zusammenhang stellt sich die Frage: Was bedeutet Bildung für den Kindergarten?[2] Im Folgenden soll dieser Frage in Bezug auf Theorie und Praxis, also der konkreten Umsetzung nachgegangen werden.

Tageseinrichtungen für Kinder und die Kindertagespflege sind Pflichtaufgaben des Jugendamtes. Sie sind im Sozialgesetzbuch VIII (SGB VIII) gesetzlich geregelt. Der §22, SBG VIII benennt die Grundsätze der Förderung.

§22 Abs. 2 SGB VIII

(2) Tageseinrichtungen für Kinder und Kindertagespflege sollen

1. die Entwicklung des Kindes zu einer eigenverantwortlichen und gemeinschaftsfähigen Persönlichkeit fördern,

---

2   Kindergarten und Kindertagesstätten werden in diesem Kapitel synonym verwendet.

2. die Erziehung und Bildung in der Familie unterstützen und ergänzen,
3. den Eltern dabei helfen, Erwerbstätigkeit und Kindererziehung besser miteinander vereinbaren zu können.

Die Beantwortung der Frage „Was bedeutet Bildung für den Kindergarten?" kann in Deutschland nicht ganzheitlich beantwortet werden. Ein gesetzlicher Bildungsauftrag ist vorgeschrieben, doch in den jeweiligen Bundesländern wird die Frage des gesetzlichen Bildungsauftrags unterschiedlich beantwortet. Vor dem Hintergrund, dass Deutschland ernüchternde Ergebnisse in der PISA-Studie im Jahr 2000 erreicht hat, begann in Deutschland eine erneute Bildungsdebatte. So gelangte auch die Bildungsaufgabe der Kindertagesstätten in den Vordergrund. In der Jugendministerkonferenz und der Kultusministerkonferenz wurde im Jahr 2004 ein gemeinsamer Rahmen der Länder beschlossen. Dieser Beschluss soll im Wesentlichen dazu beitragen, die Bildungschancen der Kindertagesstätten zu verwirklichen (Schreiber 2009). Im Fokus steht

„die Vermittlung grundlegender Kompetenzen und die Entwicklung und Stärkung persönlicher Ressourcen, die das Kind motivieren und darauf vorbereiten, künftige Lebens- und Lernaufgaben aufzugreifen und zu bewältigen, verantwortlich am gesellschaftlichen Leben teilzuhaben und ein Leben lang zu lernen." (Beschluss der Jungendminister- und Kultusministerkonferenz 2004: 3)

Dennoch besitzen Träger, Verwaltung und Fachpolitik kaum „valide Daten über die pädagogische Qualität [...] im eigenen Verantwortungsbereich." (Tietze et al. 2012: 3) Daten zur Qualitätssteuerung und Untersuchungen zur pädagogischen Qualität verschiedener Betreuungsformen fehlen. Die Bildungspläne sollten nicht nur verbindliche Orientierung für die Einrichtungen bieten, sondern auch Qualitätsstandards setzten (ebd.).

1.2.4   Das Kindertagesstättengesetz

Trotz oder gerade wegen der Schwierigkeiten in der Beantwortung einer Frage nach einem konkreten Bildungsauftrag und dessen Qualität, hat sich der Gesetzgeber mit diesem Thema auseinandergesetzt und so ergaben sich aus dem föderalen System der Bundesrepublik Deutschland die Kindertagesstättengesetze der einzelnen Bundesländer. Diese stellen eine Konkretisierung des gesetzlichen Bildungs- und Erziehungsauftrags dar und finden sich in den sogenannten Bildungsplänen. 2004 wurden diese erstmals in jedem Bundesland durch das zuständige Ministerium unter den Bezeichnungen „Orientierungsplan", „Bildungsprogramm", „Rahmenplan" oder „Bildungs- und Erziehungsplan" veröffentlicht. Die Inhalte dieser meist sehr ausführlichen Publikationen beschränken sich auf die Gestaltung von Bildung, Erziehung und Betreuung von Kindern in Kindertageseinrichtungen und Tagespflege, sowie die dabei zu berücksichtigenden Grundsätze. Das damit verfolgte Ziel soll die

Verbesserung der pädagogischen Qualität im elementaren Bildungsbereich sein (Mienert o. J.).

Nicht alle Bildungspläne beschränken sich jedoch auf das Kleinkindalter, bzw. auf das Alter von null bis sechs Jahren. Es gibt darüber hinaus auch welche, die bis ins Schulalter reichen. Dennoch sind sie keineswegs als eine Art Curricula zu verstehen. Es geht vielmehr um die praktische Umsetzung der rechtlichen Vorgaben. Daher sind sie mehr Ratgeber, beziehungsweise Empfehlungen für Fachkräfte und dienen der Orientierung. Zudem besteht selbstverständlich eine Verbindlichkeit durch die Koppelung an Gesetze und Verordnungen, sodass –trotz der jeweils eigenen Bildungspläne der einzelnen Bundesländer – nicht von einer willkürlichen Handlung gesprochen werden kann. Viele Bundesländer haben zudem Handreichungen, wie Faltblätter oder Broschüren, verfasst, die sich in erster Linie an Eltern richten und in denen einzelne Themen aus den Bildungsplänen vertieft dargestellt werden, veröffentlicht. Zu finden sind diese auf den Websites der Länderministerien (ebd.).

Die groben Themen sind auf Länderebene ähnlich. Dabei geht es immer um Grundsätze, Aufgaben und Ziele der Kindertagesstätten, Rahmenbedingungen (wie Größe der Einrichtung, Gruppengröße, Betreuungsschlüssel, Organisation, Tagesstruktur, Raumausstattung etc.), Träger, Qualifikationen des Personals, finanzielle Förderung, Elternarbeit, Bildungsauftrag usw.). Unterschiede sind in den Details der Kindertagesstättengesetze der einzelnen Bundesländer zu finden, sowie in der Schwerpunktsetzung. In manchen Bildungsplänen wird stärker auf die Einrichtungen mit ihren Qualifikationen und dem, was sie leisten müssen, eingegangen, bei anderen liegt der Fokus vielmehr auf dem Kind und der Schulung seiner Kompetenzen (ebd.).

1.2.5   Rahmenplan des Landes Rheinland-Pfalz

Aufgrund des föderalen Aufbaus der Bundesrepublik Deutschland bestehen verschiedene Systeme zur Betreuung. Jedes Bundesland hat seinen eigenen Bildungsplan. Um einen genaueren Einblick zu gewährleisten, wird im Folgenden der Rahmenplan des Landes Rheinland-Pfalz exemplarisch vorgestellt, durch den der Bildungsauftrag konkretisiert wird.

In §2 des Kindertagesstättengesetz Rheinland-Pfalz steht:

§2 Grundsätze der Erziehung, Bildung und Betreuung in Kindertagesstätten

- Kindertagesstätten sollen die Gesamtentwicklung des Kindes fördern und durch allgemeine und gezielte erzieherische Hilfen und Bildungsangebote sowie durch differenzierte Erziehungsarbeit die körperliche, geistige und seelische Entwicklung des Kindes anregen, seine Gemeinschaftsfähigkeit fördern und soziale Benachteiligungen möglichst ausgleichen. Hierzu ist die Beobachtung und Dokumentation der kindlichen Entwicklungsprozesse unter Beachtung der trägerspezifischen Konzeption und des Datenschutzes erforderlich. Diese sind zugleich Grundlage für Entwicklungsgespräche mit den Eltern.

Dieser Gesetzestext lässt viele konkrete Anwendungen für die Praxis offen. Aus diesem Grund hat das Ministerium für Bildung, Frauen und Jugend eine Bildungs- und Erziehungsempfehlung für Kindertagestätten in Rheinland-Pfalz veröffentlicht. Diese Empfehlung ist an alle Formen und Altersklassen der Kindertagesbetreuung in Rheinland-Pfalz gerichtet.

Im Nachfolgenden wird der Umgang mit Bildung in Kindertagesstätten in den Fokus gerückt. Dabei ist wichtig, dass Bildungsziele nicht allgemeingültig für alle Kinder einer Tagesstätte verfasst werden können (Roth et al. 2004). Kinder müssen „als Subjekte ihres eignen Bildungsprozesses" (Roth et al. 2004: 13) gesehen werden. Den Kindern wird zugetraut ihre eigene Entwicklung, ihr Lernen und ihre Bildung zu konstruieren. Somit wird das Kind als aktiv Lernender betrachtet. Es kann auch von Selbstbildungspotenzialen gesprochen werden. Die Entfaltung und Entwicklung dieser Potenziale ist maßgeblich von der Umgebung und dem Umfeld beeinflusst. Die Umwelt ist in soziale, kulturelle und religiöse Umgebungen eingebunden. Der Gestaltung der Umgebung des Kindes kommt also eine immense Bedeutung zu. Die verantwortungsvolle und erzieherische Dimension der ErzieherInnen und die Bedeutung des Kindergartens werden dadurch deutlich (ebd.).

Ein wichtiger Bestandteil des Bildungsprozesses ist, die „aufmerksame, interessierte und forschende Haltung der Erzieherinnen und Erzieher" (Roth et al. 2004: 11) gegenüber dem Kind und seinen Interessen. Die herausfordernde Aufgabe der ErzieherInnen ist es, die sich bietenden Lernanlässe aufzugreifen und anzuregen. Kindertagesstätten sollten den Kindern Möglichkeiten geben verschiedene Kompetenzen zu erlernen. In der heutigen, rasanten Welt, geprägt vom technologischen, wirtschaftlichen und gesellschaftlichen Wandel, ist es umso wichtiger Kinder auf die Zukunft vorzubereiten. Die Wissensvermittlung sollte sich an den spezifischen Entwicklungsstand des Kindes anpassen. Diesbezüglich sind die aktuellen Lebenssituationen der Kinder zu beachten. Wie z. B. kulturelle Unterschiede, Armut, Migration oder Trennung der Eltern. Die Lebenswelt der Kinder außerhalb des Kindergartens sollte immer in die Arbeit mit einbezogen werden (ebd.).

Der Rahmenplan zeigt nach Roth et al. (2004) folgende Bildungs-und Erziehungsbereiche auf, welche als wesentliche Lernfelder gelten.

- Wahrnehmung: Die Kinder sollen mit Hilfe aller Sinne Wahrnehmungserfahrungen machen und sich auf Wirklichkeitserfahrungen einlassen können.
- Sprache: „Kindern soll die Möglichkeit gegeben werden, zu erfahren und zu entdecken, dass Sprache eine wichtige Funktion als Medium der Kommunikation und Zuwendung hat." (Roth et al. 2004: 22). Dies soll durch Zuhören, Vermeidung von „Kindersprache", anregen von sprachlicher

Aktivität, Einbezug von Schriftbildern und der Arbeit mit sprachbezogenen Material ermöglicht werden.

- Bewegung: Die motorische und körperliche Entwicklung des Kindes sollen unterstützt werden. Die Bewegungsfreude des Kindes soll gefördert, nachhaltig gestärkt und verschiedene Bewegungsarten und Bewegungsformen angeboten werden.
- Künstlerische Ausdrucksformen: Die Kinder sollen lernen Gefühle und Gedanken vielfältig auszudrücken. Dazu zählt der gestalterisch-kreative Bereich, der musikalische Bereich und der Theater-, Mimik- und Tanzbereich.
- Religiöse Bildung: Kinder sollen für religiöse Fragen sensibilisiert werden und die Fähigkeit erlangen ihre Kultur zu begreifen. Unterschiedliche Formen von Glaube und Religion werden wahrgenommen und Feste aus eigenen und fremden Kulturkreisen entdeckt.
- Gestaltung von Gemeinschaft und Beziehungen: Kinder sollen ihr Selbstbewusstsein stärken können und lernen andere wertzuschätzen. Durch eigenständiges agieren „erwerben Kinder die für ein verantwortliches soziales Zusammenleben notwendige Handlungskompetenz" (Roth et al. 2004: 30).
- Interkulturelles und interreligiöses Lernen: Das Zusammenleben mit „Menschen unterschiedlicher kultureller und religiöser Herkunft als bereichernd und selbstverständlich zu erleben und entsprechend wertzuschätzen" (Roth et al. 2004: 31).
- Mathematik, Naturwissenschaft, Technik: Das Bewusstsein und Neugierde für naturwissenschaftliche Vorgänge fördern, indem Gelegenheiten dafür geschaffen werden.
- Naturerfahrungen, Ökologie: Die Natur erleben, den sorgsamen Umgang mit der Natur fördern und die Umwelt als Bestandteil unserer menschlichen Existenz anerkennen.
- Körper, Gesundheit, Sexualität: Den eigenverantwortlichen Umgang mit dem eigenen Körper unterstützen und die Ausbildung eines guten Körpergefühls stärken.
- Medien: Einen kritischen und souveränen Umgang mit Medien vorzubereiten, indem verschiedene Medien kennengelernt und die Funktionen erfahren werden.

Kindertagesstätten sind Teil des Kinder- und Jugendsystems. Sie erreichen eine hohe Zahl an Kindern und deren Familien. Daher gehört es zu ihren Aufgaben Benachteiligungen frühzeitig zu erkennen, und diesen dann auch zeitig entgegenzuwirken. Eine angemessene Förderung der Kinder schließt die Zusammenarbeit mit den Eltern und anderen Institutionen ein. Besonders Kinder, die zu benachteiligten Gruppen gehören, bedürfen einer intensiven Unterstützung seitens der Kindertagesstätte. Dies kann zum Beispiel eine Förderung der deutschen Sprache sein, um dem Kind einen risikolosen Übergang in die Schule zu ermöglichen. Die soziale Herkunft hat große Auswirkungen auf die Bildungschancen des Kindes. Die Kindertagesstätte sollte das Ziel vor Augen haben, die Teilhabechancen der Kinder an Bildung zu verbessern (Roth et al. 2004).

Die Erziehungs- und Bildungsempfehlung Rheinland-Pfalz hat sich als Ziel gesetzt, dass jeder Kindergarten über jedes Kind eine Lern- und Bildungsdokumentation führt. Die Kinder werden in ihrem Kindergartenalltag von den ErzieherInnen beobachtet, die diese Beobachtungen in gewissen zeitlichen Abständen dokumentieren. Dadurch sollen Entscheidungsprozesse zur Förderung des Kindes erleichtert werden und unterschiedliche Standpunkte verschiedener ErzieherInnen mit einbezogen werden. Diese Ergebnisse werden ebenfalls dokumentiert. Auf diese Weise können ErzieherInnen, aber auch Eltern, die Entwicklung des Kindes nachvollziehen. Ziel dieser Dokumentation ist es nicht, die Kinder zu vergleichen oder Defizite aufzuzeigen. Ziel ist es, die Bildungsprozesse und Lernfortschritte ressourcenorientiert zu dokumentieren und zu reflektieren (ebd.).

Zusammenfassend kann über die Umgangsweise mit dem gesetzlichen Bildungsbegriff des Lands Rheinland-Pfalz gesagt werden, dass ErzieherInnen im Bildungsprozess des Kindes eine sehr bedeutende Rolle spielen. Diese sollten offen und neugierig an verschiedene Themengebiete herangehen. Die Lebenswelt des Kindes außerhalb des Kindergartens sollte immer in die Arbeit mit einbezogen werden. Zum einen durch Elternarbeit, aber vor allem auch indem aktuelle Themen der Kinder im Kindergartenalltag spielerisch aufgegriffen werden. Somit legen Kindertagesstätten „einen wesentlichen Grundstein für die Entwicklung stabiler Persönlichkeiten und erfüllen ihren gesetzlichen Auftrag, die Entwicklung von Kindern zu eigenverantwortlichen und gemeinschaftsfähigen Persönlichkeiten zu fördern" (Roth et al. 2004: 15). Ziel ist es, Kinder in ihren Lernkompetenzen und ihren Lebenskompetenzen – wie Stärken des Selbstkonzepts, des Selbstwertgefühls und der Konfliktfähigkeit - zu stärken (ebd.).

Die Rahmenpläne der verschiedenen Bundesländer sondern sich nicht bedeutend voneinander ab. Die Ausformulierungen, Gewichtungen und Schwerpunkte sind vereinzelt abweichend gewählt. Sie dienen als fachliche Orientierung und zur Sicherung der Qualitätsziele. Im SGB VIII werden die drei zentralen Aufgabenbereiche der Tageseinrichtungen mit „Erziehung, Bildung und Betreuung" beschrieben. Diese Begriffe werden nicht als verschiedene Stufen der kindlichen Entwicklung angesehen, sondern als parallele Prozesse der Entwicklung. In drei Bundesländern, unter anderem Rheinland-Pfalz, wird diese Begriffs Reihenfolgeübernommen. In fünf Bundesländern verändert sich die Reihenfolge zu „Bildung, Erziehung und Betreuung". Zwei Bundesländer setzen Bildung und Förderung als zentrale Aufgabenbereiche fest. Trotz den individuellen Unterschieden ist der Begriff „Bildung" im jedem Bundesland als zentraler Aufgabenbereich verankert. Dies spiegelt die Wichtigkeit und anerkannte Bedeutung des Bildungsbegriffs wider (Hebenstreit 2008).

1.3 Ost-West-Vergleich

In Deutschland gab, beziehungsweise gibt es seit der Wiedervereinigung teilweise große Unterschiede zwischen den alten, westlichen und den neuen, östlichen Bundesländern, die verschiedene Bereiche betreffen. Um darzustellen, dass sich die föderalen Bildungspläne durchaus ähneln und sich lediglich in den Formulierungen unterscheiden, sollen an dieser Stelle das Bundesland Sachsen und das Bundesland Saarland genauer betrachtet werden. Die Länder sollen exemplarisch für den Ost-West-Vergleich dienen und aufzeigen, inwiefern es Gemeinsamkeiten und Unterschiede bezüglich der alten und neuen Bundesländer Deutschlands gibt. Beide Bildungspläne der Länder beziehen sich ausschließlich auf Kindertageseinrichtungen und Tagespflege und enthalten bis auf den Übergang keine schulischen Aspekte. Auch in den einzelnen Bildungsbereichen unterscheiden sie sich nicht. Beide verstehen sich als Orientierung für pädagogische Fachkräfte.

Im Fokus des saarländischen Bildungsprogrammes stehen die einzelnen Bildungsbereiche, die zum einen von dem Gesichtspunkt des Bildungsverständnisses und zum anderen von Elternarbeit, Schulübergang und demokratischer Teilhabe eingerahmt sind. Besonderes Augenmerk wird auf die Kompetenzen der Kinder gelegt: Ich-Kompetenz (Entwicklung von Selbstwertgefühl, Meinungsbildung, eigene Gefühle bewusst wahrnehmen und akzeptieren usw.), Lern-Kompetenz (von anderen lernen, Erfolge und Misserfolge erleben und akzeptieren etc.), Sach-Kompetenz (Wahrnehmung von Gemeinsamkeiten und Unterschieden, Sprachentwicklung etc.) und Sozial-Kompetenz (Empathieentwicklung, Kritik äußern und annehmen, Fairness entwickeln etc.) (Dreier et al. 2007) Diese stellen die Ziele der pädagogischen Arbeit dar: „Pädagogik hat die Aufgabe zu analysieren, welche Kompetenzen Kinder benötigen, um in ihrer Lebenswelt jetzt und zukünftig bestehen und die Gesellschaft aktiv gestalten zu können" (Dreier et al. 2007: 24). Der sächsische Bildungsplan bezieht sich auf ein „neues Bild vom Kind". „Durch die gegenwärtige Veränderung des Blicks auf Kinder, rücken der Alltag und die Kultur von Kindern und die Kindheit als gesellschaftliche Lebensform in den Mittelpunkt des Interesses." (Sächsisches Staatsministerium für Kultus: sächsischer Bildungsplan 2011: 15).

Professionelles Handeln und Didaktik werden ebenfalls in beiden Bundesländern thematisiert. Es wird dabei auf die tatsächliche Arbeit in der Praxis eingegangen und Themen, wie Reflexion des pädagogischen Handelns, Vernetzungsarbeit und Kooperation intensiv behandelt. In der saarländischen Ausführung findet man diesbezüglich etwas unter dem Punkt „Aufgaben der Erzieherinnen", welche mit vielen Qualitätskriterien beschrieben werden (Dreier et al. 2007).

Im Bildungsverständnis sind sich die beiden Bundesländer ebenfalls ähnlich, denn sie sehen Bildung als Selbstbildung und das Kind als aktive Person seiner Entwicklung. Auch die Elternarbeit mit regelmäßigen Entwicklungsgesprächen und der Transparenz aller Beteiligten findet bei beiden Bundesländern ihren Platz und unterscheidet sich in ihren Aussagen nur sehr gering. Im Großen und Ganzen gibt es viele Gemeinsamkeiten und deutliche Unterschiede sind auch im Hinblick auf westliche und östliche Bundesländer nicht erkennbar.

1.4 Voraussetzungen für die Umsetzung des Bildungsauftrags

Welche Voraussetzungen gelten für Kindertagesstätten, unabhängig vom Bundesland, um den Bildungsauftrag auszuüben? Wie kann die theoretische Grundlage in der Praxis umgesetzt werden? Diesen Fragen wird im folgenden Kapitel nachgegangen.

Zum einen sollten die Arbeitsstrukturen flexibel und veränderbar sein, umso auf neue Möglichkeiten und Herausforderungen eingehen zu können. Die ErzieherInnen benötigen ausreichend und regelmäßige Fort- und Weiterbildungen, um sich weiterqualifizieren zu können. In spezifischen Weiterbildungen zum Bildungsverständnis muss auf die subjektiven Bildungstheorien der ErzieherInnen eingegangen werden, an diese angeknüpft und gegeben Falls gegliedert werden. Zum anderen gehört eine interessierte Offenheit gegenüber den Bildungsthemen dazu. Das im Rahmen von Fort- und Weiterbildungen erworbene Wissen sollte für das gesamte Team nutzbar gemacht werden (Roth et al. 2004). Die Kompetenzen und auch Schwächen der einzelnen Teammitglieder sollten unterstützt oder auch mitgetragen werden. Die Angebote des Kindergartens sollten regelmäßig hinterfragt und überarbeitet werden. Getroffene Entscheidungen müssen reflektiert und die Entscheidungsgründe sollen formuliert werden, um nicht nur intuitiv zu handeln (Andres 2002).

Des Weiteren benötigen die ErzieherInnen kein kompetentes Wissen in allen Bildungsbereichen. Sie benötigen das Interesse sich Wissen anzueignen, um so einen gemeinsamen Weg des Lernens mit den Kindern zu gehen. Die Themen und Interessen der Kinder sollten das Zentrum der zu planenden Angebote darstellen. Es sollte nicht außer Acht gelassen werden, dass es im Bildungsprozess „nicht nur um Können und Wissen, sondern – vor allem – um eine Differenzierung von Wahrnehmen in allen Bereichen" geht (Schäfer 2011: 262).

Die Beziehungserfahrungen, die die Kindern in den Kindertagesstätten mit den pädagogischen Fachkräften machen, haben Einfluss auf die sozialen Fähigkeiten des Kindes. Daher sollten die Kinder in diesen Bindungsbeziehungen emotionale Zuwendung erfahren und eine Basis empathischer und verlässlicher Beziehungen aufbauen können. Kinder müssen mit ihren Gefühlen und Bedürfnissen ernst- und wahrgenommen werden. Dieser Beziehungsaufbau der ErzieherInnen setzt voraus, dass sie sich innerhalb des Teams und in Supervisionen darüber austauschen können. Dies bedeutet auch für den Träger, eine niedrige Personalfluktuation zu gewährleisten, um den Kindern eine konstante Bezugsperson zu sichern (Andres 2002).

Jeder Mensch muss sich selbst bilden – so auch Kinder. Bildung ist ohne die Mitarbeit der Kinder nicht möglich. Die „Anstrengungsbereitschaft zum Erreichen von Zielen, die wir ihnen setzten" (Laewen 2002: 48), ist ein notwendiges Kriterium. Daher sollten Kinder, als Subjekte, die sich selbst schaffen, angesehen werden und „als Partner in einem kooperativen Projekt" (ebd.). Bildung ist immer Aktivität des Kindes, also Selbstbildung. Dennoch spielen die Erwachsenen, und somit auch die ErzieherInnen, eine wichtige Rolle im Bildungsprozess. Ihre Aufgabe ist zum einen die Gestaltung der Umwelt. Dazu gehört unter anderem die Architektur der Kindertagesstätte, die materille Ausgestaltung und auch die Anlage des Freigeländes. Zum anderen ist es die Aufgabe der pädagogischen Fachkräfte, die Kommunikation zwischen dem Erwachsenen und dem Kind zu gestalten. Dazu gehört die Beantwortung von Themen der Kinder, aber auch die Zumutung von Themen. Die ErzieherInnen stehen trotz der Autonomie des Kindes in der Verantwortung, denn Kinder benötigen die Herausforderungen von den Erwachsenen, um sich selbst bilden zu können (ebd.).

Wie vorher schon erläutert, kommt der Gestaltung der Umgebung des Kindes eine immense Bedeutung zu. Daher sind die räumlichen Rahmenbedingungen eines Kindergartens ein Bestandteil eines gelingenden Bildungsprozesses. Die Ausstattung mit „Bildern, Plastiken, Geräten, Raumstrukturen (z. B. Ebenen in der Höhe des Raumes, schiefe Ebenen etc.) Bücher [und] Musikinstrumente […] bieten einen engen oder weiten Rahmen für einfache oder komplexe Welterfahrungen" (Laewen 2002: 79f.). Somit sollten die ErzieherInnen eine reflektierte Auswahl an Ausstattungen treffen, um so die Gegenstände der Konstruktionsleistungen der Kinder beeinflussen zu können. Die Kindertagesstätte ist ein „Forschungs- und Erprobungslabor" (Laewen 2002: 94) für konstruierende Kinder. Die Räume sollten Bewegungsfreiraum bieten, um den Kindern körperliche Erfahrungen zu ermöglichen. Die „Möglichkeit von Lauf-Balancier- und Sprungspielen gehören ebenso wie tänzerische Bewegungselemente dazu." (Laewen 2002: 94) Die Raumgestaltung steht im Zentrum der pädagogischen Aufgabe.

In Bezug auf den Bildungsgedanken – in der deutschen Leistungsgesellschaft – wird es immer wesentlicher werden, dass ErzieherInnen den Eltern der Kinder erklären und veranschaulichen, was ein Kind in einem bestimmten Alter tatsächlich leisten kann oder wo es altersbedingt noch Entwicklungsbedarf hat. ErzieherInnen werden wohl vermehrt Vermittler zwischen Eltern und

Kind, wenn Bildung auch Selbstbildung bedeutet und nicht nur das Erlangen von Wissen und Fähigkeiten (ebd.). Eine Untersuchung zur pädagogischen Qualität deutscher Kindergärten fand heraus, dass Mütter „bei den Erziehungszielen kognitive und schulbezogene Fähigkeiten mehr befürworten [als ErzieherInnen] und den Stellenwert einer intrinsischen Arbeitsmotivation des Kindes weniger betonen" (Tietze 1998: 105). Bei Müttern steht die „gesellschaftlich vordefinierte kognitive und schulbezogene Fähigkeiten im Vordergrund" (ebd.). Eltern wollen – meistens – das Beste für ihr Kind. In Deutschland gilt ein guter Schulabschluss, als ein wichtiger Bestandteil für ein glückliches und erfolgreiches Leben. Sie wollen ihren Kindern diesen ermöglichen und hoffen, dass der Kindergarten ihre Kinder bestmöglich auf die Schullaufbahn vorbereitet. Denn von einer qualitativ guten Betreuung im Kindesalter werden positive Impulse erwartet, unter anderem für die Bildungsbiografie. Die frühe Kindheit ist eine rasante und wichtige Phase mit körperlicher, kognitiver, motorischer, sozialer und emotionaler Entwicklung. Dabei ist jedoch nicht außer Acht zulassen, dass der Bildungs- und Entwicklungsstand der Kinder stärker mit Merkmalen der Familie als mit Merkmalen der außerfamiliären Betreuung zusammenhängt (Tietze et al. 2012). Dies verdeutlicht, die Wichtigkeit der Zusammenarbeit und des Austausches zwischen Kindergarten und Elternhaus. Eltern wollen vermehrt als gleichberechtigte Partner wahrgenommen werden, daher sollten Einrichtungen ihr Konzept auf eine kooperative Zusammenarbeit mit den Eltern ausrichten (Roth et al. 2004). Auf die Thematik der Elternarbeit wird in den Kapiteln „Elternrolle„ (Schwitalla/Otto) und „Elternarbeit" (Knierim/Wilding) näher eingegangen.

Ein weiterer wichtiger Punkt ist die Zusammenarbeit mit anderen Einrichtungen des Gemeinwesens, wie mit Schulen und anderen Kindergärten. Ebenso ist die Kooperation mit der Jugendhilfe von großer Bedeutung. Die Kindertagesstätte ist Teil des Kinder- und Jugendhilfesystems (Roth et al. 2004). Jeder hat ein Recht auf Bildung. „Bildung ist Voraussetzung dafür, dass Kinder ihr Recht auf ein erfülltes Leben einlösen können (Forum Menschenrechte 2011). Bildung gilt als Ausgangspunkt für Chancengleichheit und soziale Integration, und damit auch als Möglichkeit der Verringerung von sozialer Ungleichheit und Exklusion. Im Sinne der Bildungsgerechtigkeit sollte es jedem Kind ermöglicht werden, deutsche Sprachkenntnisse zu erwerben. Mangelnde Deutschkenntnisse wirken sich negativ auf alle Lernbereiche aus und können eine entscheidende Ursache für Benachteiligung sein. Die Kinder der Tagesstätten leben in unterschiedlichen Lebensverhältnissen und bringen somit unterschiedliche Voraussetzungen für weitere Bildungsprozesse mit. Daher ist die Förderung in verschiedenen Formen und Arten von großer Bedeutung (ebd.). Die Kindertagesstätte „besitzt eine große soziale Reichweite bei niedrigschwelligem Zugang. Sie bietet Wohnort- und familiennahen Raum, um in vielfältiger Kooperation unterschiedlicher Partner zur Stärkung von Erziehungs- und Familienkompetenz wesentlich beizutragen" (Roth et al. 2004: 62). So kann der Hilfebedarf frühzeitig erkannt und effektiv abgedeckt werden. Der Kindergarten ist somit ein wichtiger Bestandteil in der Entwicklung des Kindes. Der Grundstein für die weitere Bildungsbiografie wird in dieser Zeit gelegt. Der Bildungsauftrag kann aber nicht an die ErzieherInnen abgegeben werden, die Eltern und die Lebenswelt der Kinder spielen eine viel bedeutsamere Rolle. Der Kindergarten bietet eine ausgezeichnete Möglichkeit Kinder aus benachteiligten Familien frühzeitig zu fördern und ihnen die Chance auf Bildung zu ermöglichen.

1.5 Schlussbetrachtung

Der Kindergarten ist eine Einrichtung für die Betreuung, Bildung und Förderung von Kleinkindern im Alter von drei bis sechs Jahren. Dazu kommen unterschiedliche, ergänzende Angebote, die abweichende Altersgruppen aufnehmen oder verschiedene Betreuungszeiten anbieten. Der Kindergarten hat sich ab der Industrialisierung durch die verschiedenen Geschichtsepochen Deutschlands entwickelt. Inzwischen ist er fest im Gesetz verankert, wird staatlich gefördert und muss festgeschriebene Aufgaben erfüllen. Eine der wichtigsten Aufgaben ist der gesetzliche Bildungsauftrag. Dieser ist im Kindertagesstättengesetz des jeweiligen Bundeslands in einem separaten Rahmenplan festgehalten. Es gibt keine nennenswerten Unterschiede innerhalb der Bildungspläne. Die Umsetzung in der Praxis ist von vielen Voraussetzungen abhängig, die durch den Staat, die Träger, MitarbeiterInnen und Eltern geschaffen werden. Sowohl in der Theorie, als auch in der Praxis gilt der Förderungsauftrag des Kindergartens als verbindlich und wegweisend. Hervorzuheben ist, dass es einen Rechtsanspruch auf Förderung in einer Kindertageseinrichtung gibt. Ebenfalls gesetzlich festgeschrieben, sind Regelungen, die während der Arbeit in der öffentlichen Kleinkinderziehung, maßgeblich sind. Diese sind hauptsächlich im Grundgesetz (GG), im Sozialgesetzbuch – Achtes Buch (SGB VIII), im Kinder- und Jugendhilfegesetz (KJHG) und im Bürgerlichen Gesetzbuch (BGB) zu finden.

Insgesamt gehören all die genannten Tatsachen zu den positiven Entwicklungen des Kindergartens in Deutschland. Des Weiteren bestehen Entwicklungspotentiale im Hinblick auf die Konkretisierung des Bildungsauftrags und dessen individuelle Umsetzung. Die sogenannte Humankapitalaktivierung ist jedoch noch kritisch zu diskutieren. Optimierungsnotwendigkeiten zeigen sich hinsichtlich der Überschaubarkeit und der Transparenz der breitgefächerten Angebotsvielfalt, die nicht nur in den jeweiligen Bundesländern, sondern auch zwischen den einzelnen Gemeinden stark variieren kann.

Literatur

Andres, Beate (2002): Und woran würde ich merken, dass …?. In: Laewen, Hans-Joachim/Andres, Beate [Hrsg.]: Bildung und Erziehung in der frühen Kindheit. Weinheim: Beltz Verlag, S. 341-434.

Beschluss der Jungendminister- und Kultusministerkonferenz (2004): Gemeinsamer Rahmen der Länder für die früher Bildung in Kindertageseinrichtungen. http://www.kmk.org/fileadmin/Dateien/veroeffentlichungen_beschluesse/2004/2004_0 6_03-Fruehe-Bildung-Kindertageseinrichtungen.pdf [08.06.2017].

Bundesministerium für Familie, Senioren, Frauen und Jugend (2015): Fünfter Bericht zur Evaluation des Kinderförderungsgesetzes. https://www.fruehe-chancen.de/fileadmin/user_upload/kifoeg-2015-langfassung.pdf [30.05.2017].

Dreier, Annette/Großmann, Ute/Hautumm, Annette/Heller, Elke/Herrnberger, Grit/Karkow, Christine/Lill, Gerlinde/Pinnow, Carola/Preissing, Christa/Prott, Roger/Schallenberg-Diekmann, Regine/Wagner, Petra (2007): Handreichungen für die Praxis zum Bildungsprogramm für saarländische Kindergärten. Internationale Akademie, INA gemeinnützige Gesellschaft für innovative Pädagogik, Psychologie und Ökonomie mbH an der Freien Universität Berlin. Weimar; Berlin: Das Netz Verlag.

Forum Menschenrechte [Hrsg.] (2011): Menschenrechte und frühkindliche Bildung in Deutschland- Empfehlungen und Perspektiven. Berlin: Forum Menschenrechte. https://www.unesco.de/fileadmin/medien/Dokumente/Bibliothek/FMR_fruehkindliche _Bildung_2011.pdf [15.06.2017].

Fröbel, Friedrich/Hoffmann, Erika [Hrsg.] (1982): Ausgewählte Schriften. Vierter Band. Die Spielgaben. Stuttgart: Klett-Cotta.

Hebenstreit, Sigurd (2008): Bildung im Elementarbereich – Die Bildungspläne der Bundesländer der Bundesrepublik Deutschland. Evangelische Fachhochschule Rheinland Westfalen-Lippe: Bericht über ein Forschungssemester für das Kuratorium. https://www.kindergartenpaedagogik.de/1869.pdf [07.06.2017].

Konrad, Franz-Michael (2012): Der Kindergarten. Seine Geschichte von den Anfängen bis in die Gegenwart. 2. Auflage, Freiburg im Breisgau, Lambertus-Verlag.

Laewen, Hans-Joachim (2002): Bildung und Erziehung in Kindertageseinrichtungen. In: Laewen, Hans-Joachim/Andres, Beate [Hrsg.]: Bildung und Erziehung in der frühen Kindheit. Weinheim: Beltz Verlag.

Mienert, Malte (o. J.): Darum einen Bildungsplan!. http://www.mamie.de/pdf/BildungsplanRaabe.pdf [24.08.2017].

Roth, Xenia/Skoluda, Susanne/Bewersdorff, Harald/Brosda, Gabriele/Larra, Franziska/Lenz, Ute/Marinello, Gloria/Mittrücker, Gert/Nacke, Bernhard/Pies, Willi/TöbelHäusing, Inge/Unkelbach, Elvira (2004): Bildungs- und Erziehungsempfehlungen für Kindertagesstätten in Rheinland-Pfalz. Mainz: Ministerium für Bildung, Frauen und Jugend. https://kita.bildungrp.de/fileadmin/

dateiablage/Bildungsempfehlungen/BEE/Downloads/bildungs-underziehungs-empfehlungen.pdf [07.06.2017].

Sächsisches Staatsministerium für Kultus (2011): Sächsischer Bildungsplan. Weimar; Berlin: Das Netz.

Schäfer, Gerd (2011): Was ist frühkindliche Bildung? Kindlicher Anfängergeist in einer Kultur des Lernens. Weinheim; München: Juventa Verlag.

Schreiber, Norbert (2009): Die Einführung der neuen Bildungspläne in Kindertageseinrichtungen – Ergebnisse von Begleitstudien in drei Bundesländern. In: Diskurs Kindheits- und Jugendforschung, Heft 3-2009, S.432-437.

Stanat, Petra/Artelt, Cordula /Baumert, Jürgen/Klieme, Eckhard/Neubrand, Michael/Prenzel, Manfred/Schiefele, Ulrich/Schneider, Wolfgang/Schümer, Gundel/Tillmann, Klaus-Jürgen/Weiß, Manfred (2002): PISA 2000: Die Studie im Überblick. Grundlagen, Methoden und Ergebnisse. Berlin: Max-Planck-Institut für Bildungsforschung. https://www.mpib-berlin.mpg.de/Pisa/PISA_im_Ueberblick. pdf [14.11.2017].

Tietze, Wolfgang [Hrsg.] (1998): Wie gut sind unsere Kindergärten? - Eine Untersuchung zur pädagogischen Qualität in deutschen Kindergärten. Neuwied: Luchterhand Verlag.

Tietze, Wolfgang/Becker-Stoll, Fabienne/Bensel, Joachim/Eckhardt, Andrea G./Haug-Schnabel, Gabriele/Kalicki, Bernhard/Keller, Heidi/Leyendecker, Birgit [Hrsg.] (2012): NUBBEK – Nationale Untersuchung zur Bildung, Betreuung und Erziehung in der frühen Kindheit. http://www.nubbek.de/media/pdf/NUBBEK%20Broschuere.pdf [15.06.2017].

2 Arten der Kinderbetreuung in Deutschland

Samira Wellnitz und Jennifer Werner

Im folgenden Kapitel werden verschiedene Arten der Kinderbetreuung vorgestellt. Zum einen werden in diesem Zuge die einzelnen Möglichkeiten der Kinderbetreuung auf ihre Unterschiede auf Bundesebene in der Bundesrepublik Deutschland betrachtet. Zum anderen werden darüber hinaus auch Modelle aus anderen Ländern erläutert. Vor allem in den skandinavischen Gebieten ist die vorschulische Kinderbetreuung und generell das Bildungssystem in vielen Punkten fortschrittlicher und strukturierter, als das aktuell noch in Deutschland der Fall ist. Allerdings sind auch hier einige Veränderungen und Verbesserungen, vor allem in den letzten Jahren zu verzeichnen. Des Weiteren wird die Betreuungsquote im Vergleich der Bundesländer zum heutigen Standpunkt und deren Entwicklung in den letzten Jahren veranschaulicht.

2.1 Kinderkrippen

Kinderkrippen sind Tageseinrichtungen für Kinder von null bis drei Jahren. In einem altersgemäß ausgestatteten Umfeld bietet die Kinderkrippe durch qualifizierte, engmaschige Betreuung in kleinen Gruppen, die Möglichkeit, sehr individuell auf die Bedürfnisse und Anforderungen von Kindern in den ersten drei Lebensjahren einzugehen. Die Kinder werden aus der Obhut der Eltern in die Obhut eines professionellen Betreuungskontextes gegeben und erleben den Alltag gemeinsam mit anderen Kindern der gleichen Altersgruppe. Diese Betreuungsart bietet Erfahrungsräume, die die Bildungsgelegenheiten in der Kleinkindzeit außerhalb der Entwicklungsprozesse im familiären Umfeld in vielfältiger Weise ergänzen und erweitern. Der Auftrag der Kinderkrippe geht über einen allgemeinen Betreuungskontext im Sinne von Pflege, Zuneigung und kognitive Stimulation hinaus und beinhaltet vor allem auch die Erziehung und Bildung der Kinder durch gezielte Angebote und eine enge Bindung an Bezugspersonen in- und außerhalb des familiären Umfeldes. Der Ausbau von Kinderkrippen war in den letzten zehn Jahren stark im Wandel und zeigt innerhalb Deutschlands gravierende Unterschiede: noch 2002 waren in den „alten" Bundesländern lediglich für 3 Prozent der Kinder unter drei Jahren ein Betreuungsplatz in einer Krippe vorhanden, wohingegen in den „neuen" Bundesländern die Anzahl bei 37 Prozent liegt. Die Betreuungsquote (der Anteil aller Kinder in Kindertagesbetreuung bezogen auf die jeweilige Bevölkerungsgruppe) erhöhte sich in den vergangenen fünf Jahren von 15,5 Prozent im März 2007, auf 27,6 Prozent im März 2012. In den westdeutschen Bundesländern lag die Betreuungsquote im März 2012 bei durchschnittlich 22,3 Prozent - in Ostdeutschland war sie mit 49,0 Prozent mehr als doppelt so hoch. Die bundesweit höchsten Betreuungsquoten für Kinder unter drei Jahren gab es im März 2012 in Sachsen-Anhalt mit 57,5 Prozent. Rheinland-Pfalz, exemplarisch als Vertreter der westdeutschen Flächenländer, hatte mit 27,0 Prozent die mit Abstand höchste Betreuungsquote. Die bundesweit niedrigste Betreuungsquote gab es im März 2012 in Nordrhein-Westfalen und betrug 18,1 Prozent. Das bedeutet, dass in Nordrhein-Westfalen für weniger als jedes fünfte Kind unter drei Jahren ein Betreuungsplatz zur Verfügung stand (Statistisches Bundesamt Wiesbaden, März 2012).

2.2 Kindertagesstätten

Im Alltag werden die Begriffe Kinderkrippe, Kindertagesstätte und Kindergarten oft gleichgesetzt, ohne das Wissen, dass es hierbei erhebliche Unterschiede gibt. Wo Kinderkrippen nur Kinder zwischen null bis zum vollendet dritten Lebensjahr betreuen, bieten Kindertagesstätten eine altersgemischte Betreuung an, welche sowohl Krippenkinder, also auch Kindergartenkinder, in einer gemeinsamen professionellen Betreuung einschließen. Es gibt drei Arten von Betreuungseinrichtungen, die verschiedene Altersgruppen kombinieren:
Kindertagesstätten mit vom Alter ausgehend einheitlichen Gruppen; z. B. eine reine Krippengruppe mit Kindern von null bis drei und eine parallel laufende Kindergartengruppe mit Kindern ab dem vollendeten dritten Lebensjahr.
Kindertagesstätten mit altersgemischten Gruppen; z. B. eine gemeinsame Gruppe für Krippen- und Kindergartenkinder, sowie eine weitere Gruppe für alle Altersgruppen.
Kindertagesstätten mit alterseinheitlichen und altersgemischten Gruppen; z. B. eine reine Kindergartengruppe, sowie eine gemeinsame Gruppe für Krippen- und Kindergartenkinder.
In den Kindergartenzweigen liegt der Fokus vor allem auf der Frühförderung zur Vorbereitung auf die Schule, welche zumeist ab dem vierten Lebensjahr bis zum Schuleintritt in Anspruch genommen wird. Die Betreuungszeiten sind hierbei von Institution zu Institution unterschiedlich, jedoch gibt es verschiedene Konzepte von einer Halbtags-, über eine Vormittags-, bis hin zu einer Ganztagsbetreuung. Tatsächlich gibt es auch einige Ausnahmen mit einer Betreuungszeit rund um die Uhr, die beispielsweise an Krankenhäusern angegliedert sind und von Eltern der entsprechenden Berufsgruppen in Anspruch genommen werden können (Textor 2016). In diesem Zusammenhang sollte auch die betriebliche Kinderbetreuung Erwähnung finden, die den Anspruch

hat, durch eine flexible Betreuung direkt am Arbeitsplatz einen frühzeitigen Arbeitseinstieg für Mütter in die Erwerbstätigkeit nach der Geburt und dem gesetzlich vorgeschriebenen Mutterschutz zu ermöglichen. Unternehmen in Deutschland können betriebliche Kinderbetreuung steuerlich absetzen, was eine große Attraktivität in gleich zwei Punkten für den Arbeitgeber schafft: keine Mehrkosten und der geringere Verlust von qualifizierten Mitarbeiterinnen. Im Kontext der betrieblichen Kinderbetreuung gibt es verschiedene Angebote: von betriebseigenen Betreuungsstätten bei Großbetrieben, über angemietete Plätze, Kooperationen mit anderen Trägern, bis hin zur Bezahlung längerer Öffnungszeiten in bestehenden Einrichtungen (Wagner o. J.).

2.3   Kindergarten

Neben den eben beschriebenen Kombi-Einrichtungen und Kindertagesstätten, gibt es selbstverständlich auch den klassischen Kindergarten für Kinder ab dem vollendeten dritten Lebensjahr. Ab diesem Alter hat jedes Kind bis zum Schuleintritt einen Rechtsanspruch auf einen Kindergartenplatz (§24 SGB VIII). Des Weiteren wird bei Kindergärten unterschieden zwischen Regelkindergärten und Kindergärten mit einer besonderen pädagogischen Konzeption, wie z. B. einem Waldorf-Kindergarten, oder der Montessori-Pädagogik, die zumeist integrativ ausgerichtet sind (hierzu auch Kapitel Pädagogische Konzepte und Inklusion). Das Einzugsgebiet für die Regelkindergärten beschränkt sich hierbei auf das umliegende Wohnumfeld, wohingegen Kindergärten mit besonderen pädagogischen Konzepten, ein größeres Einzugsgebiet haben. Trotz allem ist es möglich, den Kindergarten für sein Kind frei zu wählen. Grund hierfür sind vor allem die Belegungsanfragen und das Interesse an alternativen Konzepten im Vergleich zur Pädagogik eines klassischen Regelkindergartens. Die Betreuung im Kindergarten, als Institution zur Vorbereitung der Kinder auf die Schule, findet durch ein vielseitig qualifiziertes Personal statt: ErzieherInnen, SozialpädagogInnen, KinderpflegerInnen und SozialassistentInnen. In den Altersgruppen der Drei- bis Fünfjährigen haben im März 2012 die Eltern von rund 1,9 Millionen Kindern ein Angebot der Kindertagesbetreuung in Anspruch genommen. Die Betreuungsquote der drei- bis fünfjährigen Kinder liegt demnach bei 93,4 Prozent (Statistisches Bundesamt Wiesbaden 2012). Für Kinder mit besonderen Bedürfnissen gibt es Sonderkindergärten oder Heilpädagogische Tagesstätten, in denen eine besondere und individuelle Förderung stattfinden kann. Oft sind diese direkt an Sonderschulen oder Förderschulen angegliedert und haben unter anderem auch eine Spezialisierung in einem bestimmten Gebiet, z. B. der Kindergarten für Schwerhörige und Sprachbehinderte in Karlsruhe, Baden-Württemberg, der in enger Kooperation mit der angegliederten sonderpädagogischen Erich-Kästner Schule ebenfalls mit dem Schwerpunkt Sprache und Hören steht. Darüber hinaus gibt es außerdem noch Integrationskindergärten, in denen bis zu fünf behinderte Kinder gemeinsam mit einigen Kindern ohne Behinderung erzogen, gebildet, gefördert und betreut werden.

2.4 Tagespflege und Elterninitiativen

Neben der institutionellen Kinderbetreuung gibt es auch alternative Angebote, wie Elterninitiativen oder die öffentliche Tagespflege, das heißt Tagesmütter und Tagesväter. Die öffentliche Tagespflege bietet Eltern eine Betreuung ihrer Kinder durch Tagesmütter oder Tagesväter in deren eigenem Haushalt oder eigens dafür angemieteten Räumen an. Der Vorteil an diesem Konzept ist eine zumeist flexiblere Betreuungszeit in Gruppen von mehreren Kindern aller Altersgruppen. Die Tagespflege unterliegt trotz der hohen Flexibilität und Eigeninitiative dem Kinder und Jugendhilfe Gesetz (im Folgenden KJHG), sowie landesrechtlichen Regelungen. Die hohe Flexibilität und individuelle Ausrichtung an den Arbeitszeiten der Eltern, ist allerdings auch mit höheren Kosten verbunden, weshalb vor allem Eltern aus der oberen Bevölkerungsschicht von diesem Angebot profitieren. Neben der öffentlichen Tagespflege gibt es zudem eine privat organisierte Tagespflege, die ohne Träger in rein privater Verantwortung agiert und aus Mangel an Betreuungsplätzen von Eltern gegründet wurde. Insgesamt ist die Nutzung der Tagespflege nicht so gebräuchlich, wie die Betreuung in Kindertageseinrichtungen. Dies zeigen auch die Zahlen des statistischen Bundesamtes: im März 2012 wurden von den insgesamt 558.000 betreuten Kindern unter drei Jahren mit knapp 85 Prozent der weitaus größere Anteil in einer Kindertageseinrichtung betreut, wohingegen die Kindertagespflege mit nur knapp 15 Prozent eine deutlich geringere Rolle spielt. Darüber hinaus existieren zahlreiche Formen von Elterninitiativen für Kinder unter drei Jahren und deren Eltern. Die wohl populärste Form dieser Betreuung, die auf Netzwerkarbeit und Erfahrungsaustausch basiert, sind die sogenannten „Eltern-Kind-Gruppen". Diese werden von privat organisierten Initiativen oder Trägerschaften, wie Kirchengemeinden, Müttterzentren oder Familien-Bildungsstätten angeboten. Hier können die Kinder erste soziale Beziehungen aufnehmen, miteinander spielen und lernen. Ein großer Vorteil besteht zudem in der engen Arbeit mit den Eltern, die durch eine Gruppenleitung wichtigen Input für gemeinsame Aktivitäten oder Hilfe bei Erziehungsfragen erfahren.

2.5 Kinderhort

Neben dem Kindergarten und der Kindertagesstätte gibt es zusätzlich einen Kinderhort. Alle drei Institutionen fallen unter die gleiche Kategorie der Betreuungsform. Der Kinderhort unterscheidet sich in wesentlichen Teilen von den beiden anderen Betreuungsangeboten, fällt aber auch unter das KJHG. Eine Einrichtung, die speziell als Hort bezeichnet wird, ist eine Einrichtung, die einen Kindergarten und gleichzeitig eine schulergänzende Betreuungseinrichtung für Kinder ab ca. vier bis sechs Jahren miteinander verbindet. Dazu zählt eine regelmäßige Betreuung, ebenso wie nur einzelne Betreuungstage. Ein Kinderhort hat in der Regel ein Betreuungsangebot bis täglich 18 Uhr. Es wird eine Ganztagsbetreuung angeboten, genauso wie eine Betreuung für nur einen Teil des Tages. Nach Angaben des Statistischen Bundesamtes waren Ende 2002 knapp 400.000 Hortplätze für 4,5 Millionen Kinder verfügbar. Daraus ergibt sich im Bundesschnitt eine unausgewogene Platz-Kind-Relation. Während in Ostdeutschland 41 Prozent Hortplätze zur Verfügung stehen, waren es im Westen knapp 5 Prozent Prozent.

2.6 Die drei wesentlichen Funktionen der Kindertagesbetreuung

Eine umfassende Kindertagesbetreuung ergibt sich aufgrund unterschiedlicher Leistungen, die von den Einrichtungen erbracht werden. Ihnen kommen gemäß §§ 22 (2) ff. KJHG verschiedene Funktionen zu: eine Betreuungsfunktion, eine Bildungsfunktion und eine Erziehungsfunktion.

2.6.1 Betreuungsfunktion

Kindertageseinrichtungen ermöglichen es beiden Elternteilen, bzw. Alleinerziehenden, einer qualifizierten Vollzeit-Beschäftigung nachzugehen. Werden die Voraussetzungen dafür geschaffen, dass beide Elternteile einer Beschäftigung nachgehen können, so ist dies bildungspolitisch wünschenswert. Diese Funktion gewinnt in dem Maße an Bedeutung, wie traditionelle Familienstrukturen an Bedeutung verlieren. Indem z. B. soziale Netze, wie Familienverbünde oder Nachbarschaftshilfe aufgrund veränderter Umweltbedingungen nicht mehr greifen oder die Menge an alleinerziehenden Haushalten zunimmt.

2.6.2 Bildungsfunktion

Die Kinder lernen im Kindergarten, sich zu konzentrieren und sich einer Sache zu widmen. Damit leisten Tageseinrichtungen für Kinder bereits einen relevanten Bildungsbeitrag. Die Kindergärten erleichtern weiterhin das Erlernen der Landessprache bei Kindern aus nicht deutschsprachigen Familien. Das führt für ihren weiteren Bildungsweg zu mehr Chancengleichheit (Textor 2016).

2.6.3 Erziehungsfunktion

Indem Kinder mit Gleichaltrigen ihre Zeit verbringen, lernen sie soziale Umgangsformen kennen. Hierzu gehören z. B. die „zivilisierte" Konfliktbewältigung oder die Akzeptanz anderer Gesellschaftsgruppen. Die Vermittlung gesellschaftlich anerkannter Werte ist gleichfalls eine wichtige Sozialisationsfunktion von Kindertageseinrichtungen. Die Vermittlung sozialer Fähigkeiten ist für das Zusammenleben in einer Gesellschaft unerlässlich. Die frühkindliche Erziehung durch professionelle Fachkräfte ist hierbei von Bedeutung.

2.7 Beispiele für Kinderbetreuung im Ausland

2.7.1 Kinderbetreuung in Finnland

Im Unterschied zu Deutschland, hier hat ein Kind gemäß §24 SGB VIII erst ab dem dritten Lebensjahr bis zum Schuleintritt einen Rechtsanspruch auf einen Kindergartenbesuch, wurde in Finnland der zunächst nur für Kinder der Altersgruppe null bis drei geltende individuelle Rechtsanspruch 1995 auf alle Kinder bis zum Schuleintrittsalter ausgeweitet. Eltern können dabei zwischen einem Platz in einer Kindertagesstätte, der Betreuung durch eine Tagespflegeperson in einer Familientagesstätte oder durch einen Elternteil wählen. Dadurch soll jeder Familie die Möglichkeit gegeben werden, die für ihre Situation angemessenste Betreuungsform zu wählen. Wenn Eltern die Betreuung selbst übernehmen wollen, wird eine Familienbetreuungszulage in Höhe von 63 EUR pro Monat gezahlt. Das Hauptbetreuungsangebot für Vorschulkinder in Finnland, sind Kindertagesstätten. Die Öffnungszeiten dieser Einrichtungen betragen mindestens zehn Stunden am Tag, wobei den Kindern in den Einrichtungen je nach Verweildauer Frühstück und warmes Mittagessen angeboten werden. Die Betreuung erfolgt vor allem durch ErzieherInnen, die über ein dreijähriges Universitätsstudium mit starker Praxisorientierung verfügen.

Darüber hinaus arbeiten auch HeimerzieherInnen mit einer dreijährigen Berufsausbildung in speziellen Ausbildungsstätten für soziale Berufe in derartigen Einrichtungen. Am geringsten gesetzlich reglementiert ist in Finnland die außerschulische Erziehung von Kindern. Die Freizeitgestaltung findet vor allem in öffentlich bezuschussten Spielzentren statt, wobei die Eltern allerdings nur einen Elternbeitrag von 15 Prozent der Kosten zu tragen haben. Die Einrichtungen sind ebenfalls während der Sommerferien geöffnet, so dass Eltern auch in dieser Zeit ihre Kinder betreut wissen (Dörfler 2007).

2.7.2   Kinderbetreuung in Frankreich

In Frankreich besteht, im Unterschied zu Finnland, kein Rechtsanspruch auf die außerfamiliäre Erziehung von Kindern bis zum dritten Lebensjahr. Anstelle dessen, wird die Erziehung von Vorschulkindern in erheblichem Maße favorisiert. Die Vorschulerziehung stößt dabei auf breite gesellschaftliche Akzeptanz. Ein Grund dafür könnte die lange Tradition sein, auf welche die Vorschulerziehung in Frankreich zurückblicken kann. Heute besuchen nahezu alle drei- bis sechsjährigen französischen Kinder diese Einrichtungen, in denen die sozialen, emotionalen und kognitiven Fähigkeiten der Kinder gefördert werden. Darüber hinaus lernen die Kinder im letzten Jahr Lesen, Schreiben und Rechnen. Die Einrichtungen sind während der Woche, mit Ausnahme des Mittwochs, an dem meist nur halbtags betreut wird, von 8.30 bis 16.30 Uhr geöffnet. Davor und danach, sowie in der Mittagspause werden die Kinder durch qualifiziertes Personal betreut. In der Regel handelt es sich dabei um Fachkräfte, die ein praxisnahes Lehrerhochschulstudium für den Vorschul- und Primarbereich haben. Sie werden in ihrer Arbeit durch Hilfskräfte unterstützt, die überwiegend heilpädagogische Ausbildungen absolviert haben. Problematisch ist dabei, dass die Kinder jedes Vorschuljahr durch eine andere Lehrerin betreut werden. Auf diese Weise steht den Kindern keine kontinuierliche Bezugsperson zur Seite, die sie durch die gesamte Vorschulzeit begleitet. Auch in Bezug auf die frühpädagogischen Praktiken geht Frankreich andere Wege als Deutschland. Damit hat das französische Vorschulsystem einen deutlich stärkeren schulischen Charakter. Eltern sehen es als wichtig an, Kinder in die Vorschuleinrichtungen zu schicken, denn Untersuchungen belegen, dass die Länge der Vorschulbesuchsdauer mit einer Verringerung der schulischen Wiederholungsrate zusammenhängt. Es zeigte sich für Kinder aus allen gesellschaftlichen Schichten, dass eine kontinuierliche Vorschulerziehung deutliche Vorteile für ihre weitere schulische Laufbahn mit sich bringt. Weniger stark reguliert ist hingegen die Arbeit von Tagesmüttern. In Frankreich ist für derartige Tätigkeiten keine formale Ausbildung nötig. Registrierte Tagesmütter müssen sich lediglich einer medizinischen Untersuchung, sowie einer Befragung durch FacharbeiterInnen der Sozialen Arbeit unterziehen. Die Nachfrage nach Betreuungsplätzen für Kinder unter drei Jahren übersteigt allerdings, trotz vermehrter Ausbauanstrengungen seit den 60er Jahren, immer noch das Angebot. Dies ist besonders vor dem Hintergrund problematisch, dass der Elternurlaub deutlich schlechter als in den anderen untersuchten Ländern ausgebaut ist. Die beschränkten Öffnungszeiten in den konventionellen Krippen sind darüber hinaus nur schwer mit den üblichen Arbeitszeiten zu vereinbaren (Dörfler 2007).

2.7.3 Kinderbetreuung in Schweden

Die öffentliche Betreuung von Kindern ist in Schweden ein wichtiges gesellschaftspolitisches Anliegen. Dabei wird großer Wert darauf gelegt, Angebote zur Verfügung zu stellen, welche die Vereinbarkeit von Familie und Beruf fördern und zugleich das Kindeswohl in den Mittelpunkt der Erziehung stellen. Die Kommunen sind verpflichtet, für Kinder im Alter von eins bis zwölf Jahren einen Platz in einer Tageseinrichtung oder Familientagespflegestelle bereitzustellen. Diese Pflicht gilt allerdings nur, wenn die Eltern erwerbstätig sind oder studieren. Das hat zur Folge, dass Kinder im Falle der Arbeitslosigkeit ihrer Eltern häufig den Betreuungsplatz verlieren. Durch eine nationale Gesetzgebung, die eine gebührenfreie Vorschule vorsieht, soll die Benachteiligung von Kindern arbeitsloser Eltern in den kommenden Jahren jedoch beseitigt werden. Das öffentlich finanzierte Betreuungsangebot ist in Schweden ähnlich wie in Finnland strukturiert. Es stehen elfeinhalb Stunden lang geöffnete Kindertagesstätten, halbtags geöffnete Kindergärten, offene Kinder- und Elterntreffs und Horte zur Verfügung. Darüber hinaus besteht, wie in Finnland, ein öffentliches System der Familientagespflege. In den ganztägig geöffneten Kindertagesstätten erhalten die Kinder ein warmes Mittagessen, welches durch hauswirtschaftliches Personal zubereitet wird. Die Eltern beteiligen sich an der Finanzierung mit Elternbeiträgen. Die Personalstruktur der Einrichtungen ist ähnlich günstig wie in Finnland. Hier stehen drei Fachkräfte - meist zwei VorschulpädagogInnen und ein(e) KinderpflegerIn - für 15 Kinder unter drei Jahren bzw. für ca. 20 Kinder in der Altersgruppe drei bis Schulpflichtalter zur Verfügung. Das Personal der Einrichtung entscheidet selbst über die Arbeitsweisen und die Methodik, durch welche diese Zielsetzungen umgesetzt werden. Dabei wird großer Wert auf die Zusammenarbeit mit den Eltern gelegt. Täglicher Kontakt mit den Eltern, das Angebot zur Teilnahme an Aktivitäten, regelmäßige Elternabende und Gespräche über die Entwicklung des eigenen Kindes, legen den Grundstein für eine intensive Zusammenarbeit. Diese Faktoren mögen dazu beitragen, dass der öffentlichen Erziehung von Kindern in Schweden, nicht wie in Deutschland, das Stigma der elterlichen Vernachlässigung (Rabeneltern) anhängt. Trotz des Vorhandenseins eines gut ausgebauten öffentlichen Betreuungsangebots, übersteigt die Nachfrage nach Betreuungsplätzen die Angebotssituation. Anders sieht die Situation im Bereich der Familientagespflege aus. In diesem Zusammenhang ist es erstaunlich, dass die Ausbildung von Tagesmüttern, im Vergleich zu Finnland, nicht gesetzlich geregelt ist (Dörfler 2007).

2.7.4 Statistische Erläuterungen zur Kinderbetreuung

Wie bereits in den vorherigen Unterpunkten festgestellt wurde, steigt der Bedarf an Kindertagesbetreuung in Deutschland zunehmend. Und nicht nur der Bedarf steigt: seit 2006 hat sich auch die Statistik den gesellschaftlichen Anforderungen weiter angepasst und erfasst jährlich Daten zu Kindern und Personal in Kindertageseinrichtungen und anderen Tagesbetreuungsangeboten (Pflugmann-Hohlstein 2012).

Abbildung 1: Betreuungsquoten der unter Dreijährigen 2006-2016 in Deutschland

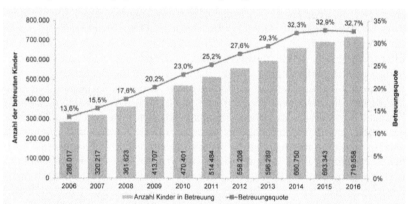

Quelle: Statistisches Bundesamt 2016a

Im März 2017 gab es bundesweit 55.266 Einrichtungen, was 0,6 Prozent mehr sind als im Vorjahr. Auch die Anzahl der Tagespflegemütter und -väter stieg sogar noch stärker, von 43.951 um 1,4 Prozent an. Laut einer Pressemitteilung vom 27.07.2017 ist die Zahl der unter dreijährigen Kinder in Kindertagesbetreuung in Wiesbaden, Hessen um 5,7 Prozent gestiegen. Einer Zählung nach zu Folge, wurden zum 01.03.2017 fast 763.000 Kinder in Kindertageseinrichtungen oder öffentlich geförderten Tagespflegeeinrichtungen betreut. Laut dem Statistischen Bundesamt sind das 5,7 Prozent mehr als im Vorjahr. Dieser Prozentsatz entspricht ca. 41.300 Kindern. In Hamburg, Niedersachsen und Schleswig-Holstein ist diese Zunahme sogar noch stärker. Sie beläuft sich auf 10,1 - 10,2 Prozent im Vergleich zum vorherigen Jahr. In Mecklenburg-Vorpommern ist der Zuwachs mit 1,9 Prozent am geringsten. Hier muss allerdings erwähnt werden, dass in den ostdeutschen Flächenländern schon in den vorherigen Jahren hohe Betreuungszahlen erreicht wurden und die Steigerung demzufolge nur noch gering ausfällt.

Abbildung 2: Betreuungsquote der unter Dreijährigen 2016 nach Bundesländern

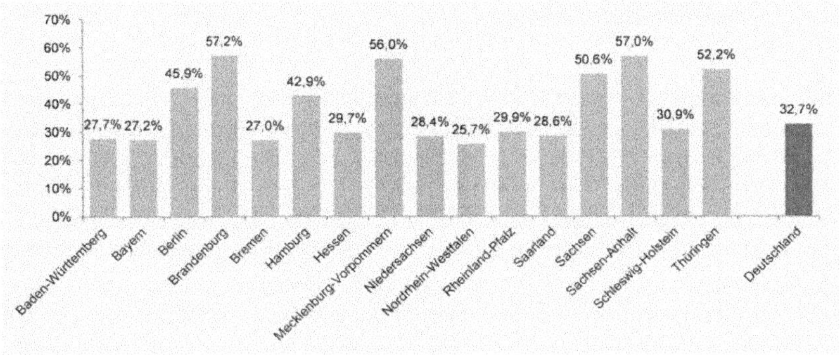

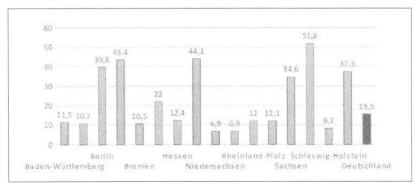

Quelle: Statistisches Bundesamt 2016b

Interessant ist hier zudem die bundesweite Verteilung der unterschiedlichen Nutzung der Betreuungsangebote. 84,6 Prozent der Eltern von Kindern unter drei Jahren nutzen das Angebot der Tagesbetreuung in Einrichtungen, wohingegen die Kindertagespflege bei einer Tagespflegemutter nur von 15,4 Prozent der Eltern genutzt wird (Statistisches Bundesamt 2017). Generell lassen sich große Unterschiede in den Bundesländern feststellen (vgl. Abb. 2).

Abbildung 3: Betreuungsquote der unter Dreijährigen 2007 nach Bundesland

Quelle: Statistisches Bundesamt 2012

Auch im Vergleich zum Jahr 2007 ist ein massiver Anstieg in der Betreuungsquote innerhalb der Bundesrepublik Deutschland wahrzunehmen. Beispielsweise stieg die Betreuungsquote in Nordrhein-Westfalen in den letzten neun

41

Jahren um ca. 19 Prozent, was den höchsten Anstieg im Vergleich der Bundes-länder darstellt (Statistisches Bundesamt 2012).

2.8 Schlussbemerkung

Wie zu Beginn bereits erwähnt, ist ein stetiger Anstieg in den Betreuungszah-len zu verzeichnen. Tendenziell werden diese in den nächsten Jahren auch wei-terhin ein Wachstum erleben, da die Nachfrage der Bevölkerung in Bezug auf eine Tagesbetreuung von unter dreijährigen Kindern steigt. Durch das hohe Interesse der Mütter daran, früher wieder in das Berufsleben einzusteigen, wur-den in den letzten Jahrzehnten tausende von Einrichtungen errichtet, in denen durch qualifizierte Fachkräfte eine professionelle Betreuung der Kinder tags-über gesichert ist. Da durch die betriebliche Kinderbetreuung sozusagen ein sofortiger Wiedereintritt in das Arbeitsleben gewährleistet werden kann, erlan-gen Eltern ein hohes Maß an Flexibilität, um sowohl Familie, als auch Karriere unter einen Hut zu bringen. Zwar ist der Ausbau der Kindertagesbetreuung in anderen europäischen Ländern weiter fortgeschritten und besser strukturiert, jedoch wird an den angegebenen Kennzahlen deutlich, dass Deutschland in den letzten Jahren positive Ergebnisse erzielen konnte.

Literatur

Dörfler, Sonja (2007): Kinderbetreuungskulturen in Europa: ein Vergleich vor-schulischer Kinderbetreuung in Österreich, Deutschland, Frankreich und Schweden. Working Paper/Österreichisches Institut für Familienforschung 57.

Pflugmann-Hohlstein, Barbara (2012): Kinderbetreuung gestern, heute und mor-gen. In: Statistisches Monatsheft Baden Württemberg (2012), April, S. 45-48. http://nbn-resolving.de/urn:nbn:de:0168-ssoar-417407 [28.08.17].

Statistisches Bundesamt (2012): Kindertagesbetreuung in Deutschland 2012. https://www.destatis.de/DE/PresseService/Presse/Pressekonferen-zen/2012/kindertagesbetreuung/begleitmaterial_PDF.pdf?__blob=publication-File [26.07.17]

Statistisches Bundesamt (2016a): Statistiken der Kinder- und Jugendhilfe. Kinder und tätige Personen in Tageseinrichtungen und Kindertagespflege 2006 bis 2016, Stichtag 15. März (bis 2008) bzw. 1. März (ab 2009); Zusammenstellung der Dortmunder Arbeitsstelle Kinder- und Jugendhilfestatistik. http://www. fruehe-chancen.de/ausbau/daten-und-fakten/unter-dreijaehrige/ [14.09.17].

Statistisches Bundesamt (2016b): Statistiken der Kinder- und Jugendhilfe. Kinder und tätige Personen in Tageseinrichtungen und Kindertagespflege 2016, Stichtag: 1. März; Berechnungen der Dortmunder Arbeitsstelle Kinder- und Jugend-hilfestatistik. http://www.fruehe-chancen.de/ausbau/daten-und-fakten/unter-dreijaehrige/ [14.09.17].

Statistisches Bundesamt (2017): Pressemitteilung Nr. 255 vom 27.07.2017: Zahl der Kinder unter 3 Jahren in Kindertagesbetreuung um 5,7 % gestiegen. https://www.destatis.de/DE/PresseService/Presse/Pressemitteilungen/2017/07/PD17_255_225.html [13.09.17].

Textor, Martin R. (2016): Formen der Kindertagesbetreuung. http://www.kinder-tagesbetreuung.de/formen.html [26.07.17].

Textor, Martin R. (o. J.): Drei Formen der Bildung. http://www.kindergartenpa-edagogik.de/2028.html [14.09.17].

Wagner, Antje (o. J.): Zum Stand frühkindlicher Bildung, Erziehung und Betreu-ung in Kindertageseinrichtungen. Internationale Ansätze und Ergebnisse der Wirkungsforschung. http://www.kindergartenpaedagogik.de/2071.html [26.07.2017].

3 Betreuungssystem für Kinder unter drei Jahren

Christine Karsch und Lea Gießler

Einleitung

Innerhalb der ersten drei Lebensjahre durchlebt ein Kleinkind viele und schnelle Entwicklungsschritte, die maßgeblich für die fortlaufende Entwicklung sind. Dazu gehören u. A. motorische Fortschritte, aber auch sprachliche, behavioristische und soziale Entwicklungen. Sorgeberechtigte haben die Möglichkeit sich zu entscheiden, ihre Kinder innerhalb der Familie zu betreuen oder eines der institutionellen Betreuungsangebote zu nutzen. Angebote für Kinder unter drei Jahren werden in Form von institutioneller Betreuung, wie Krippe oder Kindertagespflege, angeboten. Innerhalb dieses Kapitels werden die Krippe und deren möglicher Tagesablauf sowie die Kindertagespflege näher dargestellt. Der Übergang des Kindes in eine institutionelle Einrichtung, den familiäre Bezugspersonenbegleiten, ist ein emotionaler Prozess. Ausschlaggebend für die individuelle Entfaltung des Kindes ist, neben der genetischen Veranlagung, die Umwelt, in der es aufwächst. Dabei spielt neben dem familiären Kontext, vor allem auch das gewählte Betreuungsangebot eine wichtige Rolle. In Deutschland wird der Rahmen dieser außerhäuslichen Betreuung durch das Sozialgesetzbuch geregelt.

3.1 Gesetzliche Grundlagen

Aufgrund des gesetzlich vorgegebenen Betreuungsangebots durch Kindertagespflege und Tageseinrichtungen, haben Eltern die Möglichkeit sich in eine Arbeitsstelle zu integrieren. Seit August 2013 haben Kinder laut §24, Abs.1, SGB VIII das Recht in einer Einrichtung oder in Kindertagespflege gefördert zu werden, „wenn diese Leistung für seine Entwicklung zu einer eigenverantwortlichen und gemeinschaftsfähigen Persönlichkeit geboten ist oder die Erziehungsberechtigten einer Erwerbstätigkeit nachgehen, eine Erwerbstätigkeit aufnehmen oder Arbeit suchend sind, sich in einer beruflichen Bildungsmaßnahme, in der Schulausbildung oder Hochschulausbildung befinden oder Leistungen zur Eingliederung in Arbeit im Sinne des Zweiten Buches erhalten" (vgl. Nomos Gesetze 2014). Die Betreuung durch Einrichtungen ist von rechtlichen Vorgaben sowie erstellten Konzeptionen vorgegeben. So werden genaue Aufgabenbereiche und ebenfalls der Ablauf des Alltags vorgegeben. Nach §22, Abs.2, SGB VIII sollen institutionellen Einrichtungen „die Entwicklung des Kindes zu einer eigenverantwortlichen und gemeinschaftsfähigen Persönlichkeit fördern, die Erziehung und Bildung in der Familie unterstützen und ergänzen, den Eltern dabei helfen, Erwerbstätigkeit und Kindererziehung besser miteinander vereinbaren zu können" (vgl. Nomos Gesetze 2014). Die Kindertageseinrichtungen stellen eine Möglichkeit dar, dass Kinder sich innerhalb einer Gruppenatmosphäre und zu einer eigenverantwortlichen, gemeinschaftsfähigen Persönlichkeit entfalten können. Diese Einrichtungen sind innerhalb gesetzlicher Vorgaben gebunden und üben einen Gesellschaftlichen Dienst aus. Dieser unterstützt die Erziehungsberechtigten einen Beruf sowie eine Ausbildung ausüben zu können.

3.2 Häusliche und institutionelle Betreuung

In einer Familie müssen oftmals wichtige Entscheidungen getroffen werden, die mit hoher Verantwortung einhergehen. Daher stellen sich viele Eltern die Fragen: „Ab welchem Alter kann mein Kind in den Kindergarten gehen und ab wann möchte ich wieder arbeiten?", „Schade ich meinem Kind, wenn ich es in so frühen Jahren schon in der Krippe anmelde und was denken andere Mütter oder Väter über mich?" (Näheres dazu im Kapitel „Elternrolle", Schwitalla/Otto). Diese Bedenken sind gut nachvollziehbar, denn Kinder benötigen ab dem ersten Tag viel Aufmerksamkeit und Fürsorge. Berufstätige Eltern sind vielen Vorwürfen ausgesetzt, zum Beispiel, dass sie ihre Kinder „abgeben" und sich somit der Verantwortung der Erziehung entziehen. Früher wurden Kinder zu Hause betreut (siehe Kapitel Arten der Kinderbetreuung in Deutschland) und Eltern konnten durch Familienmitglieder oder weitere Bezugspersonen, wie beispielsweise dem Freundeskreis, Unterstützung erhalten. Auch heutzutage wird diese Unterstützung ebenfalls gerne in Anspruch genommen. „Das ändert sich zurzeit aus verschiedenen Gründen rapide: solchen, die ökonomisch und demografisch verursacht sind, die Vereinbarkeit von Familien- und Erwerbsarbeit betreffen und dringend den Bedarf an außerhäuslicher Betreuung anmahnen" (Leu/von Behr 2010, 55). Im Folgenden werden verschiedene Gesichtspunkte der institutionellen, sowie der häuslichen Betreuung gegenübergestellt. In vielen Kreisen ist die Betreuungsform Krippe noch nicht hoch angesehen, da Kinder deren Meinung nach, die ersten Jahre zu Hause in der Obhut der Eltern betreut werden sollten. Durch die Betreuungsform Krippe treten Befürchtungen auf Seiten der Eltern auf. Da der Alltag außerhalb des häuslichen Umfeldes und der primären Bezugsperson stattfindet, können Ängste aufkommen, dass die erst aufgebaute Beziehung zu ihren Kindern geschädigt wird. Auch stellt sich die Frage, ob Kinder durch frühkindliche institutionelle Betreuung ein Defizit in der Entwicklung erfahren, da sich hierbei auf mehrere Kinder gleichzeitig konzentriert werden muss. Stamm (2010: 12) erklärt, dass „die ersten Lebensjahre [...] die kritischste Phase für die Entwicklung eines Kindes" sind. Dies gilt in sozialer, emotionaler und intellektueller Hinsicht. In der frühen Kindheit wird ein wichtiger Grundstein für den späteren Bildungs- und Lebenserfolg gelegt." Näheres zu dieser Entwicklungsphase wird im Kapitel „Bindung" (Riedel-König/Hahn) beschrieben.

3.2.1   Häusliche Betreuung

Nach Liegle (2006, 53) zeigt sich, dass die Qualität der Familienerziehung im Gegensatz zur institutionellen Erziehung als der wichtigste Faktor für die kindliche Entwicklung zählt. Individuelles Betrachten der Kinder und feinfühlig auf deren Lebensäußerungen einzugehen, sowie eine Verbundenheit zu den eigenen Kindern aufzubauen, sind wichtige Bestandteile, um eine hohe Qualität der Familienerziehung zu erreichen. Des Weiteren bestärken klare Verhaltensanforderungen in Bezug auf den familiären Umgang, die Qualität der Beziehung. Eine These von Liegle (2006: 54) beschreibt weiterhin, dass „[...] Familienstrukturen nicht für sich genommen positive oder negative Wirkungen haben, [sondern] dass es vielmehr in allen familialen Lebensformen ein breites Spektrum von Formen der Beziehungsgestaltung und der Erziehung gibt." Von Geburt an werden Kleinkinder von ihren Eltern oder anderen Bezugspersonen betreut und erzogen, sodass keinerlei institutionelle Betreuung von Nöten ist. Durch Liegle wird erkenntlich, dass die familiäre Betreuung als sehr bedeutend für die Entwicklung angesehen werden kann, da sie in vielerlei Hinsicht dem Kind die nötige Förderung und Bindung zukommen lässt. Hierzu ist zu beachten, dass die Qualität der Erziehung im Rahmen der Bindung, Struktur und Bildung gegeben sein muss, um eine adäquate frühkindliche Förderungen zu ermöglichen.

3.2.2   Institutionelle Betreuung

Kasten (2005, 149) erläutert, dass eine gut konzeptionierte Einrichtung negative Auswirkungen auf das Kind, durch ein beeinträchtigtes Familiensystem auffangen kann. Um dies umfangreich aufzeigen zu können, sind Beobachtungen und Dokumentation für eine pädagogische Fachkraft wichtiger Bestandteil ihrer täglichen Arbeit. „Auch eine gute Erzieherin-Kind-Beziehung kann Kindern tiefgreifende neue Erfahrungen schenken. Das Erleben von Einfühlsamkeit, Verlässlichkeit und Unterstützung schafft für belastete Kinder eine Basis, auf der sie sogar Entwicklungsdefizite ausgleichen und sich stabilisieren können" (Neuß 2011: 50). Um allen Eltern die Befürchtungen der Entfremdung zu nehmen: ErzieherInnen sind keine Ersatzmütter bzw. Ersatzväter, die den Platz der Elternteile einnehmen wollen. Sie unterstützen den Alltag, sodass eine Eingliederung in den Beruf oder Erledigungen im Alltag leichter gestaltet werden können. Leu und von Behr (2010: 118) bestätigen dies, indem sie aufzeigen, dass „Eltern [...] die primären Bindungspersonen der Kinder sind." Näheres dazu, ist ebenfalls im Kapitel „Bindung" (Riedel-König/Hahn) zu finden.

3.2.3 Kindertagespflege

Die Betreuungsform durch Tagesmütter oder Tagesväter ist meist nicht die erste Wahl der Eltern für ihre Kinder, obwohl diese einen familiennahen Umgang bietet. Eltern mit Kindern unter drei Jahren nutzen jedoch die Tagespflege am häufigsten. Die Kinder werden in Obhut von Tagespflegepersonen, also Tagesmütter oder Tagesväter, genommen. Die Eignung und die Qualifikation werden seitens des Jugendamts überprüft. Die Tagespflegepersonen müssen eine Qualifikation in Form eines Erste-Hilfe-Kurs für Kinder sowie eine jährliche Fortbildungen aufweisen können (vgl. Tagesmutter-Infoportal 2017). Die Kindertagespflege kann in drei Formen eingeordnet werden: Kindertagespflege im Haushalt der Eltern. Kindertagespflege im Haushalt der Tagesmutter und Kindertagespflege in der Großtagespflegestelle. Die Tagespflege im Haushalt der Eltern bietet einen hohen Grad an Flexibilität, denn die Kinder können in ihrem gewohnten Umfeld betreut werden. Dadurch sind die Eltern an keine Bring- und Abholzeiten gebunden. Auch betreuen viele der Tagespflegepersonen in ihrem eigenen Zuhause. Hier findet die Betreuung innerhalb des Haushaltes der Betreuer statt, dadurch entsteht eine Beschränkung bis zu höchstens fünf Kindern. Der Alltag gestaltet sich in einer überschaubaren Gruppe. Während in beispielsweise einer Krippe der Blick auf mehrere Kinder sowie Eltern gleichzeitig gerichtet sein muss, besteht bei dieser Betreuungsform die Möglichkeit der flexiblen Einzelarbeit. Für die Betreuung im Eigenheim wird die Erlaubnis des Jugendamts benötigt. Wie schon benannt, werden die Betreuer auf ihre Persönlichkeit sowie ihre Kompetenzen überprüft. Weiterhin wird festgestellt, ob der Haushalt zur Tagespflege geeignet ist. Hierbei wird darauf geachtet, ob genügend Raum für die Entfaltung der Kinder vorhanden ist (Spielraum). Das Augenmerk wird innerhalb dieser Prüfung auch auf die „Spiel- und Beschäftigungsmaterialien gelegt. Weiterhin sind die hygienischen, Unfallverhütenden Verhältnisse sowie die Schlafgelegenheiten für die Kinder zu betrachten. Wichtig für die Kinder ist auch die Gelegenheit, nahegelegene Wald- oder Parkanlagen besuchen zu können. Als dritte Form ist die Betreuung der Großtagespflegestellen möglich. Innerhalb dieser Betreuung arbeiten mehrere Tageseltern in einem angemieteten Raum zusammen. Jede Tagespflegeperson muss eine Eignungsprüfung bzw. Pflegeerlaubnis vorweisen können, welche eine Pflegeerlaubnis für maximal fünf Kinder vorgibt.

Eine Ähnlichkeit zu einer Kindertagesstätte besteht, da bei mehr als acht Kindern eine pädagogische Fachkraft vorhanden sein muss. Im Gegensatz zu einer Tagespflegestelle ist so der Krankheitsfall abgedeckt. Auch hier ist es rechtlich vorgesehen, dass die Räume sowie das Außengelände die Vorgaben der Unfallverhütung, Hygiene sowie räumliche Entfaltung, Schlafmöglichkeiten und genügend Beschäftigungsmaterialien aufweisen müssen (vgl. Tagesmutter-Infoportal 2017).

3.2.4 Krippe

3.2.4.1 Aufgaben eines Konzepts

Kindertagesstätten müssen eine Konzeption erstellen um ihre pädagogische Vorgehensweise und Richtlinien detailliert aufzuzeigen. In dieser werden Methodik sowie Ziele beschrieben, die ihre Grundüberzeugung im alltäglichen Handeln widerspiegeln. Diese bildet weiterhin einen Leitfaden zur Orientierung für alle ErzieherInnen, um eine gemeinsame Arbeitsgrundlage zu haben. Jede Einrichtung und jedes Team unterscheidet sich in ihrer Konzeption und ihrem pädagogischen Handeln, sodass sie sich individuell entfalten können. Außerdem hat die Konzeption die wichtige Aufgabe, die Einhaltung von Qualitätsstandards zu gewährleisten.

Im nächsten Abschnitt wird ein möglicher Tagesablauf einer Krippe skizziert, um einen Einblick in den Alltag eines Krippenkindes zu gewinnen.

3.2.4.2 Möglicher Tagesablauf in einer Krippe (U3)

Um den Kindern ein Gefühl der Sicherheit, Orientierung und Zugehörigkeit zu geben, bedarf es eines strukturierten Tagesablaufs, denn schon kleinste Veränderungen werden von ihnen wahrgenommen. Dies kann verschiedenste Auswirkungen auf die Kinder haben. Daher spielen feste Abläufe, zu denen zum Beispiel der Morgenkreis oder die Mahlzeiten gehören, eine bedeutende Rolle.

Im Folgenden wird ein spezifischer Ablauf einer Einrichtung dargestellt, welcher sich jedoch von anderen Institutionen unterscheiden kann. Diese Darstellung soll eine erste Vorstellung darüber geben, wie der Alltag eines Kindes innerhalb einer Krippe verlaufen kann. Zur Verdeutlichung werden Vorgänge näher beschrieben, die nicht immer charakteristisch für den Alltag in der Krippe sein müssen.

Tabelle 1: Übersicht eines beispielhaften Tagesablaufs

Uhrzeit	Tätigkeit(en)
07:30 Uhr – 08:45 Uhr	Zeit des Ankommens und Sich-Einfindens
08.45 Uhr – 09:00 Uhr	Morgenkreis in der Gruppe
09:00 Uhr – 09:30 Uhr	Frühstück
09:30 Uhr – 11:30 Uhr	Wickeln, freies Spiel, Projekte, raus gehen
11:30 Uhr – 12:00 Uhr	Mittagessen
12:00 Uhr – 14:30 Uhr	Wickeln, schlafen/ruhen, freies Spiel
14:30 Uhr – 16:30 Uhr	Abholzeit, Snacks, freies Spiel

Quelle: Eigene Darstellung

3.2.4.3 Zeit Ankommens und Sich-Einfindens

Innerhalb der „Bringzeit" können die Kleinkinder von ihren Eltern in die Krippe gebracht werden. Um ein angenehmes Ankommen herzustellen, werden die Eltern mit eingebunden und dürfen einige Minuten bleiben, um sich von ihrem Kind zu verabschieden. Auch die ErzieherInnen können durch kurze „Übergangsgespräche" mit den Eltern (gerade nach dem Wochenende,) die aktuelle Stimmung des Kindes erfassen und erfahren welche Geschehnisse aktuell das Kind beschäftigen. So können sie dementsprechend sensibel auf das Kind zugehen und ein stressfreies Ankommen für alle Beteiligten ist möglich.

3.2.4.4 Morgenkreis in der Gruppe

Der Morgenkreis ist ein wichtiges Ritual für die Kinder und deren Krippenalltag, da er eine große Rolle für die Entwicklung des einzelnen Kindes und der Gemeinschaft spielt. Er findet allmorgendlich zur selben Uhrzeit statt und umfasst einen zeitlich begrenzten Rahmen, welcher sich am Entwicklungsstand der Kinder orientiert. Der Morgenkreis zeigt den Kindern sozusagen symbolisch, dass der Kindergartentag beginnt und bietet Raum diesen so gemeinsam zu „eröffnen". Es werden Lieder gesungen und Fingerspiele und Bewegungsspiele gemacht. Im Morgenkreis geht es also um die Wechselwirkung zwischen Mitbestimmung und Gemeinschaftserleben. So wird schon frühzeitig erlernt, angemessen miteinander umzugehen und auch der eigenen Person ein positives Selbstbild als Individuum und als Mitglied der Gruppe zu geben.

3.2.4.5 Frühstück

Das Essen dient nicht nur der Nahrungsaufnahme, sondern wird vielmehr auch als Gemeinschaftserfahrung in einer ruhigen gemütlichen Atmosphäre gestaltet. Das gemeinsam eingenommene Frühstück wird in der Krippe beispielsweise von einer Erzieherin am Morgen vorbereitet. Als Getränke stehen Wasser, Tee und Milch zur Verfügung. Die Handhabung des Frühstücks und des Mittagessens kann in den Einrichtungen individuell unterschiedlich sein.

3.2.4.6 Freies Spiel

Beim freien Spiel in der Gruppe dürfen die Kleinkinder selbst entscheiden, womit sie sich beschäftigen möchten. Bei jeder Entscheidung wird das Spiel, soweit sie möchten, von den ErzieherInnen begleitet und unterstützt. Kreativität und Einfallsreichtum regen die Kinder an, mit all ihren Sinnen ihrem Tun nachzugehen. Jedes Kind hat das Recht auf freies Spiel. Zugleich ist das selbstbestimmte Spiel für die ganzheitliche Entwicklung des Kindes entscheidend. Die Kinder erfahren hier also ein großes Mitbestimmungsrecht, indem sie Spielpartner, Ort, Material und möglichst auch die Dauer frei wählen können. Im Spiel begegnen sich Kinder mit Vertrauen und Respekt, wachsen an ihren Fähigkeiten, stellen sich neuen Herausforderungen und lernen mit Misserfolgen umzugehen. Auch werden oft kleine Projekte angeboten wie zum Beispiel kneten oder malen. Dabei werden die Kleinkinder besonders unterstützt, um das Verschlucken von Textilien und Gegenständen verhindern. Oft werden gemeinsam Bücher gelesen, Geschichten erzählt oder kleine Fingerspiele gespielt. Aus Beobachtungen und den daraus erzielten Erkenntnissen, leiten die ErzieherInnen die Angebote und gezielte Aktivitäten ab, die auch über den ganzen Tag stattfinden können. Diese richten sich nach dem, was die Kleinkinder gerade brauchen und knüpfen an deren Interessen an. Die ErzieherInnen bereichern die Spielaktivitäten durch eine angemessene Raumgestaltung, motivierendes Spielmaterial, Regeln, die dem Kind Sicherheit und Zugehörigkeit bieten, Anerkennung, Verstärkung und auf Wunsch des Kindes auch durch Unterstützung. Mindestens ein Mal am Tag gehen alle gemeinsam ins Außengelände der Krippe und werden beim An- und Ausziehen unterstützt und begleitet. Jedoch wird großen Wert auf Selbständigkeit gelegt und diese gefördert. Die ErzieherInnen schreiten erst ein, wenn das Kind wirklich Hilfe benötigt und vorher alleine versucht hat die Aufgabe zu bewältigen.

3.2.4.7 Mittagessen

Im Hinblick auf das Mittagessen, wird den Krippenkindern der Tisch gedeckt und abgeräumt. Jedoch darf jedes Kind, wenn es möchte, beim Decken und Abräumen helfen.

Bevor sich die Kinder an den Tisch setzen, gehen alle zum Händewaschen und beginnen sodann die Mahlzeit mit einem Tischspruch oder Tischgebet. Oft wird der Gang ins Badezimmer zur Motivation mit einem Lied und einer Eisenbahn, deren Waggons aus den einzelnen Kindern bestehen, verbunden. Beim Essen werden die Kinder von den ErzieherInnen ermutigt unbekannte Nahrungsmittel zu probieren. Dabei werden Probierportionen wie zum Beispiel ein Teelöffel angeboten. Jedoch wird kein Kind zum Essen gezwungen und darf das Angebot auch ablehnen. Als Getränke stehen wieder für jedes Kleinkind Tee und Wasser zur Verfügung. Prinzipiell gilt, dass die Kinder entscheiden dürfen, ob und wie viel sie essen möchten.

3.2.4.8   Schlafen/Ruhen

Das Schlafen ist als festes Ritual im Krippenalltag verankert, wird dabei jedoch durch die Individualität der Kinder stark geprägt. Jedes Kind hat sein eigenes Tempo und seinen eigenen Rhythmus oder verlangt nach besonderer Zuwendung vor dem Einschlafen. In dieser Phase des Tages gewährleistet eine durchgehende Betreuung auch Ruhe, Nähe und Geborgenheit für die Kinder. Jedes Kind erhält die Möglichkeit, unter verschiedenen Optionen (im „Körbchen" oder im Bett) seinen Lieblingsplatz im Schlafraum der Krippe zu wählen. Wer nicht schlafen gehen möchte oder kann, zieht sich auf eine andere Weise in dem Schlafraum zurück. Auch das „Ruhen" an einem gemütlichen Ort, wobei das Kind nicht die Augen geschlossen haben muss, dient der Erholung.

3.2.4.9   Wickeln, Gesundheit und Hygiene

Gesundheitserziehung ist eine gemeinsame Aufgabe von ErzieherInnen und Eltern, die im Alltag gelebt und praktiziert wird. Mit der Gesundheits- und Hygieneerziehung sollen die Kinder unterstützt werden, ein gutes Körpergefühl zu entwickeln. Das heißt, einen guten Umgang mit dem eigenen Körper, dessen Pflege und Gesunderhaltung zu erlernen. Dies geschieht bereits im Krippenalter. Beim regelmäßigen Wickeln entsteht eine Situation in der die/der ErzieherIn ihre/seine volle Aufmerksamkeit dem einzelnen Kleinkind widmet. Durch Spiele rund um den Körper und das verbale Begleiten der einzelnen Tätigkeiten, lernt das Kind die Namen der einzelnen Körperteile und nimmt diese gezielt wahr. Sobald die Kinder Interesse an der Toilette zeigen, wird auch der Toilettengang und das Händewaschen in erforderlichem Maße unterstützt und mit den Eltern besprochen, sowie ein weiteres Vorgehen und persönliche Motivation für das Kind gemeinsam ausgearbeitet. Händewaschen findet regelmäßig statt, wenn die Kinder vom Außengelände kommen, vor und nach den Mahlzeiten und wenn es die Situation erfordert. Diese alltägliche Routine wird von den pädagogischen Fachkräften begleitet und mit den Kindern besprochen. Auch die Zahn- und Mundhygiene ist ein besonderes Anliegen. Im Alltag werden nach dem Frühstück oder dem Mittagessen die Zähne geputzt und nach Bedarf Hände, Mund oder eventuell das ganze Gesicht gewaschen. Bei jedem Kind gilt es, die Erziehung und Entwicklung zur Sauberkeit als wichtigen Prozess individuell zu gestalten. Das Kind bekommt an seinem ersten Krippentag ein eigenes Fach für Windeln, Feuchttücher, Creme, Wechselkleidung und Schnuller. Durch eine behutsame Eingewöhnungszeit werden die Kleinkinder langsam an das Windelwechseln in der Kita herangeführt. In der konkreten Situation gewährleistet ein meist räumlich abgegrenzter Wickelbereich die Wahrung der kindlichen Intimsphäre.

3.2.4.10 Snacks und Abholzeiten

Nach dem Mittagsschlaf oder Ruhen wird meist ein Snack, wie Obst, Gemüse, Kuchen oder Joghurt angeboten. Nachdem alle gegessen haben und weiterhin gespielt haben, werden die Kinder nach und nach von den Eltern abgeholt. Innerhalb der Einrichtungen sind die Abholzeiten im Konzept festgelegt, an denen sich die Sorgeberechtigten orientieren. Oft gibt es unterschiedliche Abholzeiten in verschiedenen Zeitspannen. Es ist jedoch immer zu beachten, dass die Tagesabläufe in Krippen oder ähnlichen Einrichtungen unterschiedlich gegliedert sein und verschieden ausgeführt werden können. Die Struktur kann sich im Aufbau und Ablauf innerhalb der Konzepte unterscheiden.

3.3   Eingewöhnung in außerhäusliche Betreuung

Die Eingewöhnung in eine Krippe erfolgt durch ein Beziehungsdreieck zwischen Kind, Eltern und pädagogischen Fachkräften. Der Einstieg sollte mit Bezugsperson des Kindes hergestellt werden, denn durch Vertrauen und eine sichere Bindungsstruktur zwischen Kind und Elternteil, gelingt es den Beteiligten sich schneller auf die neue Situation einzulassen. Bei einer Eingewöhnung ist es förderlich, sich an ein konzeptionelles Eingewöhnungsmodell zu halten. Institutionell wird entschieden nach welchem Modell gehandelt wird. Im Folgenden wird die Eingewöhnung anhand des "Berliner Eingewöhnungsmodell" dargestellt. Generell sollte der Übergang systematisch als Prozess betrachtet und die Eltern aktiv mit eingebunden werden. Das Kind wird in mehreren Schritten auf die neue Situation vorbereitet. So entsteht ein längerfristiger Prozess, indem sich das Kind in der Einrichtung einleben und sich an die vielen neuen Eindrücke gewöhnen kann. Hierbei werden die Phasen der Trennung zwischen Kind und Eltern fortführend gesteigert. Im Kapitel „Elternarbeit" (Knierim/Wilding) wird diese Thematik nochmals eingehend behandelt. Während des Prozesses ist das Verhalten der Fachkraft passiv, da sie für das Kind sowie die Bezugsperson eine „anleitende Funktion" ausübt. Das Alter des

Kindes spielt hierbei eine wichtige Rolle, da je nach Entwicklungsphase die Eingewöhnung gestaltet werden sollte. Je jünger das Kind, desto sensibler sollte die Umgewöhnung ablaufen und wichtige zur Verfügung stehende Ressourcen genutzt werden. Wichtig ist, das Kind als aktiven Mitgestalter des Prozesses zu sehen und auch mit einzubeziehen (vgl. Kasüschke/Fröhlich-Gildhoff 2008: 155 ff.). Kinder können sich meist sehr schnell an diese Umgewöhnung anpassen, da durch die Einrichtung für sie viele interessante Eindrücke entstehen und sie neue „Spielkameraden" kennen lernen, die die Trennung von den Eltern angenehmer machen. „Es lässt sich eindeutig belegen, dass sich sicher gebundene Einjährige an die täglich mehrstündige oder ganztägige Trennung von ihrer Hauptbezugsperson leichter gewöhnen, als unsicher gebundene Zweijährige" (Kasten 2005: 149). Bei Eltern hingegen, können sich Ängste entwickeln, da sich ihre Kinder neuen Menschen zuwenden, und sie möglicherweise denken, nicht mehr die wichtigste Bezugsperson zu sein. „Eltern sind jedoch die primären Bindungspersonen der Kinder, […] wenn umgekehrt […] Beziehungen zu den ErzieherInnen von hoher Qualität entstehen, sind Eltern gut beraten, keine Eifersucht zu entwickeln und die Beziehungen nicht in Konkurrenz zu ihrer eigenen anzusehen" (Leu/von Behr 2010: 118).

3.3.1 Das Berliner Eingewöhnungsmodell

In einem Erstgespräch gemeinsam mit den Eltern, dem Kind und in der Regel der Kita-Leitung, werden erste wichtige Informationen ausgetauscht. Die Eltern werden über den Verlauf der Eingewöhnung informiert. Weiterhin werden organisatorische Hinweise erteilt wie zum Beispiel Windeln und Wechselwäsche. Diese werden in Form eines Merkzettels weitergegeben. Die Eltern können Eindrücke von der Kindertagesstätte erlangen und die Gruppe kennen lernen (vgl. von der Beek 2010: 41).

„Darüber hinaus erfragt die Erzieherin das wichtigste zu den Themen „Essen", „Schlafen" und „Sauberkeitserziehung": Welche Gewohnheiten hat das Kind?, Gibt es etwas, auf das die Erzieherin besonders achten sollte?, Welche Vorlieben und Abneigungen hat das Kind?, Welchen vertrauten Gegenstand könnte das Kind mitbringen?" (ebd.). Der Ablauf der Eingewöhnung nach dem „Berliner Eingewöhnungsmodell" kann folgendermaßen gestaltet werden: Mutter/Vater oder eine andere Bezugsperson kommen zusammen mit dem Kind für ca. eine Stunde in die Kindertagesstätte. In dieser Stunde muss die zuständige Erzieherin sich in vollem Maße auf das Kind konzentrieren können. Das Ziel hierbei ist es, dem Kind das Gefühl zu geben, das es neben den Eltern eine erwachsene Person gibt, die Interesse an ihm zeigt. Wichtig ist, dass die Eltern den Kindern „deutliche und wiederholte Signale" geben, dass sie in der Einrichtung in einem sicheren Umfeld sind. „Dem „Berliner Eingewöhnungsmodell" zufolge benötigen ein Kind und sie mindestens drei Tage, um die

Voraussetzung für die Entwicklung einer Vertrauensbeziehung zu schaffen. Das heißt: Die Eltern müssen mehrere Tage einplanen, an denen sie mit ihrem Kind zirka eine Stunde in der Kita verbringen und danach mit ihm nach Hause gehen" (von der Beek 2010: 42). Die Bindungsforschung hat ergeben, dass das Bekunden von Interesse nur der erste Schritt zur Herstellung einer Beziehung ist. Diese erste Annäherung besteht in der Aufnahme des Blickkontakts zum Kind" (von der Beek 2010: 41). Auf den Blickkontakt folgt ein Beziehungsangebot, meist durch ein Spielzeug. Durch dieses Angebot entsteht eine Kommunikation zwischen ErzieherIn und dem Kind, die ein Gefühl von Sicherheit geben kann. „Hier ist eine Erwachsene, die sich ähnlich wie meine Mutter oder mein Vater für mich interessiert und der ich mich anvertrauen kann" (ebd.). Das „Berliner Eingewöhnungsmodell" geht außerdem von zwei Beziehungskonstellationen zwischen Eltern und Kind aus. Es wird zwischen „[...] eher unsicher gebundenen Kindern, die eine kürzere Eingewöhnungszeit benötigen, und sicher gebundenen Kindern, die eine längere Phase der Eingewöhnung brauchen [unterschieden]" (ebd.). Am vierten Tag kann der Versuch unternommen werden, herauszufinden, wie lange die Eingewöhnung voraussichtlich dauern wird. Zu diesem Zweck trennen sich Mutter oder Vater für kurze Zeit von ihrem Kind" (ebd.). Wie dies genau ablaufen soll, wird gemeinsam mit den Eltern und dem Erzieher besprochen. „Auch Kinder, die keine offensichtliche Schwierigkeit haben, sollten in der zweiten Woche und möglichst auch in der dritten Woche nach einem halben Tag abgeholt werden, da die physischen und psychischen Anforderungen der Eingewöhnung enorm hoch sind" (von der Beek 2010: 42). Bei dem ganzen „Prozess" auf die Gefühle der Kinder sowie der Eltern zu achten, ist sehr wichtig, denn „die mit der Trennung verbundenen Gefühle lassen sich nicht in Luft auflösen" (von der Beek 2010: 45).

Literatur

Leu, Hans-Rudolf/Von Behr, Anna (2010): Forschung der Praxis der Frühpädagogik. Profiwissen für die Arbeit mit Kindern von 0-3 Jahren. München, Rheinhardt Verlag.

Kasten, Hartmut (2005): 0-3 Jahre. Entwicklungspsychologische Grundlagen. 5. Auflage. Weinheim/Basel, Belz Verlag.

Kasüschke, Dagmar/Fröhlich-Gildhoff, Klaus (2008): Frühpädagogik heute. Herausforderungen an Disziplin und Profession. 1. Köln, Carl Link Verlag.

Liegle, Ludwig (2006): Bildung und Erziehung in früher Kindheit. Stuttgart, W. Kohlhammer Verlag.

Neuß, Norbert (2011): Grundwissen Krippenpädagogik. Berlin, Cornelsen Verlag.

Stamm, Margit (2010): Frühkindliche Bildung, Betreuung und Erziehung. Bern, Haupt Verlag.

Tagesmutter-Infoportal (2017): Was ist Kindertagespflege, In: Tagesmutter.net, Das deutsche Tagesmutter-Infoportal. http://www.tagesmutter.net/themen/infos-fuer-eltern/was-ist-kindertagespflege.html [25.10.17].

Von der Beek, Angelika (2010): Bildungsräume für Kinder von Null bis Drei. Weimar/Berlin, Verlag das Netz.

4 Bilinguale Kindergärten

Lea Schlesinger

4.1 Sprache lernen

Der Spracherwerb von Kindern erfolgt nicht über bloßes Imitieren der gehörten Sprache. Es gehört viel mehr dazu: Ein Kind muss auf der Grundlage des Sprachangebotes die abstrakten Regeln seiner Muttersprache ableiten. Diese bestehen aus:

- Prosodie, der Sprachmelodie und dem Sprachrhythmus
- Phonologie, der Lautstruktur
- Morphologie, den Regeln der Wortbildung
- Syntax, der Kombination von mehreren Wörtern zu vollständigen Sätzen
- Lexikon und Satzsemantik, dem Wortschatz und dessen Bedeutungsstruktur

Mit Ausnahme der Prosodie, stellt das die linguistische Kompetenz dar, mit deren Hilfe unendlich viele Sätze verstanden und produziert werden können. Aber Kinder müssen auch eine pragmatische Kompetenz erwerben, um Sätze situativ und kommunikativ angemessen verwenden zu können. Binnen 16 Jahren haben Kinder einen Grundwortschatz von ca. 60.000 Wörtern erlernt. Das sind umgerechnet etwa neun neue Wörter pro Tag, was eine immense Leistung ist (vgl. Schneider/Lindenberger 2012). „Jedes Neugeborene ist grundsätzlich mit der angeborenen menschlichen Fähigkeit, Sprache zu erwerben und folglich sprachlich zu kommunizieren, ausgestattet" (Wendland 2006: 10) Damit diese Fähigkeit entwickelt wird, müssen gewisse Bedingungen erfüllt sein. Wendland (2006) stellt diese in einem Bild von einem Baum dar. Die Bedingungen sind einerseits körperlicher, geistiger und psychischer Natur (Wurzeln und Stamm des Baumes) und andererseits Umweltfaktoren (Boden, Gießkanne und Sonne). Nur mit Hilfe einer positiven Unterstützung der Umwelt, kann ein Kind zur Sprache gelangen. Die Wurzeln des Sprachbaumes symbolisieren die Fähigkeiten, die ein Kind in einem regelrechten Spracherwerb durchläuft. Der Stamm verdeutlicht wichtige Voraussetzungen – Sprachverständnis und Sprechfreude – damit sich die Sprache entwickeln kann. Die Krone des Baumes stellt hier die ausdifferenzierte Sprache mit Wortschatz, Grammatik, Artikulation und Kommunikation dar. Darüber hinaus benötigt das Kind aber zusätzlich auch Liebe, Akzeptanz, Sicherheit und Fürsorge der Familie und der Bezugspersonen oder auch der Erzieher in der Kindertagesstätte, welche durch eine Sonne dargestellt werden. Eine Gießkanne symbolisiert die Anregung und Förderung der Sprache und die Art der Kommunikation zwischen Erwachsenen und Kindern. All diese Faktoren sind eingebettet in der kulturellen und gesellschaftlichen Lebenssituation des Kindes, welche die Entwicklung der Sprache ebenfalls beeinflusst (vgl. Wendland 2006).

4.2 Bilingualität und Formen des Spracherwerbs

Der Begriff der Bilingualität ist schwer zu definieren. Es gibt viele verschiedene Auffassungen, die sich teilweise nur gering unterscheiden. Manche Forscher sind der Meinung, dass bereits die Beherrschung einer Sprache und das Verstehen einer weiteren Sprache als Mehrsprachigkeit gilt. Andere sind jedoch der Überzeugung, dass Kinder mehrere Sprachen verstehen und sprechen können müssen, damit man von bilingualer Erziehung sprechen kann. Im Buch „Die Welt trifft sich im Kindergarten" werden diese beiden Formen als Zweitsprachenerwerb für erstere Auffassung und Doppelsprachenerwerb für die zweite Auffassung beschrieben (vgl. Ulich et al. 2010). Weiterhin ist zwischen einem natürlichen Spracherwerb und dem Erlernen einer Fremdsprache im Unterricht zu unterscheiden. Die Muttersprache wird in einem natürlichen Umfeld wie der Familie, auf dem Spielplatz oder auch im Kindergarten und später auf dem Pausenhof der Schule erworben (vgl. Ulich et al. 2010). Sowohl beim Erstsprach-, als auch beim Zweitspracherwerb erfolgt das Lernen leichter, wenn das Kind in einer friedlichen und harmonischen Lebenssituation groß wird (vgl. Wendland 2006). Der Fremdsprachenunterricht ist in monolingual geführten Schulen klar von den anderen Fächern getrennt und die Sprache wird mit Hilfe von Büchern oder anderen Lernmedien vermittelt. Er erfolgt in didaktischen Blöcken, ist klar strukturiert und baut auf das in den vorangegangenen Kapiteln erworbene Wissen auf. Das Erlernen einer zweiten Sprache im Kindergarten ist dem natürlichen Spracherwerb zuzuordnen. Die Kinder lernen die zusätzliche Sprache, indem sie in alltägliche Kommunikation einbezogen werden und wie bei der Muttersprache die Regeln ableiten und anwenden (vgl. Ulich et al. 2010).

4.3 Bilinguale Kindergärten in Deutschland

In Deutschland gab es im Jahr 2014 1.035 bilinguale Kindergärten. Diese Zahl hat sich in den letzten 10 Jahren sogar verdreifacht (vgl. Tab. 1). Die Verteilung auf die verschiedenen Bundesländer ist sehr unterschiedlich, die konkreten Zahlen können Abbildung 1 entnommen werden. Die 1.035 Kitas machen 2 % der Kitas in Deutschland aus.

Tabelle 1: Bilinguale Kitas in Deutschland im Zeitverlauf (FMKS e.V., Stand Februar 2014)

	Anzahl Kitas	Anzahl bilinguale Kitas	Anteil bilinguale Kitas
2004	48.000*	340	0,70 %
2008	50.000**	532	1,06%
2014	52.000**	1035	1,99 %

Quelle: *Statistisches Bundesamt. Angabe gemittelt aus der Erhebung 2002 und 2006. 2002: 48.017 Kitas, 2006: 48.201 Kitas; **Statistisches Bundesamt. 2012, Stichtag 01.03.2012

Die angebotenen Sprachen in den Kitas variieren ebenfalls zwischen den Bundesländern. Die am häufigsten gesprochene Fremdsprach ist mit 41 % Englisch. Darauf folgen Französisch mit 30 %, Dänisch und Spanisch mit jeweils 5 %, Türkisch mit 4 %, Russisch und Sorbisch mit jeweils 3 %, Italienisch und Plattdeutsch mit jeweils 2 % und weitere Sprachen mit jeweils unter einem Prozent Anteil (vgl. Abb. 2).

Abbildung 1: Zahl bilingualer Kitas in den Bundesländern im Jahr 2004 (linke Säulen) und 2014 (rechte Säulen)

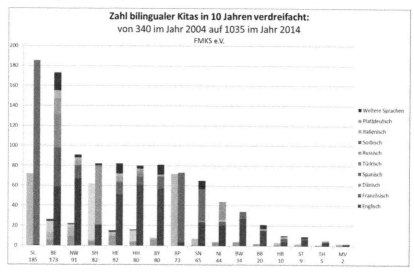

Anmerkungen: SL=Saarland, BE=Berlin, NW=Nordrhein-Westfalen, SH=Schleswig-Holstein, HE=Hessen, HH=Hamburg, BY=Bayern, RP=Rheinland-Pfalz, SN=Sachsen,

NI=Niedersachen, BW=Baden-Württemberg, BB=Brandenburg, HB=Bremen, ST= Sachsen-Anhalt, TH=Thüringen, MV=Mecklenburg-Vorpommern.

Bis 2010 war in Erhebungen der angebotenen Sprachen in bilingualen Kitas, welche durch den fmks durchgeführt wurden, Französisch der Spitzenreiter der angebotenen Sprachen. Durch besondere Französisch-Programme wurde diese Sprache in Rheinland-Pfalz und dem Saarland schon früh gefördert, verlor jedoch in der letzten Erhebung, die 2014 durchgeführt wurde, seine führende Position an die englische Sprache. Dies liegt vermutlich an dem immer weiter steigenden Interesse der Eltern ihren Kindern diese Weltsprache so früh wie möglich beizubringen.

Abbildung 2: Angebotene Fremdsprachen in bilingualen Kitas in Deutschland

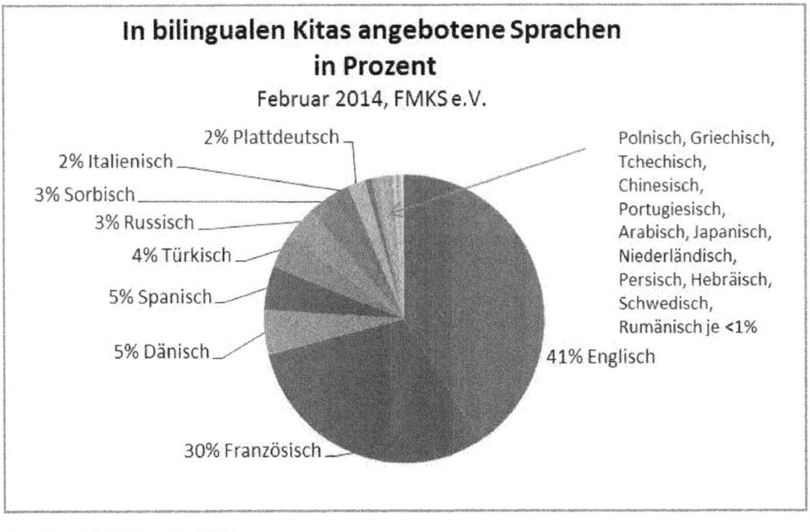

In bilingualen Kitas angebotene Sprachen in Prozent
Februar 2014, FMKS e.V.

2% Italienisch
2% Plattdeutsch
3% Sorbisch
3% Russisch
4% Türkisch
5% Spanisch
5% Dänisch
30% Französisch
41% Englisch
Polnisch, Griechisch, Tchechisch, Chinesisch, Portugiesisch, Arabisch, Japanisch, Niederländisch, Persisch, Hebräisch, Schwedisch, Rumänisch je <1%

Quelle: FMKS e. V. 2014

4.4 Der fmks

fmks bedeutet „Frühe Mehrsprachigkeit an Kitas und Schulen" und ist ein eingetragener Verein, der in Kiel seinen Sitz hat. Gegründet wurde er 2000, nachdem sich eine Elterninitiative im Jahr 1999 Englischunterricht ab der ersten Klasse für ihre Kinder gewünscht hatte. Als sie in der fachlichen Auseinandersetzung auf Herrn Prof. Dr. Henning Wode vom englischen Seminar der Universität Kiel aufmerksam wurden, der bereits den bilingualen Verbund aus Kindertagesstätte und Schule in Altenholz, in der Nähe von Kiel, initiiert und begleitet hatte, luden sie ihn zu einem Vortrag zur Immersionsmethode ein. Anhand vieler Reaktionen auf einen Bericht der lokalen Presse über den Vortrag, erkannten die Elterninitiative, die Lehrer und Herr Wode das große Interesse am Thema Englischunterricht ab Klasse 1 und gründeten den fmks e. V. Im Verein betätigen sich nicht nur Erzieher, Lehrer, Eltern, Kitas und Schulen. Auch Sozialpädagogen, Sprachwissenschaftler und Neurowissenschaftler sind Teil davon. Er hat Mitglieder in ganz Deutschland und sogar im Ausland. Der Verein arbeitet ehrenamtlich und finanziert sich über Mitgliedsbeiträge und Spenden. 2005 wurde der fmks e. V. mit dem „LeapFrog Learning Award" ausgezeichnet „der sich zum Ziel gesetzt hat, besonders innovative und kreative Ansätze, Ideen, Initiativen oder Projekte zur Förderung der frühen Bildung von Kindern im Vor- und Grundschulalter (0 bis 10 Jahre) bekannt zu machen und zu fördern".

4.5   Das Immersionsmodel

„Immersion" leitet sich von dem englischen Verb „to immerse", also eintauchen und vertiefen ab. Im Deutschen wird auch häufig das Wort *Sprachbad* als Synonym verwendet.

2002 vereinbarten die EU-Staats- und Regierungschefs in Barcelona, dass jeder Bürger der Europäischen Union drei Sprachen auf hohem Niveau beherrschen soll. Zum einen die Muttersprache und zum anderen zwei Fremdsprachen. Dieser Vorstellung entsprechen jedoch die wenigsten der deutschen Schulabsolventen (Fischer, o.J.).

Das Immersionsmodel wird schon seit vielen Jahren erfolgreich in Kanada, Nordamerika, Australien, in einigen asiatischen Ländern und auch in europäischen Ländern, wie Spanien, Finnland und Frankreich genutzt, um Kindern Fremdsprachen beizubringen. Auch in Deutschland nutzen immer mehr bilinguale Kitas das Model, um den Jüngsten unserer Gesellschaft einen guten Start für das Erlernen weiterer Sprachen zu bieten. Diese Kindertagesstätten arbeiten nach dem erfolgreichen Prinzip „eine Person - eine Sprache". Das bedeutet, dass einige der Erzieher (A) ausschließlich deutsch sprechen, andere (B) ausschließlich die angebotene Fremdsprache sprechen. Diese sind meistens Muttersprachler, oder beherrschen die entsprechende Sprache zumindest auf einem muttersprachlichen Niveau. Die Betreuungskräfte B verstehen deutsch, antworten aber auf Fragen und Beschwerden der Kinder grundsätzlich in der Fremdsprache, sodass es den Kindern immer frei gestellt ist, welche Sprache sie selber nutzen, die Fremdsprache aber als Kommunikationsmittel wahrnehmen.

Das, was die Erzieher in der Fremdsprache erklären, verdeutlichen sie durch Bilder, oder Mimik und Gestik. Ihre Handlungen unterstreichen sie mit Sprache, so wie es auch Eltern tun, wenn ihre Kinder die Muttersprache lernen. In einer bilingualen Kita, die immersiv arbeitet, lernt jedes Kind in seinem eigenen Tempo. Immersion geschieht ohne Druck und Zwang. Daher sind auch sprachliche Fehler alltäglich, werden jedoch nicht korrigiert, weil die Kinder irgendwann von selbst die richtigen Wörter und Sätze verwenden (Wode 2005). Kinder, die eine bilinguale Kita besuchen, müssen die dort angebotene Sprache also noch nicht von zu Hause kennen. Auch die Eltern müssen diese Sprache nicht sprechen und auch nicht mit ihren Kindern üben. Es ist sogar wichtig, dass die Kinder zu Hause in der Familiensprache kommunizieren. Der fmks e. V. empfiehlt nur, dass die Eltern „Interesse an den Erlebnissen ihrer Kinder zeigen, dem Immersionsverfahren gegenüber positiv eingestellt sein und den Wert der Mehrsprachigkeit kennen und schätzen" sollten (Wode 2005).

In bilingualen Kitas, die nach dem Immersionsmodell geführt werden, haben die Kinder der in einer Fremdsprache geführten Gruppen immer die Möglichkeit an Aktivitäten in ihrer Muttersprache teilzunehmen, wenn in ihrer eigenen Gruppe grade ein Angebot in der Fremdsprache stattfindet. Andersherum können auch Kinder der anderen Gruppen in die Räume der bilingualen Gruppe hineingehen und an deren Aktivitäten teilnehmen (Wode 2005). So ist es den Kindern freigestellt, wann sie sich mit der neuen Sprache beschäftigen und wann nicht.

4.6   Probleme und Besonderheiten der Billingualität

Wenn mehrsprachig aufwachsende Kinder in ihren Erzählungen und Unterhaltungen zwischen verschiedenen Sprachen wechseln, spricht man von Sprachmischung, auch „Code-Switching" genannt. Oft machen die Kinder dies völlig unbewusst. Wenn ihnen spontan ein Wort in der aktuell verwendeten Sprache nicht einfällt, oder wenn sie sich in einer emotionalen Lage befinden, nutzen sie einfach die andere Sprache, um sich besser ausdrücken zu können (vgl. Wendland 2006). Früher wurde dieses Phänomen in Verbindung mit Spracherwerbsverzögerungen oder –Schwierigkeiten als „Semilingualismus" bezeichnet. Man ging davon aus, dass beide Sprachen nur zur Hälfte erworben wurden. Heute untersucht die linguistische Forschung das Mischen der Sprachen. Dabei wird vermutet, dass dieses Phänomen zum Spracherwerbsprozess multilinguistischer Kinder dazu gehört (vgl. Wendland 2006).

Viele Menschen denken, dass die Entwicklung der Muttersprache gehemmt wird, wenn Kinder eine weitere Sprache lernen, oder dass die neue Sprache nicht ausreichend gelernt werden kann, wenn im familiären Umfeld nur in der

Erstsprache kommuniziert wird. So erlebt man in Kindertagesstätten häufig, dass die Erzieher den Kindern mit Migrationshintergrund untersagen in ihrer Muttersprache zu kommunizieren, weil sie den Kindern bis zur Einschulung ein möglichst hohes Niveau der deutschen Sprache beibringen wollen. Das gleiche wollen viele der nicht-deutschsprachigen Eltern und versuchen ebenfalls deutsch mit ihren Kindern zu sprechen. Wenn die Deutschkenntnisse der Eltern jedoch eingeschränkt sind, kann dies die Grammatik und Artikulation der Kinder negativ beeinflussen (vgl. Wendland 2006).

Die innerfamiliäre Kommunikation in der Muttersprache behindert das Erlernen der neuen Sprache nicht, sondern ist eine wichtige Grundlage. Wenn die Muttersprache nicht genügend geachtet und weitergeführt wird, kann das Kind diese als minderwertig erleben. Es fühlt sich in seiner Identität bedroht und ist weniger motiviert in der Familiensprache zu sprechen. Dies kann in Verbindung mit anderen Belastungsfaktoren bis hin zur Sprechverweigerung führen und somit auch zu Spannungen zwischen Eltern und Kindern.

Aber auch das Gegenteil kann der Fall sein: der erhöhte Druck, die neue Sprache zu lernen, kann bei den Kindern zu einem Widerstand führen, die Zweitsprache zu erlernen. Wenn zudem im Elternhaus Vorbehalte gegen das Land, in dem sich die Familie aufhält, ausgesprochen werden, reagieren Kinder sehr sensibel darauf, da sie in ihrer Abwehrhaltung indirekt bestätigt werden (vgl. Wendland 2006).

Bei bilingual aufwachsenden Kindern kann man manchmal einen Entwicklungsbruch im Erwerb der Muttersprache beobachten, der sich dann auch auf die Zweitsprache auswirkt. Auch kann es sein, dass das Kind unter einer Sprachentwicklungsstörung oder einer allgemeinen Entwicklungsverzögerung leidet und deswegen Schwierigkeiten beim Erwerb der Zweitsprache hat. Ängste, Kommunikationsunsicherheiten und Abwehrhaltungen gegen die neue Sprache können die Folge davon sein. Diese können sich noch verschlimmern, wenn die Muttersprache dann nicht gefördert wird und den Kindern in der Kindertagesstätte untersagt wird diese zu nutzen. Die Kinder brauchen eine intensive Förderung (vgl. Wendland 2006).

4.7   Methoden

Selbstverständlich gehen nicht nur deutschsprachige Kinder in eine bilinguale Kindertagesstätte, sondern auch Kinder, die eine andere Sprache als Muttersprache sprechen und Deutsch lernen sollen. Um Kindern eine neue Sprache nahezubringen, gibt es viele Methoden.

Wichtig ist es, das Gesagte visuell zu unterstützen. Man kann dies durch Gestik und Mimik erreichen, oder auf benannte Dinge weisen bzw. Bilder davon zeigen.

Eine weitere erfolgreiche Methode, um die neue Sprache zu unterstützen, ist, den Kindern bekannte Lieder, Fingerspiele, Zungenbrecher oder Reime auf der für sie neuen Sprache mit ihnen zu singen bzw. zu sprechen und bekannte Spiele zu spielen (vgl. Ulich et al. 2010).

Wenn sich täglich wiederholende Aktivitäten und Sätze auf der neuen Sprache durchgeführt und gesprochen werden, fördert dies den Lernprozess, denn der Mensch lernt durch Wiederholungen.

Weitere Methoden sind das Vorlesen von Büchern, das gemeinsame Anschauen von Bilderbüchern in den verschiedenen Sprachen oder das Anhören von Audiodateien.

Für Kinder, die mit einer anderen Muttersprache groß geworden sind kann man ein Patenkind auswählen, welches die Kindertagesstätte schon länger besucht. Dieses spricht im Optimalfall die Sprache des neuen Kindes oder lernt gemeinsam mit den Erziehern ein paar Sätze in der neuen Sprache, damit der Neuankömmling sich willkommen fühlt (vgl. Ulich et al. 2010).

Um die Ängste und Hemmungen bei neuen Kindergartenkindern abzubauen, empfehlen Ulich et al. folgendes: „Bei sprachgehemmten Kindern kann ein einfacher Dialog mit Handpuppen oder Fingerpuppen manchmal helfen, Hemmungen zu überwinden. Von einer Puppe wird man nicht so direkt angesprochen, das Gesprächsangebot ist spielerischer und offener, und so entsteht weniger Druck, auf eine bestimmte Art zu antworten oder zu reagieren" (Ulich et al. 2010: 27).

Ein wichtiger Aspekt, auf den die Erzieher achten müssen ist, dass sie auf eine klare und deutliche Aussprache achten müssen. Sie sollten ihre Wortwahl beachten und sich nicht komplett dem Sprachniveau der Kinder anpassen, sondern in korrekten Sätzen sprechen, damit die Kinder die Sprache richtig lernen (vgl. Ulich et al. 2010).

All diese Methoden müssen bei jedem Kind individuell an den Entwicklungsstand angepasst werden und können, durch einen liebevollen, akzeptierenden und fürsorglichen Umgang unterstützt, den Spracherwerb fördern.

4.8 Fazit

Kinder haben von Geburt an die Fähigkeit Sprachen – auch mehrere gleichzeitig – zu lernen. Die Anzahl der Einrichtungen, in denen Kinder mehrsprachig groß werden und das Interesse der Eltern an einer frühen Förderung wachsen stetig. Der fmks e. V. fördert diese Interessen und trägt dazu bei, dass die Methode der Immersion sich weiter in Deutschland verbreitet. Auch wenn es zu Problemen kommen kann, wenn Eltern ihr Kind bilingual erziehen wollen, eröffnen sich diesen Kindern später große Chancen auf dem Arbeitsmarkt. Und unter den richtigen Bedingungen, Umweltfaktoren und dem frühzeitigen

Erkennen, falls es zu einem Problem kommt, können Kinder sich sehr gut auf die Zweisprachigkeit einstellen. Wichtig ist jedoch auch immer die Muttersprache weiter zu fördern.

Literatur

Burmeister, P.: Übergang von der Grundschule zur weiterführenden Schule. http://www.fmks-online.de/download/fmks_Ich_kann_viele_Sprachen_lernen. pdf. S.24-29 [13. 09.2017].

Fischer, U.: Was Immersion so erfolgreich macht. http://www.fmks-online.de/ download/fmks_Ich_kann_viele_Sprachen_lernen.pdf. S. 9-11 [13.09.2017]

FMKS (2014): _Bilinguale Kitas in Deutschland. https://www.fmks-online.de [15.04.2019].

Schneider,W./Lindenberger U. (2012): Entwicklungspsychologie, 7. Auflage, Weinheim: Beltz Verlag.

Ulich, M./Oberhuemer, P./Soltendiek, M. (2010): Die Welt trifft sich im Kindergarten, 3. Auflage, Berlin, Cornelsen Verlag.

Verein für frühe Mehrsprachigkeit an Kindertageseinrichtungen und Schulen fmks e. V., Steinlen, A. K./Rohde, A. [Hrsg.]: http://www.fmks-online.de/download/ fmks_Ich_kann_viele_Sprachen_lernen.pdf [13.09.2017].

Verein für frühe Mehrsprachigkeit an Kindertageseinrichtungen und Schulen fmks e.V.:http://www.fmks-online.de/geschichte.html [11.09.17].

Wendland, W. (2006): Sprachstörungen im Kindesalter, 5. Auflage, Stuttgart, Georg Thieme Verlag.

Wode, H. (2005): Mehrsprachigkeit durch immersive Kitas. http://www.fruehkindliche-mehrsprachigkeit.de/downloads/abstracthenningwode.pdf [15.09.2017].

5 Fachkräftemangel in deutschen Kindertagesstätten

Julia Traska

In den Medien hört man häufig vom Fachkräftemangel in Deutschland. Dies betrifft nicht nur das Handwerk, sondern auch die Kindertagesstätten. Gerade Eltern bekommen es zu spüren, wenn sie einen Betreuungsplatz für ihr Kind benötigen. Es stellt sich schnell die Frage, warum es lange Wartelisten für einen Kita-Platz gibt. In manchen Regionen suchen Eltern verzweifelt nach einer Tagesmutter, da es keine Aussichten auf einen Platz in der Kindertageseinrichtung gibt. Vor der Gesetzesänderung 2009, wurden hohe Erwartungen an die Kindertagesstätten bezüglich des Platzbedarfs gestellt. Das Resultat der Gesetzesänderungen ist unter anderem der Anspruch auf einen Kita-Platz ab dem ersten Lebensjahr des Kindes, dieser wurde stufenweise eingeführt und ist seit 2013 bundesweit gültig. Eine weitere Änderung betraf die finanzielle Besserstellung von Kindertagespflegepersonen.

5.1 Arbeitsbedingungen in der Kindertagesbetreuung

Spieß und Westermaier (2016) beschreiben die Arbeitsbedingungen der ErzieherInnen mit den Ergebnissen des Sozioökonomischen Panels (SOEP). Demnach waren im Jahr 2015 514.206 Personen in diesem Bereich beschäftigt, davon waren 5 % Männer. Die meisten der Befragten waren zwischen 45 und 55 Jahre alt. Etwa 42 % arbeiten in Vollzeit. Es wollen allerdings insgesamt 66% der ErzieherInnen ihre Arbeitszeit verändern. 31 % würden gerne mehr arbeiten, wohingegen 35 % von ihnen gerne die Stunden reduzieren würden. Die Personen, die bereits in Teilzeit arbeiten, streben selten eine Arbeitszeitveränderung an. Lediglich diejenigen, die weniger als 21 Stunden pro Woche arbeiten, streben eine verlängerte Arbeitszeit an. Die Studie zeigt auch, dass ostdeutsche Betreuungspersonen eher ihre Arbeitszeit erhöhen wollen, als westdeutsche. Im Vergleich zu anderen Berufsgruppen sind die ErzieherInnen mit ihrer Arbeit zufrieden. Allerdings sind 49 % der Befragten mit dem damit erzielten Einkommen deutlich unzufriedener, als vergleichbare Berufsgruppen. Sie fühlen sich zudem durch das geringe Einkommen belastet. Von den darin enthaltenen Teilzeitbeschäftigten nehmen 57 % ihr Gehalt als zu gering war. Personen, die eine Leitungsfunktion innehaben, besitzen eine höhere Zufriedenheit mit ihrem Einkommen. 55 % der befragten ErzieherInnen empfinden die Belastung durch Zeitdruck und viel Arbeit als mäßig bis stark. Die Studie zeigte auch, dass bei steigendem Stundenlohn die Wahrscheinlichkeit, Zeitdruck als Belastung zu empfinden, sinkt. Dies ist vor allem bei den Beschäftigten im öffentlichen Dienst der Fall. Die Studie beschreibt nicht nur die Zufriedenheit und das Einkommen, sondern auch wie sich die ErzieherInnen für ihre Arbeit anerkannt fühlen. Nur wenigen der Befragten fehlte die Anerkennung vom Vorgesetzten. Bei den Teilzeitbeschäftigten wurde allerdings die generelle Anerkennung ihrer Leistungen bemängelt. Aus den Befragungen wurde ersichtlich, dass ErzieherInnen nicht überdurchschnittlich durch den Beruf verausgabt sind. Wenn überhaupt Verausgabung empfunden wurde, dann waren es überwiegend die Vollzeitbeschäftigten ohne Kinder im eigenen Haushalt. Am wenigsten verausgabt fühlten sich wiederum die Beschäftigten im öffentlichen Dienst. Es konnte ein Anstieg der Anforderungen in den letzten Jahren festgestellt werden. Die Gründe hierfür sind, dass die Kinder früher in die Kitas gehen und auch mehr Stunden dort verbringen, als dies noch bis vor einigen Jahren der Fall war. Zudem wird von den ErzieherInnen mehr gefordert (individueller und vielfältiger auf die einzelnen Kinder einzugehen), wie zum Beispiel bei der Sprachförderung oder der Inklusion (vgl. Spieß/Westermaier 2016).

Die meisten Mitarbeiter in Kindertagesstätten sind staatlich anerkannte ErzieherInnen, viele von ihnen haben Weiterbildungen (Sprachbildung, naturwissenschaftliche Förderung u.ä.) gemacht; 5 % davon sogar eine akademische, welche dann zur KindheitspädagogIn führt. Jede achte Person in der Kindertagesstätte hat eine Berufsfachschulausbildung zur Kinderpflege absolviert. Es gibt neben diesen Berufsabschlüssen auch so genannte „QuereinsteigerInnen", die aus anderen Berufszweigen stammen. Die vielen neuen komplexen Anforderungen, die die frühpädagogischen Bildungsbedürfnisse jedes einzelnen Kindes fördern sollen, führen zu multiprofessionellen Teams in den Kindertagesstätten. Mauz et al. (2017) beschreiben eine Studie aus Nordrhein-Westfalen. Ein Großteil der pädagogischen Fachkräfte berichtet von arbeitsbezogenen gesundheitlichen Belastungen während und unmittelbar nach der Arbeit, insbesondere im Bewegungsapparat. Dies ist häufig bedingt durch das kinderfreundliche Mobiliar und das Tragen und Heben der Kinder. Zudem kommen psychische Belastungen, die sich in Form von Magen-Darm-Beschwerden, Kopf- und Nackenschmerzen, sowie Schlafstörungen äußern. Eine zusätzliche psychische Belastung geht von den strukturellen Bedingungen aus, die die personellen Ressourcen, die großen Gruppengrößen und die ungeeigneten materiellen und räumlichen Bedingungen umfassen. Die Bedingungen werden mit zunehmendem Alter als schwieriger empfunden und die Bedrohung durch Burnout ist hoch. Die krankheitsbedingten Fehltage steigen stetig in diesem Berufsfeld. Im Jahr 2009 waren es im Durchschnitt 13,9 Tage, 2014 bereits 18,9 Tage. Dies sind 2,7 bzw. 4 Tage mehr als alle anderen Beschäftigten im Durchschnitt krankheitsbedingt fehlen. Darüber hinaus stellen die Autoren fest, dass der Personalschlüssel und die reale Fachkraft-Kind-Relation differenziert zu betrachten ist. Der Personalschlüssel blickt nur ganz allgemein darauf, wie viel Personal pro Kind angestellt wird. Abwesenheitszeiten wegen Urlaub, Krankheit, etc. werden nicht berücksichtigt.

Die tatsächliche Betreuungsrelation aus der Perspektive des Kindes, wird durch die Fachkraft-Kind-Relation dargestellt. Empfehlungen liegen hier bei unter Dreijährigen bei 1:2 bzw. 1:4 und bei Drei bis Sechsjährigen bei 1:7,5 und 1:10 (vgl. Mauz et al. 2017). Laut der Studie wird der Personalschlüssel zwar als zufriedenstellend bewertet, teilweise wird aber nicht einmal die gesetzliche Vorgabe erfüllt. Engpässe entstehen vor allem durch Urlaub, Krankheit, Fort- und Weiterbildungen, sowie durch Schwangerschaft. Die Differenz zwischen Personalschlüssel und realer Fachkraft-Kind-Relation ist sehr hoch. In 30-44 % der Fälle (tageszeitabhängig) können die wissenschaftlichen Empfehlungen hier nicht eingehalten werden. Diese Differenz gilt als hoher Belastungsfaktor für die Beschäftigten. Es ist aber festzuhalten, dass die allgemeine Personalfluktuation sehr gering ist. Neben den Engpässen an Personal fehlt es an Zeit für die Vor - und Nachbereitung der eigentlichen pädagogischen Arbeit. Freie Zeit wird oft für Elternbriefe, Entwicklungsgespräche, Bildungsdokumentationen o.ä. genutzt. Die Zeit „am Kind" ist immer mit hohem Zeitdruck verbunden und wird als sehr gering eingeschätzt (vgl. ebd.).

In Nordrhein-Westfalen ist in den Einrichtungen eine hohe Arbeitsplatzsicherheit geboten. Vom Leitungspersonal haben 9 von 10 einen unbefristeten Arbeitsvertrag. Bei den MitarbeiterInnen ohne Leitungsfunktion ebenfalls etwa 75 %. Für einen Teil der Fachkräfte fallen regelmäßig Überstunden an, die aber nur in Ausnahmefällen ohne Ausgleich bleiben. Dies betrifft die Leitungspositionen, bei denen es aus Zeitmangel oft nicht möglich ist. Belastende Faktoren in Einrichtungen sind unter anderem ein hoher Geräuschpegel, schlechte finanzielle und materielle Ausstattung, das hohe Infektionsrisiko und das ergonomisch ungünstige Mobiliar. Generell sehen die Fachkräfte die Gleichzeitigkeit von Arbeitsanforderungen und Dauerpräsenz als Belastung, ebenso fehlende Kommunikationsstrukturen und ein schlechtes Teamklima. Als Ressourcen werden hingegen Rückzugsmöglichkeiten in den Pausen, die Abwechslung, die Bewegung im Beruf ebenso wie die direkte Arbeit mit den Kindern gesehen. Auch die Anerkennung und ein gutes Verhältnis zu den Eltern fördern die Gesundheit der Mitarbeiter (vgl. ebd.).

Die Lebenssituation der ErzieherInnen kann zumeist durch traditionelle Lebensformen (verheiratet mit Kind) charakterisiert werden, allerdings haben ErzieherInnen meist mehr Kinder als andere erwerbstätige Frauen. Durch diese Konstellation sind sie allerdings generell stark in den Familienkontext eingebunden und so erschwert sich in diesem Berufszweig die Vereinbarkeit von Familie und Beruf. Hieraus entwickelt sich dann ein Grund, der den Fachkräftemangel beeinflusst: ErzieherInnen mit eigenen Kindern wollen laut der AQUA-Studie (vor allem in Westdeutschland) nur noch in Teilzeit arbeiten. Dies zeigt, auch wenn rein rechnerisch genügend Fachkräfte ausgebildet wären, dass nicht davon ausgegangen werden kann, dass diese auch als Vollzeitkraft zur Verfügung stehen (vgl. Strunz 2014).

5.2 Ursachen des Fachkräftemangels

Als Fachkräftemangel bezeichnet man den Zustand einer Wirtschaft, bei dem Arbeitsplätze nicht durch Fachkräfte, mit ausreichender Qualifikation, besetzt werden können. Es stehen somit nicht ausreichend Fachkräfte zur Verfügung. Allgemein gelten folgende Ursachen des Fachkräftemangels als typisch für eine langfristige Arbeitsmarktprognose: Zum einen der demografische Wandel: Immer mehr Menschen scheiden aus dem Arbeitsleben aus und es kommen nicht genügend Kräfte nach. Zum anderen die allgemein steigende Nachfrage nach qualifiziertem Personal. Dies ist in vielen Bereichen auf den technologischen Fortschritt zurückzuführen. In der Kinderbetreuung sind hier die Anforderungen an das pädagogische Handeln entscheidend. Durch einen Fachkräftemangel steigen oft die Löhne, wodurch ein höherer Anreiz geboten werden soll, diesen Beruf zu ergreifen (vgl. Onpulson o.J.).

Bei der Kinderbetreuung wird in Deutschland seit 2006 ein Fachkräftemangel vorhergesagt. Das Fachkräftebarometer hat beispielsweise die voraussichtliche Deckung der Fachkräfte bis 2025 berechnet und kommentiert. Nach dessen Angaben erhöhte sich das Personal, zwischen den Jahren 2006 und 2013, um 40 %, also etwa 140.000 Personen. Die Zahl der Ausbildungsplätze wurde erhöht und einige bereits ausgeschiedene Erzieherinnen kamen noch einmal in die Betreuung zurück, um den befürchteten Mangel auszugleichen. Schilling (2014) gibt hierzu an, dass der Bedarf aus vier Gründen ansteigt:

1. Der Ausbau der Plätze für unter Dreijährige (U3) hat massiv zugenommen, da durch den gesetzlichen Anspruch die Plätze bereitgestellt werden müssen.
2. Zudem kommt eine Verbesserung des Personalschlüssels hinzu, der eine bessere Betreuung der Kinder gewährleisten soll.
3. Des Weiteren wird das Ganztagsangebot für Kinder von drei bis sechs Jahren erweitert.
4. Neben den Kindertagesstätten werden auch in den Grundschulen die Ganztagsbetreuungsangebote erweitert, die zu einem Mehrbedarf an Fachkräften führt.

Neben den genannten Gründen werden grundsätzlich neue Arbeitskräfte benötigt. Diese neuen Arbeitskräfte werden aus zwei Gründen erforderlich: Zum einen ist das der Übergang einiger ErzieherInnen in die Altersrente oder in die Rente wegen verminderter Erwerbsfähigkeit. Zum Anderen das Ausscheiden von ErzieherInnen aus persönlichen Gründen. Dies sind ca. 200.000 Fachkräfte, die zwischen den Jahren 2014 und 2025 ausscheiden (vgl. Schilling 2014).

5.3 Bedarfsdeckung

Bis 2025 sollen 296.224 neue Absolventen in die Kindertagesstätten übergehen. Die Absolventen kommen aus den Ausbildungsgängen der ErzieherInnen, der KinderpflegerInnen, der SozialassistentInnen und der Kindheitspädagoginnen. Jene könnten also rein rechnerisch die Fachkräfte, die aus den obengenannten Gründen aus dem Beruf ausscheiden ersetzen. In fast allen westlichen Bundesländern müssen alle AbsolventInnen ab 2019 für den Ersatzbedarf eingesetzt werden. Hieraus ergibt sich also kein Fachkräftemangel. Jedoch ist hier der Mehrbedarf zu beachten, dieser muss durch weiteres Personal abgedeckt werden. Für den Mehrbedarf wegen des Personalschlüssels beispielsweise, müssen die jetzigen Ausbildungskapazitäten deutlich erhöht werden, um den Bedarf 2019 zu decken. Die für den U3-Ausbau nötigen Kräfte könnten generell auch durch die zur Verfügung stehenden AbsolventInnen gedeckt werden, sofern kein erhöhter Personalbedarf durch weitere noch diskutierte Verbesserungen beschlossen wird (vgl. ebd.).

Der bisherige Personalbedarf wegen des U3-Ausbaus wird auf der Grundlage berechnet, wie viele Plätze überhaupt von den unter Dreijährigen in Anspruch genommen werden. Im Jahr 2014 waren dies 33 % der unter Dreijährigen. Von den Eltern wurden 2014 allerdings 42 % gewünscht. Dies hat zur Folge, dass je Prozentpunkt ca. 20.000 Plätze benötigt werden. Die mit 3.300 Fachkräften in Kindertageseinrichtungen und zusätzlichen 1.000 Kinderpflegepersonen (den sogenannten „Tagesmüttern") besetzt werden müssen. Eine Erhöhung von 33 % auf 42 % bedeutet somit, dass ca. 30.000 neue Stellen allein in Kindertageseinrichtung geschaffen werden müssen. Nicht einbezogen ist der momentane Anteil der Teilzeitkräfte, mit diesen wären es ca. 37.000 Personen. Zusätzlich werden 9.000 Tagesmütter außerhalb der Einrichtungen benötigt. Durch die zukünftigen AbsolventInnen, stehen rechnerisch allerdings nur 36.000 Personen für die Kindertagesstätten zur Verfügung, für die Kindertagespflegepersonen ist keine genaue Zahl bekannt (vgl. ebd.).

Der Personalbedarf, der durch die Verbesserung des Personalschlüssels entstehen könnte, hängt vor allem davon ab, wie hoch dieser Schlüssel steigt. Aktuell liegt der Schlüssel bei Drei- bis Sechsjährigen bei 1:10,2 und bei den unter Dreijährigen bei 1:5,1 - 7,5. Wenn die Betreuung (3 - 6 Jahre) auf mindestens 1:8,5 und im U3-Bereich auf 1:4,5 erhöht wird, steigt der Bedarf an Vollzeitstellen um weitere 40.000. Bei einem noch besseren Betreuungsschlüssel von 1:8 und 1:4 läge der Bedarf bei 60.000 Vollzeitstellen. Der durchschnittliche Mehrbedarf wäre somit etwa bei 50.000-75.000 Personen. Eine

Verbesserung auf 1:7,5 und 1:3, erfordert einen Mehrbedarf von 117.800 Vollzeitstellen. Diese Veränderungen bewirken dann einen deutlichen Mehrbedarf an Betreuungspersonen, der auch mit deutlich höheren Kosten verbunden wäre. Die Ausbildungskapazitäten müssten bundesweit stark erhöht werden, um diesen drohenden Fehlbedarf aufzufangen (vgl. ebd.).

Bei der Ausweitung von Ganztagsplätzen im Kindergarten und der Schule, sind unterschiedliche Ursachen für den Personalbedarf maßgebend. Bei den Kindergartenplätzen werden bereits 95 % der Vollversorgungsplätze durch den Kindergarten in Anspruch genommen. Hier geht es also nicht um mehr Plätze, sondern um die Ausweitung der Betreuungszeiten der vorhandenen Plätze. Bei einer Aufstockung um 50 % wären das in Westdeutschland 8.000-9.000 Vollzeitstellen und mit Einbezug der Teilzeitkräfte ca. 10.000-11.000 Personen. Für die Betreuung an Grundschulen ist nicht die Betreuungszeit, sondern der Ausbau an Plätzen für den Mehrbedarf verantwortlich. Hier sind lediglich 25 %-30 % der Schüler nach der Schule in Betreuung. Diese sollen um 10 % erhöht werden, was 12.000 neue Stellen, also ca. 15.000 Personen (inkl. Teilzeitkräfte) bedeuten würde (vgl. ebd.).

Wie bereits erwähnt, kann die Ausdehnung des Förderauftrages, durch das Gesetz, als eine Ursache des Fachkräftemangels in Deutschland gesehen werden. §43 SGB VIII schreibt vor, dass für die Betreuung eines einzigen Kindes gegen ein Entgelt, welches mehr als 15 Stunden pro Woche und länger als drei Monate betreut wird, eine Pflegeerlaubnis erforderlich ist, sofern das Kind nicht im Haushalt der Erziehungsberechtigten gepflegt wird. Zudem ist im §24 SGB VIII die Bereitstellung von Betreuungsplätzen für unter Dreijährige verpflichtend geworden, sodass weiteres Personal, auch außerhalb von Kindertageseinrichtungen benötigt wird. Des Weiteren schreibt das Gesetz im §23 SGB VIII eine Mindesthöhe der Geldleistungen für Betreuung vor. Für die Beschäftigten müssen nun anteilig Leistungen für eine Unfallversicherung, die Altersvorsorge, Aufwendungen und Sachmittel geleistet werden. Diese Gesetzesänderungen haben zur Folge, dass die Nachfrage nach zusätzlichem Tagespflegepersonal mit entsprechender Qualifikation, sowie auch die Kosten extrem steigen. Der Gesetzgeber versuchte durch §22 SGB VIII den Personalmangel in der Tagespflege abzumildern. Dieser erlaubt, dass das Landesrecht die Betreuung in angemieteten Räumen, sogenannten Großtagespflegeeinrichtungen regeln kann. Dies bietet eine höhere Kapazität für gleichzeitig zu betreuende Kinder, da hier zwei oder mehr Pflegepersonen gemeinsam Räume anmieten. Diese Betreuungsform ist in fast allen Bundesländern zulässig (vgl. Pabst 2014).

Rauschenbach und Schilling (2010) kalkulieren den bevorstehenden Personalbedarf aufgrund der verschiedenen Gesetzesänderungen (Tagesbetreuungsgesetz, KICK, KiföG). Der, wie bereits ausgeführt, seit 2013 geltende Rechtsanspruch auf einen Betreuungsplatz für Ein - bis Dreijährige, inklusive dem Wunsch- und Wahlrecht der Eltern, sind Teil dieser Änderungen. Die

Politik nahm beim Gesetzesbeschluss an, dass 2013 etwa 750.000 Plätze bundesweit benötigt werden, was 35 % der unter Dreijährigen abdecken sollte. Die Inanspruchnahme der Plätze variiert stark nach Region/Kommune und Bundesland. In Westdeutschland wurde von 32 % ausgegangen und in Ostdeutschland von 50 %, da dort durch die ehemalige DDR, schon lange die Nutzung solcher Plätze beansprucht wurde. In der ehemaligen DDR war es üblich, dass Kinder schon sehr früh in außerfamiliäre Betreuung gehen, damit die Mütter rasch wieder in den Beruf zurückkehren konnten. Das sich nun aus den Gesetzesänderungen ein erhöhter Bedarf an Personal ergab, war erwartbar. Die Nachjustierung der Quote wurde ausdrücklich von Bund und Ländern mit beschlossen. Eine genaue Vorhersage der Beanspruchung der Plätze, konnte nicht berechnet werden. Deshalb haben Rauschenbach und Schilling drei Szenarien herausgearbeitet, die die Quote über die Jahre erhöhte (2013 → 35 %, 2015 → 44 %, 2017 → 48 %). Für das Jahr 2013 gaben Rauschenbach und Schilling (2010) an, dass 38.000 neue Vollzeitstellen in Kindertageseinrichtungen und 32.800 Tagespflegepersonen benötigt würden. Dies entspricht etwa 81.000 Plätzen. Bis zum Jahr 2015 würden insgesamt 61.000 neue Vollzeitstellen und 40.200 Tagespflegepersonen benötigt. Bis zum Jahre 2017 hätten dann insgesamt 72.000 Vollzeitstellen und 46.000 Tagespflegepersonen geschaffen werden müssen. Wie bereits oben beschrieben werden neben dem neuen Personal auch weitere Personen benötigt. Einige der 2010 arbeitenden ErzieherInnen schieden, aus unterschiedlichen, zumeist altersbedingten Gründen vorzeitig aus. Dies waren laut der Berechnung etwa 4.000 Personen pro Jahr. Etwa 32.000 Personen verließen aus anderen Gründen diesen Arbeitsbereich zwischen 2009 und 2017. Hierzu gehören unter anderem die, die wegen Elternzeit oder der Pflege von Angehörigen vorübergehend ausscheiden. In dieser Gruppe ist auch der Teil mit einbezogen, der nach dem vorübergehenden Ausstieg mit geänderten Wochenarbeitszeiten in dieses Arbeitsfeld wieder eingemündet ist. Im Durchschnitt gehen Personen dieser Berufsgruppe mit 60 Jahren in Rente, daraus ergeben sich nochmals 48.000 Personen, die zwischen 2009 und 2017 ausgeschieden sind. Es ergibt sich ein Gesamtersatzbedarf von weiteren 80.000 Personen (vgl. Rauschenbach/Schilling 2010).

Nach dem die Bedarfsseite nun hinreichend beschrieben wurde, gibt es weitere Faktoren, die diese wieder minimieren bzw. das fehlende Personal ersetzen. Zum einen ist durch den demografischen Verlauf zu erkennen, dass die Kinderzahlen weiter sinken. Was auch einen Rückgang der geforderten Plätze mit sich bringt. Zudem gab es in einigen Teilen Deutschlands eine vorzeitige Einschulung wodurch der Platzbedarf für Drei- bis Sechsjährige beeinflusst wurde. In Zahlen waren dies im Jahr 2013 ca. 132.000 Plätze, also 14.000 Stellen weniger. In den Jahren 2015 und 2017 jeweils etwa 170.000 Plätze, was 18.000 Stellen weniger entsprechen würde. Zum anderen brachten die Ausbildungskapazitäten nach und nach Absolventen in den Arbeitsmarkt ein. In den Jahren 2009 bis 2013 wurden mehr als 53.000 neue Erzieherinnen ausgebildet, sowie in einigen Bundesländern etwa 7.500 KinderpflegerInnen und ca. 2.000 SozialassistentInnen. Bis 2017 rechnete man mit insgesamt 115.000 ErzieherInnen, 15.000 KinderpflegerInnen und weiteren 4.000 SozialassistentInnen (vgl. ebd.).

Abbildung 1: Personalfehlbedarf in den Jahren 2013-2017

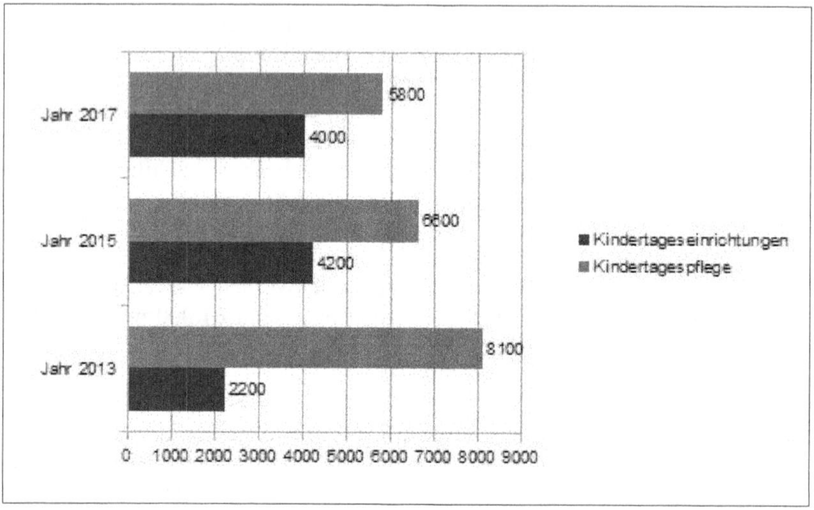

Quelle: eigene Darstellung in Anlehnung an Rauschenbach/Schilling 2010

Insgesamt ergab sich dann bis 2013 ein Fehlbedarf von 2.200 (vgl. Abb. 1) Personen in Westdeutschland, die jährlich in den Kindertageseinrichtungen fehlten, sowie 8.100 (vgl. Abb. 1) Personen in der Kindertagespflege. Bis 2017 gingen die Bedarfe allerdings wieder leicht zurück und beliefen sich auf jährlich 4.000 Personen (vgl. Abb. 1) in den Kindertageseinrichtungen und 5.800 (vgl. Abb. 1) in der Kindertagespflege. In Ostdeutschland waren nur minimale Fehlbedarfe in der Kindertagespflege ersichtlich. In den Kindertageseinrichtungen sind hier sogar Personalüberhänge zu erkennen. Es ist also, in Westdeutschland, vor allem die Kindertagespflege, die Probleme im Hinblick auf die Fachkräfte aufweist. In Ostdeutschland ist insgesamt keine Unterbesetzungen ersichtlich. Für ganz Deutschland ist die Lage überschaubar und spitzt sich nur in einigen Regionen zu, wo hingegen in anderen Regionen zu viel Personal vorhanden ist. Sollte allerdings der Personalschlüssel doch noch seitens der Politik verbessert werden, wäre ein Personalnotstand dennoch denkbar. Gerade die jetzt schon fehlenden Personen in der Kindertagespflege in Westdeutschland, die sich dann von 2009 ausgehend verdoppeln hätten müssen, bringen die Lage ins Wanken. Zudem arbeiten Kindertagespflegepersonen oft nicht auf Dauer in dieser Tätigkeit, bzw. gibt es keine genauen empirischen Erfassungen über Tagespflegepersonen. Dies ergibt einen kontinuierlichen zusätzlichen Ersatzbedarf, der nicht genau zu kalkulieren ist. Des Weiteren gibt es in der Tagespflege keine bundesweit etablierte Ausbildung, die jährlich eine gewisse Anzahl an AbsolventInnen hervorbringt. Die Personalfrage ist bei der Tagespflege somit nicht kalkulierbar. Die dort fehlenden Plätze müssen schlussendlich durch die Kindertageseinrichtungen aufgefangen werden, wodurch der dort berechnete Bedarf erheblich ansteigt (vgl. ebd.).

5.4 Lösungsvorschläge

Rauschenbach und Schilling (2010) haben acht Möglichkeiten herausgearbeitet, dem teilweise drohenden Fachkräftemangel entgegenzuwirken, diese ergeben zusammen einen Lösungsweg:

1. Steigerung der Ausbildungskapazitäten bei den ErzieherInnen.
2. Steigerung der Hochschulabsolventen im frühkindlichen Bereich: Viele von diesen Absolventen gehen bisher nach dem Studium in andere Bereiche, anstatt in die Kindertageseinrichtungen. Teilweise arbeiten sie aber schon während des Studiums dort, da sie ihr Studium oft berufsbegleitend absolvieren.
3. Arbeitslose Fachkräfte wieder einbinden: Im Mai 2009 bis April 2010 waren dies etwa 7.000 ErzieherInnen, von denen wohl nicht alle zur Verfügung stehen oder sich am falschen Ort befinden. Dennoch können hier Kapazitäten gewonnen werden. Des Weiteren sind etwa 8.000 Personen arbeitslos, die zwar nicht die Fachkraftausbildung besitzen, aber für die Kindertagespflege in Frage kommen würden.
4. Erhöhung der Arbeitszeit von derzeit Teilzeitbeschäftigten: Im Jahr 2009 arbeiteten etwa 54 % des Personals in Teilzeit. Wenn alle MitarbeiterInnen Vollzeit arbeiten würden, wären etwa 65.000 Personen weniger nötig. Allein eine Reduzierung auf 34 % der Teilzeitkräfte würde den teilweise vorherrschenden Mangel um 14.000 Personen minimieren.
5. Verstärkter Wiedereinstieg in die Kindertageseinrichtungen, in dem Fachkräfte aus anderen Bereichen zurückgewonnen werden: Hier sind evtl. Qualifizierungsmaßnahmen der Fachkräfte nötig, um wieder auf den aktuellen Ausbildungsstand zu kommen. Ein Teil der ausgebildeten ErzieherInnen war noch nie in einer Kindertageseinrichtung beschäftigt, bzw. ist jetzt in einem anderen Bereich tätig.
6. Ausbildungspotenzial angrenzender Länder nutzen: Rauschenbach und Schilling meinen damit vor allem die westdeutschen Länder, die an die Ostdeutschen angrenzen. Im Osten herrscht eher ein Personalüberhang, der im Westen aushelfen kann.
7. Verstärkte Qualifizierung zusätzlicher Tagespflegepersonen: Zum einen sind hier enorme Werbemaßnahmen nötig, zum anderen ist eine erweiterte

fachliche Begleitung und Unterstützung durch das Jugendamt notwendig. Es müssen weitere Anreize in finanzieller Sicht geschaffen werden. In Bundesländern, in denen ein besonders großer Mangel herrscht, wäre eine gezielte berufliche Ausbildung als Tagespflegeperson denkbar. Das würde die Qualität und Kontinuität der Tätigkeit in diesem Gebiet deutlich erhöhen.

8. Anzahl der Kinder pro Tagespflegeperson muss erhöht werden: In Westdeutschland sind momentan etwa 2,4 und in Ostdeutschland etwa 3,5 Kinder pro Tagespflegeperson untergebracht. Bei einer Erhöhung in Westdeutschland auf 3,5 wäre dies eine Senkung um 30 % des nötigen Personals.

Diese acht Punkte zeigen, dass Bund und Länder durchaus Möglichkeiten haben, dem drohenden Personalnotstand mit qualifizierten Fachkräften entgegenzuwirken (vgl. Rauschenbach/Schilling 2010).

5.5 Bisherige Entwicklung

Der Istzustand im Jahr 2017 gibt einen Aufschluss darüber, ob der befürchtete Personalnotstand eingetreten ist oder noch bevorsteht. Bei der hier dargestellten Zusammenstellung des Personals in Kindertageseinrichtungen (siehe Tabelle 1), scheint die Lage überaus gut zu sein. Selbst wenn von dem jährlichen Mehrbedarf von 4.000 Personen pro Jahr bis 2017 ausgegangen wird, sind über 232.000 Personen mehr eingestellt worden, als nach den Berechnungen von Rauschenbach und Schilling nötig gewesen wäre.

Tabelle 1: Beschäftige in Kindertageseinrichtungen

Jahr	Beschäftigte Personen Insgesamt	Errechneter Mehrbedarf pro Jahr ausgehend von 2009	Errechneter Zielbedarf an beschäftigten Personen	Abweichung vom errechneten Ziel
2009	402.121	-	-	-
2013	575.919	2.200	410.921	+ 164.998
2015	642.269	4.200	427.321	+ 214.948
2017	666.455	4.000	434.121	+ 232.334

Quelle: Destatis; Statistisches Bundesamt 2012; Rauschenbach/Schilling 2010

Bei einem genaueren Blick auf die Beschäftigten der Kindertagespflege (Tabelle 2), liegt hier der Grund für die erhöhte Einstellung im Kindertagesstättenbereich. Von dem errechneten Zielbedarf von 71.058 im Jahr 2013 fehlten schon über 27.000 Tagespflegepersonen und 2017 sind es vorläufig (Stand: 27.07.17) schon über 41.000. Dieser Personalmangel in der Tagespflege muss nun durch die Kindertageseinrichtungen aufgefangen werden.

Tabelle 2: Beschäftige in der Kindertagespflege (Tagesmütter)

Jahr	Beschäftigte Personen Insgesamt	Errechneter Mehrbedarf pro Jahr	Errechneter Zielbedarf an beschäftigten Personen	Abweichung vom errechneten Ziel
2009	38.658	-	-	-
2013	43.953	8.100	71.058	- 27.105
2015	44.107	6.600	78.258	- 34.151
2017	43.951	5.800	85.058	- 41 107

Quelle: Destatis; Statistisches Bundesamt 2012; Rauschenbach/Schilling 2010

Das dies aber nicht ausreichend geschehen ist, ist an der Betreuungsquote zu erkennen (Tabelle 3). Die gewünschte Quote von 35 % bundesweit im Jahre 2013 ist nicht erreicht worden. Es fehlten 5,7 % der nötigen Betreuungsplätze. Nach dem Inkrafttreten des Rechtsanspruchs auf einen Betreuungsplatz, stieg der benötigte Bedarf im Jahre 2015 auf 43,6 %. Bis dahin wurde lediglich ein Betreuungsanteil von 32,9 % erreicht. Dieser sank im Jahre 2016 noch einmal auf 32,7 %. Nach den vorläufigen Ergebnissen konnte im Jahr 2017 die 35 %-Marke mit 38,4 % überschritten werden. Der nötige Bedarf liegt aber dennoch weit darüber. Wenn man allein vom Bedarf des Jahres 2016 ausgeht sind es weiterhin 7,6 % weniger, als die geforderte Betreuungsabdeckung.

Tabelle 3: Betreuungsquote Gesamtdeutschland

Jahr	Betreuungsquote des Bedarfs	Erreichte Betreuungsquote	Abweichung
2009	-	20,20 %	-
2013	35,00 %	29,30 %	5,70 %
2015	43,60 %	32,90 %	10,70 %
2016	46,00 %	32,70 %	13,30 %
2017	-	38,40 %	-

Quelle: Destatis

5.6 Exkurs: Fallbeispiel zum Fachkräftemangel

Um den Fachkräftemangel noch einmal zu verdeutlichen, wird hier ein Fall aus dem Raum Rheinhessen dargestellt, aus dem der „versteckte Fachkräftemangel" deutlich werden soll:

Laut der Befragung einer Kita-Leitung[3], können folgende Dinge festgehalten werden: Die momentanen Arbeitsbedingungen in der Kindertageseinrichtung sind mit einer hohen psychischen Belastung verbunden und können teilweise bis hin zum Burnout führen. Zudem leiden einige Mitarbeiter unter der Lärmbelästigung oder unter Rückenschmerzen, beides bedingt durch die normale Arbeit. Das Arbeitsklima wird als ein fester Zusammenhalt beschrieben, der aber unter ständiger Anspannung steht. Die Organisation ist sehr schwierig, da es selten möglich ist, langfristig zu planen und ständige Flexibilität gefordert wird. Die Bezahlung der Vollzeitkräfte liegt zwischen 1.700€ und 2.000€ netto. Jährlich leisten die Mitarbeiter im Durchschnitt 30-60 Überstunden. Neben den ca. 30 Tagen Urlaub und den 7 Tagen Bildungsurlaub, fehlen die Mitarbeiter durchschnittlich etwa 10-15 Tage im Jahr wegen Krankheit. Der aktuelle Stand an fehlendem Fachpersonal, liegt bei 1-2 Vollzeitkräften und dem zusätzlichen Fehlen einer Ersatzfachkraft für eine auf Dauer erkrankte Person. Ein akuter Fachkräftemangel liegt in dieser Einrichtung nicht vor, da keine Stellen ausgeschrieben sind, die nicht besetzt werden können. Bis 2018 fehlen hin und wieder 16-20 Plätze im U3-Bereich, hier ist allerdings kein Stellen-/Gruppenausbau vorgesehen. Doch gerade bei Krankheitsfällen von Mitarbeitern, spitzt sich die Lage in dieser, und auch in anderen Einrichtungen, zu. Die Auswirkungen des gesetzlich zu geringen Personalschlüssels sind, dass die ErzieherInnen unter ständiger Überforderung leiden. Sie gehen oft über ihre Grenzen, was nicht selten zum Burnout führt. Erholung ist nur schwer möglich, da sich der Urlaubsanspruch immer weiter hinauszögert. Wenn dann noch Mitarbeiter erkranken, wird die Situation noch schwieriger. Das Ersatzpersonal, welches bei Krankheitsfällen oder Fortbildungen einspringen sollte, fehlt in diesen Phasen. Gemäß dem Landesjugendamt RLP müssen Kindertageseinrichtungen schließen, wenn weniger als 50 % der Kräfte anwesend sein können (z. B. wegen Krankheit). Diese Situation tritt sehr häufig ein. Um den Kindern und den Eltern aber entgegen zu kommen, wird die Einrichtung nicht geschlossen, sondern mit dem vorhandenen Personal weiter gearbeitet. Diese Leistung wird von keiner Seite gesehen, und somit werden die Missstände nicht erkannt. Die Kita-Leiterin sieht als einzige Lösung, dass die Rahmenbedingungen endlich zeitgemäß angepasst werden müssen. Zudem steigen neben diesen Anforderungen die Ansprüche in fachlicher und organisatorischer Sicht. Es fehlt zudem oft an Anerkennung auch von Seiten der Eltern, die oft noch mehr

---

3   Fragebogen/Gespräch mit dem Verfasser im Juli 2017 mit Kita-Leitung Frau G. Mettenheim

Ansprüche stellen oder sogar Misstrauen zeigen. Die Arbeit der ErzieherInnen wird von ihnen nicht wertgeschätzt. Es gibt aber auch Auswirkungen für die Kinder in den Einrichtungen. Die Kinder können oft nur noch „betreut" und nicht mehr pädagogisch gefördert werden. Pädagogische Inhalte treten in den Hintergrund und werden wegen des Personalmangels stark eingeschränkt. Als Ursache beschreibt die Kita-Leitung, dass die zuständigen Behörden viel zu spät gehandelt haben. Als Beispiel nennt sie, das Baumaßnahmen erst jetzt in Planung sind. Das Problem ist schon jetzt da und nicht erst in ein paar Jahren, wenn die Maßnahmen durchgeführt wurden. Die Leitungen der Einrichtungen warnen schon seit Jahren, dass es an Fachkräften und auch an Betreuungsplätzen mangelt. Die Behörden verstecken sich aber zu oft und zu lange hinter Zahlen. Als Ursache des Mangels in anderen Einrichtungen des Landkreises, sieht sie die Umsetzung des Rechtsanspruchs für unter Dreijährige, die Reform der Ausbildung, vor allem der KinderpflegerInnen, sowie die Beitragsfreiheit ab dem 2. Lebensjahr. Alle diese Faktoren führen zu dem jetzigen Mangel an Betreuungsplätzen im Landkreis. Als Lösungsvorschläge schildert die Kita-Leiterin Provisorien, also Notgruppen, um genügend Plätze zu schaffen. Hier sieht sie allerdings auch die Schwierigkeit diese personell zu besetzen. Des Weiteren sieht sie den Ausbau an Tagesmüttern als essentiell, da hier in der Region viel zu wenig vorhanden sind, die dann den Platzbedarf in den Kindertageseinrichtungen erhöhen. Sie erklärt, dass es einfach keine Alternativen außer der Tageseinrichtung gibt, da die Familienkonstruktionen sich verändert haben und alle berufstätig sind.

Im Gegensatz zur Kita-Leiterin sehen der Landrat und die Bedarfsplanerin des Landkreises die vorherrschende Lage etwas anders. Sie wurden von einer Steigerung der Geburtenrate, sowie einem enormen Zuzug in die Region überrascht. Der Zuzug ist vor allem auf Grund neuer Baugebiete entstanden. Zudem ist die Inanspruchnahme der Plätze nicht vorhersehbar gewesen. Von den Zweijährigen sind fast 95 % und von den Einjährigen etwa 30 % in der Kindertageseinrichtung. Das führt die Bedarfsplanerin auf die gute Arbeitsmarktlage zurück. Rheinhessen hat sich zu einem guten Wirtschaftsstandort, mit einem attraktiven Wohn- und Lebensumfeld entwickelt, sodass vor allem in den größeren Städten des Landkreises 27 neue Gruppen fehlen. Insgesamt fehlen im Landkreis 850 Betreuungsplätze, was etwa 50 Gruppen entspricht (vgl. Allgemeine Zeitung 2017).

5.7 Fazit

Als Ursache des Fachkräftemangels ist nicht die allgemeine Unzufriedenheit der Beschäftigten oder die Attraktivität des Berufs zu sehen. Lediglich, das teilweise geringe Einkommen, gerade bei Teilzeitbeschäftigten, könnte ein

Hinderungsgrund sein, weswegen weniger Personen diesen Berufsweg einschlagen. Wenn allerdings die Ausbildungskapazitäten nicht ausgebaut werden, ist trotz der recht hohen Attraktivität des Berufs, nicht genügend Personal in der Ausbildung, um den Bedarf in den nächsten Jahren zu decken. Der Eindruck, der den Eltern durch Medien vermittelt wird, dass ein Fachkräftemangel herrscht, ist nicht ganz richtig. Es herrscht zwar ein Betreuungsplatzmangel, aber hierfür werden vor allem Gelder benötigt die den Kita-Ausbau vorantreiben. Erst wenn die Erweiterungen erfolgt sind, kann nach geeignetem Personal gesucht werden. Das Personal ist in einigen Regionen wirklich knapp. An anderen Stellen allerdings durchaus vorhanden. Es herrscht also rein rechnerisch kein Personalmangel bei den Kindertagesstätten im Bundesdurchschnitt, aber wegen fehlenden Tagesmüttern erhöht sich der Bedarf in den Kindertageseinrichtung. Bei den Tagesmüttern muss der Staat bzw. müssen die Länder und Kommunen die Attraktivität der Tätigkeit deutlich steigern. Der Kita-Ausbau ist ein langer und zäher Prozess, der auch nachhaltig sein muss. Tagespflegepersonen können aber relativ kurzfristig ihre Tätigkeit aufnehmen. Doch das muss sich auch für diese lohnen. Hier muss gehandelt werden, um die eigentlich gut aufgestellten Kindertageseinrichtungen zu entlasten. Wenn mit so einer hohen Zahl an Tagespflegepersonen gerechnet wird, muss auch viel dafür getan werden, dass neue Kräfte in diesen Bereich einsteigen. Anhand der geschilderten Lage ergibt sich für viele Eltern folgendes Problem: Sie haben zwar seit 2013 den Rechtsanspruch auf einen Betreuungsplatz für ihr Kind und wenn sie in einem Gebiet leben, wo zu wenige Plätze vorhanden sind, können Sie diesen theoretisch auch einklagen, doch dann ist noch lange kein neuer Platz geschaffen. Der Rechtsanspruch bedeutet eben nicht die Sicherheit auch einen Platz zu bekommen. Dies hat zur Folge, dass vor allem Frauen länger zuhause bleiben müssen. Sie können nicht wieder in den Beruf einsteigen. Neben den Auswirkungen eines längeren Ausstiegs aus dem Erwerbsleben (Verpassen von Neuerungen, Routine fehlt, alter Arbeitsplatz steht nicht mehr zur Verfügung...) kommen auch finanzielle Probleme und Ängste hinzu.

In der bereits beschriebenen Einrichtung ist es insgesamt so, dass hier keine offenen Stellen vorhanden sind, die nicht besetzt werden können. Es fehlt lediglich an Personal bei Engpässen durch Urlaub oder Krankheit. Dennoch warten viele Eltern auf einen Platz in der Kindertageseinrichtung, da die Kapazität der Kita ausgereizt ist. Es müssten also erst Maßnahmen ergriffen werden, die weitere Gruppen ermöglichen würden, die dann mit neuem Personal besetzt werden müssten. Für diese neuen Gruppen, die bisher noch nicht einmal in Planung sind, wird es allerdings auch schwierig sein die offenen Stellen zu besetzen. Zudem ändert sich dadurch noch nicht die Tatsache, dass der Personalschlüssel zu gering berechnet ist. Schlussendlich muss hier seitens der Politik gehandelt werden.

Literatur

Allgemeine Zeitung (2017): Im Landkreis Alzey Worms fehlen in den kommenden Jahren laut Bedarfsplanungen 850 Kita Plätze. http://www.allgemeine-zeitung.de/lokales/alzey/alzey/im-landkreis-alzey-worms-fehlen-in-den-kommenden-jahren-laut-bedarfsplanung-850-kita-plaetze_17945466.htm [01.08.17].

Hanssen, K./König, A./Nürnberg, C./Rauschenbach, T. [Hrsg.] (2014): Arbeitsplatz Kita - Analysen zum Fachkräftebarometer Frühe Bildung, München. http://www.weiterbildungsinitiative.de/uploads/media/Arbeitsplatz_Kita.pdf (Dezember 2014) [14.06.17].

Mauz, E./Viernickel ,S./Voss, A. (2017): Arbeitsplatz Kita – Belastungen erkennen, Gesundheit fördern, Weinheim: Beltz Verlag.

Onpulson (o.J.): Wirtschaftslexikon – Fachkräftemangel. https://www.onpulson.de/lexikon/fachkraeftemangel/ [01.08.17]

Pabst, C. (2014): Kindertagespflege: Tätigkeit zwischen Nebenerwerb und Beruf. In: Hanssen, K./König, A./Nürnberg, C./Rauschenbach, T. [Hrsg.]: Arbeitsplatz Kita - Analysen zum Fachkräftebarometer Frühe Bildung, München. http://www.weiterbildungsinitiative.de/uploads/media/Arbeitsplatz_Kita.pdf (Dezember 2014) [14.06.17].

Rauschenbach, T./Schilling, M.(2010): U3-Ausbau und seine personellen Folgen - Empirische Analysen und Modellrechnungen, München. https://www.weiterbildungsinitiative.de/uploads/media/RauschenbachSchilling.pdf (Oktober 2010) [25.07.17].

Schilling, M. (2014): Fachkräftebedarf und Fachkräftedeckung in der Kindertagesbetreuung 2014 bis 2025. In: Hanssen, K./König, A./Nürnberg, C./Rauschenbach, T. [Hrsg.]: Arbeitsplatz Kita - Analysen zum Fachkräftebarometer Frühe Bildung, München. http://www.weiterbildungsinitiative.de/uploads/media/Arbeitsplatz_Kita.pdf (Dezember 2014)[14.06.17].

Spieß, C. K./Westermaier, F. G. (2016): Berufsgruppe „Erzieherin". Zufrieden mit der Arbeit, aber nicht mit der Entlohnung. In: DIW Wochenbericht Nr. 43.2016.

Statistisches Bundesamt (2012): Kinderbetreuung in Deutschland – Begleitmaterial zur Pressekonferenzen am 6. November 2012 in Berlin. https://www.destatis.de/DE/PresseService/Presse/Pressekonferenzen/2012/kindertagesbetreuung/begleitmaterial_PDF.pdf?__blob=publicationFile (November 2012) [01.08.17].

Strunz, E. (2014): Wie vereinbaren Erzieherinnen Familie und Beruf? Eine Bestandsaufnahme auf Basis des Mikrozensus. In: Hanssen, K./König, A./Nürnberg, C./Rauschenbach, T. [Hrsg.] (2014): Arbeitsplatz Kita - Analysen zum Fachkräftebarometer Frühe Bildung, München Online: http://www.weiterbildungsinitiative.de/uploads/media/Arbeitsplatz_Kita.pdf (Dezember 2014) [14.06.17].

Textor, M/Bostelmann, A. [Hrsg.]: Aktuelle statistische Daten zur Kindertagesbetreuung. http://www.kindergartenpaedagogik.de/1650.html [01.08.17]

6 Ein Spagat zwischen Familie, Beruf und Elternschaft vor dem Hintergrund der Rollentheorie

Hannah Schwitalla und Tobias Otto

„In vielen Fällen wird die Familie durch das Arbeiten der Frau nicht ganz aufgelöst, sondern auf den Kopf gestellt. Die Frau ernährt die Familie, der Mann sitzt zuhause, verwahrt die Kinder, kehrt die Stube und kocht" (Engels 1848: 179).

So ist für Friedrich Engels schon 1845 die Rollenverschiebung von Mutter und Vater ein Thema. Ein Thema, welches heute aktueller denn je erscheint. 170 Jahre danach, nehmen immer mehr Väter die Möglichkeit der Elternzeit in Anspruch, um sich an der Pflege und Erziehung ihrer Kinder zu beteiligen. Dies belegt eine Statistik des statistischen Bundesamtes, wonach im Jahr 2014 34,2 % der Väter Elterngeld und die damit verbundene Elternzeit beanspruchten (vgl. Statistisches Bundesamt 2016).

Hat die Gesellschaft also mittlerweile den Tausch der Elternrollen, wie ihn Engels bereits damals beschrieben hat, erfahren oder sind wir nach wie vor den traditionellen Mustern verbunden?

Diese Fragestellung ist von wissenschaftlichem Interesse, da sie Auswirkungen auf die Art der Kindererziehung und Betreuung sowie auf die damit verbundenen Institutionen und Dienstleister hat. Denn nicht nur die Eltern müssen in der heutigen Zeit einen Spagat zwischen Berufs- und Familienleben bewerkstelligen, es bedarf auch mehr denn je professioneller Erzieher und pädagogischer Fachkräfte, die Eltern unterstützend zur Seite stehen. Ein grundlegendes Verständnis von Rollen und Positionen der Eltern in ihrem Beruf, wie auch ihrer Familie, ist für Erzieher heutzutage unerlässlich.

6.1 Die Rolle aus soziologischer Sicht

Den Begriff der Rolle kennt man für gewöhnlich aus dem Bereich des Theaters. Dieser lässt sich aber ebenso auf das zwischenmenschliche Geschehen in einer Gesellschaft beziehen, da der Rollenbegriff beispielsweise in Bezug auf die Elternrolle oder die zuvor angeführte Rollenverschiebung, zur Erfassung der gänzlichen Thematik fundamental ist.

Eine Gesellschaft besteht laut Parsons aus einer großen „Vielzahl von institutionalisierten Subsystemen" (Tillmann 1989: 145), wie unter anderem dem Beschäftigungssystem, Bildungssystem, Verkehrssystem etc., welche wiederum zur Stabilität des Gesamtsystems der Gesellschaft beitragen. Innerhalb dieser Systeme gibt es verschiedene Positionen, in denen ein Individuum zahlreiche Rollen einnimmt, die ihm zum einen von der Gesellschaft zwangsläufig zugewiesen werden können, wie beispielsweise die Rolle des Kindergartenkindes. Zum anderen kann ein Individuum eine Rolle auch freiwillig einnehmen und in dieser agieren (vgl. ebd.).

Dabei ist zu betonen, dass eine Rolle abgegrenzt ist von anderen Rollen und deren Rechte sowie Pflichten klar definiert sind. Trotz dieser klaren Trennung sind die verschiedenen Rollen aufeinander abgestimmt und auch angewiesen. Ein Beispiel dafür sind die Rollen des Erziehers und die des Kindergartenkindes, welche sich gegenseitig ergänzen, während sie auch gleichzeitig aufeinander angewiesen sind.

An dieser Stelle ist grundlegend zwischen Rollen und Positionen zu unterscheiden. Eine Rolle (Bsp.: ErzieherIn) kann eingenommen, gewechselt und abgelegt werden. Eine Position (Bsp.: Mutter) kann nicht abgelegt werden und besteht fortwährend.

Der Rollenbegriff impliziert die Annahme, dass jeder Mensch, mehr oder minder bewusst, zu jedem Zeitpunkt eine Rolle spielt. Die Vorstellung, welche wir von unserer Rolle, also unserem Selbst, haben, wird im Laufe der Sozialisation zur zweiten Natur und damit zur eigenen Persönlichkeit (vgl. Goffman 1983: 21). Diese Rolle ist jene, die jeder Mensch aus sich selbst heraus erfüllen möchte, um den normativen Erwartungen, die an den Einzelnen herangetragen werden zu entsprechen.

Stellt man sich eine Situation zwischen zwei Menschen vor, so treten diese in eine unmittelbare Interaktion miteinander (vgl. ebd.: 18). Dabei geht es dem Einzelnen darum, sich selbst darzustellen, um den anderen in irgendeiner Art und Weise zu beeinflussen bzw. eine bestimmte Wirkung auf sein Gegenüber zu haben. Das muss nicht unmittelbar eine Manipulation im negativen Sinne sein, sondern bezieht sich auf jede Form der bewussten Beeinflussung. Goffman bezeichnet dies auch als „Konfrontation" (vgl. ebd.: 19). Dabei unterscheidet man grundlegend ob der Darsteller selbst von seiner Darbietung überzeugt ist und in seinen Handlungen die wirkliche Realität sieht. Diese werden als „aufrichtig" bezeichnet. Demgegenüber steht der Darsteller, der seiner Darbietung selbst nicht glaubt, da er laut Goffman sein falsches Spiel am leichtesten durchschauen kann (vgl. ebd.).

Neben diesen beiden Formen des Darstellers gibt es aber auch den Akteur, den die Beeinflussung seines Umfeldes nicht interessiert. Ist ein Darsteller von seiner Rolle nur wenig überzeugt oder gering an der Beeinflussung seines Umfeldes interessiert, so wird dieser als „zynisch" bezeichnet. Der Zynismus muss nicht zwangsläufig aufgrund von „Eigennutz oder zum Zweck persönlichen

Gewinns" (ebd.: 20) vollzogen werden. Die bewusste Täuschung des Publikums kann auch zum Allgemeinwohl vorgenommen werden (vgl. ebd.: 19 ff.). Dies ist an einem vereinfachten Beispiel zu verdeutlichen:

Stürzt ein Kind beim Spielen und verletzt sich dabei am Bein, so ist dessen unterschwellige Erwartungshaltung an die Erziehungsperson, dass eine Reaktion erfolgt. Wenn diese das Kind nun in den Arm nimmt, einmal auf die schmerzende Stelle pustet und dem Kind versichert, dass es nun besser sei, genügt das dem Kind meist, um fröhlich weiter spielen zu können.

Ein Erzieher, der sonst ehrlich und aufrichtig ist, wird von seinem Publikum (dem verletzten Kind) unbewusst gezwungen eine zynische Rolle einzunehmen (vgl. ebd.). Die Täuschung findet dabei nicht aufgrund von Eigennutz oder ähnlichem statt, sondern sie ist die Antwort auf die Erwartungshaltung des Kindes.

Wie nun ausgeführt wurde kann eine Rolle aufrichtig oder aber zynisch gespielt werden. Unabhängig welche Motivation dahinter steht, ist jedem Menschen bewusst, dass er verschiedene Rollen in der Gesellschaft einnimmt und sich selbst als Darsteller inszeniert, um sein Gegenüber mehr oder minder bewusst zu beeinflussen.

6.2 Darstellung der eigenen Rolle

In den Rollen, die ein Mensch einnehmen kann, agiert der Einzelne in Form einer sog. Darstellung. Diese umfasst das Gesamtverhalten einer Person, was auch als Fassade bezeichnet werden kann. Die Fassade wird in regelmäßiger und vorherbestimmter Art zur Vorstellung einer Rolle vor einem bestimmten Publikum verwendet. Man kann demnach von einem vorherbestimmten Handlungsmuster sprechen, welches auch als standardisiertes Ausdrucksrepertoire bezeichnet wird. Dieses kann bewusst oder unbewusst während einer Vorstellung angewandt werden (ebd.: 23). Zu dem genannten Ausdrucksrepertoire zählt die sogenannte persönliche Fassade, welche von den Zuschauern zwangsläufig mit dem Darsteller einer bestimmten Rolle in Verbindung gebracht und zugleich erwartet wird. Dazu zählt unter anderem eine angemessene Kleidung, die Sprechweise, die Haltung, das Geschlecht, das Alter, die Gestik und Mimik (vgl. ebd.: 25). Die Darbietungen eines Darstellers werden demnach kalkulierbar, da er in der Regel versucht den Erwartungen, die an seine Rolle seitens der Gesellschaft gestellt werden, zu erfüllen (vgl. Tillmann 1989: 148). Goffman gliedert die persönliche Fassade in zwei Aspekte. Dabei werden die Erscheinung und das Verhalten eines Darstellers unterschieden. Die Erscheinung umfasst jene fixierten Aspekte, welche über den sozialen Status des Darstellers informieren und einen Einblick in die derzeitige Situation geben. Goffman geht davon aus, dass sich die Erscheinung nicht von jetzt auf gleich verändert, wie es im Gegensatz dazu beispielsweise die Mimik vermag. Vielmehr gibt die Erscheinung dem Zuschauer Aufschluss darüber, in welcher Situation sich der Darsteller befindet. Dabei wird in die formelle gesellschaftliche, die arbeitende und die zwanglose Situation unterschieden (vgl. Goffman 1983: 25). Jede dieser Situationen bringt eine entsprechende Darbietung mit sich, welche von den Zuschauern erkannt wird. Entsprechend der Situation werden auch andere Erwartungen an den Darsteller der Rolle gestellt. So wird etwa in einer formellen gesellschaftlichen Situation eine angemessene Kleidung erwartet, während der Zuschauer in einer zwanglosen Situation kein besonderes Augenmerk auf die Bekleidung legt.

Das Verhalten hat die Eigenschaft, sich innerhalb eines Moments verändern zu können. Hier kann es also eine situationsbedingte Veränderung geben, welche sich beispielsweise in der Mimik zeigen kann. Das Verhalten gibt dem Zuschauer Aufschluss darüber, was der Darsteller beabsichtigt. Es spiegelt sich darin auch wieder, welche Rolle der Darsteller derzeit spielt (vgl. ebd.).

In der Regel erwarten die Zuschauer vom Darsteller, dass Verhalten und Erscheinung kohärent sind. Dies meint, dass beides aufeinander abgestimmt sein muss und sich gegenseitig bestätigen sollte (vgl. ebd.). So erwartet etwa eine Mutter von einer ausgebildeten Erzieherin (Erscheinung), dass sie ihrem Kind altersgerecht, geduldig und liebevoll in Wort und Tat begegnet (Verhalten).

Die Zuschauer erwarten darüber hinaus eine Kohärenz zwischen Verhalten, Erscheinung und Bühnenbild, wodurch sich ein Idealtypus bildet. Das Bühnenbild stellt einen festen Bestandteil der Vorstellung dar und ist in Ausnahmen variabel. Das Schauspiel kann im Normalfall erst dann begonnen werden, wenn das Bühnenbild betreten wurde und muss beim Verlassen des Bühnenbildes auch wieder beendet werden (vgl. ebd.: 23). So ist ein Erzieher erst dann in der Rolle des Erziehers, wenn dessen Arbeitszeit beginnt und er die Kindertagesstätte betritt. Verlässt er den Arbeitsplatz und begegnet einem der Kinder auf der Straße, so findet diese Begegnung nicht mehr zwischen Kind und Erzieher statt, da der rollenspezifische Rahmen verlassen wurde.

Daraus lässt sich folgern, dass die Zuschauer eine Erwartungshaltung haben, welche die Abstimmung aller drei Komponenten aufeinander verlangt. Es entsteht ein Idealtypus, welcher bestimmte Erwartungen seitens der Zuschauer mit sich bringt.

6.2.1 Rollenerwartungen und Rollenkonformität

An diesen Idealtypus von Übereinstimmung zwischen Verhalten, Erscheinung und Bühnenbild wird ein Erwartungsmuster von Seiten der Zuschauer herangetragen. Dies geschieht beispielsweise auch in Bezug auf das Dienstleistungsgewerbe, zu dem sich unter anderem auch Kindertagesstätten zählen.

Die normativen Erwartungen der Zuschauer stehen der handelnden Person, in ihrer Rolle, gegenüber (vgl. Tillmann 1989: 149). Das Befolgen und Erfüllen dieser Erwartungen seitens der Darsteller ermöglicht diesen auf „Anerkennung und Belohnung" zu treffen, während die „Missachtung zu Ablehnung und Bestrafung durch Interaktionspartner" (ebd.) führt. Nach Parsons ist es eine Frage der erfolgreichen Sozialisation, dass der Einzelne die Befriedigung seiner subjektiven Bedürfnisse aus dem konformen Rollenverhalten ziehen kann (vgl. ebd.: 151). Anders formuliert: „Gesellschaftliche Konformität wird zum subjektiven Bedürfnis und damit zur Quelle von Befriedigung." (ebd.)

Die Darsteller handeln in ihrer Rolle demnach entsprechend der Erwartungen, um ihr natürliches Bedürfnis nach Anerkennung und Belohnung zu befriedigen. Dabei werden die Werte unserer Gesellschaft von der Person internalisiert, sodass es nicht mehr als ein Muss empfunden wird, die Erwartungen zu erfüllen. Vor allem, weil die „inneren Dispositionen ein solches Verhalten fördern" (Coser 1999: 27).

An dieser Stelle müssen zwei Formen der Konformität unterschieden werden, zum einen die Einstellungskonformität und zum anderen die Verhaltenskonformität. Unter ersterem versteht man etablierte Werte und Normen, welche der Einzelne als legitim anerkennt. Von Verhaltenskonformität dagegen spricht man, wenn Individuen „ungeachtet der Art ihrer Einstellungen in Übereinstimmung mit Werten und Normen handeln" (ebd.). Es lässt sich also folgern, dass Individuen sich zum einen gesellschaftliche Werte durch Sozialisation oder aber durch Eigeninitiative aneignen können. Alternativ können sie sich in ihrem Verhalten augenscheinlich an bestehende Werte und Normen anpassen. Auch wenn es in manchen Situationen gewünscht wird, dass man in den Gedanken konform ist, so reicht doch meist eine Verhaltenskonformität aus, um die Rolle entsprechend ausführen zu können (vgl. ebd.).

Bei den Erwartungen, mit denen sich die Darsteller konfrontiert sehen, handelt es sich allerdings nicht um individuelle, welche von den Zuschauern in jeder Situation neu gebildet werden müssen. Man spricht von Erwartungsmustern, die dem Zuschauer ermöglichen auf eine für ihn unbekannte Situation, mithilfe von bisherigen Erfahrungen und stereotypen Denken problemlos zu reagieren und das Muster anzuwenden (vgl. Goffman 1983: 27). Diese Erwartungen werden demnach nicht individuell und zu jeder Zeit entwickelt, sondern sind vielmehr ein Teil des Subsystems, in dem sich eine Rolle befindet (vgl. Tillmann 1989: 149).

Beschriebene Muster ermöglichen, dass die Zuschauer nicht jedes Mal wieder neu mit den unterschiedlichen Anforderungen überfordert sind, sondern dass sie verschiedene Muster an sich gleichende Situationen anwenden können und so mit einer Art Vokabular von Fassaden vertraut sind (vgl. Goffman 1983: 27).

Es ist ein bekanntes Phänomen, dass die Zuschauer ein Muster an eine bestimmte Rolle anlegen. Dies machen sich Dienstleister zu Nutze und begegnen den Zuschauern in ihren Erwartungen mit einem „dramaturgischen Ausdruck von Reinlichkeit, Modernität, Zuverlässigkeit und Kompetenz" (ebd.), um die Adressaten von ihrer Professionalität zu überzeugen. Dennoch ist an dieser Stelle zu betonen, dass ein Rollenhandeln nur ungestört verlaufen kann, wenn der Darsteller mit seinen eigenen Bedürfnissen und den Rollenerwartungen übereinstimmt (vgl. Tillmann 1989: 149).

Es ist davon auszugehen, dass es etablierte Rollen in der Gesellschaft gibt, an die bereits Erwartungen gestellt werden, bevor jemand die besagte Rolle überhaupt einnimmt. Entscheidet sich beispielsweise eine junge Frau in den Erzieherberuf einzusteigen und eine Stelle in einer Kindertagesstätte anzunehmen, so sind die Erwartungen, die seitens der Gesellschaft an ihr Verhalten und ihre Erscheinung gestellt werden, bereits vorhanden (vgl. Goffman 1983, 28). Der Rahmen für die Rolle stellt eine „Konstante mit vorgegebenen Möglichkeiten für Handlungen und Kontrolle" (Linton 1979) dar, welche von einem Individuum gut oder aber auch nur ungenügend genutzt werden können. Trotz dieses Rahmens kann ein Darsteller während der Darstellung in Distanz zu seiner Rolle treten und somit innerhalb der Struktur einen Spielraum für individualisiertes Verhalten nutzen. Dieses kann demnach auch den „Bereich der normativen Erwartungen" (Coser 1999: 42) verlassen und muss dem nicht zwangsläufig entsprechen. Dadurch verschaffen sich die Darsteller das Empfinden, dass sie von den Rollenerwartungen nicht dominiert werden und individualisiert handeln können.

An dieser Stelle ist zu betonen, dass dennoch von dem Darsteller erwartet wird, dass er den Anforderungen seiner Rolle entspricht und in der Lage ist die normativen Erwartungen zu erfüllen. Dessen sind sich die Darsteller bewusst, welche aufgrund von Anerkennung und Belohnung in ihrer Rolle nur mit Teilen ihrer Fähigkeiten und Bedürfnissen handeln. Die anderen Teile werden in dieser Rolle zurückgehalten und kommen gegebenenfalls während der Darstellung anderer Rollen oder in einer Position der Familie zum Ausdruck, wenn diese für die zu spielende Rolle nicht von Vorteil sind (vgl. Tillmann 1989: 148).

6.3 Elternschaft und Beruf

Heutzutage sprechen wir völlig selbstverständlich über Rollenbilder von Müttern und Vätern.[4] Gleichzeitig haben wir sogleich eine stereotypische

---

4 Im Vorfeld sei gesagt, dass wenn es um die Begrifflichkeiten im Bereich Rollen geht in der Fachwelt nicht unbedingt Einigkeit herrscht. Gerade mit unserem Kapitel begeben wir uns begrifflich in ein Spannungsfeld. Spricht man im Volksmund häufig von „Elternrollen" wurde im vorigen Kapitel erläutert, dass es sich bei der Elternschaft nicht

Vorstellung, welche Erziehungsaufgaben etwa dem Vater zuteilwerden und welche Eigenschaften er aufweisen sollte. Diese Rollenbilder sind jedoch keineswegs selbstverständlich, sondern haben sich vielmehr historisch entwickelt. Betrachtet man die sozialhistorische Familienforschung, wird schnell deutlich, dass die (Klein-)Familie, wie wir sie heute verstehen, historisch betrachtet als eine sehr junge Form des Zusammenlebens bezeichnet werden kann (vgl. Marx 2011: 14).

Die Großfamilie der vorindustriellen Zeit war vor allem durch das gemeinsame Wirtschaften der Haushaltsmitglieder und das Teilen der Produktionsmittel gekennzeichnet. Nach dem Ende des zweiten Weltkrieges stellte sich die berechtigte Frage, inwiefern die Kriegs- und Nachkriegsgeschehnisse den Familienzusammenhalt gefährden würden. Es zeigte sich, dass trotz massiven Bedrohungen der Familienstabilität (u. a. durch Abwesenheit der Männer, Vertreibung etc.), die Familie als Institution nicht zerbrach, sondern sogar in ihrem Zusammenhalt zusätzlich gestärkt wurde. Somit entstand das allgemeine Bewusstsein allein für die Familie zu leben, da sie in einer Zeit des Verlustes das einzig gerettete soziale Gut darstellte. Die Familie zeigte sich zu dieser Zeit als eine Solidargemeinschaft. Sie musste sich gegen materielle Notstände behaupten, was maßgeblich durch eine hohe Leistungs- und Opferbereitschaft einzelner Familienmitglieder ermöglicht wurde (vgl. Schütze 1988: 96ff.).

Auf dieser Grundlage veränderte sich auch das Eltern-Kind-Verhältnis. Die autoritären und patriarchalischen Strukturen begannen sich allmählich aufzulösen. Traditionelle Unterordnungsverhältnisse verschwanden und es vollzog sich ein Wandel von der Elternbestimmtheit der Kinder hin zur Kinderbezogenheit der Eltern. Aus Befragungen geht hervor, dass zu dieser Zeit nur noch 55 % der Eltern körperliche Strafen für angemessen hielten. Insgesamt wurde Gewalt in der Erziehung moralisch immer häufiger angezweifelt. Im Laufe der 1950er Jahre entwickelten sich die mittlerweile liberalen Erziehungsmethoden weiter und verfestigten sich. Innerhalb der Bevölkerung gewannen sie deutlich mehr an Akzeptanz. Im Zentrum der Erziehung standen nun immer stärker die Selbstständigkeit und der freie Wille des Kindes, wie auch ein Ausschnitt aus der Shell-Studie 1985 zeigt. Hiernach nannten 1951 28 % der Befragten „Selbstständigkeit und freier Wille" als ein zentrales Erziehungsziel, wohingegen es 1983 bereits knapp die Hälfte der Befragten waren (vgl. ebd.). Dazu trug auch bei, dass ab den 70er Jahren eine Verlagerung der Erwerbstätigen von den rohstoffgewinnenden und rohstoffverarbeitenden Betrieben der Industrie zu den immer stärker aufkommenden Dienstleistungsbetrieben stattfand. In diesem Arbeitssektor wurden automatisierte und immer gleiche Abläufe durch kreative und reflektierende Prozesse abgelöst. Somit stieg der Reflexions- und Psychologisierungsgrad in hohem Maße, was weitaus höhere

um eine Rolle, sondern um eine Position handelt. Um hier nicht unnötig zu verwirren haben wir uns entschieden im Folgenden den populären Begriff der Elternrolle zu verwenden, wohlwissend das dieser, theoretisch betrachtet, zum Diskurs zu stellen ist.

Anforderungen an die zwischenmenschliche Kommunikation stellte. Die damit verbundenen neuen Kompetenzen der Arbeitnehmer hatten in der Folge auch Auswirkungen auf das Privatleben und die Familie der Betroffenen, was dazu führte, dass der Erziehungsprozess und die Partnerschaft stärker reflektiert und psychologisiert wurde. Auch die Abnahme der Wochenarbeitszeit und der Anstieg der Urlaubstage führte dazu, dass mehr freie Zeit für die Familie zur Verfügung stand (vgl. Süßmuth 1988: 222-224).

Die beschriebenen Auswirkungen der gesellschaftlichen Entwicklung auf die Familie haben unsere Vorstellung der Mutter- und Vaterrolle nachhaltig geprägt. Während man im klassischen Rollenverständnis dem Vater vor allem die ökonomische Sicherheit der Familie und eine Zuständigkeit für den familialen Außenbereich zuweist, ist die Mutter vor allem für die Pflege und Erziehung der Kinder sowie für Tätigkeiten im Haushalt zuständig. Dieses traditionelle Rollenbild hat seit den 70er Jahren sukzessive an Zustimmung verloren. Während Mütter häufig ebenfalls einer Teil-/Erwerbstätigkeit nachgehen, wird von den Vätern eine aktivere Beteiligung an der Kindererziehung und Haushaltsführung erwartet (vgl. Nave-Herz 2002: 39-63). Es stellt sich also die Frage, ob sich sowohl die Mutter- als auch die Vaterrolle in unserer heutigen Zeit gewandelt haben. Rosemarie Nave-Herz schreibt dazu, dass es zu keinem grundlegenden Rollenwandel in der modernen Gesellschaft gekommen sei. Dies erklärt sich ins besondere dadurch, dass auch in der heutigen Zeit noch mehrheitlich traditionelle Zuschreibungen zu den Elternrollen bestehen. So wird zwar erwartet, dass die Väter sich an der Kindererziehung beteiligen, die Hauptverantwortung wird jedoch nach wie vor den Müttern zugeordnet.

Gleichzeitig wird ein Wiedereinstieg in die Erwerbstätigkeit der Mütter toleriert und seitens der Arbeitgeber häufig auch erwartet, verantwortlich für die finanzielle Sicherheit der Familie bleibt jedoch der Vater. Es kann also nicht von einem Rollenwandel gesprochen werden, vielmehr haben sich die Rollen erweitert und sind immer komplexer geworden, was zu steigenden Anforderungen an die Eltern geführt hat (vgl. ebd.).

6.4 Spannungsfeld zwischen Berufsrolle und Familienmensch

Nachdem deutlich wurde, dass die Elternrollen in der heutigen Zeit immer mehr an Komplexität gewinnen, muss der Blick auch auf das Spannungsfeld zwischen Berufsrolle und Elternrolle gelenkt werden. Diese beiden Rollen stehen sich stets konträr gegenüber, denn weder die Arbeitswelt noch die Familie können Rücksicht auf den jeweils anderen Bereich nehmen. Der Beruf fordert den ganzen Einsatz der Person, deren Aufgabe es zudem ist, sich im Privaten zu regenerieren. Diese Möglichkeit bleibt den Eltern und hier besonders den

Müttern jedoch verwehrt, da diese in ihrer Rolle verantwortlich für den Haushalt und die Kinder sind. Es kann also resümiert werden, dass eine Vereinbarkeit von Familie und Beruf, Eltern häufig vor größere Probleme stellt, insbesondere Mütter, deren gewichtige Rolle innerhalb der Familie berufliche Möglichkeiten klein hält.

Die Väter sollen an dieser Stelle jedoch keinesfalls vergessen werden, denn auch sie haben es selten leichter. Neben ihrem Beruf, der meist in Vollzeit ausgeübt wird, möchten sie sich an der Pflege und Erziehung ihrer Kinder beteiligen. Das wird u. a. dadurch deutlich, dass Väter heute bereits vor der Geburt ein weitaus größeres Interesse an ihrem Kind zeigen, als noch vor einigen Jahrzehnten. So begleiten sie ihre Frau zu den notwendigen Vorsorgeuntersuchungen, Geburtsvorbereitungskursen und sind bei der Geburt mit anwesend. Auch beteiligen sie sich schon wesentlich aktiver an der Betreuung des Säuglings. Möchten sie sich hierzu mehr Zeit nehmen, stößt dies jedoch immer noch häufig auf Erstaunen in der Gesellschaft (vgl. ebd.). Auch Bünning (2016) erklärt, dass laut aktuellen Studien sich viele Väter in Deutschland mehr Zeit wünschen, um diese mit ihren Kindern zu verbringen, was aufgrund der langen Arbeitszeiten jedoch oft nicht umsetzbar ist. Besonders bedauerlich ist dieser Umstand vor dem Hintergrund, dass eine aktive Vaterschaft sich positiv auf viele Entwicklungsbereiche des Kindes auswirkt (vgl. Bünning 2016, 598f.). Eine Option könnten hier Elternzeit oder Teilzeitbeschäftigung sein. Tatsächlich lässt sich einer Statistik desstatistischen Bundesamtes von 2014 entnehmen, dass der Anteil an Männern, die wegen der ersten Lebensmonate ihres Kindes zuhause bleiben, von 2006 (3,5) bis 2014 (30) um knapp 27 % angestiegen ist. Dieser Anstieg liegt u. a. begründet in der Elterngeldreform von 2013. Dennoch verspüren viele Väter die Angst, Elternzeit oder Teilzeitmodelle könnten etwa zu Karrierenachteilen führen, weshalb immer noch viele Väter auf diese Möglichkeiten verzichten. Daher beschäftigt sich Bünning (2016) in ihrem Artikel mit der Frage, welche Auswirkungen Elternzeiten und Teilzeitarbeit auf die Stundenlöhne von Vätern haben. Nach ausführlicher Analyse findet sie keine Anhaltspunkte für Lohneinbußen der Väter durch eine Elternzeit. Dies betrifft sowohl den öffentlichen Dienst, als auch die Privatwirtschaft. Aus einer qualitativen Studie von Richter (2012) geht hervor, dass Arbeitgeber die Elternzeit bei Vätern nicht als Zeichen geringerer beruflicher Ambitionen werten. Sie glauben hingegen an den vollen Karrierewiedereinstieg nach der Elternzeit. Voraussetzung für eine positive Bewertung des Arbeitgebers ist hier eine frühzeitige Ankündigung der Elternzeit und die grundsätzliche Bereitschaft in Notfällen erreichbar zu bleiben (vgl. ebd.: 606ff.).

Dagegen ist eine Teilzeitarbeit bei Vätern durchaus mit Lohneinbußen verbunden. So stellt Bünning (2016) fest, dass sich mit jedem Monat in Teilzeitarbeit, der Stundenlohn im Durchschnitt um 0,2 % verringert. Gleichzeitig besteht ein großer Rechtfertigungsdruck von teilzeitbeschäftigten Vätern gegenüber Vorgesetzten und Kollegen, die wenig Verständnis für die Arbeitszeitenreduktion aufbringen können, dies gar als Signal für mangelndes berufliches Engagement verstehen. Interessant ist auch, dass sich der Sachverhalt bei Vätern damit genau andersherum als bei Müttern darstellt, welche in Teilzeit arbeiten oder in Elternzeit gehen. Hier wird eine Teilzeitarbeit als normal erachtet und ist daher mit keinerlei Lohneinbußen verbunden, während die Inanspruchnahme von Elternzeit nachweislich zur finanziellen Benachteiligung führt (vgl. ebd.).

Trotz bereits vorhandener Optionen wie der Elternzeit, ist es also notwendig das flexiblere Arbeitszeitmodelle, Ausgleichmöglichkeiten für Eltern und Betreuungsmöglichkeiten für Kinder jeden Alters geschaffen bzw. ausgebaut werden, um es Eltern zu ermöglichen ihre Berufsrollen mit den komplexen Elternrollen zu vereinen.

6.5 Ausgleichmöglichkeiten für Eltern

Um die Eltern bestmöglich bei der Erziehung ihrer Kinder zu unterstützen und gleichzeitig ihrer Berufsrolle gerecht zu werden, bedarf es spezifischer Unterstützung. Diese lässt sich einteilen, in staatliche Unterstützung und Unterstützung durch den Arbeitgeber. Während die Maßnahmen aus staatlichen Finanzmitteln jeder Familie zu gut kommen, können die spezifischen Angebote von Arbeitgebern, je nach Unternehmen, sehr unterschiedlich sein.

Auf staatlicher Seite ist das Kindergeld als zentrale Sozialleistung zu nennen. Allerdings ist diese familienpolitische Transferleistung nur eingeschränkt geeignet, die Freizeit der Eltern und somit die Zeit für die Kinderbetreuung zu erhöhen, da das Kindergeld häufig nicht ausreicht, um eine Stelle zu reduzieren. Dazu tragen auch die anfallenden Kosten für die Kinder bei. Weiter gibt es neben dem gesetzlich streng geregelten Mutterschutz die Möglichkeit Elternzeit zu nehmen und Elterngeld zu beziehen. Das Elterngeld Plus macht diese Möglichkeit noch etwas flexibler, weil die Elternzeit auf zwei Jahre gestreckt werden kann und somit der regelmäßige Geldeingang gewährleistet wird. Diese Variante des Elterngeldes lohnt sich vor allem bei einer Teilzeitbeschäftigung während der Elternzeit.

Neben der Politik ist es notwendig, dass auch Arbeitgeber auf die veränderten Bedürfnisse von Familien eingehen. Dies findet derzeit noch auf sehr unterschiedliche Weise statt und bietet einigen Raum für Wachstumsmöglichkeiten (z. B. Telearbeitsmöglichkeiten, variable Arbeitszeiten, Mutter-Kind-Zimmer).

Ein wesentlicher Punkt für die meisten Eltern ist die Flexibilität der Arbeitszeit. Hierbei muss jedoch klar zwischen belastender und entlastender Flexibilität unterschieden werden. Eine flexible Arbeitszeit, wie sie durch die Modernisierung vielerorts Einzug gehalten hat, bedeutet oft eine Loslösung der

Arbeit vom normalen Arbeitstag. Tätigkeiten in den Abendstunden, Nacht- oder Wochenendarbeit sind oft die Folge. Eine solche Arbeit belastet jedoch häufig das Familienleben durch den gesteigerten Stresslevel oder eine ständige Erreichbarkeit durch den Arbeitgeber (vgl. Wenckebach 2016: 42-51).

Je nach Umsetzung können sog. Gleitzeitmodelle durchaus zur Entlastung der Eltern beitragen. Auch die Bereitstellung von Teilzeitstellen ist an diesem Punkt zu erwähnen. Wenngleich die Zahl der Teilzeitbeschäftigten immer weiter zunimmt, stößt man häufig noch auf Vorbehalte der Arbeitgeber. Oft werden hier die höheren Kosten der Personalverwaltung genannt. Dagegen lassen sich die Vorteile Teilzeitbeschäftigter allerdings nicht von der Hand weisen, wenn es z. B. darum geht, im Krankheitsfall eines Mitarbeiters flexibler agieren zu können. Wenckebach (2016) geht sogar noch einen Schritt weiter und schlägt ein Konzept zur Wahlarbeitszeit vor. Bei der Wahlarbeitszeit wäre es möglich, mit einem gesetzlichen Rahmen individuelle Vereinbarungen zwischen Arbeitgeber und Arbeitnehmer zu treffen, welche den Bedürfnissen beider Seiten besser gerecht werden (vgl. ebd.).

Neben der Arbeitszeit ist auch der Arbeitsort eine Möglichkeit, um den Spagat zwischen Beruf und Familie leichter zu bewältigen. Hier wäre u. a. die Telearbeit im Homeoffice zu nennen. Aber auch die Einrichtung von „Eltern-Kind-Büros"- Modellen, wird von einigen Arbeitgebern bereits umgesetzt. Kann der Arbeitgeber über diese Wege direkten Einfluss auf die Vereinbarkeit von Beruf und Familie nehmen, ist es auch möglich indirekte Unterstützungsangebote anzubieten. Hier gewähren einige Arbeitgeber beispielsweise einen Zuschuss zu entstandenen Kinderbetreuungskosten, bieten betriebseigene Kindertagesstätten an, die zum Teil sogar eine Kindernotfallbetreuung gewährleisten oder es werden eigene Ferienfreizeiten für die Kinder der Mitarbeiter organisiert, um diese zu entlasten (vgl. BASF 2017).

Da diese Maßnahmen in Deutschland jedoch noch nicht die Regel sind und regional sehr unterschiedlich ausfallen, bilden die Kindertagesstätten und Kinderkrippen weiterhin eine wichtige Unterstützung der Eltern, um die Vereinbarkeit von Familie und Beruf gewährleisten zu können.

6.6 Bedeutung für die Erziehung und Betreuung der Kinder

Wie in den bisherigen Abschnitten deutlich wurde, haben die Elternrolle und die damit verbundenen Anforderungen, in den letzten Jahrzehnten deutlich an Komplexität gewonnen.

Diese Komplexität sowie der zu bewältigende Spagat zwischen Beruf und Familie hat dazu geführt, dass Eltern heutzutage nur noch selten die (ganztägige) Betreuung ihrer Kinder eigenständig leisten können. Daraus ergibt sich ein erhöhter Bedarf an Betreuungseinrichtungen, in Form von Kindertagesstätten und Krippen, sowie ein Ausbau der Betreuungsplätze, gerade im städtischen Bereich.

6.7 Problematik der Rollenerwartungen im Dienstleistungssektor

In einer modernen Gesellschaft werden verschiedene Erwartungen an die etablierten Rollen gestellt, die die Darsteller zu erfüllen haben. Die Darsteller werden mit diesen Erwartungen konfrontiert und dementsprechend gezwungen auf sie zu reagieren.

Zielt ein Darsteller darauf ab, dass seine Tätigkeit für den Adressaten an Bedeutung gewinnen soll, so muss er diese dementsprechend gestalten und betonen. Erst dann kommt seine Tätigkeit zum Ausdruck und gewinnt auch an Bedeutung für den Zuschauer. Dies wird als „dramatische Gestaltung" bezeichnet, welche sich oftmals als problematisch entpuppt (vgl. Goffman 1983: 31ff.).

Nicht selten ist gerade im Dienstleistungsbereich ein „Mangel an Sichtbarkeit" (vgl. ebd.) Ursache dafür, dass Anspruchsgruppen die berufliche Tätigkeit wenig respektieren oder wertschätzen. Anspruchsgruppen, welche im Bereich des Erziehungswesens u. a. die Eltern und Träger bilden, haben meist die Erwartung einen Prozess oder ein Ergebnis greifbar zu erleben.

Schneidet ein Friseur seinem Kunden dessen Haare, so kann ein Ergebnis in Form einer neuen Frisur sichtbar präsentiert werden. Wirkt ein Erzieher pädagogisch auf ein Kind ein, so ist dies für fachfremde Personen kaum erkennbar, wodurch die Wertschätzung für die Arbeit von Erziehern oftmals ausbleibt. Dies spiegelt ein typisches Dilemma der Dienstleistungsberufe wieder, welches nicht nur im Erziehungswesen, sondern auch in vielen anderen Bereichen deutlich wird. Durch die häufig fehlende Achtung vor dem Beruf der ErzieherInnen und das daraus resultierend finanzielle Wertschätzung werden diese dazu gedrängt den Großteil ihrer Energie dafür zu verwenden ihre Rolle wirkungsvoll zu gestalten, um die Erwartungen zu erfüllen und Anerkennung zu erhalten. Letztlich kommt es zu dem Dilemma zwischen Ausdruck und Handeln, da die ErzieherInnen zwar genügend Zeit und Talent haben ihre tatsächliche Aufgabe zu erfüllen, dementsprechend aber keine Zeit haben Anderen vorzuführen *wie* gut sie ihre Aufgabe erfüllen. Manche Betreuungseinrichtungen haben dieses Dilemma bereits erkannt und zusätzlich eine Stelle geschaffen, so dass sich die PädagogInnen ausreichend mit den Kindern beschäftigen können und externe Fachkräfte die Öffentlichkeitsarbeit übernehmen (vgl. ebd.).

Auch wenn das Dilemma durchaus bekannt ist, lässt sich dies in der Realität nicht einfach abwenden. Da sich Erzieher den Erwartungen und dem damit verbundenen Idealbild bewusst sind, versuchen sie zwangsläufig diesem gerecht zu werden um ihre Rolle überzeugend zu spielen und augenscheinlich nicht an Professionalität zu verlieren. Dies wird auch als „sozialisieren der Rolle" bezeichnet. Darunter versteht man, dass eine bestimmte Darstellung dem Verständnis und den Erwartungen der Gesellschaft angepasst wird. Folglich ist es meist das Ziel der Darsteller, die allgemein gültigen Werte der Gesellschaft zu verkörpern und zu verdeutlichen, um einen idealisierten Eindruck zu hinterlassen.

Es lässt sich erkennen, dass Angestellte im Erziehungswesen, deren Arbeit nur geringe finanzielle als auch gesellschaftliche Wertschätzung erfährt, enormen Ehrgeiz entwickeln können einen sozialen Aufstieg zu erzielen. Dementsprechend ist eine angemessene Selbstdarstellung notwendig, die größtmöglichen Einsatz abverlangt. Diese Bemühung und der Fokus auf die Beeinflussung des Umfeldes spiegeln sich in den Benachteiligten dieses Prozesses wieder. Da die ErzieherInnen sich gedrängt fühlen ihre Zeit und ihr Talent in die Beeinflussung der Anspruchsgruppen zu investieren, bleibt wiederum weniger Zeit für die Kinder.

Literatur

Bünning, M. (2016): Die Vereinbarkeitsfrage für Männer: Welche Auswirkungen haben Elternzeiten und Teilzeitarbeit auf die Stundenlöhne von Vätern?. In: Kölner Zeitschrift für Soziologie und Sozialpsychologie, 68. Jg., H.4. Wiesbaden. S. 597-618.

BASF (2017): Mehr Spielraum für Beruf, Familie und Privatleben. https://www.basf.com/de/de/company/about-us/sites/ludwigshafen/working-at-the-site/Vereinbarkeit_von_Beruf_und_Privatleben/Mehr-Spielraum-fur-Beruf--Familie-und-Privatleben.html[abgerufen [19.07.2017]

Coser, R. L. (1999): Soziale Rollen und soziale Strukturen. Graz-Wien: Nausner Consulting.

Engels, F. (1848): Die Lage der arbeitenden Klasse in England. Leipzig: Otto Wigand.

Goffman, E. (1983): Wir alle spielen Theater. Die Selbstdarstellung im Alltag. München: Piper.

Linton, R. (1979): Mensch, Kultur, Gesellschaft. Stuttgart: Hippokrates Verlag.

Marx, R. (2011): Familien und Familienleben. Weinheim/Basel: Beltz Juventa.

Nave-Herz, R. (2002): Familie heute. Wandel der Familienstrukturen und Folgen für die Erziehung. Darmstadt: wbg Academic in Wissenschaftliche Buchgesellschaft.

Plünnecke, A. (2016): Kosten-Nutzen-Analyse einer kommunalen Familienzeitpolitik. Ein erster Blick auf die Nutzen der Betreuungszeiten von Kitas und Schulen. In: Archiv für Wissenschaft und Praxis der sozialen Arbeit, 47. Jg., H. 2. Berlin. S. 74-82.

Süßmuth, R. (1988): Wandlungen in der Struktur der Erwerbstätigkeit und ihr Einfluß auf das Familienleben. In: Nave-Herz, R. [Hrsg.]: Wandel und Kontinuität der Familie in der Bundesrepublik Deutschland. Stuttgart: Enke. S. 222-234.

Schütze, Y. (1988): Zur Veränderung im Eltern-Kind-Verhältnis seit der Nachkriegszeit. In: Nave-Herz, R. [Hrsg.]: Wandel und Kontinuität der Familie in der Bundesrepublik Deutschland. Stuttgart: Enke. S. 95-114.

Statistisches Bundesamt (2016): Väterbeteiligung beim Elterngeld steigt weiter an. https://www.destatis.de/DE/PresseService/Presse/Pressemitteilungen/2016/06/PD16_212_22922.html [18.09.2017]

Tillmann, K.-J. (1989): Sozialisationstheorie. Hamburg: Rowolt.

Wenckebach, J. (2016): Neue arbeitsrechtliche Ansätze: Wahlarbeitszeit. In: Archiv für Wissenschaft und Praxis der Sozialen Arbeit, 47. Jg., H. 2. Berlin. S. 42-51.

7 Fördern – Fordern – Überfordern von Kindern

Katharina Lühnsdorf und Johannes Rausch

Bildung ist der Schlüssel zum Lebenserfolg. Daher ist Förderung von Geburt an im Interesse der Kinder, aber auch der Gesellschaft, denn von ihr hängt die Zukunftschance jedes Einzelnen und des Landes ab (Fthenakis 2010). Doch das war nicht immer so. Mit Blick auf die Geschichte zeigt sich, dass Bildung und Förderung der Kinder nicht zu allen Zeiten selbstverständlich waren, so wie es heute bei uns der Fall ist. In Zeiten der Antike schrieben griechische Denker wie Aristoteles und Platon Erstaunliches über die Bedeutung der Erziehung. Jedoch waren strenge, körperliche Züchtigungen selbstverständlich und uneheliche oder ungesunde Kinder durften getötet werden. Die Römer übernahmen die griechischen Denkweisen; die Kindertötung hingegen wurde verboten. Im Mittelalter wurden Kinder als kleine Erwachsene angesehen und ihre Arbeitskraft im Haus oder auf dem Feld ausgenutzt. Es galt die Überzeugung, dass Kinder keiner besonderen Aufmerksamkeit und Zuwendung bedürfen. Die katholische Kirche setzte sich in dieser Zeit für ungewollte oder kranke Kinder ein, nahm diese in Heime oder Klöster auf, da sie in allen Kindern das reine, unschuldige Wesen sah. In der Reformationszeit dagegen prägten die protestantischen Anhänger „Puritaner" das Bild des ursprünglich sündenhaften, bösen Kindes. Eltern sollten durch Erziehung die Kinder auf einen richtigen Weg bringen und sie vor dem Bösen schützen. Das Zeitalter der Aufklärung beeinflusste die Entwicklungspsychologie und Bildungskonzepte entscheidend. Vorreiter waren John Locke und Jean-Jacques Rousseau, welche überzeugt waren, dass Kinder von Natur aus gut sind und durch Erziehung, sowie ihre Umwelt beeinflusst und verändert werden können. Darwin revolutionierte mit seiner Evolutionstheorie ab dem 19. Jahrhundert den Blick auf den Menschen und beeinflusste ungewollt Forschungen zur frühkindlichen Bindung und kognitiven Entwicklung nach Piaget (Wilkening et al. 2013).

Am 20. November 1989 wurde in der UN-Kinderrechtskonvention festgehalten: „Jedes Kind hat das Recht auf Bildung, Betreuung und Erziehung" (Deutsches Kinderhilfswerk 2017).

Daher besteht seit Beginn der 90er Jahre bis heute die Hauptaufgabe der Bildungspolitik darin, allen Kindern frühzeitig bestmögliche Bildungserfahrungen und -chancen durch Förderung zu ermöglichen (Fthenakis 2010).

7.1 Fördern

Bildung ist ein lebenslanger Prozess, durch den Kompetenzen, Werthaltungen und Wissen erlernt werden. Die Entwicklung des Kindes kann durch die frühkindliche Bildung entscheidend gesteigert werden. Die lernintensivste und entwicklungsreichste Zeit des Kindes sind die ersten sechs Jahre (Fthenakis 2010). In dieser Zeitspanne haben Kinder einen besonders großen „Lernhunger", da sie alles Neue erforschen und entdecken wollen (Schäfer 2006). Dies tun sie mithilfe ihrer Sinne durch Sehen, Hören, Fühlen, Tasten, Riechen und Schmecken. Durch Experimentieren, Lernen und Fördern begreift das Kind die Welt in ihrer Differenziertheit und versucht, darin seinen Platz zu finden (Schäfer 2007).

7.1.1 Sprachliche Förderung

Sprache ist der Schlüssel, um sich in das gesellschaftlich-kulturelle Leben zu integrieren, Beziehungen aufzubauen, Gefühle auszudrücken, sowie Voraussetzung für schulischen und beruflichen Erfolg. Sprechen lernen ist ein komplexer, konstruktiver Prozess, der bereits im Mutterleib beginnt. Ein gesundes Neugeborenes bringt alle wichtigen biologischen Voraussetzungen und die angeborene Bereitschaft mit, um die Sprache in seiner nächsten Umgebung zu erlernen. In Form von Lauten, Mimik und Gestik versucht das Kind anfänglich mit seiner Umwelt zu kommunizieren. Das Erlernen der Mutter- oder Erstsprache geschieht automatisch durch Zuwendung und intensiven Kontakt zu den Eltern, Geschwistern und Bezugspersonen (Bundeszentrale für gesundheitliche Aufklärung 2016). Auf das Thema Logopädie und Entwicklungsschritte wird im Kapitel „Logopädie bei Sprachschwierigkeiten und ihre Bedeutung innerhalb der Kindertagesstätte" eingegangen.

Durch den täglichen Austausch z. B. am Mittagstisch, können aktives Zuhören und die Dialogfähigkeit ausgebildet werden. Doch nicht ausschließlich im Alltag wird Sprache erlernt, sie kann auch gezielt gefördert werden. Wichtig hierfür sind Interesse, Motivation und Freude am Sprechen. Dabei ist die pädagogische Fachkraft, nach den Bezugspersonen des Kindes ein wichtiges Sprachvorbild. In Erziehungseinrichtungen (z. B. in Kindergärten oder Kindertagesstätten) wird Sprache spielerisch durch Laut-, Wort-, Kommunikations- und Fingerspiele oder Lieder erlernt. Ebenso fördernd in der Sprachentwicklung sind Reime, Gedichte, Witze, Sprichwörter, Zungenbrecher oder Zaubersprüche. Dabei entwickeln Kinder ein differenziertes Bewusstsein für Sprache und Sprachrhythmus. Durch das Vorlesen und Erzählen von Geschichten oder Märchen lernen sie verschiedene Sprachstile und Textsorten kennen. Rollenspiele, Handpuppenspiele, oder Theatervorstellungen tragen erheblich zur Sprachförderung und Dialogfähigkeit bei und wecken zugleich das Interesse an Sprache und Literatur (Fthenakis 2010).

Das Erlernen einer Zweitsprache im Kleinkindalter ist eine besondere Chance zur Förderung der sprachlichen Neugierde, der kulturellen Aufgeschlossenheit und des Sprachbewusstseins. Voraussetzung für einen sinnvollen frühen Erwerb einer zweiten Sprache ist, dass die Kinder sich in ihrer Muttersprache altersgemäß verständigen können und nicht unter Druck gesetzt werden. Beide Sprachen sollten gleichmäßige Gewichtung und Bedeutung erhalten. Bei verschiedensprachigen Elternteilen sollte konsequent darauf geachtet werden, dass eine bestimmte Sprache mit einer bestimmten Person in Verbindung gebracht wird. Um Mehrsprachigkeit in Kindertageseinrichtungen zu erlangen, bedarf es eines Sprachförderungskonzeptes und zwei- bzw. mehrsprachiger Fachkräfte (Fthenakis 2010). Diese spezielle Form der Förderung wird deutschlandweit in bilingualen Kindertageseinrichtungen ausgeübt (Verein für frühe Mehrsprachigkeit an Kindertageseinrichtungen und Schulen 2014).

Deutliche Sprachauffälligkeiten bei Kindern sollten zunächst beobachtet werden. Tritt keine Verbesserung ein, sollte das Kind durch eine ausgebildete Fachkraft untersucht werden. Mögliche Ursachen für einen beeinträchtigten Spracherwerb können frühe problematische Beziehungen sein, sowie Störungen des motorischen Sprachzentrums im Gehirn oder in der Hörfähigkeit des Kindes. Wird eine Sprachstörung diagnostiziert, sollte das Kind durch spielerische Übungsstunden in einer Sprachtherapie (Logopädie) behandelt werden, um sprachliche Sicherheit zu gewinnen, sodass der Transfer in die Alltagssprache gelingt (Merkel 2005).

7.1.2 Motorische Förderung

Bewegung gehört bei Kindern zum wesentlichen Bestandteil des gesundheitlichen Wohlbefindens und der Erziehung. Alle motorischen und koordinativen Fähigkeiten und Fertigkeiten, wie beispielsweise die Grob- und Feinmotorik, Kraft, Schnelligkeit, Koordination, Reaktion, Raumorientierung, Rhythmus, Gleichgewicht und Differenzierung, werden durch körperliche Aktivitäten erprobt und verfeinert. Dadurch entsteht ein positives Körpergefühl und -bewusstsein. Gleichzeitig erlangen Kinder durch Bewegung ein stabiles Selbstwertgefühl und Selbstvertrauen, sie können ihre Leistungsfähigkeit realistisch einschätzen und erfahren Selbstwirksamkeit durch selbstständiges Lösen von Bewegungsaufgaben. Nicht zuletzt hat die Bewegungsförderung Einfluss auf die sozialen Beziehungen des Kindes. In gemeinsamen Bewegungsspielen erlernen Kinder Teamgeist, Kooperation, Rücksichtnahme, Fairness, Verantwortungsbereitschaft und das Beachten von Regeln. Da Kinder einen natürlichen Drang und Freude an motorischen Aktivitäten haben, sollten sie diesem unbedingt nachkommen, denn Bewegung steigert im Zusammenhang mit der

Ernährung das körperliche und psychische Wohlbefinden. Bewegungsmangel kann dagegen negative Auswirkungen auf die körperliche Belastbarkeit, die Ausdauer und Körperkoordination haben, zu krankmachendem Übergewicht und sogar zu Haltungs- und Organleistungsschwächen führen (Fthenakis 2010).

In Bewegungsspielen, beim Toben mit Gleichaltrigen, Musizieren, Werken und bildnerischen Gestalten können Kinder Bewegungserfahrungen selbstständig erproben und vertiefen. Die freie Natur bietet hierfür bestmöglichen Raum, um ungehindert Bewegungsbedürfnissen nachzugehen, und somit Wahrnehmungs- und Bewegungserfahrungen zu machen. Freies Spielen mit möglichst wenigen Hilfsmitteln fördert die Fantasie und Kreativität und lässt beispielsweise einen Stock zum „echten" Schwert werden. Erziehungsberechtigte und pädagogische Fachkräfte in Erziehungseinrichtungen können das Bewegungsverhalten der Kinder durch angeleitete Spiele, Geschicklichkeits- oder Sinnesübungen entscheidend beeinflussen. Diese erweitern und ergänzen Bewegungserfahrungen und eröffnen Kindern neue Möglichkeiten (Fthenakis 2010). Eine besondere Form der Bewegungserziehung ist der Bereich der musikalischen Früherziehung. Über Tanz, Rhythmus und Musik lernen die Kinder neue Bewegungsabfolgen und Körperkoordinationen zum Takt verschiedener Lieder, welche sie selbst mitsingen oder klatschen können. So werden mehrere Sinne gleichzeitig beansprucht und gefördert (Merkel 2005).

7.1.3 Geistige Förderung

Von Geburt an entwickelt sich das Gehirn des Kindes zum Denk- und Steuerungsorgan des Körpers. Grundlegend für Erkennens-, Gedächtnis- und Denkprozesse sind die sinnlichen Wahrnehmungen, insbesondere durch die Bewegungs- und Sprachentwicklung. Kinder begegnen der Welt mit einer großen Portion Neugier und erlernen spielend immer komplexere Denkschritte (Bundeszentrale für gesundheitliche Aufklärung 2017). Wahrnehmungen des Kindes können durch Beobachtungen, Beschreibungen und Ertasten differenziert unterschieden werden. Neue Informationen werden mit bereits gespeicherten Eindrücken verglichen und weiter vernetzt (Merkel 2003). Im Vorschulalter entwickeln Kinder vor allem ihre räumliche Vorstellungskraft und verfügen über eine gute Wiedererkennungsfähigkeit. Entwicklungsstandgemäße Denkaufgaben unterstützen die Begriffsbildung, sowie die Fähigkeit, Mengenvergleiche und Relationen zu erkennen. Um das Gedächtnis zu schulen, sollte Kindern die Gelegenheit gegeben werden, über Erlebtes zu berichten oder Geschichten nachzuerzählen. Auch das Wiederholen gelernter Inhalte, zum Beispiel eines Gedichts, oder Spiele wie Memory sind dafür geeignet. Die Fantasie und Kreativität des Kindes soll durch Erziehungsberechtigte und pädagogische Fachkräfte angeregt und gefördert werden. Dies gelingt in Spielen, Kunst,

Musik und Tanz, bei denen die Vorstellungskraft des Kindes im Vordergrund steht und verwirklicht werden kann (Fthenakis 2010).

7.1.4   Soziale Förderung

Gesellschaftlich betrachtet war soziales Verhalten in allen geschichtlichen Epochen erwünscht und ist heute zentrale Aufgabe der Erziehung. Durch das Vorleben von gesellschaftlich etablierten Werten und Haltungen durch Erwachsene übernehmen Kinder diese meist automatisch (Merkel 2005).

Abgesehen von den natürlichen Grundbedürfnissen des Menschen gibt es drei grundlegende psychische Bedürfnisse, welche entscheidend für das Wohlbefinden und die Bereitschaft zum Meistern von Aufgaben sind. Zum einen das Bedürfnis nach sozialer Eingebundenheit (Integration), was bedeutet, dass man sich anderen zugehörig, geliebt und von ihnen respektiert fühlt. Des Weiteren das Bedürfnis nach Autonomie erleben, wenn man sich als Verursacher seiner Handlungen erlebt und nicht fremd-, sondern selbstgesteuert agiert. Zuletzt das Bedürfnis nach Kompetenzerleben, was bedeutet, dass man Aufgaben und Probleme aus eigener Kraft selbstständig bewältigt. Um diese Bedürfnisse zu befriedigen, müssen Kinder im Laufe ihres Lebens mehrere Kompetenzen, Fähig- und Fertigkeiten erlernen und festigen, damit sie sich zu selbstbewussten, kompetenten und autonomen Persönlichkeiten entwickeln (Fthenakis 2010).

In der Erziehung und in Erziehungseinrichtungen wird das soziale Verhalten von Kindern gefördert. Die Basis für eine gute Beziehung bildet eine gegenseitige offene und wertschätzende Haltung, in welcher Gefühle, Konflikte und soziales Verhalten besprochen werden. Flexibel mit Regeln umzugehen, schaffen Kinder zunächst im Spiel, da diese selbst gesetzt und freiwillig eingehalten werden. Diese Regeln stehen in anderem Verhältnis zu Regeln erwachsener Autoritäten. Doch Absprachen und Regeln erleichtern das Zusammenleben, daher sollten sie für Kinder sinnvoll und nachvollziehbar aufgestellt und wenn nötig erklärt werden. Im Alltag oder in Erziehungseinrichtungen lernen Kinder Beziehungen aufzubauen und sich in diesen angemessen auszudrücken. Zur Kommunikationsfähigkeit gehört neben dem eigenen Mitteilen ebenso das Zuhören, Nachfragen und Ausreden lassen. Die Fähigkeit zur erfolgreichen Kooperation lernen Kinder bei gemeinsamen Aktivitäten durch Zusammenarbeit. Diese Fähigkeiten werden durch mehrfaches Üben und Wiederholen erlernt und gefestigt. Erziehungspersonen nehmen dabei eine vermittelnde Position ein, sie beobachten und reflektieren Situationen mit den Kindern. In Konflikten fungieren sie als Vermittler, besprechen offen und wertfrei den Vorfall, sowie mögliche Konfliktlösungen. Kinder sollten mit der Zeit lernen, selbstständig untereinander Konflikte oder zwischenmenschliche Probleme zu diskutieren und zu lösen (Fthenakis 2010).

7.1.5 Mediale Förderung

Feierabend und Mohr (2004) stellen fest, dass 40 % der Vorschulkinder einen eigenen Kassettenrecorder im Kinderzimmer haben, 17 % haben ein Radio und 13 % einen Walkman. Im Durchschnitt nutzen Vorschulkinder das Fernsehen 60 Minuten pro Tag. Von den vier- bis fünfjährigen Kindern haben bereits 10 % einen Fernseher im Kinderzimmer (Sander et al. 2008). Es zeigt sich, dass bereits vom Übergang vom Kleinkind zum Vorschulkind die Mediennutzung an Relevanz für die Kinder zunimmt.

Medien können Hyperaktivität verursachen oder aggressives Verhalten bei Kindern erhöhen, hört man oft von den Kritikern (Sander et al. 2008). Auf der anderen Seite stehen die Argumente der Befürworter, die die positiven Effekte auf die kognitiven und sprachlichen Kompetenzen oder die Verbesserung der Problemlösungsstrategien bei Kindern, die Medien optimal nutzen, hervorheben (Sander et al. 2008).

Die Art und Weise wie man mit Medien umgeht, beeinflusst ob die verursachten Effekte der Mediennutzung positiv oder negativ ausfallen (Sander et al. 2008). Daher ist eine Medienerziehung von Nöten, um möglichst alle Menschen früh in die Lage zu versetzen, in einer durch Medien geprägten Welt kompetent, selbstbestimmt, sozial verantwortlich und kritisch handeln zu können. Medienerziehung im Kindergarten und in der Familie hat die Aufgabe, Medienkompetenz zu vermitteln. Es zeigt sich, dass neben strukturellen Merkmalen auch familiale Praktiken, wie die Wahl der Medieninhalte, die Festlegung der Mediennutzungsdauer und die Besprechung der Mediennutzung einen Einfluss auf die Medienbildungsprozesse haben. Hierbei spielt die Familie eine wichtige Rolle, da diese anhand ihres Umgangs mit den Medien Bildungsprozesse fördern oder hemmen können (Sander et al. 2008).

7.2 Fordern

Dass Kinder durch Förderung lern- und leistungsfähiger werden, wurde bereits wissenschaftlich erforscht (Bundeszentrale für gesundheitliche Aufklärung 2014). Unter Berücksichtigung der biologischen Reifung des Körpers und seiner Organe sollten die Förderungsangebote auf den jeweiligen Entwicklungsstand des Kindes abgestimmt werden. Anregungen sollten kindgerecht und altersgemäß sein, eigene und selbst erlebte Erfahrungen des Kindes sollten beachtet werden. Eine wesentliche Voraussetzung für die Entwicklung des Kindes sind außerdem die vererbten körperlichen, seelischen und geistigen Anlagen. Nie mehr ist der Mensch so lern-, begeisterungs- und konzentrationsfähig, wie in der frühen Kindheit. Als neugierige, genaue Beobachter wollen sie neu erworbene Fähigkeiten erproben, verbessern und optimieren. Hierbei können Erziehungsberechtigte und pädagogische Fachkräfte anknüpfen, um diese Fähigkeiten spielerisch auszubauen und in weiteren Bereichen zu fordern (Bundeszentrale für gesundheitliche Aufklärung 2014). Unbedenklich sind manchmal auch kleine Rückschritte, welche nicht als Fehlentwicklung eingestuft werden sollten. Vordergründig soll nicht ein idealtypischer Entwicklungsprozess des Kindes angestrebt werden. In der Realität gibt es nicht die eine „richtige" Entwicklung. Jedes Kind verarbeitet Informationen unterschiedlich und entwickelt sich individuell in seinem eigenen Tempo (Schäfer 2006).

Spielen ist ein natürliches Grundbedürfnis und die Hauptbeschäftigung des Kindes. Es ist entscheidend für eine gesunde Entwicklungsförderung. In den ersten drei Lebensjahren ist das Spiel nicht zielorientiert, sondern zweckfrei und spontan. Das bedeutet, das Kind hat Freude am Experimentieren, Entdecken und ist an der unmittelbaren Gegenwart interessiert. Im Vordergrund steht das Auseinandersetzen mit vorhandenen Materialien, welche ein- und ausgeräumt, ertastet oder geschüttelt werden können, unabhängig von Ergebnissen. Dabei dienen die Objekte nur als Übung zur Entwicklung von Organen und Verhaltensweisen. Im Kindergartenalter wird das Kind selbstständiger und das Spielen ändert sich. Das Nachahmen von bekannten Handlungen und Rollenspiele werden interessant (Viernickel 2009). Diese Form des Spielens repräsentiert den gelebten Alltag des Kindes und seinen Versuch, sich in diesen einzuordnen. Gleichzeitig entwickelt sich zum Beispiel im Puppenspiel der angeborene Mutterinstinkt (Piaget 2015).

Das Spiel nimmt also eine entscheidende Position in der Entwicklungsförderung ein. Doch kann es in seiner einfachen Form im Zeitalter der fortwährenden Technisierung das Kind optimal auf die moderne Welt vorbereiten? Dass dies möglich ist, bestätigten mehrere Studien anhand von sehr begabten Kindern. Gerade diese üben in ihrer Kindheit besonders lange und intensiv Spieltätigkeiten aus (Stamm 2010).

Erwachsene sollten Kindern genügend Zeit und Ruhe zum Spielen lassen, um ihre Kreativität und Phantasie zu entfalten. Der Spielprozess sollte nicht unnötig gestört werden. Das Kind soll durch Ausprobieren eigene Wirklichkeitserfahrungen machen, um sich selbst die Welt zu erschließen. Aufgabe der Erwachsenen ist es, das Kind zu beobachten und nur einzugreifen, wenn es das Kind verlangt, um Neues dazuzulernen. Auf keinen Fall sollte das Spiel zum Lernen umfunktioniert werden, da das Kind sonst leicht die Lust am Spielen verliert. Denn Spielen ist selbstwirksames Lernen, vorausgesetzt, das Kind erfährt verlässliche Zuwendung und Wertschätzung durch seine Bezugspersonen (Viernickel 2009).

7.2.1 Zusammenarbeit bei der Bildungs- und Erziehungsarbeit

Um bestmögliche Erfolge in der Bildungs- und Erziehungsarbeit zu erzielen, sollten Eltern und professionelle Fachkräfte aus Erziehungseinrichtungen eng zusammenarbeiten und in wechselseitiger Kooperation stehen (Schäfer 2007). Der Staat benennt erstrangig die Eltern als Erziehungsberechtigte und -verpflichtete. Die pädagogischen Fachkräfte dienen als unterstützende Instanz, um den Elternteilen die Berufstätigkeit zu ermöglichen. Öffnungszeiten, Ausflüge und Projekte in der Erziehungseinrichtung sollten regelmäßig und zeitnah mit Eltern besprochen werden. Um erfolgreiche Zusammenarbeit zu gewährleisten, sollten Erziehungseinrichtungen ihre Konzepte in Erziehungs- und Bildungsarbeit mit den Eltern abgleichen. Dazu gehört ein regelmäßiger Austausch, um Fachkräfte über biografische Erfahrungen (besonders bei Familien mit Migrationshintergründen), relevante Alltagssituationen, Interessen und Vorlieben der Kinder, oder mögliche Probleme zu informieren. Umgekehrt sollten Fachkräfte den Eltern Entwicklungserfolge ihrer Kinder, Konfliktsituationen oder Vorkommnisse in der Erziehungseinrichtung mitteilen. In nötigen Präventionen beraten und kooperieren Fachkräfte mit den Eltern, um schnell handeln zu können. Um die Bildungsprozesse der Kinder zu unterstützen, sollten Erwachsene regelmäßig das Tun oder Spielen der Kinder beobachten. Dadurch verstehen diese die ganz eigenen kindlichen Vorstellungen, Denk- und Problemlösungswege (Schäfer 2007).

7.3 Überfordern

In unserer heutigen Gesellschaft sind Leistung und Erfolg gefragt. Deshalb versuchen Eltern ihr Kind frühzeitig zu fördern, um ihm die besten Chancen für das weitere Leben zu bieten. Doch dabei kann es auch zu einer Überforderung kommen, wenn die Kinder zu viel gefördert werden, bzw. keinen Freiraum mehr haben für ihre Freizeitgestaltung. Wie viel Förderung ein Kind braucht, ist individuell. Das eine Kind ist ausgeglichen, wenn es drei Angebote unter der Woche wahrnimmt, ein anderes jedoch ist bereits mit einem Termin pro Woche überfordert. Jedes Kind hat sein eigenes Lerntempo und dieses zu überschreiten, birgt Gefahren der Überforderung.

Die Stress-Studie 2015 der Universität Bielefeld belegt, dass zirka jedes sechste Kind und jeder fünfte Jugendliche deutliche Stresssymptome aufweisen (Ziegler 2015). Dies kommt daher, dass Eltern eine hohe Anforderung an das Kind haben und der Freiraum für kindliche Selbstbestimmung weniger geworden ist. Die Folgen einer solch hohen Erwartung an das Kind können

Depressionen, Versagensängste oder ein deutlich erhöhtes Aggressionspotential sein (Ziegler 2015). Stress äußert sich bei Kindern zum Beispiel durch negative Emotionen, Sorgen, zeitliche Belastung oder Erwartungsdruck. So wirkt sich Stress auf das Wohlbefinden der Kinder aus und kann klassische Symptome von Burn-Out, wie Müdigkeit, Kopfschmerzen oder Einschlafschwierigkeiten verursachen (Ziegler 2015). Ein wesentlicher Aspekt der Stressbelastung, ist ein Mangel an Freizeit und fehlende selbstbestimmte „Qualitätszeit". Das Kind sollte unbedingt Spaß bei seinen Hobbys und Aktivitäten haben. Hat es das nicht, so kann es schnell zu Stress kommen.

7.3.1 Problemfeld: Digitale Medien

Angesichts der hohen Alltagsrelevanz von Medien, auch bei Klein- und Vorschulkindern, stellt sich die Frage nach der Auswirkung auf die Fähigkeiten und Kompetenzen der Kinder. Hierbei konzentriert sich die Forschung hauptsächlich auf Bildschirm- und interaktive Medien, da Audio- und Printmedien als harmloser wahrgenommen werden in Bezug auf die Entwicklung des Kindes (KIM 2008).

Bei erhöhter Mediennutzung kann es zu einem Defizit im Wortschatz kommen. So zeigt eine Studie von Zimmermann und Christiakis (2005), dass Kinder die vor ihrem dritten Geburtstag bereits mehr als drei Stunden täglich ferngesehen haben, bei Tests zur Lesefähigkeit und dem Leseverständnis schlechter abschneiden als Kinder, die weniger ferngesehen haben. Andere Wissenschaftler behaupten allerdings, dass es erst ab einem kritischen Grenzwert, der bei drei bis vier Stunden pro Tag gesehen wird, zu Leistungseinbußen kommt (Ennemoser 2009). Auch zu Schlafstörungen, Aufmerksamkeitsproblemen oder zu einem erhöhten Risiko für das spätere Auftreten von ADHS, kann es kommen, wenn man den kritischen Grenzwert überschreitet (Christiakis et al. 2004).

Diese Forschungsergebnisse können allerdings nicht generalisiert werden, da es auf die Art und Weise, wie man mit Medien umgeht, ankommt. Anderson et al. (2001) zeigt zum Beispiel, dass Programme mit informativen Inhalten eine positive Wirkung auf Kinder haben, während hingegen Programme, die nicht-adäquat sind, negative Effekte verursachen können (Sander et al. 2008).

Sendungen wie „Bob der Baumeister", die mit der Intention entwickelt wurde, Kindern etwas beizubringen, verbessern die Problemlösestrategien oder erweitern den Wortschatz des Kindes. Weitere positive Effekte, die ein solches Programm erreichen kann, sind die Verbesserung der Lesebereitschaft oder die Förderung prosozialer Verhaltensweisen der Kinder (Sander et al. 2008). Ob Medien einen positiven oder negativen Einfluss auf Bildungsprozesse haben, kann abschließend nicht eindeutig gesagt werden. Es gibt sowohl Studien, die den negativen Einfluss postulieren, als auch welche, die die positiven Eigenschaften betonen. Wenn die Familie, die mediale Bildung begleitet und unterstützt, kann sie dafür sorgen, dass Bildungsprozesse ermöglicht werden und negative Effekte verhindert werden.

7.3.1.1 Mediale Flut und die Wirkung auf Kleinkinder

Kinder und Jugendliche sind heutzutage immer mehr einem großen Ausmaß an einseitigen massenmedialen Reizen ausgesetzt. Kommunikation und soziale Kontakte laufen mittlerweile immer mehr über Medien, wie dem Internet oder dem Smartphone ab. Die Zunahme der täglichen Mediennutzung stellt für sie eine bedeutende Umwelterfahrung dar. Wie sich diese Umwelt jedoch auf die Sozialisation auswirkt, ist noch unzureichend erforscht. Diese Zunahme stellt aufgrund ihrer zeitlichen Dominanz (täglicher Medienkonsum), jedoch bereits einen bedeutsamen Sozialisationskontext dar. „Die Erlebnisse, die Kinder und Jugendliche in ihrer Familie, mit Freunden oder alleine machen, sind zunehmend mit Medienkontakt verbunden" (Lukesch 2008). Kinder, die den kritischen Grenzwert von Medienkonsum überschreiten, leiden meist unter einem Defizit an motorischen Anregungen (Lukesch 2008).

„Ausgedehnter Medienkonsum bei Kindern und Jugendlichen beschränkt die zur Verfügung stehende Zeit zum Lesen, Hausaufgaben machen, für sportliche Tätigkeiten, oder auch soziale Unternehmungen und Kontakte. Neben schulischen Misserfolgen können hieraus auch Defizite in den sozialen Kompetenzen resultieren und wichtige Lernerfahrungen nicht gemacht werden" (Lukesch 2008).

7.3.1.2 Einsetzen von Medien

Angesichts der zunehmenden Alltagsrelevanz von Medien, ist eine der wichtigsten Fragen der Pädagogik, wie man die Medien sinnvoll nutzen kann, um Bildungsprozesse zu fördern. Hierfür werden die klassischen Lerntheorien an die Medienwelt angepasst und erweitert. Die Lerntheorie des Behaviorismus geht davon aus, dass das Verhalten des Individuums durch äußere Reize und Verstärkung verändert werden kann (Gage 1996). Diese Form des Lernens, kann auch in den Medien angewendet werden. Ein Beispiel hierfür, wären sog. „Drill-and-practice"-Programme (Tulodziecki 2004). Der Lernende muss hierbei verschiedene Fragen oder Rätsel lösen. Bei einer richtigen Antwort wird der Lernende durch eine positive Rückmeldung oder Punkte (Belohnung) in seinem Verhalten verstärkt. Falls die Antwort falsch ausgefallen ist, wird die Aufgabe solange wiederholt, bis sie korrekt beantwortet wurde. In diesem Modell des Behaviorismus, werden allerdings nicht die internen Prozesse des Lernenden beachtet, welche in konstruktivistischen Lerntheorien eine starke Rolle spielen. Eine große Bedeutung für Konstruktivisten, spielt die individuelle Wahrnehmung und die Verarbeitung von Erlebtem (Mietzel 2002). Konstruktivisten sehen Medien eher negativ und sind der Meinung, dass Lernen durch Medien höchstens angeregt und unterstützt wird, aber diese hauptsächlich als Informationsquelle genutzt werden können (Tulodziecki 1996).

Interne Prozesse werden auch bei kognitionstheoretischen Lerntheorien in den Fokus gestellt. Hierbei wird davon ausgegangen, dass das Individuum Informationen in selektiver Weise aufnimmt und diese aktiv und selbstständig verarbeitet (Mietzel 2002). Seine Erfahrungen und Kenntnisse spielen hierbei eine bedeutende Rolle, da Lernen als Interaktion zwischen Lernenden und Lernmaterial stattfindet und erfolgreich ist, wenn bestehende Wissensstrukturen um neue Informationen und Strukturen erweitert oder verändert werden (Mietzel 2002).

Lernprogramme, die diese Theorie verfolgen, beinhalten eine geeignete Strukturierung und Reihenfolge der Wissensinhalte, um eine optimale Ergänzung zu ermöglichen. Betrachten wir das Lernmodell nach Bandura, so gehen wir davon aus, dass Kinder gesehene Inhalte oder Verhaltensweisen als Modell nehmen und imitieren. Studien zeigen allerdings, dass Kinder auch aggressives oder gewalttätiges Verhalten nachahmen. Vertreter dieses Ansatzes gehen davon aus, dass nur aus realistischen Problemstellungen gelernt werden kann. Das bedeutet, dass Lernen durch Medien nur dann stattfindet, wenn Medieninhalte realistische Situationen reproduzieren (Bandura 1963).

Um Medien für die Bildungsprozesse wirksam nutzen können, müssen die Medieninhalte je nach zugrundeliegender Lerntheorie anders vorbereitet werden und das Alter des Lernenden berücksichtigt werden. Es reicht allerdings nicht, nur die Medien nach dem Bildungsprozess auszurichten, da es auch von anderen Faktoren abhängt, ob von Medien gelernt werden kann.

Ziel einer Medienerziehung im Kindergarten sollte also sein, dass der Computer als Lern-, Gestaltungs- und Arbeitsmittel kennengelernt wird. So können Kinder erleben, wie der Computer es ihnen ermöglicht, neue Erfahrungen zu machen oder bei der selbstständigen Erarbeitung helfen kann.

„Medien üben aber nicht zuletzt deshalb eine so große Faszination aus, weil die Lebenswelt vieler Kinder kaum noch Möglichkeiten unmittelbarer sinnlicher Erfahrung bietet und der soziale Nahraum kaum noch selbstständig durch Vorschulkinder erobert werden kann" (Sander 2008).

Durch gezielte Lernangebote mit Hilfe von Medien ist es möglich, Teilleistungsschwächen abzubauen. So können Fähigkeiten wie das Zuhören, Bedeutungen und Symbole erkennen, Nacherzählen, aber auch das Gehörte zu verstehen und spielerisch umsetzen, gefördert werden.

Zusammenfassend kann man sagen, dass es möglich ist Medien zur Bildung einzusetzen, man muss nur beachten, dass die Inhalte altersadäquat sind und richtig besprochen werden, um negative Effekte zu verringern.

7.4   Gesundes Maß an Förderung

7.4.1   Elternkurse

In diesem Kapitel werden wir kurz vorstellen, wie Eltern ihrem Kind helfen können, Stress zu vermeiden. Kinder zu stärken und zu unterstützen bedeutet im ersten Schritt, ihnen Zuversicht und Vertrauen zu vermitteln, denn nur, wenn Kinder davon überzeugt sind, dass ihnen schwierige oder ungewohnte und neue Situationen gelingen werden, so tritt man diesem Problem mit weniger Angst und Stress entgegen. Um eine solche Selbstwirksamkeitsüberzeugung zu erlangen, muss es dem Kind möglich sein, Erfolgserlebnisse machen zu können. Kinder sind ziemlich stolz, wenn sie etwas ganz alleine oder zum ersten Mal gemeistert haben.

Die Förderung der Eigenständigkeit bedeutet nicht, ein Kind seinem Schicksal zu überlassen, sondern es bedeutet, Kindern die Möglichkeit zu lassen, sich selbst ausprobieren zu können. Kleine Aufgaben und Tätigkeiten im Haushalt können die Selbstständigkeit fördern und Kinder lernen damit, Verantwortung zu übernehmen.

Um die Problemlösestrategie bei Kindern zu fördern, sollten Eltern ihre Kinder bei der selbstständigen Lösung von Problemen unterstützen. „Statt Lösungen und Entscheidungen vorzugeben, sollte man sie gemeinsam mit seinem Kind erarbeiten" (Lohaus 2007). Ein weiterer wichtiger Punkt für das Selbstbewusstsein eines Kindes ist das Loben. „Ein Kind, das immer wieder kritisiert wird und dem seine Misserfolge vor Augen geführt werden, wird dies in sein Selbstkonzept integrieren. Möglicherweise fühlt es sich irgendwann tatsächlich als Versager. Bekommt ein Kind stattdessen das Feedback, dass es etwas gut gemacht hat, übernimmt es diese positive Botschaft in sein Selbstkonzept – sein Selbstbewusstsein nimmt zu. Neue Situationen wird es gelassener und sicherer begegnen und dabei weniger Stress empfinden." (Lohaus 2007)

7.4.2   Antistress Coaching

Gegenwärtig gibt es im deutschsprachigen Raum drei Anti-Stresstrainingsprogramme, die sich an Kinder und Jugendliche richten. Hierbei handelt es sich um das Training „Bleib locker" von Klein-Heßlinger und Lohaus (2000), das Anti-Stress-Training für Kinder von Hampel und Petermann (2003) und das SNAKE- Trainingsprogramm für Jugendliche von Beyer und Lohaus (2006).

Alle Programme sind zur Durchführung in Gruppen gedacht, jedoch kann man hieraus Anregungen ziehen, die sich in verschiedenen Anwendungskontexten nutzen lassen. Bei dem Programm „Bleib locker" handelt es sich um Anti-Stresstraining für Schulkinder der 3. und 4. Klasse und soll dafür sorgen, dass die Schüler bereits frühzeitig einen angemessenen Umgang mit Stresssituationen erlernen können. Das Programm richtet sich bewusst an die 3. und 4. Klassen, da die Kinder bereits erste Erfahrungen mit Stress sammeln konnten und hier Strategien erlernen, um den Stress vermeiden zu können (Lohaus 2007).

Zentrale Elemente sind Programmbausteine zum Erkennen von potentiellen Stresssituationen, von möglichen Stressreaktionen und den Aufbau von Stressbewältigungsressourcen. Die Stressbewältigungsressourcen umfassen Methoden wie das sich mitteilen lernen, Ruhepausen einzuplanen, Spiel und Spaß als Stressbewältigungsstrategie einzusetzen, sowie kognitive Umstrukturierung. Die Methoden werden spielerisch erlernt, um die Motivation zur Teilnahme an dem Programm zu erhöhen und der Spaß hat auch die Funktion der Stressbewältigung. Das Training führt zur Wissenserweiterung, da die Kinder entspannter an die Lösung des Problems heran gehen und zu einer Reduktion des Stresserlebens, sowie der physischen Stresssymptomatik (Lohaus 2007).

Literatur

Bundeszentrale für gesundheitliche Aufklärung (2014): Entwicklung im Wechselspiel von Anlagen, Anregung und Erfahrung, https://www.kindergesundheit-info.de/themen/entwicklung/entwicklungsschritte/entwicklungsgrundlagen/ [31.07.2017].

Bundeszentrale für gesundheitliche Aufklärung (2016): Grundzüge der Sprachentwicklung, https://www.kindergesundheit-info.de/themen/entwicklung/entwicklungsschritte/sprachentwicklung/ [11.07.2017].

Bundeszentrale für gesundheitliche Aufklärung (2017): Die geistige Entwicklung des Kindes, https://www.kindergesundheit-info.de/themen/entwicklung/entwicklungsschritte/geistige-entwicklung/ [30.07.2017].

Deutsches Kinderhilfswerk (2017): Die Kinderrechte in Deutschland, https://www.dkhw.de/unsere-arbeit/schwerpunkte/kinderrechte/die-kinderrechte-in-deutschland/?gclid=EAIaIQobChMIyYCn0cKu1QIVwqntCh1huQ52EAAYASAAEgLS6PD_BwE [29.07.2017].

Fthenakis, Wassilios (2010): Der Bayerische Bildungs- und Erziehungsplan für Kinder in Tageseinrichtungen bis zur Einschulung, 4. Auflage, Berlin: Cornelsen Verlag.

Merkel, Johannes (2005): Gebildete Kindheit – Wie die Selbstbildung von Kindern gefördert wird, Bremen: editionlumière.

Piaget, Jean (2015): Theologie und Reformpädagogik, Stuttgart, Klett-Cotta.

Sander, Uwe/von Gross, Frederike/Hugger, Kai-Uwe (2008): Handbuch Medienpädagogik, Wiesbaden: VS Verlag.

Schäfer, Claudia (2006): Kleinkinder fördern mit Maria Montessori, 3. Auflage, Freiburg im Breisgau: Herder Verlag.

Schäfer, Gerd (2007): Bildung beginnt mit der Geburt – Ein offener Bildungsplan für Kindertageseinrichtungen in Nordrhein-Westfalen, 2. erweiterte Auflage, Berlin, Düsseldorf, Mannheim: Cornelsen Verlag.

Stamm, Margrit (2010): Frühkindliche Bildung, Betreuung und Erziehung, Bern: Haupt Verlag.

Verein für frühe Mehrsprachigkeit an Kindertageseinrichtungen und Schulen fmks e. V. (2014): http://www.fmks-online.de/download.html [15.11.2017].

Viernickel, Susanne; Völker, Petra (2009): Mit Riesenschritten in die Autonomie – Kleinkinder auf dem Weg in die Selbstständigkeit, Troisdorf: Bildungsverlag EINS GmbH.

Wilkening, Friedrich/Freund, Alexander/Martin, Mike (2013): Entwicklungspsychologie Kompakt, 2. Auflage, Basel, Weinheim: Beltz Verlag.

8 Pädagogische Konzepte

Tabea Hottum und Mona Zimmermann

Bereits im frühen Kindheitsalter ist es möglich, Kinder in Einrichtungen betreuen zu lassen. Deshalb wird der frühkindlichen Bildung und damit dem frühen Lernen eine immer größere Bedeutung zugeschrieben. Die Einrichtungen der vorschulischen Kinderbetreuung haben unterschiedliche Konzepte, die eine pädagogische Grundorientierung beinhalten. Erst so kann die Qualität der Erziehung und Förderung von Kindern überprüft werden. In den Konzepten werden pädagogische Ziele, die Zusammenarbeit mit den Eltern sowie die Qualitätssicherung und Öffentlichkeitsarbeit schriftlich festgehalten. Sie dienen den Einrichtungen als Grundlage.

Betrachtet man Einrichtungen der vorschulischen Kindertagesbetreuung in Deutschland näher, lassen sich viele verschiedene pädagogische Ansätze erkennen, nach denen gearbeitet wird. Konzepte, an denen sich Kindertagesstätten orientieren, sind unter anderem die Fröbel-, Montessori- und Reggio-Pädagogik. Darüber hinaus gibt es Kindertagesstätten mit spezifischen Schwerpunkten, wie Sprache, Bewegung oder Natur. Andere Kindertagesstätten arbeiten nach dem „offenen Konzept" oder orientieren sich am Situationsansatz.

Im Folgenden werden vier bekannte pädagogische Konzepte vorgestellt: die Fröbel- und Montessori-Pädagogik, der Situationsansatz, sowie die Reggio-Pädagogik. Dabei werden die Konzepte nicht in ausführlicher Breite dargestellt, sondern es wird vielmehr ein Überblick über die verschiedenen pädagogischen Ansätze gegeben, der vor allem auf dem jeweiligen geschichtlichen Ursprung, das „Bild vom Kind" und die Rolle der ErzieherIn spezifiziert. Zudem werden zu jedem Konzept die Grundannahmen, Rahmenbedingungen und Besonderheiten, wie z. B. die Architektur der Räume oder Spielmaterialien, vorgestellt.

8.1 Fröbelpädagogik

Die Fröbelpädagogik ist ein pädagogisches Konzept, welches vom Pädagogen Friedrich Fröbel entwickelt wurde. Im Mittelpunkt steht dabei das Kind mit seinen Entwicklungsbedürfnissen. Es wird als Teil der Welt und als Individuum betrachtet.

Friedrich Fröbel war der erste Frühpädagoge in Deutschland. Er sah die ersten Lebensjahre entscheidend für die Entwicklung eines Kindes. Fröbel arbeitete rund 20 Jahre als Lehrer und hatte so profunde Erfahrung mit Kindern. So entwickelte er zu Beginn des 19. Jahrhunderts ein Konzept früher Bildung, sowie Lieder und Spiele für Kinder in den ersten Lebensjahren (vgl. Aden-Grossmann 2011: 24ff.). Als Leitspruch der Fröbelpädagogik könnte stehen: „Kommt, lasst uns mit unseren Kindern leben". Es geht darum, gemeinsam zu erleben, die Welt zu entdecken und sich gemeinsam zu entwickeln (vgl. ebd.).

Entscheidend für die Entwicklung eines Menschen ist für Fröbel die Mutter-Kind-Beziehung. Bereits im frühen Alter sollten Kinder durch das Spielen mit der Mutter im kognitiven, emotionalen und motorischen Bereich gefördert werden. Wichtig war für Fröbel dabei, dass dem Kind die Freiheit und die Selbstbestimmung erhalten bleibt, weshalb auf Vorschriften und Strafen in der Erziehung verzichtet werden sollte. Im Mittelpunkt der Fröbelschen Pädagogik steht deshalb, das Kind beim Spielen zu beobachten und zu fördern. Durch seine Arbeit bemerkte Fröbel, dass „die Fähigkeit zum Spiel eine notwendige Voraussetzung für die spätere Entwicklung zu einem ausgeglichenen und arbeitsfähigen Menschen war". (ebd.: 24) Fröbel selbst war erst ein Dreivierteljahr alt, als seine Mutter starb. Da ihm die mütterliche Liebe und Zuwendung fehlte und er später eher ein schüchterner Junge war, schloss er daraus, dass „zum einen die Kindheit von Bedeutung für die gesamte Entwicklung ist und dass zum anderen die Erziehung der Menschheit mit der Erziehung der Mütter beginnen müsse" (ebd.: 25).

8.1.1 Grundlegende Annahmen und Rahmenbedingungen der Fröbelpädagogik

Fröbel gründete Spielkreise für Mütter und deren Kinder, woraus 1840 der erste Kindergarten in Bad Blankenburg (Thüringen) entstand. Bis 1847 kamen sieben weitere Kindergärten hinzu (Frankfurt a.M., Bad Homburg, Gotha, Annaburg, Quetz, Lünen und Dresden). Die Verbreitung weiterer Kindergärten wurde jedoch zunächst verboten. Wenige Jahre nach der Revolution (1848), wurde dieses Verbot wieder aufgehoben, was Fröbel selbst nicht mehr miterlebte, da er 1852 verstarb.

Einige andere Einrichtungen, wie Kleinkinderbewahranstalten, arbeiteten genauso mit dem Fröbel-Konzept. Ein Kindergarten, in dem die Fröbelpädagogik angewendet wird, muss nach Fröbel drei Funktionen erfüllen (vgl. Aden-Grossmann 2011: 30):

- „In ihm werden Kinder im Vorschulalter durch angemessene Beschäftigung und durch Spiele allgemein gefördert und somit für die Schule und die weiteren Lebensstufen vorbereitet.
- Der Kindergarten selbst ist eine Ausbildungsstätte für junge Männer und Frauen, in der sie für Erziehungsaufgaben ausgebildet werden.

- Ferner soll geeignetes Spielmaterial entwickelt und die fachliche Diskussion durch die Herausgabe einer Zeitschrift gefördert werden".

Laut Fröbel ist der Kindergarten die unterste Stufe eines einheitlichen Bildungssystems.

8.1.2 Das Bild vom Kind

Friedrich Fröbel sah das Kind als Teil der Natur und damit auch als Teil von etwas Größerem, bezeichnete es als etwas „Göttliches". Die Eltern müssen sich nach Fröbel mit dem Kind auf den Weg begeben, um herauszufinden, was seine spezielle Begabung und seine Berufung im Leben ist. Erziehung nach Fröbel muss daher nachgehend und nicht vorschreibend sein. Er nahm an, das Kind entwickele sich erst im und durch das Spiel.

In seinem Buch „Die Menschenerziehung" von 1826 erklärte er, dass alles was existiert, einen gemeinsamen Ursprung hat. Im Menschen sei bereits das Bedürfnis angelegt, sein Wesen, seine Begabung und das Göttliche in sich selbstbestimmt zu entwickeln und zu leben. Demnach sei im Kind bereits alles angelegt und muss nur in den einzelnen Entwicklungsstufen entwickelt werden (vgl. ebd., 24ff.). „Erziehung bedeutet, das Kind als ein sich selbstbewusst werdendes, denkendes, fühlendes Wesen zu sehen mit der Bestimmung, das in ihm liegende Göttliche und in allem wirkende Gesetz, selbstbestimmt und selbstbewusst auszudrücken, also zu leben". (Fröbel 1826: 3)

8.1.3 Besonderheit: Die Spielgabe

Das zentrale Element in der Fröbelpädagogik ist das Spiel, da sich das Kind laut Fröbel mit Hilfe des Spiels ausdrücken kann. Für Fröbel ist es die höchste Stufe der Entwicklung eines Kindes. Das Kind soll sich seiner Natur gemäß weiterentwickeln. Das heißt, ihm muss nichts nähergebracht werden, da es schon alles in sich trägt, sondern ihm muss Raum und Zeit und der richtige Rahmen gegeben werden, so dass es sich entwickeln kann.

Im Spiel eignet sich das Kind die Welt an und während es spielt lernt es. Es stellt so seine inneren Regungen und seine Fantasien dar. Da das Spiel für Fröbel so wichtig war, entwickelte er Spielmaterial, welches systematisch aufeinander aufgebaut ist. Dieses Material nannte er *Spielgaben*. Diese bestehen im Wesentlichen aus den Grundformen Kugel, Walze und Würfel. Sie werden dem Kind zunächst als ganze (unzerteilte) Formen zum Spielen gegeben. Je älter das Kind wird, desto weiter zerteilte Formen bekommt es dazu. Mit den Formen sollen spielerisch mathematische Eigenschaften und Beziehungen erfasst werden. Deshalb wählte Fröbel auch geometrische Formen (vgl. Konrad 2008: 107).

Die erste Spielgabe ist der Ball, da er, so Fröbel, die Urform aller Formen darstelle. In seiner vollendeten Abgeschlossenheit sieht Fröbel die Einheit zwischen Mutter und Kind. Oft hängte er einen Ball an einer Schnur befestigt über das Bettchen eines Säuglings. Der Ball ist als erstes Spielzeug geeignet, da das Kind ihn hin und her bewegen kann und somit ein erstes Gegenstandsbewusstsein entwickelt. Das Kind lernt, ihn zu ergreifen, festzuhalten, loszulassen und wiederhaben zu wollen.

Kugel, Würfel und Walze gehören zur zweiten Spielgabe. Kugel und Würfel bilden den größtmöglichen Formgegensatz, der sich wiederum in der Walze aufhebt. „In ihnen drückt sich Fröbels Philosophie des Polaren samt dessen Überwindung aus" (ebd.). Die dritte bis achte Spielgabe besteht aus dem Würfel, der auf viele verschiedene Weisen geteilt werden kann. Durch den Würfel sollen die Kinder das verborgene Wesen der Dinge erkennen, das heißt, das was die Welt im Innersten zusammenhält. Der Würfel spiegelt nach Fröbel aber auch die „Einheit in der Vielheit und [die] Vielheit in der Einheit wider" (ebd.). Am Ende des Spiels sollen die Kinder den Würfel wieder in seine Ausgangsform zurückbringen. Fröbel achtete zudem darauf, dass die Kinder die Würfelteile nicht als Objekte ihrer Fantasie nutzten, sondern als Lebens- und Gebrauchsformen, das heißt die Kinder bauten damit Gegenstände aus dem alltäglichen Leben nach oder gruppierten Teile zu Erkenntnisformen, um mathematische Gesetzmäßigkeiten zu visualisieren und sie nachvollziehen zu können. Außerdem konnten die Kinder die Teile zu Schönheitsformen zusammenbauen, also zu geometrischen Figuren, die eine ästhetische Wirkung besaßen. Mithilfe dieser Spielgaben konnte „das Begreifen der Welt zugleich auf kognitive und auf symbolische Weise erfolgen" (ebd.).

Neben den geometrischen Formen gibt es andere Beschäftigungsmittel, zu welchen Fröbel das Erbsenlegen oder auch das Legen von Fruchtkernen, das Stäbchenlegen, das Perlensticken, das Umgehen mit Legetäfelchen und Papierquadraten, das Schneiden von Papierstreifen und das Flechten zählt. Diese Beschäftigungsmittel knüpfen an alte Mittel in Bewahranstalten und Kleinkinderschulen seiner Zeit an.[5] Die Beschäftigungsmittel galten hier dem Zweck, dass die Kinder Genauigkeit sowie sauberes Arbeiten erlernen, was damals in der Industrialisierung wichtig war. Fröbel begründete die Verwendung dieser Beschäftigungsmittel aber auch mit seiner Symboltheorie: Die Kinder sollten auf symbolhafte Weise den Aufbau mehrdimensionaler Formen erfahren. Mithilfe des Streifenschneidens sollten die Kinder z. B. die Auflösung einer Fläche erkennen und wiederum mit dem Flechten dieser Streifen den umgekehrten Vorgang. Die Beschäftigungsmittel werden auch heute noch sehr häufig von Fröbel-PädagogInnen angewendet.

Daneben gibt es die Bewegungsspiele, bewährte Gemeinschaftsspiele, wie sie auch früher schon auf der Straße oder dem Hof von Kindern gespielt

---

5   Ausführlich dazu in Kapitel *Historische und gesetzliche Grundlagen*

wurden. Die Spiele bestehen aus Lauf- und Ballspielen, sowie Kreis- und Turn-spielen. Auch soziale Rollenspiele gehören dazu. Ziel ist dabei, dass die Kinder ihre Bewegungslust ausleben und damit ihren eigenen Körper und ihre Kräfte kennen- und einzuschätzen lernen. Obwohl Fröbel in der Urmutter aller Kin-dergärten in Bad Blankenburg einen Bewegungs- und Laufspielplatz einge-richtet hat, beschäftigte er sich nicht annähernd so viel mit Bewegungsspielen wie mit den Spielgaben. Einige der Bewegungsspiele wurden daher auch von seinen Mitarbeitern entwickelt (vgl. ebd.). Mithilfe des Kindergartens war es Fröbel möglich, einen „eigenwertigen kindlichen Lebens- und Bildungsraum und ein zukünftiges Modell der außerfamilialen Betreuung und Erziehung klei-ner Kinder zu entwickeln" (ebd.).

Um 1900 konnte sich die Fröbelpädagogik durchsetzen. Zur selben Zeit entstand auch das elementarpädagogische Konzept der italienischen Ärztin und Pädagogin Maria Montessori (vgl. ebd.).

8.2 Montessori-Pädagogik

Die Montessori-Pädagogik wurde von der italienischen Ärztin und Pädagogin Maria Montessori eingeführt. In Deutschland wird sie schon seit Anfang des 20. Jahrhunderts in der Früh-, Kindergarten- und Heilpädagogik sowie in Schulen angewendet. Mittlerweile gibt es über 1.000 Montessori-Einrichtun-gen. In Deutschland gibt es allein etwa 600 Kindergärten, die nach dem päda-gogischen Konzept von Montessori geleitet werden. Montessori kritisierte den zu dieser Zeit in Schulen üblichen Drill, die Reglementierung und die Unfrei-heit der Erziehung. Das System des Belohnens und des Strafens mache aus den unterdrückten Kindern gehorsame und unterwürfige Bürger. Viel mehr Sinn sah Montessori in einer Erziehung ohne Zwang, da sich die Kinder so viel mehr entfalten können. Auf dieser Grundlage entwickelte sie eine Erziehungslehre, „die insbesondere durch ihre vielfach erprobten Methoden kognitiver Förde-rung eine große Verbreitung gefunden hat" (Aden-Grossmann 2011: 118).

Montessori war der Meinung, dass man sich beim Thema Erziehung nicht auf philosophische Spekulationen beziehen sollte, sondern die Erfahrungen und Experimente wissenschaftlich zu begründen seien (vgl. ebd.).

8.2.1 Grundlegende Annahmen und Rahmenbedingungen der Montessori-Pädagogik/ Bild vom Kind

Ziel von Montessoris Pädagogik war es, die Unabhängigkeit und Selbststän-digkeit der Kinder in jeder Hinsicht zu fördern. Hierbei kritisierte sie, dass Kinder oftmals von Erwachsenen wie ein Objekt behandelt wurden und dadurch die Unselbstständigkeit gefördert wurde. So schrieb sie in einem ihrer Bücher:

„Wir neigen dazu, die Kinder als Puppen anzusehen, und daher waschen wir sie und geben ihnen zu essen, als wären sie Puppen […]. Die Mutter, die ihrem Kind zu essen gibt, ohne jedes Bestreben, es zu lehren wie man den Löffel selbst hält und ihn zum Munde führt, oder ihm dies vorzumachen, ist keine gute Mutter. Sie versündigt sich an der angeborenen Würde ihres Kindes." (Montessori 2010: 93)

Montessori war es besonders wichtig, die Würde des Kindes zu achten. Daher sollte es nach ihrer Auffassung in der Erziehung keinen Lohn und keine Strafe geben. Wie Fröbel war auch sie der Meinung, dass das Kind von innen heraus nach Freiheit und Kraft strebt. Gab es ein Kind, welches Verhaltensstörungen zeigte, wurde dieses abseits an einen Tisch gesetzt, von dem aus es die anderen Kinder sehen konnte. Es erhielt Arbeitsmaterialien, mit welchen es sich gerne beschäftigte. Dabei handelte es sich nicht um eine Bestrafung, sondern man nahm an, dass das Kind innerlich nicht so geordnet sei, um sich sozial anzupassen. Deshalb würde ihm die Ruhe, sich allein zu beschäftigen guttun, um sich innerlich zu ordnen und zufrieden zu werden (vgl. Aden-Grossmann 2011).

In der Montessori-Pädagogik spielen zudem die Raumgestaltung, sowie die Beschäftigungsmittel eine Rolle. Deshalb beginnt die Arbeit mit der Einrichtung der Räume. Da die Kinder zur Selbstständigkeit und Unabhängigkeit gebracht werden sollen, ist es wichtig, dass alle Einrichtungsgegenstände auch den Proportionen der Kinder entsprechen und auf ihre Bedürfnisse abgestimmt sind. Montessori setzte hierfür bewegliche kleine Tische und Stühle ein, sowie niedrige Waschbänke, sodass die Kinder alle häuslichen Verrichtungen selbst vornehmen konnten. Dazu zählte auch, dass alle Arbeitsmaterialien frei zugänglich sind, das heißt, dass die Schränke und Regale in angemessener Höhe angebracht sind (vgl. ebd.).

Dies galt auch für die Beschäftigungsmittel. Soll ein Kind selbstständig und unabhängig werden, muss das didaktische Material dazu geeignet sein, dass das Kind mit den Materialien selbstständig lernen kann. Macht das Kind einen Fehler oder irrt es sich bei der Anwendung, kann es das meist selbstständig erkennen und daraufhin korrigieren. Sollte dies nicht der Fall sein, kann der/die ErzieherIn bei der Korrektur helfen (vgl. ebd.). Die Materialien, die in der Montessori-Pädagogik angewendet werden, dienen „der Übung der Sinne (Tastübungen, Erziehung des Geschmacks- und Geruchssinns, Übungen der Wahrnehmung, Erziehung des Gehörsinns)" (ebd.: 122). Hierfür gibt es eine Übung mit Einsatzfiguren. Diese besteht aus zehn kleinen Holzzylindern, deren Basis um etwa zwei Millimeter abnimmt und in entsprechende Öffnungen in einem Block gesetzt werden. Die Zylinder werden herausgenommen, gemischt und müssen anschließend wieder in die passenden Öffnungen eingesetzt werden. Das Kind lernt hierbei, den körperlichen Umfang der einzelnen Zylinder zu unterscheiden. In der Regel wiederholen die Kinder diese Übungen, bis sie diese sicher beherrschen und verlieren anschließend das Interesse.

Da einige Kinder einer akustischen Reizüberflutung ausgesetzt sind, erscheinen Übungen für die Sensibilisierung des Hörens als sinnvoll. Materialien hierfür sind Geräuschdosen, Glocken und Geräuschkisten. Hierfür werden z. B. zwei Kisten mit identischen Gegenständen ausgestattet, mit denen Geräusche erzeugt werden können. Dem Kind werden die Gegenstände gezeigt und die verschiedenen Geräusche werden ausprobiert. Anschließend setzen sich die Kinder Rücken an Rücken und einer beginnt, mit einem dieser Gegenstände ein Geräusch zu erzeugen. Der andere hört aufmerksam zu und nimmt den entsprechenden Gegenstand aus seiner Kiste, um das Geräusch nachzuahmen. Klingt es identisch, werden beide Gegenstände hochgehoben und es wird geschaut, ob beide richtig liegen. Das Montessori- Material ist daher kein Spielzeug an sich, mit dem Kinder immer wieder spielen, sondern es handelt sich um Lehrmaterial, welches so konzipiert ist, dass es von Kindern selbstständig verwendet werden kann, ohne dass der/die ErzieherIn immer wieder eingreifen muss (vgl. Aden-Grossmann 2011).

8.2.2 Die Rolle der ErzieherIn

Als Montessori-PädagogIn ist eine erfolgreiche pädagogische Ausbildung und ein entsprechender Montessori-Lehrgang notwendig. Außerdem sollte sie eine charakterliche Eignung und eine gefestigte Persönlichkeit mitbringen. Die Liebe zum Kind muss im Charakter der pädagogischen Fachkraft spürbar sein. Dazu zählen auch Selbstkontrolle, die Bereitschaft zum Dienst, das Kind auf dem Weg zur Unabhängigkeit zu unterstützen sowie die allgemeine und pädagogisch-wissenschaftliche Sachkompetenz.

Nach Schmutzler (1998: 23) sind in der Praxis bestimmte Tätigkeiten bzw. Qualifikationen zu erfüllen:

- „Aufbau und Pflege einer funktionsfähigen vorbereiteten Umgebung (z. B. Verfügbarkeit, Vollständigkeit, Funktionsfähigkeit der Lern- und notwendigen Verbrauchsmaterialien),
- Aktualisierung der vorbereiteten Umgebung im Hinblick auf den Entwicklungsstand des Kindes und die gegenwärtigen wie zukünftigen Lebenserfordernisse (Technik, Medien, Internationalisierung usw.),
- Fachdidaktisch-methodische Beherrschung aller Lernangebote (z. B. in der Hinführung zu Mathematik, Sprache, Musik), Beherrschung verschiedenartiger Spiele usw.,

- Methodenvielfalt, d.h. primär nicht das Kind an die Methode, sondern die Methode an das Lern-/Erkenntnisvermögen des Kindes anzupassen (Prinzip der Entsprechung, individuellen Passung),
- Individualisierung der Lernangebote (inhaltlich, methodisch, entwicklungsgemäß usw.),
- Erziehungskompetenz, d.h. eine bestimmte Haltung dem Kind gegenüber zu haben (seine Individualität und Würde achten etc.) und bestimmte Erziehungsprinzipien zu beherrschen (z. B. Freiheit geben- Grenzen setzen, Lob – Tadel einsetzen, Vorbild sein, können und wollen),
- Experimentalpädagogische Kompetenz, d.h. auf pädagogisch-wissenschaftlicher Grundlage neue Methoden, Inhalte/Materialien pädagogisch-didaktisch entwickeln und aufbereiten sowie pädagogische Probleme lösen zu können."

8.2.3 Beobachtungen und Dokumentation

Eine sehr wichtige Aufgabe des/der PädagogIn ist es, das Kind zu beobachten. Für Montessori sind die „Beobachtung und pädagogische ‚Behandlung' [...] untrennbare Aufgaben" (Schmutzler 1998: 23). Erst aus der Beobachtung ergeben sich die notwendigen Hilfen und das eigene Erziehungs- bzw. Lehrverhalten kann korrigiert werden. Es gehört zu den pädagogischen Grundpflichten, das Kind kontinuierlich zu beobachten und individuelle Entwicklungsberichte anzufertigen. Bei der Beobachtung geht es zunächst darum, konzentrationsfördernde und -hemmende Lernbedingungen zu erkennen. Die ausführlichen Entwicklungsberichte dienen den pädagogischen Fachkräften, die eigene Arbeit zu protokollieren und um Eltern sowie andere Beteiligte informieren zu können. So können Begabungen oder auch Fehlentwicklungen frühzeitig erkannt und ggf. korrigiert werden. Wichtig bei der Beobachtung ist es, frei von Vorurteilen zu sein bzw. sich die eigenen Vorurteile bewusst zu machen. Die Selbstreflexion spielt auch bei der Arbeit mit dem Kind eine Rolle, denn macht dieses einen Fehler, kann es auch am Konzentrations- oder Kompetenzmangel, oder auch an den Vorurteilen des/der ErzieherIn liegen (vgl. ebd.). Dazu sagt Montessori: „Suche die Fehler, die schlechten Neigungen des Kindes zuerst bei dir selbst." (ebd.: 24)

8.3 Reggio-Pädagogik

Das Konzept der Reggio-Pädagogik wurde in der italienischen Stadt Reggio Emilia entwickelt. Im April 1945 entschied ein Komitee über die Verwendung des Erlöses eines verkauften Militärpanzers. Die Idee war der Bau eines

Kindergartens. Zu diesem Zeitpunkt bestand noch kein Konzept, an dem man sich hätte orientieren können. Daraus entstand die Frage was Kinder benötigen, um aus den Erfahrungen und Eindrücken des gerade überstanden Krieges lernen zu können. Die Antwort darauf war eine von Humanität und Gewaltfreiheit geprägte Erziehung. Loris Malaguzzi wurde von 1970-1985 zum Koordinator der kommunalen Krippen und Kindergärten in Reggio ernannt und hatte dadurch einen wesentlichen Anteil an der theoretischen Fundierung und weltweiten Verbreitung der Reggio-Pädagogik. Malaguzzi führte in seiner Reggio-Konzeption das zusammen, was in bisherigen Kindertageseinrichtungen getrennt war: das Kind, seine Familie, die professionellen ErzieherInnen und die Umgebung des Kindes. 1991 wurden die Kindertagesstätten der Stadt Reggio als weltbeste Einrichtungen ausgezeichnet (vgl. Brockschnieder 2007; Ullrich/Brockschnieder 2009).

8.3.1 Grundlegende Annahmen und Rahmenbedingungen der Reggio-Pädagogik

Die wesentliche Grundlage der Reggio-Pädagogik bildet die Kooperation aller am Erziehungsprozess beteiligten Personen, denn die Hauptdarsteller sind nach Malaguzzi die Kinder, ErzieherInnen und Eltern. Die Kommunikation spielt neben der Kooperation eine ebenso wichtige Rolle in der Reggio-Pädagogik. Die Kinder haben die Möglichkeit, sich auf unterschiedliche Art und Weise auszudrücken, da die gesamte Organisationsstruktur auf die Kommunikationsprozesse zwischen ErzieherInnen und Kindern, den ErzieherInnen untereinander und zwischen ErzieherInnen und Eltern ausgerichtet ist (vgl. Brockschnieder 2007; Ullrich-Brockschnieder 2009).

Die Öffnungszeiten der Kindergärten sind an die Arbeitszeiten der Eltern angepasst. Es gibt eine Regelbetreuungszeit von 7:45 Uhr bis 16:00 Uhr. Eltern können auch einen Spätdienst bis 18:20 Uhr in Anspruch nehmen und für die Kinder, deren Eltern am Wochenende arbeiten, gibt es Einrichtungen, die auch samstags geöffnet haben. Auch beeinträchtigte Kinder werden in die Gruppen aufgenommen und inkludiert. Im Falle einer Mehrfachbehinderung besteht die Möglichkeit, dass zusätzliche MitarbeiterInnen eingestellt werden. Im Vergleich zu Konzepten deutscher Kindergärten unterscheidet sich die Organisationsstruktur in vielerlei Hinsicht. Es gibt altershomogene Gruppen, in denen die Kinder nach Ablauf eines Jahres ihren Gruppenraum wechseln, jedoch in der Regel den/die ErzieherIn behalten. Gemeinsam mit der Berufsgruppe der ErzieherInnen arbeiten andere Professionen gleichberechtigt zusammen. Sie werden auch als „bunte Teams" bezeichnet. Die Verantwortung für das Gelingen des Erziehungs- und Bildungsprozesses wird auf alle MitarbeiterInnen übertragen und der Einzelne dadurch entlastet. Die Kinder können dadurch von der Vielfalt des pädagogischen Zentrums profitieren, welches unter anderem

PsychologInnen, PädagogInnen, PuppenspielerInnen, WerkstattleiterInnen, Hauswirtschaftskräfte und KöchInnen beinhaltet. Eng damit verknüpft ist die Leitungsaufgabe der jeweiligen Einrichtung, die ebenfalls gemeinschaftlich wahrgenommen wird. Die anfallenden Leitungsaufgaben übernimmt für einen begrenzten Zeitraum eine Arbeitsgruppe, die als „Leitungsrat" bezeichnet wird (vgl. ebd.).

8.3.2   Das Bild vom Kind

In der Reggio-Pädagogik wird das Bild vom Kind in das Zentrum des pädagogischen Konzepts gestellt. Grundlegend geht Malaguzzi davon aus, dass die Kinder nicht erst zum Mensch werden, sondern bereits mit der Geburt ein Mensch sind. Daher wird den Kindern ebenso respektvoll begegnet wie allen anderen Menschen auch. Nach der reggianischen Auffassung zeichnet sich ein Kind durch folgende wesentliche Merkmale aus. Jedes Kind:

- ist ein individuelles und vollwertiges menschliches Wesen
- verfügt über viele Möglichkeiten zu sprechen und kann sich auf unterschiedliche Art und Weise ausdrücken
- ist aktiver Gestalter seiner Entwicklung
- ist neugierig und strebt danach die eigenen Möglichkeiten zur Geltung zu bringen
- bringt von Geburt an Fähigkeiten mit und trägt ein großes Potenzial in sich
- ist ein Entdecker und Forscher, der sein Wissen eigenständig konstruiert
- hat eine eigene Zeitstruktur
- ist ein soziales Wesen

Dieses Bild soll den Kindern nicht einfach „übergestülpt" werden, sondern es stellt vielmehr eine Orientierungshilfe für die Wahrnehmung der Kinder und die pädagogische Arbeit dar. Die Kinder sollen immer die Möglichkeit haben, sich auf vielfältige Weise auszudrücken und die ErzieherInnen sollen ihr Bild vom Kind kontinuierlich überprüfen und korrigieren, sodass sie zu einem besseren individuellen Verständnis des Kindes gelangen (vgl. Brockschnieder 2007; 2010; Ullrich/Brockschnieder 2009).

8.3.3   Rolle der Erwachsenen

Malaguzzi spricht nicht von der Erzieherrolle, sondern von der Rolle der Erwachsenen. Damit sind immer alle am Erziehungs- und Bildungsprozess beteiligten Erwachsenen gemeint.

Primäres Ziel der pädagogischen Arbeit ist die dialogische Begegnung zwischen dem Kind und dem Erwachsenen, welche über einen Gegenstand oder ein Problem vermittelt wird, der oder das aufklärungsbedürftig ist. In diesem

Prozess wird auf die Korrektur der gewonnen Einsichten des Kindes verzichtet, da diese Korrektur die weitergehende Such –und Forschungsarbeit des Kindes behindern würde. Stattdessen wird das Kind ermutigt, seine eigenen vielfältigen Quellen sprudeln zu lassen. Die erzieherische Aktivität ist immer auf die Unterstützung des kindlichen Selbst-Findens, Selbst-Erfahrens und Selbst-Tuns gerichtet. Daher gehört die verstehende Haltung zum Grundprinzip der erzieherischen Praxis (vgl. Brockschnieder 2007; Ullrich/Brockschnieder 2009).

Eine „vitale Pädagogik" braucht nach Malaguzzi vitale ErzieherInnen, die...

- zum Fragen und Weiterfragen ermutigen (anstatt Antworten zu geben)
- sich zurückhalten mit der Erwachsenenbewertung kindlicher Erkenntnisse und Lösungswege,
- ein Projekt strukturieren können, während es abläuft
- sich als assistierender Vermittler und selbst Lernender verstehen
- Kindern zuhören können, statt immer nur mit ihnen oder über sie zu reden
- Bedürfnisse, Äußerungen, Fragen der Kinder ernst nehmen
- sich in die Probleme, Aufgabenstellungen und Fragen der Kinder hineinziehen lassen
- auf Erklärungen weitgehend verzichten
- Fehler und Umwege zulassen
- darauf verzichten, Kinder auf eine vordefinierte Wahrheit festzulegen (vgl. Ullrich/Brockschnieder 2009)

8.3.4 Besonderheiten: Freies Spiel, thematische Arbeit und Projekte

Beim Reggio-Konzept wird zwischen dem freien Spiel, der thematischen Arbeit und den Projekten unterschieden. Das freie Spiel nimmt im Vergleich zu den „klassischen" Kindergärten einen geringen Raum ein - in der Reggio-Pädagogik ist es eher die Ausnahme. Zudem fehlen die üblichen Lern- oder Regelspiele fast vollständig. Das Spielen in der Reggio-Pädagogik ist stark mit der thematischen Arbeit verbunden. Vier Gattungen von Spielformen sind hierbei von besonderer Bedeutung: Das Puppenspiel, das darstellende Spiel und Schattenspiel, das Konstruktionsspiel sowie das Erkundungsspiel (vgl. Brockschnieder 2007; Ullrich/Brockschnieder 2009).

Das Herzstück der Reggio-Pädagogik bildet die Projektarbeit. Ausgangspunkt für Projekte können z. B. zufällige Beobachtungen von kindlichen Aktivitäten sein oder die Kinder stellen konkrete Fragen oder bringen eigene Projektvorschläge ein. Es ist aber auch möglich, dass die Projekte aus der Analyse der vielfältigen Aufzeichnungen der kindlichen Aktivitäten entstehen. Die Projektthemen müssen nicht zwangsläufig von den Kindern ausgewählt werden, sondern die ErzieherInnen können auch Themen als Projekt vorschlagen. Bevor die Projekte durchgeführt werden, erfolgt eine intensive Planungsarbeit aller MitarbeiterInnen des Kindergartens. Den Kindern wird der Ablauf des Projekts nicht bis ins kleinste Detail vorgeschrieben, sondern Ziel der Projektarbeit ist es, dass die Kinder lernen sich zu artikulieren, indem sie sich über Ideen austauschen, gemeinsame Ziele formulieren, Handlungskonzepte zur Zielerreichung formulieren und dadurch lernen Krisen auszuhalten und Konflikte zu lösen (vgl. Brockschnieder 2007; Bumann 2008; Stinner 2000; Ullrich/Brockschnieder 2009).

8.3.5   Architektur, Räume und ihre Gestaltung

Zentrum des Kindergartens ist die *Piazza* (deutsch: *Platz)*, die einen Ort vielfältiger Aktivitäten darstellt. Sie ist der Treffpunkt für Generationen, der Ort der Kommunikation, das Sehen und Gesehen- werden, das Hören und Staunen, gleichermaßen Spielplatz wie Ausstellungsraum. Von der Piazza kann man in die Innenhöfe, die Gruppenräume, die Küche und das Atelier blicken, da es keine Flure gibt, die die Räume voneinander trennen. Jeder Gruppenraum hat einen Nebenraum, das sogenannte „Mini-Atelier", in welchem die Kinder ihre laufenden Projekte weiterführen. Neben der Küche, in der täglich frische Mahlzeiten, meist mit Unterstützung der Kinder verschiedener Gruppen, zubereitet werden, ist der Speisesaal, der von den Kindern auch häufig „Kinderrestaurant" genannt wird. Dem zentralen Atelier wird eine bedeutende Rolle zugeschrieben, da dies der Ort ist, an dem das Lernen seinen deutlichsten Ausdruck findet. Es ist der Ort der „Künstlerin", die in jeder Einrichtung zum Personal dazugehört.
   Dadurch wird deutlich warum Malaguzzi die Kindergärten auch als Werkstätten bezeichnet. Überträgt man den Gedanken, dass in Werkstätten etwas produziert, geplant, verbessert und erprobt wird, so lässt sich daraus schließen, dass die Ausstattung der Räume und die Auswahl der Materialien vielfältige Möglichkeiten zum Erfassen und Begreifen bieten.
   Die drei leitenden Prinzipien für die Materialausstattung der Räume sind: Ordnung, Klarheit, Schönheit. Je nach Bedarf und Entwicklungsstand der Kinder ergänzen oder reduzieren die ErzieherInnen das Material, das genutzt wird. Es sind überall Spiegel und Spiegelzelte vorzufinden, die es den Kindern ermöglichen, sich selbst, allein oder gemeinsam mit anderen zu beobachten und unterschiedliche Ausdrucksweisen und deren Wirkungen zu erproben. Daneben gibt es zahlreiche Geräte, die die Kinder zur Beschäftigung mit Licht und Schatten und ebenso zum Umgang mit Schrift durch Druck- und Schreibmaschinen, anregen sollen. Neben der Fülle von Materialien und Ausstattungselementen in einem reggianischen Kindergarten, ist es den Kindern erlaubt, alles was ihnen in ihrem häuslichen Umfeld lieb und wert ist, in den Kinder-

garten mit zu bringen. Da dem Raum so viel Bedeutung zugesprochen wird, erhält er auch oft die Bezeichnung des „dritten Erziehers" (vgl. Brockschnieder 2007; Bumann 2008; Ullrich/Brockschnieder 2009; Von der Beek 2010).

8.3.6   Beobachtung und Dokumentation

Da das Kind als Hauptakteur gesehen wird, spielt die Beobachtung eine wesentliche Rolle. Die ErzieherInnen verbringen viel Zeit damit, die Dialoge und Spielhandlungen der Kinder aufzuzeichnen, denn alles was die Kinder tun, kann wichtig sein oder werden. Unter der leitenden Fragestellung „Was brauchen die Kinder dieser Gruppe für ihre Entwicklung?", versuchen die ErzieherInnen zu ergründen wie es den Kindern geht, was sie bewegt, was sie interessiert, welche Themen sie gerade beschäftigen und wie sie auf Anregungen der ErzieherInnen reagieren. Neben dem Beobachten und Zuhören der Kinder ist es notwendig, die Beobachtungen auch entsprechend zu dokumentieren. Die Dokumentation erfolgt entweder in Form von „sprechenden Wänden" oder sie werden in Dokumentationsmappen festgehalten.

Die Dokumentationsmappen beinhalten die Lern- und Entwicklungsgeschichte eines jeden Kindes. In der Mappe sind Fotos aus unterschiedlichen Entwicklungsphasen der Kinder, die durch kurze Texte der ErzieherInnen erläutert werden. Die Kinder entscheiden häufig darüber, welches Foto in die Mappe aufgenommen werden soll. So kann nicht nur das Kind anhand seiner Produkte seine eigene Entwicklung nachvollziehen, auch die Eltern können sich stets über die Aktivitäten und Entwicklung ihrer Kinder informieren.

Mit den sprechenden Wänden sind die Wände des Kindergartens gemeint, die vom Boden bis zur Decke mit Fotos, gemalten Bildern und Texten behangen sind. Sie ermöglichen den ErzieherInnen und Kindern den jeweiligen Stand der Arbeit an Projekten zu verdeutlichen und weitere Schritte zu planen. Dadurch wird den Kindern ein Gefühl für ihre Fähigkeiten und ihre Entwicklung vermittelt. Gleichzeitig fördern sie die Ich-Stärke und das Selbstbewusstsein der Kinder (vgl. Brockschnieder 2007; Bumann 2008; Ullrich/Brockschnieder 2009).

8.4   Situationsansatz

Die Wurzeln des Situationsansatzes liegen in der Bildungsreform der 1970er Jahre. Aufgrund bildungspolitischer Diskussionen wurde 1965 durch Bund und Länder ein Gremium geschaffen - der Deutsche Bildungsrat. Im Rahmen der Neuordnung des gesamten Bildungswesens erfolgte eine Reform des Kindergartens: Die vorschulische Erziehung von Drei- und Vierjährigen wurde ausgebaut und aufgrund eines Gutachtens war man der Überzeugung, dass Kinder bereits mit fünf Jahren in die Grundschule eingeschult werden sollten. Das Projektziel des Deutschen Bildungsrates zur Einrichtung von Modellprogrammen orientierte sich inhaltlich an den Lebensbedingungen sowie an den individuellen Voraussetzungen der Kinder. Das heißt, dass hier ausdrücklich für ein situationsorientiertes Konzept plädiert wurde. Die Lebensbedingungen der Kinder und deren aktuelle Interessen und Bedürfnisse galten als Bezugspunkte für die Planung von Spiel- und Lernangeboten im Sinne eines Curriculums „Soziales Lernen" (vgl. Tolksdorf 2000; Böhm 2007).

8.4.1 Grundlegende Annahmen und Rahmenbedingungen des Situationsansatzes

Unter dem Begriff „Situation" wird die Lage bzw. der Zustand des Kindes verstanden. Es besteht eine Wechselwirkung zwischen den Erlebnissen des Kindes und seines Denkens. Das Kind wird mit vielfältigen Ereignissen konfrontiert, die das Verhalten und Erleben des Kindes beeinflussen. Daher befindet sich das Kind in einer spezifischen Lage, einer Situation. In dieser Lage benötigt es gegebenenfalls Unterstützung und Begleitung, die es ihm ermöglicht, seine Gefühle und Gedanken, die mit mehreren Erlebnissen in Verbindung stehen, zu bewältigen (vgl. Stoll 1995).

Der Situationsansatz ist kein festgeschriebenes Konzept, sondern ein Bildungskonzept der Frühförderung, der einen pädagogischen Rahmen bieten soll. Dies hat zur Folge, dass Kindergärten, die unterschiedlich arbeiten, sich auf das gleiche Konzept, nämlich den Situationsansatz berufen. Dies ist möglich, weil der Situationsansatz die jeweiligen aktuellen Bedingungen einer Einrichtung berücksichtigt und in seine Umsetzung einbezieht. Konkret fließen die persönliche Lebenssituation der Kinder und ihrer Familien, die Bedürfnisse der Kinder und Eltern, die soziale Situation im Einzugsgebiet, die Wertorientierungen des Trägers und die räumlichen Voraussetzungen der Einrichtung in die Ausgestaltung mit ein (vgl. Böhm 2007).

Kindergärten, die nach dem Situationsansatz arbeiten, sind daran interessiert, die Eltern und andere Erwachsene in ihre Arbeit mit einzubeziehen. Sie öffnen sich nach außen, indem z. B. Nachbarn der Einrichtung mit den Kindern Projekte gestalten und durchführen. So werden Angebote aus dem nahen und weiten Umfeld genutzt und die Einrichtung wird ein Teil des sozialen Netzes im Gemeinwesen. Die Gruppen sind beim Situationsansatz altersgemischt. So können Kinder im Alter von null bis sechs Jahren in einer Gruppe sein oder Kinder im Alter von drei bis zehn Jahren. Die Altersmischung verfolgt das Ziel, dass die älteren Kinder ihr Wissen und ihre Fähigkeiten an die jüngeren Kinder vermitteln und die Jüngeren dadurch auf vielfältige Art und Weise von den Älteren lernen können (vgl. ebd.).

8.4.2 Das Bild vom Kind

Auf der Grundlage von Kindheits- und Säuglingsforschung geht der Situationsansatz davon aus, dass Kinder von Geburt an mit Kompetenzen und Fähigkeiten ausgestattet sind, die es ihnen ermöglichen, ihre Entwicklung selbst aktiv zu steuern. Der Mensch ist dadurch von Geburt an zur Selbstbestimmung fähig und baut diese Fähigkeiten mit zunehmendem Alter weiter aus. Eine wichtige Rolle spielen dabei die Beziehungen zu anderen Kindern und Erwachsenen. Die Erfahrungen, welche die Kinder im Kindergarten erleben, werden in Beziehungen zu anderen erprobt. Die Erwachsenen bieten den Kindern vielfältige Anreize zur Selbstentfaltung und Freiheit zur Entscheidung.

Die drei Hauptziele des Situationsansatzes sind Autonomie, Solidarität und Kompetenz. Ziel ist es, die Selbstbestimmung und Eigenständigkeit der Kinder zu fördern, sowie die Beteiligung der Kinder an ihrem eigenen Lern- und Entwicklungsprozess. Bei der Solidarität geht es um die Bedeutung des Zusammenlebens miteinander, weil Kinder auf die Hilfe und Unterstützung anderer angewiesen sind und weil jedes Handeln Konsequenzen für andere Menschen beinhaltet.

Der Erwerb der Kompetenzen bezieht sich auf die drei Bereiche Ich-, Sozial- und Sachkompetenz. Dadurch lernen die Kinder mit Dingen und Situationen kompetent umzugehen und das erworbene Wissen mit der konkreten Lebenssituation zu verknüpfen. Das Lernen erfolgt beim Situationsansatz in Sinneszusammenhängen, indem das Kind die Welt selbstbestimmt und aktiv erforscht und entdeckt. Das sachbezogene Lernen in sozialen Zusammenhängen in der alltäglichen Auseinandersetzung mit der Umwelt steht bei diesem Konzept im Vordergrund damit das Kind sein Wissen und seine Fähigkeiten ausbauen kann (vgl. Böhm 2007; Tolksdorf 2000).

8.4.3 Dimensionen des Situationsansatzes

Aus dem Menschenbild lassen sich Konsequenzen ableiten, auf deren Grundlage sich zwei bedeutsame Prinzipien bzw. Dimensionen für den Situationsansatz formulieren lassen.

Die erste Dimension ist die Gemeinwesenorientierung. Das bedeutet, dass Kindergärten, die nach dem Situationsansatz arbeiten, ein Teil des Gemeinwesens sind und eben nicht isoliert von der Umwelt existieren. So kann der Kindergarten die vielseitigen Möglichkeiten des Stadtteils oder Ortes, wie z. B. die öffentliche Bibliothek nutzen oder mit Sportvereinen zusammenarbeiten. Dadurch lassen sich die Lebenswelten der Kinder und ihrer Familien miteinander verknüpfen (vgl. Böhm 2007).

Daneben verfolgt der Situationsansatz das Prinzip, dass die pädagogische Arbeit einen Bezug zum Alltag der Lebenssituation der Kinder herstellt. Dabei wird die gesamte Lebenswelt der Kinder berücksichtigt, also auch ihr soziales Umfeld. Da die Situationen der Kinder der Ausgangs- und Mittelpunkt der pädagogischen Arbeit sind, werden deshalb insbesondere die Eltern regelmäßig in den Alltag und besondere Situationen der Kinder einbezogen (vgl. Böhm 2007; Stoll 1995).

8.4.4 Ablauf des situationsorientierten Arbeitens

Der Situationsansatz geht von vier Planungsschritten aus:

1. Situationsanalyse
2. Zielformulierung
3. Methodische Umsetzung
4. Auswertung/Reflexion

Der Ausgangspunkt einer jeden pädagogischen Arbeit sind Schlüsselsituationen. Im ersten Schritt werden deshalb die Kinder in ihrem Handeln beobachtet. Die Aufgabe der ErzieherInnen ist es, herauszufinden, welcher Situation die Kinder eine so große Bedeutung zuschreiben, dass es sinnvoll ist, sie zu einem Projekt auszudehnen. Diese Situationen, die für das gegenwärtige und zukünftige Leben der Kinder von Bedeutung sind, werden Schlüsselsituationen genannt (vgl. Böhm 2007). Im nächsten Schritt geht es konkret um die Beantwortung der Frage: Was an der beobachteten Situation erscheint unter pädagogischen Gesichtspunkten als wichtig? (vgl. Bumann 2008: 43, in: Zimmer 1998: 27f.). Auf der Grundlage dieser Fragestellung werden die aus der Situationsanalyse abgeleiteten Ziele, unter der Berücksichtigung der drei Hauptziele Autonomie, Solidarität und Kompetenz, formuliert. Im dritten Schritt wird nach Methoden gesucht, um die im zweiten Schritt gesetzten Ziele zu erreichen. Ziel ist es, dass die Kinder Kompetenzen entwickeln, die sie für diese Situation handlungsfähig werden lassen, um ähnliche zukünftige Situationen mehr und mehr selbständig bewältigen zu können. Die Methoden sollen entsprechend der Fähigkeiten der Kinder ausgewählt werden, sodass die Kinder ihre Kompetenzen erweitern können. Im letzten Schritt werden die gesammelten Erfahrungen kritisch hinterfragt und ausgewertet. Es kann vorkommen, dass es nötig ist Ziele und Methoden zu verändern. Die Dokumentation der Ideen ist ein wichtiger Bestandteil, um zu einem späteren Zeitpunkt auf Beobachtungen zurückgreifen zu können (vgl. Böhm 2007).

8.4.5 Rolle der ErzieherIn

Die Rolle der ErzieherIn ist eng mit den Zielen des Situationsansatzes verknüpft. Das pädagogische Handeln hat sich immer an den übergeordneten Zielen Autonomie, Solidarität und Kompetenz zu orientieren. Mit vielen

Situationen kommen die Kinder selbst zurecht oder sie helfen sich gegenseitig. Grundsätzlich benötigen Kinder aber Erwachsene, die sie dabei begleiten ein Problem aufzuarbeiten und Neues zu entdecken. Die grundlegenden Aufgaben der ErzieherInnen sind, aus beobachteten Situationen Bildungsinhalte herauszufiltern und diese methodisch aufzubereiten sowie den Kindern Freiräume für ein selbstbestimmtes Handeln und vielfältige Partizipationsmöglichkeiten zu eröffnen. Um diesem Bildungsauftrag gerecht zu werden, sollen die ErzieherInnen mit den Kindern gemeinsam überlegen was die Kinder brauchen, um den Sachverhalt genauer zu verstehen oder mit dem Problem besser zurechtzukommen. Damit wird das Machtgefälle zwischen den ErzieherInnen und Kindern vermindert, da die ErzieherInnen den Kindern die Fähigkeit zum Lösen von Problemen zutrauen. Die Kinder werden mit ihren Ideen, Vorstellungen und Kompetenzen in die Planung mit einbezogen (vgl. Bumann 2008; Böhm 2007). ErzieherInnen, die nach dem Konzept des Situationsansatzes arbeiten, sollen:

- wahrnehmen, was die Kinder beschäftigt,
- die Kinder begleiten und unterstützen,
- mitdenken und mitfühlen, bei dem was die Kinder bewegt,
- nicht nur abwarten und auf das reagieren was die Kinder an die ErzieherInnen herantragen,
- eigene Ideen und Vorschläge einbringen, die auf Beobachtungen beruhen und
- erkennen welche Themen hinter den Fragen und dem Verhalten der Kinder stehen.

Um die Erfüllung dieser anspruchsvollen und vielfältigen Aufgaben zu gewährleisten, sind ein fachlicher Austausch im Team sowie die Zusammenarbeit mit den Eltern unverzichtbar. Weitere Aufgaben sind die Beobachtung und Dokumentation der individuellen Lerngeschichten der Kinder. Dies erfolgt nach unterschiedlichen Kriterien, die unsystematisch aber auch systematisch in Beobachtungsbögen festgehalten werden (vgl. Böhm 2007: 58).

8.4.6   Architektur, Räume und ihre Gestaltung

„Die Räumlichkeiten sollen so ausgestattet sein, dass sich die Kinder und die ErzieherInnen dort wohlfühlen, dass sie dort Spuren hinterlassen, die von einer in diesen Räumen anzutreffenden gelebten Lebendigkeit und Toleranz vor der Individualität jeder einzelnen Persönlichkeiten berichten." (Stoll 1995: 65)

Daher sind nicht nur die ErzieherInnen für die Raumgestaltung verantwortlich, sondern vielmehr sind individuelle Kunstwerke der Kinder an den Wänden zu finden. Die Kinder sind an der Raumgestaltung maßgeblich beteiligt und wann immer sie das Bedürfnis haben die Räume zu verändern, liegt es in ihrer Hand dies zu tun. Beim Situationsansatz sind die Spielbereiche voneinander abgetrennt und nicht einsehbar. Es gibt unterschiedliche Materialien, verschiedene Spielebenen, einen Treffpunkt für die ganze Gruppe, sowie Rückzugmöglichkeiten, in denen sich die Kinder unbeobachtet aufhalten und spielen können. Das Außengelände bietet weitere vielfältige Möglichkeiten, damit die Kinder Akteure ihrer eigenen Entwicklung sein können. So findet man Feuer- und Wasserstellen, Büsche, Werkzeug, Holz, einen Teich und vieles mehr. Die Kinder dürfen alles was ihnen lieb ist und sie fasziniert mit in den Kindergarten bringen, egal ob Computer, Rasierapparat, tote Vögel oder alte Schuhe. Es gibt somit keine Regeln, die festlegen, was wann in den Kindergarten mitgebracht werden darf (vgl. Stoll 1995; Böhm 2007).

8.5   Schlussbemerkung

Erziehung wird in allen vier Konzepten nicht als reine Vermittlung fertigen Wissens verstanden. Sie basiert auf einem bestimmten Bild vom Kind. Im Mittelpunkt stehen immer Kommunikation und Kooperation, da Erziehung eine gemeinschaftliche Aufgabe ist.

Das Konzept Friedrich Fröbels setzt auf die Eigeninitiative des Kindes, mit welcher sich das Kind vor allem im Spiel Wissen über die Welt und über sich selbst aneignet. In diesen Prozess der Entwicklung und Bildung sollten Eltern gar nicht eingreifen. Ähnlich ist es auch beim pädagogischen Ansatz von Maria Montessori. Das Kind soll hier zur Selbstständigkeit und Unabhängigkeit erzogen werden. Dabei soll es weniger von Erwachsenen geführt und geleitet, sondern lediglich unterstützt werden. Es strebt ähnlich wie in der Fröbel-Pädagogik von innen nach Freiheit und Kraft.

Auch der Situationsansatz beschäftigt sich damit, dass das Kind seine Lebenswelt versteht und selbstbestimmt, kompetent und verantwortungsvoll gestaltet. Hier wird grundlegend davon ausgegangen, dass das Kind in der Lage ist seine Entwicklung aktiv zu steuern. Lernen bedeutet nach dem Situationsansatz, dass Kinder selbstbestimmt forschen, experimentieren und entdecken. Sie lernen an realen Situationen, um so auf ihr zukünftiges Leben vorbereitet zu werden. In der Reggio-Pädagogik soll das Kind mit seiner Wissbegierde zum Experimentieren, Entdecken und Gestalten angeregt werden. Wichtig ist hier auch der Austausch der Kinder untereinander, denn das Miteinander soll geschaffen und gestärkt werden. Dieses Konzept soll besonders durch die Gestaltung der Räumlichkeiten und Durchführung von Projekten und die Dokumentation der pädagogischen Arbeit unterstützt werden.

Die ErzieherInnen haben in allen vier Konzepten die Aufgabe eines Begleiters bzw. Unterstützers. Sie müssen eine bestimmte Ausbildung vollziehen, die dem jeweiligen pädagogischen Ansatz entspricht und sich mit ihrer Rolle auseinandersetzen. Die Methoden sind entsprechend dem Entwicklungsstand des Kindes auszuwählen und die Wünsche und Bedürfnisse der Kinder sind zu berücksichtigen. Auch die Gestaltung der Räume spielt in den verschiedenen Konzepten eine wichtige Rolle, da sie einen Einfluss auf die Erziehung des Kindes haben. Es ist wichtig, Kinder als Individuen zu betrachten, denn jedes Kind besitzt Kompetenzen, Fähigkeiten und Fertigkeiten, die es in der Erziehung zu entfalten gilt.[6]

Literatur

Aden-Grossmann, W. (2011): Der Kindergarten: Geschichte - Entwicklung - Konzepte. Langensalza: Beltz.

Böhm, D. u. R. (2007): Der Situationsansatz. In: Kindergarten heute. Fachzeitschrift für Erziehung, Bildung und Betreuung von Kindern. Pädagogische Handlungskonzepte von Fröbel bis zum Situationsansatz. Freiburg. S. 50-59.

Brockschnieder, F.-J. (2007): Reggio-Pädagogik. In: Kindergarten heute-Fachzeitschrift für Erziehung, Bildung und Betreuung von Kindern. Pädagogische Handlungskonzepte von Fröbel bis zum Situationsansatz. Freiburg. S.41-49.

Brockschnieder, F.-J. (2010): Reggio-Pädagogik. Ein innovativer Ansatz aus Italien. Baltmannsweiler: Schneider Hohengehren.

Bumann, G. (2008): Bildungsprozesse in Kindertageseinrichtungen. Pädagogische Ansätze. Situationsansatz, Reggio-Pädagogik und das Infans Konzept im Vergleich. Hamburg: Diplomica Verlag.

Landesverband Montessori Bayern (o.J.): Montessori-Einrichtungen in Deutschland mit besonderem Blick auf Bayern. http://www.montessoribayern.de/landesverband/einrichtungen.html [13.11.2017].

Montessori, M. (2010): Praxishandbuch der Montessori-Methode. Stuttgart: Verlag Herder.

Schmutzler, H.-J. (1998): Maria Montessori. In: Huppertz, N. [Hrsg.]: Konzepte des Kindergartens. Lebensbezogener Ansatz, Situationsansatz, sozialistische Pädagogik, Reggio-Pädagogik. Oberried (Breisgau): Sozietät zur Förderung der wissenschaftlichen Sozialpädagogik. S.16-26.

Schultheis, K. /Konrad, F.-M. (2008): Kindheit. Eine pädagogische Einführung. Stuttgart: Kohlhammer.

Stinner, B. (1998): Reggio-Pädagogik. In: Huppertz, N. [Hrsg.]: Konzepte des Kindergartens. Lebensbezogener Ansatz, Situationsansatz, sozialistische Pädagogik, Reggio-Pädagogik. Oberried (Breisgau): Sozietät zur Förderung der wissenschaftlichen Sozialpädagogik. S. 22-51.

---

6   Eine wichtige Unterstützung für die Integrationen von Ideen der Reggio-Pädagogik bietet seit 1995 Dialog Reggio-Vereinigung zur Förderung der Reggio-Pädagogik in Deutschland

Stoll, S. (1995): Der Situationsansatz im Kindergarten: Möglichkeiten seiner Verwirklichung. Berlin: Luchterhand.

Tolksdorf, U. (1998): Situationsansatz. Was heißt das wirklich und welche Vorteile bietet er? In: Huppertz, N. [Hrsg.]: Konzepte des Kindergartens. Lebensbezogener Ansatz, Situationsansatz, sozialistische Pädagogik, Reggio-Pädagogik. Oberried (Breisgau): Sozietät zur Förderung der wissenschaftlichen Sozialpädagogik. S. 110-150.

Ullrich, W./Brockschnieder, F.-J. (2009): Reggio-Pädagogik auf einen Blick. Einführung für Kita und Kindergarten. Freiburg: Herder Verlag.

Von der Beek (2010): Der Raum als 3. Erzieher. In: Brockschnieder, F.-J. [Hrsg.]: Reggio-Pädagogik. Ein innovativer Ansatz aus Italien. Baltmannsweiler: Schneider Hohengehren. S. 113-120.

9 Interkulturelle Erziehung: Ansätze und Prinzipien einer Pädagogik am Beispiel der Interkulturellen Arbeit in Kindertageseinrichtungen

Carlotta Wenke und Christoph Bemsch

Die interkulturelle Erziehung ist nach Hohmann et al. (1989: 12) eine „pädagogische Reaktion, theoretischer und praktischer Art, auf die migrationsbedingte kulturelle Pluralität der Gesellschaft." Demnach ist eine interkulturelle Erziehung in einer Gesellschaft, die zunehmend kulturell-pluralistisch geprägt ist, zwingend notwendig. Darum ist davon auszugehen, dass Menschen bereit sind, Verfahren zu lernen, um auf die unterschiedlichen kulturellen Werte und Verhaltensweisen besser eingehen zu können. Das Ziel der interkulturellen Erziehung ist eine Akzeptanz bei allen Adressaten herzustellen, die in der Lage sein sollen, mit unterschiedlichen Sichtweisen und Wertvorstellungen zurechtzukommen (vgl. Ulich et al. 2013).

Der interkulturellen Pädagogik liegen zwei entscheidende Prinzipien zugrunde. Nach Auernheimer (2016) sind es zum einen der „Gleichheitsgrundsatz" und zum anderen das „Prinzip der Anerkennung". Der Gleichheitsgrundsatz besagt, dass alle Menschen ungeachtet ihrer Herkunft die gleichen Rechte und Chancen erhalten, am gesellschaftlichen Leben teilnehmen zu können (vgl. Auernheimer 2016: 20). Das pädagogische Ziel einer interkulturellen Erziehung ist, dass Menschen mit und ohne Migrationshintergrund Kompetenzen vermittelt werden, die ein friedliches und gleichberechtigtes Leben in einer Gesellschaft ermöglichen (vgl. Fuchs 2001, 36).

Das Prinzip der Anerkennung besagt darüber hinaus, dass alle Menschen in ihrer individuellen Persönlichkeit, d.h. in ihrer sprachlichen oder religiösen Vielfalt, akzeptiert werden sollen (vgl. Auernheimer 2016). Somit haben alle Menschen, im Elementarbereich alle Kinder, per se das Recht darauf, „als individuelle, eigene Persönlichkeit gesehen und behandelt zu werden" (Böhm et al. 1999: 52).

Demnach möchte die interkulturelle Pädagogik ein friedliches Zusammenleben *aller* Menschen erreichen. Die Gesellschaft ist durch ein Aufeinandertreffen unterschiedlicher Kulturen geprägt. Dabei soll die interkulturelle Erziehung den Dialog und Austausch zwischen den unterschiedlichen Kulturen fördern (vgl. Ulich et al. 2013).

9.1 Interkulturelle Pädagogik im Kindergarten

In den Gruppen einer Kindertagesstätte wachsen Kinder zwischen unterschiedlichen Kulturen auf, umgeben von Kindern mit (elterlichem) Migrationshintergrund. Ebenso wie in der Gesamtbevölkerung spiegelt sich die kulturelle Vielfalt auch in Kindertagesstätten wieder. Wir begegnen Menschen in unserem Alltag, die sich entgegen des westlich geprägten Stils anders bekleiden, verhalten oder unterhalten. Dies kann bei den Mitgliedern der Mehrheitskultur Befremdung auslösen. Nach Böhm et al. (1999) sind Menschen gegenüber fremden Verhaltensweisen oder Bekleidungsstilen verunsichert, wenn diese von der eigenen Norm oder Erwartung abweichen.

Nach Nieke (2008: 77) ist ein elementares Ziel interkultureller Erziehung, der „Umgang mit der Befremdung". Unter diesem Ziel versteht man, dass eine Kindertagesstätte Gelegenheiten zum Kennenlernen verschiedenster Kulturen bieten soll. Hier geht es darum, dass durch bewusstes Kennenlernen Gefühle der Befremdung abgebaut werden sollen. Im Alltag des Kindergartens können bestimmte Bekleidungsstile von Kindern ausländischer oder zugewanderter Eltern zunächst Verunsicherung auslösen. Ein Beispiel nach Böhm et al. (1999: 46) erläutert, dass es Kinder gibt, die aufgrund ihrer religiösen Zugehörigkeit zu den Sikhs[7] einen Turban auf dem Kopf tragen. Dies trifft natürlich nicht bei Kindern zu, die sich noch in einem frühen Alter befinden und sich kultureller Unterschiede noch nicht bewusst sind. Dennoch sollten die ErzieherInnen mit Hilfe von geeigneten Lernformen die wesentlichen Informationen an die Kinderweitergeben, so dass spielerisch die Besonderheiten von verschiedenen Religionen und Kulturen erfasst werden können. Es wäre in diesem Zusammenhang wichtig, dass die Kinder die Möglichkeit bekommen, das, was sie möglicherweise als befremdlich erleben, mit Worten zum Ausdruck bringen zu können. Nieke (2008) spricht diesbezüglich von einem „Lernarrangement", bei dem die emotionale Beteiligung des Konfrontationserlebnisses zur Anwendung kommt.

Damit Kinder die Möglichkeit haben, einen Umgang mit der Befremdung emotional und mit gemeinsamer Beteiligung lernen zu können, bedarf es an dieser Stelle der Mitarbeit der Eltern. ErzieherInnen können hierbei die Initiative ergreifen, die Eltern eines Kindes in den Kindergarten einzuladen, um ihre Religion den anderen Kindern näherzubringen. Die Eltern zeigen z. B. den Kindern, wie Angehörige der Sikhs ihre Haare mithilfe eines Turbans zusammenbinden. Die Kinder haben dann die Möglichkeit, sich selbst einmal die eigenen Haare zusammenbinden zu lassen. Dieses Erlebnis kann bei Kindern durchaus Begeisterung auslösen, weil in dieser Situation Kindern die Chance ermöglicht wird, Informationen über eine ihnen möglicherweise bisher unbekannten Religion zu erhalten und sie dies spielerisch umsetzen können. Was

---

7   Sikhismus - monotheistische Religion, die überwiegend in Indien verbreitet ist.

die Kinder zuerst als fremd erlebten, wird durch die Beteiligung der Eltern vertrauter und Abwehr in Faszination umgewandelt. Situationen wie diese sind bedeutsam, da sich ErzieherInnen und Kinder nicht nur theoretisch, sondern auch praktisch mit unterschiedlichen Kulturen auseinandersetzen. Wie im o. g. Beispiel können Eltern in die Kindertagesstätte eingeladen werden, um die eigene Kultur und Religion den Kindern der Gruppe näherzubringen. Elternarbeit ist wichtig, da sie nach Böhm et al. als ein „wechselseitiger Lernprozess" (1999: 136) zu verstehen ist.

Entscheidend für das interkulturelle Lernen bei Kindern ist, dass man ihnen in den Einrichtungen Wissen über verschiedene Kulturen (z. B. unterschiedliche Bekleidungsstile, religiöse Vielfalt) vermittelt. Sollte die Situation eintreten, dass ErzieherInnen über eine bestimmte Religion nicht sprechen können, etwa weil ihnen das nötige Wissen fehlt, ist die Einbeziehung der Eltern eines anderen Kulturkreises in die Arbeit des Kindergartens von wesentlicher Bedeutung. Das Wissen über andere Religionen und ihre Berücksichtigung ist grundlegend für jede Art von interkultureller Arbeit (vgl. Böhm et al. 1999, 49). Generell sollten im erzieherischen Alltag kulturelle Unterschiede (z. B. Kleidung, Essgewohnheiten, Sitten) thematisiert werden. Hierbei ist das Ziel, dass einerseits ein toleranter Umgang mit kulturellen Differenzen erlernt wird und andererseits ein gegenseitiges Verständnis unter den Kindern entsteht (vgl. Büttner 1997: 21).

9.2 Grundsätze einer interkulturellen Erziehung

Böhm et al. (1999) benennen wichtige Prinzipien und Ansätze einer interkulturellen Erziehung: Dies sind zum einen die Prinzipien der Akzeptanz, Wertschätzung und der Repräsentanz, zum anderen beschreiben sie einen biografischen Ansatz.

Das Prinzip der Akzeptanz und der Wertschätzung besagt, dass die ErzieherInnen jedes Kind, gleich welcher Religion oder Nationalität, auf gleichberechtigter Augenhöhe trifft. Dieses Prinzip ist ebenfalls Teil des pädagogischen Grundsatzes, der Auskunft darüber gibt, dass „jedes Kind das Recht [hat], als individuelle, eigene Persönlichkeit gesehen und behandelt zu werden" (Böhm et al. 1999: 52). Das Prinzip der Akzeptanz und Wertschätzung weist Parallelen zu den bereits genannten Prinzipien der Anerkennung und des Gleichheitsgrundsatzes auf. Hierbei ist wichtig zu betonen, dass sowohl das Prinzip der Anerkennung als auch das hier genannte Prinzip der Akzeptanz darauf abzielen, dass Kinder in ihrer individuellen Persönlichkeit auf gleichberechtigter Weise wertgeschätzt und akzeptiert werden. Das Prinzip der Repräsentanz meint, dass sich kulturelle oder nationale Besonderheiten im Alltag des Kindergartens bemerkbar machen. Dazu gehört, dass sich Bilderbücher oder Musik-CDs in verschiedenen Sprachen im Bücherregal einer jeden Gruppe befinden sollten, die idealerweise alle (Herkunfts-) Sprachen gleichermaßen berücksichtigen. Somit könnte für jedes Kind ein Buch in seiner Muttersprache zur Verfügung gestellt werden. Dies umzusetzen bedingt die Mitarbeit der Eltern. So kann ein Elternteil, welcher z. B. die deutsche und die arabische Sprache spricht, der Kindergruppe ein arabisches Bilderbuch vorlesen. Sollte dies nicht möglich sein, kann das Kind das Bilderbuch mit nach Hause nehmen, um es von seinen Eltern oder Geschwistern vorgelesen zu bekommen. Am nächsten Tag kann das Kind der Gruppe erzählen, worum es in diesem Buch geht (vgl. Ulich et al. 2013: 33).

Dieses Beispiel soll zeigen, dass die unterschiedlichen Familiensprachen, die Kinder in eine Einrichtung einbringen, berücksichtigt werden und nicht einfach in der Menge untergehen. Dies erfordert jedoch die Bereitschaft der ErzieherInnen, sich mit der Vielfalt der Sprachen auseinanderzusetzen. Bei dem o. g. Beispiel ist es selbstverständlich nicht erforderlich, dass die ErzieherInnen die gleiche Muttersprache der Kinder sprechen müssen.

Damit ist ein sehr wichtiger Punkt der interkulturellen Erziehung angesprochen: das „Nicht-Verstehen". Nach Ulich et al. (2013) ist das Nicht-Verstehen im Hinblick auf eine fremde Sprache ein Teil der interkulturellen Erziehung. Kinder und ErzieherInnen, die eine bestimmte Sprache nicht sprechen, sollten ihren Mitmenschen mit einer Haltung des „Sich-Einlassens" begegnen. ErzieherInnen und auch Kinder lernen die unterschiedlichen Sprachen ihrer Mitmenschen näher kennen, ohne dabei eine Abwehrhaltung einzunehmen. Sie sind ihren Mitmenschen gegenüber offen und „lassen sich darauf ein". Nach Meinung von Ulich et al. wird eine fremde Sprache mithilfe eines zweisprachigen Hörspiels von den Kindern keinesfalls als Problem angesehen, sondern vielmehr akzeptiert. So lernen Kinder bestimmte Reime eines fremdsprachigen Liedes auswendig. Ältere Kinder, so die Beobachtung, versuchen den Sinn eines Liedes oder Hörspiels, dessen Sprache sie nicht sprechen, zu erraten. Dadurch scheint zumindest ein dynamischer Lernprozess bei den Kindern gewährleistet, bei dem sie nicht mit Abwehr, sondern mit Begeisterung und Offenheit reagieren.

Kinder, deren Herkunftssprachen anhand fremdsprachiger Bücher oder Hörspiele im Kindergarten berücksichtigt werden, erhalten eher ein Gefühl der Akzeptanz und des Vertrauens. Sie können außerdem ein positives Bewusstsein im Hinblick auf ihre kulturelle Identität entwickeln.

Der zweite wichtige Ansatz nach Böhm et al. (1999: 53f.) ist der Bezug zur Biografie. Unter diesem Bezug versteht man, dass Kinder aus der Perspektive ihrer individuellen Lebensgeschichte betrachtet werden sollen. Demzufolge sollten die ErzieherInnen in der institutionellen Arbeit einer Kindertagesstätte darauf achten, dass Kinder nicht bloß als „Repräsentanten" ihres Herkunftslandes, oder ihrer Herkunftskultur betrachtet werden. ErzieherInnen können Gefahr laufen, dass Probleme hinsichtlich bestimmter Verhaltensweisen oder

Rollenvorstellungen ausschließlich auf die Kultur der Kinder zurückgeführt werden. An dieser Stelle müsste das pädagogische Personal im Hinblick auf die jeweilige Kultur des Kindes differenzieren können.

Innerhalb des Islams und des Christentums gibt es unterschiedliche Strömungen. Es gibt den alevitischen Islam, ähnlich, wie es innerhalb der evangelischen Konfession des christlichen Glaubens neben der Landeskirche auch freikirchliche Gemeinden gibt. Jede Familie kann unterschiedliche Vorstellungen über ihren Glauben haben und diesen unterschiedlich praktizieren. Daher sollten Kinder, die unterschiedlichen Kulturkreisen oder Religionsrichtungen angehören, nicht von vornherein pauschalisiert werden. An dieser Stelle ist es, wie bereits erläutert, für das Personal in den Kindertagesstätten wichtig, die individuelle Lebensgeschichte der Kinder im Blick zu haben, um eventuelle Stigmatisierungen vorzubeugen. Angesichts der großen Zahl von Kindern in einer Einrichtung ist es jedoch ErzieherInnen nicht immer möglich, die persönliche Geschichte und Herkunft jedes Kindes präsent zu haben. Das liegt häufig daran, dass es angesichts der vielen Nationalitäten, die in einer Kindertagesstätte vertreten sind, nicht zu jeder Zeit möglich ist, jedes Kind in seiner individuellen und vor allem kulturellen Lebensgeschichte berücksichtigen zu können. Hierbei kann das pädagogische Personal schnell an seine Grenzen kommen.

9.3 Die Bedeutung der Religion bei der interkulturellen Erziehung

In einer multikulturell geprägten Gesellschaft treffen viele unterschiedliche Religionen aufeinander. So gibt es unterschiedliche Glaubensüberzeugungen und Auffassungen über den Sinn des Lebens. Es existieren auch unterschiedliche Vorstellungen über Verhaltensweisen und Rollenmuster, die Angehörige einer bestimmten Religionsrichtung haben. Im Alltag einer Kindertagesstätte gibt es Situationen, in denen es notwendig wird, über religiöse Themen zu sprechen. Es könnte sein, dass sich die Arbeit des Kindergartens im Hinblick auf religiöse Feste schwierig gestaltet. So kann es etwa sein, dass ein muslimisches Kind an bestimmten christlichen Feierlichkeiten nicht teilnehmen darf, da dessen Eltern diesbezüglich unsicher sind. Hier wird ein gemeinsames Gespräch mit den Eltern erforderlich.

In den Gesprächen sollte nach den Motiven der Eltern gefragt werden. Möglicherweise besteht bei ihnen Grund zur Annahme, dass ihr Kind von einer anderen Religion zu sehr beeinflusst werden könnte (vgl. Böhm et al. 1999: 52). Ein Aufeinander zugehen ist hierbei sicherlich notwendig. Eltern und Kinder, die aus einem anderen Kulturkreis kommen, sollten über die Bedeutung und Tradition christlicher Feste informiert und aufgeklärt werden. In der Praxis hieße das, dass man alle Eltern und Kinder z. B. zu den Feierlichkeiten des Martinstages einbindet. Andere Kindergärten pflegen seit vielen Jahren Traditionen, wie beispielsweise die Geschichte des heiligen Martins, im Rahmen eines kleinen Theaterstückes, nachzuspielen. Kinder und Eltern können für die Vorbereitungen der Feierlichkeiten des Martinstages eingebunden werden. Die ErzieherInnen bereiten zusammen mit den Kindern das Theaterstück vor, in das jedes Kind involviert ist. Die Eltern, die sich ebenfalls in die Vorbereitungen einfinden, sind für die Zubereitung der Mahlzeiten zuständig. Während der Feierlichkeiten des Sankt-Martin-Umzuges können außerdem noch bekannte Lieder miteinander gesungen werden.

Dieses Beispiel zeigt, wie wichtig es ist, alle Eltern und Kinder in den Alltag und besonders in die Feste eines Kindergartens miteinzubeziehen und somit eine Atmosphäre des gemeinsamen Miteinanders herzustellen. Im Hinblick auf die interkulturelle Erziehung lässt sich feststellen, dass unterschiedliche Religionen und Traditionen ihren Platz in der Gesellschaft finden sollen. In kirchlichen Kindertagesstätten wird weiterhin an christlichen Feiern festgehalten werden, um die Tradition aufrechtzuerhalten. Dazu zählt, dass generell über unterschiedliche Religionen gesprochen wird, um den Dialog zwischen ihnen führen zu können. Während der Zeit des Ramadans ist es angebracht, dass die muslimisch geprägten Kinder ein paar Sätze über die Fastenzeit erzählen können, um anderen Kindern einen Einblick in diese Kultur zu geben.

Wenn die ErzieherInnen sich mit muslimischen Eltern über den Ramadan unterhalten, wird ihnen signalisiert, dass Offenheit und Interesse gezeigt wird. Dadurch entsteht bei den Eltern das Gefühl, dass ihnen Aufmerksamkeit für den muslimischen Glauben geschenkt wird.

Im Alltag des Kindergartens wird es vermutlich Situationen geben, in denen Eltern oder Kinder wenig Interesse an religiösen Feierlichkeiten zeigen. Dies wird nicht vorhersehbar sein. Es ist wichtig, dass man alle Beteiligten weiterhin zu den Festen einlädt und ihnen mit Offenheit begegnet.

9.4 Studie zu interkultureller Erziehung

Die Studie „Interkulturelle Erziehung und Sprachförderung im Kindergarten", die von Susanna Roux und Andrea Stuck im Jahr 2005 veröffentlicht wurde, gibt Aufschluss darüber, welche Bedeutung interkulturelle Erziehung im Kindergarten besitzt. 2002 wurden 4113 Eltern und 796 ErzieherInnen die Frage gestellt, welche Rolle die Interkulturelle Erziehung derzeit im Kindergarten spielt. Der Antwort der ErzieherInnen zufolge, wurde der Förderung der deutschen Sprache und des Erzählens über andere Kulturen die größte Bedeutung beigemessen (vgl. Roux et al. 2005: 98). ErzieherInnen gaben zudem an, dass die persönliche Weiterbildung im Hinblick auf nichtchristliche Religionen und des Wissens über die kulturellen Hintergründe von Kindern bei der interkulturellen Erziehung nur eine mäßige Rolle spielt. Kaum eine Bedeutung habe das Durchführen von Feierlichkeiten anderer Religionen oder das Lesen von Fremdliteratur. Außerdem schätzten die befragten ErzieherInnen die Bedeutung der interkulturellen Pädagogik als gering ein, wenn etwa Seminare zur interkulturellen Kompetenz besucht oder Fremdsprachenkurse absolviert werden.

Nach Roux et al. (2005: 99) hat die kulturelle Vielfalt in den Gruppen einer Kindertagesstätte Einfluss auf die Bedeutung einer interkulturellen Erziehung. Das bedeutet, je mehr kulturelle Vielfalt ein Kindergarten aufweist, desto höher die Bereitschaft der ErzieherInnen, mit Kindern über andere Kulturen zu sprechen oder interkulturelle Feste durchzuführen. Des Weiteren gaben die ErzieherInnen in der Befragung an, dass sich ihre Bereitschaft noch mehr über Kulturen zu lernen erhöht, wenn sie sich mit der Herkunft der Kinder auseinandersetzen. Zudem erhöht sich das Interesse der ErzieherInnen an Fortbildungen zum Thema der interkulturellen Kompetenz teilzunehmen oder Fachliteratur zu studieren, je besser sie Kinder aus anderen Kulturkreisen verstehen möchten. Jedoch wurden für die Studie Mitarbeiter aus Kindergärten mit wenig interkultureller Erziehung befragt, daher sind die Ergebnisse mit Vorsicht zu betrachten (Roux et al 102).

Nach eigener Aussage der ErzieherInnen sei die Interkulturelle Erziehung wichtig, doch wird sie in der Praxis nur selten umgesetzt. Da die interkulturelle Erziehung sowohl den Erwachsenen als auch den Kindern kulturelle Kompetenzen vermittelt, muss sie sich als durchgängiges und kontinuierliches Lernprinzip verstehen. Das bedeutet, dass sie Teil der Erzieherausbildung sein muss. Ohne grundlegende Kenntnisse einer solchen Pädagogik ist eine Förderung aller Kinder im Hinblick auf interkulturelle Kompetenzen nicht durchführbar.

9.5   Interkulturelle Erziehung nach dem Situationsansatz

Das Konzept der interkulturellen Erziehung wird häufig mit dem Situationsansatz nach Zimmer (2007) verknüpft. Dieser Ansatz wurde bereits im Kapitel 2.1 „Pädagogische Konzepte" des Buches grundlegend erläutert. Daran anknüpfend werden in diesem Kapitel Werte und Ziele der Erziehung nach dem Situationsansatz dargestellt und auf eine interkulturelle Erziehung angewandt.

9.5.1 Der Situationsansatz

Die Zielgruppe des Situationsansatzes als Bildungskonzept sind Kinder aus dem Elementarbereich mit unterschiedlicher Herkunft und individuellen Biographie. Ziel des Konzeptes ist es, sie zu befähigen, in gegenwärtigen und zukünftigen Lebenssituationen möglichst autonom, kompetent und solidarisch mit anderen Menschen zu interagieren. Das Ziel der Autonomie beinhaltet die Begriffe Selbstbestimmung und Handeln aus Eigeninitiative. Bei dem Erziehungsziel Solidarität geht es darum, seinen Mitmenschen ausnahmslos wertschätzend und gerecht gegenüber zu treten. Gleichzeitig verweist Solidarität auf ein Verantwortungsbewusstsein gegenüber der Natur, ihren Lebewesen und deren Ressourcen. Mit dem Erziehungsziel Kompetenz sind Fähigkeiten gemeint, die dazu benötigt werden, um in vielschichtigen Alltagssituationen sachgerecht handeln zu können (vgl. Zimmer 2007: 14 ff.).

Weitere Werte einer gegenwarts- und zukunftsorientierten Erziehung knüpfen daran an und gelten als Orientierung für die pädagogische Praxis und den Umgang mit Differenzen in Kindergärten. Ein Wert bezieht sich beispielsweise auf einen gleichberechtigten und demokratisch geprägten Umgang zwischen Kindern und ErzieherInnen. Kinder haben die Möglichkeit, sich zu beteiligen, ihre Ideen und Meinungen in Planungen mit einzubringen (vgl. Zimmer 2007: 16). ErzieherInnen sind also auch als Lernende zu verstehen (vgl. Brockmann 2006: 77). Ein weiterer Wert bezieht sich auf ein gleichberechtigtes und friedliches Zusammenleben. Vorurteilen, Diskriminierung und ausgrenzende Ideologien sollen dabei entgegengewirkt werden (vgl. Zimmer 2007: 16). In der praktischen Arbeit ist es die Aufgabe der ErzieherInnen, eine Schlüsselsituation auszuwählen, welche sie als bedeutsam und interessant für den kindlichen Erfahrungshorizont wahrnehmen. Durch Beobachtung der Kinder versuchen die ErzieherInnen eine Situation, in der die Neugierde der Kinder geweckt wird, aufzuspüren. Gemeinsam wird überlegt, wie ein erfolgreiches und vielfältiges Lernen, orientiert an den erwähnten Zielen, auf Grundlage einer solchen Situation erfolgen kann (vgl. Pausewang 2014: 2).

9.5.2 Interkulturelle Erziehung und Situationsansatz

Die interkulturelle Erziehung richtet sich an Kinder mit und ohne Migrationshintergrund (Fuchs 2001: 36). Sie geht davon aus, dass verschiedene grundsätzlich gleichberechtigte kulturelle Gruppen in Deutschland leben und in Interaktion miteinander treten. Aus diesem Grund strebt das Konzept an, die Selbstständigkeit von Kind und Familie, bezogen auf die sozialen und kulturellen Kompetenzen, zu stärken (vgl. Akpinar/Zimmer 1984: 6). In Anlehnung an den Situationsansatz nimmt die interkulturelle Erziehung Bezug auf das persönliche Umfeld und die Lebensgeschichte der Kinder und ihrer Familie (vgl.

Brockmann 2006: 78). ErzieherInnen orientieren sich konkret an der individuellen Lebenssituation eines Kindes und dessen Familie. Auf Basis dessen werden Lernräume eröffnet, sowie Vorgänge des Lernens angestoßen. Nach dem Situationsansatz stellt der Ausgangspunkt spezifische Situationen im Kindergarten dar, in welchen kulturellen Prägungen und Werte in Erscheinung treten und welche die Kinder direkt betreffen. Eine Erzieherin bemerkt beispielsweise ein Gespräch über Familienfeiern zwischen einem Kind ohne Migrationshintergrund und einem Kind mit türkischem Migrationshintergrund. Daraus entspringt ihre Idee ein deutsch-türkisches Fest zu organisieren (vgl. Akpinar/Zimmer 1984: 7). Es wird eine interkulturelle Verständigung angestrebt (vgl. Brockmann 2006: 77).

An dieser Stelle werden die Ziele des Situationsansatzes sichtbar. Der Aspekt der interkulturellen Verständigung spielt beispielsweise bei der Vorbereitung eines deutsch-türkischen Festes eine Rolle. Gemeinschaftlich gehen die Kinder einkaufen, bereiten ein Essen vor und sind auf gegenseitige Unterstützung und Verständigung angewiesen. Das Ziel der Solidarität wird hier übergreifend gestärkt. Im Sinne des Erziehungszieles der Autonomie bzw. Eigeninitiative werden Kinder angeregt, selbst zu überlegen, welche Spezialitäten sie zubereiten wollen. Auch das Ziel der Kompetenz wird verfolgt. Kinder erlernen lebenspraktische Tätigkeiten wie das Einkaufen oder Backen im Rahmen eines interkulturellen Festes (vgl. Akpinar 1984: 8).

9.6 Ansatz der vorurteilsbewussten Bildung und Erziehung

Wie können ErzieherInnen dazu beitragen, dass sich alle Kinder im Kindergarten wohl fühlen und sich mit ihm identifizieren können trotz derzeitiger Benachteiligung bestimmter gesellschaftlicher Gruppen? Wie kann einer Benachteiligung im Kindergarten entgegengewirkt werden und wie können die kulturell bedingten Eigenheiten aller Kinder berücksichtigt werden? (vgl. Preissing 2003: 11). Aufgabe der ErzieherInnen ist es, die kulturellen Unterschiede von Kindern und Familien zu erkennen. ErzieherInnen sollen ihnen diesbezüglich mit einer wertschätzenden und respektvollen Haltung gegenübertreten (vgl. Preissing 2003: 5). Dies erfordert eine Reflexionskompetenz von Seiten der ErzieherInnen, eine Reflexion der eigenen kulturellen Identität (vgl. Preissing/Wagner 2003: 11).

Konkret beschäftigt sich der Ansatz der vorurteilsbewussten Bildung und Erziehung mit dem Verstehen von Diskriminierung in Kindergärten und schafft eine Orientierung für den Umgang mit Unterschiedlichkeiten bezüglich Herkunft, Geschlecht, Aussehens usw. in Kindergärten (vgl. Wagner 2001: 1). Er zielt auf die praktische Arbeit im Kindergarten und orientiert sich dabei an dem Gedanken der Inklusion, der im Kapitel „Inklusion in Kindertageseinrichtungen" dieses Buches aufgegriffen wird (vgl. Wagner 2012: 5). Gleichzeitig wird die Perspektive des Situationsansatzes in dem Ansatz eingenommen (vgl. Wagner 2001: 1). Der Ansatz wurde in den 2000ern über die sogenannten „Kinderwelten"-Projekte, die unter anderem in Kindergärten und Erzieherschulen durchgeführt wurden, in Deutschland eingeführt. Zunächst orientierte man sich in der Praxis und ihrer Reflexion an dem Slogan „Vielfalt respektieren, Ausgrenzung widerstehen". Er beruht auf dem Ansatz einer vorurteilsbewussten Erziehung und dem „Anti-Bias-Approach" von Louise Derman-Sparks aus den USA (vgl. Wagner 2012: 5).

9.6.1 Identität und interkulturellen Vielfalt im Kindergarten

Der Ansatz der vorurteilsbewusster Bildung und Erziehung bezieht sich auf ein bestimmtes Bild des Kindes. Er geht davon aus, dass jedes Kind so ist wie kein anderes. Dieser Aspekt birgt eine Gemeinsamkeit von allen anderen Kindern (vgl. Preissing 2003: 3). Das Selbst bzw. die Identität eines Kindes wird einerseits durch das Eingebundensein in einen sozialen Kontext geprägt. Durch die Interaktion mit Menschen nimmt diese Identität Gestalt an (vgl. Spears/Tausch 2014: 142). Der soziale Kontext wird dabei durch die Zugehörigkeit zu verschiedenen Gruppen wie das soziale Milieu, die ethnische Gruppe oder das Geschlecht bestimmt (vgl. Preissing 2003: 5). Andererseits sind individuelle Fähigkeiten und Kompetenzen Teil des Selbst (vgl. Spears/Tausch 2014: 142). Diese Konstellation erfordert nach dem Ansatz der vorurteilsbewussten Bildung und Erziehung eine möglichst individuelle, an die Bedürfnisse der Kinder angepasste pädagogische Arbeit. Nur so kann ein Kind seine Potenziale entwickeln.

Im Vordergrund steht bei diesem Ansatz, wie die Gruppenzugehörigkeit, hier speziell bestimmt durch die kulturelle Herkunft, die Identität eines Kindes beeinflusst und gleichzeitig durch den Lebensraum des Kindergartens geprägt wird. Identitätskonflikte bei Kindern können dann entstehen, wenn der Kindergarten vorwiegend monokulturell, das heißt durch die deutsche Sprache und Kultur geprägt ist. Nach Preissing und Wagner ist es in Kindergärten in Deutschland meist der Fall, dass sie strukturell, personell und interaktional durch die deutsche Mehrheitskultur bestimmt sind. Dadurch wird eine Maxime erschaffen, die eine Vorstellung eines erwünschten gesellschaftlichen Zusammenlebens vermittelt. Durch diesen Prozess findet eine Abgrenzung von weiteren, in Deutschland vorhandenen Kulturen statt und eine Rangordnung der Kulturen entsteht. Besonders sind dabei diejenigen Personen einer Kulturgruppe betroffen, die in Deutschland unter rechtlich benachteiligt sind und deren Sprache für die deutsche Wirtschaft nicht profitabel ist. Für den Umgang mit Unterschieden im Kindergarten bedeutet dies eine relative Unterdrückung der Interessen und Wertvorstellungen von Kindern einer anderen kulturellen Herkunft. Ein Kind könnte sich möglicherweise in einer Identitätskrise befinden, die sich darin äußert, nicht zu wissen, welcher Kultur es nun zugehörig ist (vgl. Preissing 2003: 5ff.).

9.7 Vorurteile und gesellschaftliche Konstruktionen von Unterschieden

Vorurteile sind meist negative Einstellungen gegenüber einer Personengruppe, etwa den Menschen mit Migrationshintergrund. Diese Abwertung kann auf direktem oder indirektem Wege erfolgen (vgl. Morf/Koole 2014: 509). Nach Wagner (2001) werden Unterschiede in Bezug auf die kulturelle Herkunft, die tatsächlich bestehen, häufig dafür verwendet, gesellschaftliche Ungleichheiten und Machtdifferenzen zu erklären und zu rechtfertigen. Unterscheidungsmerkmale geraten in den Vordergrund und werden mit ganzen Personengruppen verbunden. Häufig beginnt damit der Prozess der gesellschaftlichen Konstruktion von kulturellen Unterschieden. Im diesem Prozess wird zunächst ein bestimmtes negatives Merkmal einer Personengruppe zugeschrieben. In Folge dessen erfolgt die Abwertung der gesamten Gruppe. Eine gesellschaftliche Erwartungshaltung entsteht, die beinhaltet, was die jeweilige Personengruppe erreichen muss, um der Mehrheit zugehörig zu sein (Steiner-Khamsi 1992: 22ff.). Die daraus resultierenden Ansprüche können dazu führen, dass bestimmte gesellschaftliche Benachteiligungen von bestimmten Menschen eines kulturellen Hintergrundes aktiv verdeckt werden oder bleiben (vgl. Wagner 2001: 2). Somit ist eine Einseitigkeit gesellschaftlich produziert worden, die auf ungleichen Machtverhältnissen zwischen Mehr- und Minderheit beruht (vgl. Wagner 2012: 3).

Der Ansatz der vorurteilsbewussten Erziehung und Bildung geht davon aus, dass Kinder bereits sehr früh lernen, Unterschiede zwischen Menschen wahrzunehmen. Nach Wagner (2001) sind Kinder interessiert an ihrer Umwelt und erkunden sie aktiv. Dabei registrieren sie bestimmte Informationen und Botschaften sowohl aus ihrem direkten Umfeld als auch aus den Medien. Diese Botschaften können vorurteilbehaftet und direkt oder indirekt eine bestimmte Haltung gegenüber anderen vermitteln. Nach Wagner resultieren diese Botschaften aus sozial konstruierten Unterschiedlichkeitsvorstellungen. Anhand dieser Informationen orientieren Kinder sich und lernen einzuordnen, welche Bedeutung bestimmte Dinge besitzen. Darüber hinaus beginnen sie nun, die Unterschiede auf Basis der entnommenen Informationen aus der Umwelt zu kategorisieren und zu bewerten, das heißt sie auf- oder abzuwerten. Dies können zunächst äußere Merkmale sein, wie ein Kopftuch oder die Hautfarbe. Der Prozess der Abwertung bestimmter Personengruppen anhand eines Merkmals ist mit der Entstehung von Vorurteilen gleichzusetzen. Kinder übernehmen also häufig Vorurteile und gesellschaftliche Konstruktionen von Unterschieden. Meist werden sie vor allem dann aufrechterhalten, wenn kein Kontakt zu der betroffenen Personengruppe besteht (vgl. Wagner 2001: 1f.).

9.8 Der Anti-Bias Approach

Der Anti-Bias Approach, der Ursprung des Ansatzes der vorurteilsbewussten Erziehung und Bildung, ist ein Erziehungskonzeptaus den USA (vgl. Wagner 2001: 1). Er positioniert sich gegen gesellschaftliche Ungerechtigkeiten wie Vorurteile und diskriminierende Handlungen (vgl. Derman-Sparks 1989: 3). Er soll Handlungsrichtlinien vermitteln, um gegen die Verhaltensweisen und Strukturen vorzugehen, die Ungerechtigkeiten aufrechterhalten. Er richtet sich dabei an Erwachsene, Kinder und ihre Familien in einer Gemeinschaft (vgl. Derman-Sparks 2004: 19). Hier wird Bezug auf die Gemeinschaft im Kindergarten genommen.

Ursprung ist die so genannte „Social Justice" Bewegung, die sich gegen die Benachteiligung von bestimmten Minderheiten einsetzt. Ihre Grundsätze und handlungsweisende Prinzipien wurden in Deutschland in den Kontext des Projekts „Kinderwelten" transferiert (vgl. Wagner 2012: 4). Hierbei ist anzumerken, dass der gesellschaftliche Zusammenhang in Deutschland ein anderer ist und sich der Fokus der interkulturellen Erziehung in Deutschland deshalb von dem Amerikanischen unterscheidet. Nach Wagner liegt ein Schwerpunkt in den USA auf dem Merkmal der Hautfarbe, in Deutschland würde hingegen häufiger die Sprache zum Anlass diskriminierender Handlungen werden (vgl. Wagner 2001: 7).

Der Anti-Bias-Approach nimmt Bezug auf drei Grundsätze, an denen sich ErzieherInnen orientieren sollen: Erstens die Ermöglichung einer positiven Grundhaltung gegenüber Unterschieden, zweitens die Notwendigkeit des Rückgriffs auf ein interdisziplinäres theoretisches Hintergrundwissen und drittens die Ausrichtung der Arbeit an der Lebenswelt der Kinder. Nach dem ersten Grundsatz gilt es, zu erkennen, dass in Kindergärten und anderen Institutionen Vorurteile und Benachteiligungen gegenüber Kindern eines anderen kulturellen Hintergrundes strukturell ermöglicht werden. Dies kann sich in der Ausgestaltung der Regeln, der Qualität des Materials und in dem Personal bemerkbar machen. Hier rückt die bedeutsame Rolle der ErzieherInnen in den Vordergrund. Ihre Aufgabe ist es, aktiv und direkt zu handeln, um den Kindern Einseitigkeiten bewusst werden zu lassen und um ihnen die Möglichkeit zu bieten, eine positive Grundeinstellung gegenüber Unterschieden zu entwickeln.

Der folgende zweite Grundsatz hebt die Notwendigkeit hervor, dass ErzieherInnen in ihrer Praxis auf ein interdisziplinäres Wissen zurückgreifen können. Speziell die Entwicklungspsychologie, welche unter anderem die Entwicklungsschritte und die Identitätsentwicklung nach Altersstufen thematisiert, seien erforderlich, um Kinder in ihrer Kognition und ihren Ideen von der Welt einschätzen zu können (vgl. Wagner 2001: 3 f.). Nur so sei es möglich, negativ bewertete Unterschiede auf Basis ungleicher Machtverhältnisse zu entdecken und ihnen andere Vorstellungen der Welt anzubieten (vgl. Derman-Sparks, in: Wagner 2001: 4).

Im dritten Grundsatz geht es darum, die Ausgestaltung der pädagogischen Praxis an der Lebenswelt und den Erfahrungen der Kinder zu orientieren (vgl. Wagner 2001: 4). Hier zeigt sich die Nähe zum Situationsansatz. Nur wenn an die Interessen und Lebenssituationen der Kinder angeknüpft wird, kann ein wachsendes Weltverständnis und eine Entwicklung hin zu einem autonomen Subjekt ermöglicht werden (vgl. Zimmer 2007: 14 f.).

Der Anti-Bias Approach ist theoretisch untermauert und positioniert sich im Hinblick auf feste Werte, wie die Menschenrechte. Sein Fokus liegt insbesondere auf der Weiterentwicklung der Praxis von Institutionen der Frühpädagogik. Zu diesem Zweck beinhaltet der Ansatz bestimmte Richtlinien für ErzieherInnen, die einen Rahmen für eine begründete und systematische Praxis bieten (vgl. Wagner 2012: 3f.). Das erste Ziel umfasst die Botschaft, alle Kinder in ihrer jeweiligen persönlichen sowie sozialen Identität zu unterstützen und wertzuschätzen, unter Berücksichtigung ihres Wissens. Die Kinder sollen außerdem interkulturelle Kompetenzen erlernen (vgl. Derman-Sparks 2004: 22). Dies impliziert die Fähigkeit einer Interaktion in der Gemeinschaft der eigenen Herkunftskultur und in dem Zusammenleben mit anderen Kulturen (vgl. ebd.). Mit diesem Ziel wird sich also gegen Machtverhältnisse gestellt, welche die Mitglieder der deutschen Mehrheitskultur bevorzugen und andere kulturelle Gruppen benachteiligen (vgl. Wagner 2012: 1). Das zweite Ziel beinhaltet die Förderung einer wertschätzenden und offenen Interaktion zwischen Kindern mit unterschiedlichen Lebensgeschichten bzw. Erfahrungen (vgl. Derman-Sparks 2004, 23). Dabei ist anzumerken, dass nicht allein das Bestehen von Kindern mit unterschiedlichen kulturellen Hintergründen im Kindergarten zu solch einem offenen Umgang führt (vgl. Wagner 2012: 2). Derman-Sparks äußert diesbezüglich, dass Kinder sehr wohl Unterschiedlichkeiten, wie die Hautfarbe, wahrnehmen. Kinder kommen mit unterschiedlichen Vorstellungen über die Welt, worunter sich auch Irrtümer befinden können. Die ErzieherInnen nehmen auch hier eine bedeutsame Rolle ein. Sie sind es, die Situationen ermöglichen, in denen Kinder sich mit der Unterschiedlichkeit anderer Kinder auseinandersetzen können (vgl. Derman-Sparks 2004: 23). Die ErzieherInnen haben gleichzeitig die Aufgabe, die Kinder durch Informationen über bestimmte Sachverhalte aufzuklären (Wagner 2001: 5). Wenn beispielsweise Kinder das Vorurteil haben, dunkelhäutige Kinder hätten dunkleres Blut, so ist es die Aufgabe der ErzieherInnen, durch direkte Thematisierung das entsprechende Wissen zu vermitteln (vgl. Derman-Sparks/A.B.C Task Force 1989: 32).

Nach dem dritten Ziel ist es Aufgabe der ErzieherInnen, die Kinder dazu zu motivieren, über bestehende Vorurteile in der Gesellschaft zu reflektieren. Das impliziert die Entwicklung eines Gefühls für Gerechtigkeit, sowie eines Einfühlungsvermögens. Darüber hinaus bedarf es der Fähigkeit, sich sprachlich über Ungerechtigkeiten zu verständigen (vgl. Derman-Sparks 2004: 24). Nach Derman-Sparks (2004) sind insbesondere Kinder anfällig, Botschaften aus ihrem Umfeld zu übernehmen, welchen Einseitigkeiten innewohnen (vgl. ebd.). Auch hier gehört es zur Aufgabe der ErzieherInnen, Kinder, denen ein Vorurteil zugeschrieben wird, zu schützen und sich für sie einzusetzen (vgl. 1989: 50). Das letzte Ziel bezieht sich auf die Stärkung von Solidarität zwischen allen Kindern und deren Eigeninitiative, vor allem dann wenn sie oder andere Kinder auf Grund eines bestimmten Merkmales, wie die Herkunft, von einer bestimmten Benachteiligung zum Beispiel im Rahmen von Vorurteilen betroffen sind (vgl. Wagner 2001: 6). Hier wird eine Parallele zu den Zielen des Situationsansatzes deutlich, die unter anderem auch die Handlungsfähigkeit und Eigeninitiative, sowie die Solidarität zwischen allen Menschen thematisieren (vgl. Zimmer 2007: 14).

9.9 Fazit

Tatsache ist, dass im Kindergarten Kinder unterschiedlicher kultureller Herkunft aufeinandertreffen und miteinander in Beziehung treten. Hier kann es vorkommen, dass die Interaktion geprägt ist durch Vorurteile gegenüber anderen kulturellen Gruppen (vgl. Wagner 2012: 2). Ebenso gelten in der Gestaltung der pädagogischen Praxis meist immer noch die Werte der deutschen Mehrheitskultur als Leitbild. Die im ersten Teil thematisierte Studie, die die Bedeutung der interkulturellen Erziehung aus Sicht der pädagogischen Fachkräfte erläutert, zeigt zudem, dass eine interkulturelle Erziehung in Kindertagesstätten zum Teil nur mäßig angewandt wird. Daher vertreten die AutorInnen den Standpunkt, dass eine interkulturelle Erziehung in deutschen Kindergärten notwendig ist.

Im Hinblick auf das heutige Ausmaß von Migration und Zuwanderung wird es umso dringender, die interkulturelle Erziehung in Kindertagesstätten zu etablieren, um auf diese Weise ein friedvolles Miteinander aller Menschen zu ermöglichen. Das Wohlbefinden und die Stärkung der Identität jedes einzelnen Kindes haben dabei die höchste Priorität. Diesbezüglich nehmen ErzieherInnen eine bedeutsame Rolle ein. Insbesondere die Grundsätze der Akzeptanz und Repräsentanz stellen übergeordnete Prinzipien dar, an denen sich die

ErzieherInnen grundsätzlich und ganz besondere in ihrer pädagogischen Praxis orientieren sollten. Es geht um einen wertschätzenden Umgang mit allen Kindern. Durch die Repräsentanz unterschiedlicher kultureller Elemente im Kindergarten sollen Kinder unterschiedlicher Herkunft angesprochen werden (vgl. Auernheimer 2016: 18 ff.). Weiterhin gilt es, Kinder bei der Entwicklung einer bewussten und positiven Haltung gegenüber Unterschiedlichkeiten zu unterstützen. Kinder sollen mobilisiert werden, sich gegen Ungerechtigkeiten einzusetzen (vgl. Derman-Sparks 2004: 23).

Abschließend sollen die Worte Derman-Sparks als Inspiration für ErzieherInnen hervorgehoben werden. Nach ihr geht es in der interkulturellen Erziehung darum, gleichzeitig kritisch und freundlich mit sich und anderen Menschen auf der ganzen Welt zu sein (vgl. Wagner 2012: 3).

Literatur

Akpinar, Ü./Zimmer, J. [Hrsg.] (1984): Von wo kommst du? Interkulturelle Erziehung im Kindergarten. München.

Auernheimer, G. (2016): Einführung in die interkulturelle Pädagogik. Darmstadt: wbg Academic in Wissenschaftliche Buchgesellschaft.

Böhm, D./Böhm, R./Deiss-Niethammer, B. (1999): Handbuch Interkulturelles Lernen. Theorie und Praxis für die Arbeit in Kindertageseinrichtungen. Freiburg, Basel, Wien: Herder.

Brockmann, S. (2006): Diversität und Vielfalt im Vorschulbereich. Zu interkulturellen und antirassistischen Ansätzen. In: Leiprecht, R./Meinhardt R. et al. [Hrsg.]: Schriftenreihe des interdisziplinären Zentrums für Bildung und Kommunikation in Migrationsprozessen (IBKM), H. 25. Oldenburg.

Büttner, C. (1997): Erziehung für Europa. Kindergärten auf dem Weg in die multikulturelle Gesellschaft. Weinheim, Basel: Beltz.

Derman-Sparks, L./A. B.C Task Force (1989): Anti-bias curriculum: tools for empowering young children. Washington DC: National Association for the Education of Young Children.

Derman- Sparks, L. (2004): Culturally relevant anti-bias education with young children. In: Stephan W. G., Vogt, W. P. [Hrsg.]: Educational Programs for Improving Intergroup Relations. Theorie, Research and Practice. New York. S. 19-36.

Fuchs, R. (2001): Ansätze der interkulturellen Erziehung im Elementarbereich. In: Auernheimer, G. [Hrsg.]: Migration als Herausforderung für pädagogische Institutionen, Opladen: VS Verlag. S. 33-42.

Hohmann, M./Reich, H. [Hrsg.] (1989): Ein Europa für Mehrheiten und Minderheiten. Diskussionen um interkulturelle Erziehung. Münster, New York: Waxmann.

Morf, C. C./Koole, S. L. (2014): Das Selbst. In: Jonas, K., Stroebe, W., Hewstone, M. [Hrsg.]: Sozialpsychologie. 6. Auflage. Berlin, Heidelberg: Springer. S. 507-564.

Nieke, W. (2008): Interkulturelle Erziehung und Bildung. Wertorientierungen im Alltag. 3. Auflage. Wiesbaden: VS Verlag.

Pausewang, F. (2014): Der Situationsansatz. Ein pädagogisches Konzept, das in die Zukunft weist. Oder: Der Situationsansatz gehört wieder in alle Kitas! In: Butschner I. [Hrsg.]: Handbuch für ErzieherInnen. München: Olzog Verlag.

Preissing, C. (2003): Vorurteilsbewusste Bildung und Erziehung im Kindergarten. Ein Konzept für die Wertschätzung von Vielfalt und gegen Toleranz. In: Preissing, C. /Wagner, P. [Hrsg.]: Kleine Kinder, keine Vorurteile?. Berlin: Herder.

Roux, S./Stuck, A. (2005): Interkulturelle Erziehung und Sprachförderung im Kindergarten. Forschungsergebnisse. In: Roux, S. [Hrsg.]: Pisa und die Folgen. Sprache und Sprachförderung im Kindergarten. Landau: Verlag empirische Pädagogik.

Spears, R./Tausch, N. (2014): Vorurteile und Intergruppenbeziehung. In: Jonas, K., Stroebe, W., Hewstone, M. [Hrsg.]: Sozialpsychologie. 6. Auflage. Berlin, Heidelberg: Springer. S. 141-195.

Steiner-Khamsi, G. (1992): Multikulturelle Bildungspolitik in der Postmoderne. Opladen: Leske + Budrich.

Tießler-Marenda, E. (2011): Migration. In: Deutscher Verein für öffentliche und private Fürsorge e. V. [Hrsg.]: Fachlexikon der sozialen Arbeit. 7. Auflage. Baden-Baden. S. 592-593.

Ulich, M./Oberhuemer, P./Soltendieck, M. (2013): Die Welt trifft sich im Kindergarten. Interkulturelle Arbeit und Sprachförderung in Kindertageseinrichtungen. 5. Auflage. Berlin: Cornelsen Verlag.

Wagner, P. (2012): Diversität respektieren, Diskriminierung widerstehen. Vorurteilsbewusste Bildung und Erziehung im Rahmen von KINDERWELTEN. In: Heinrich-Böll-Stiftung [Hrsg.]: Diversität und Kindheit. Frühkindliche Bildung, Vielfalt und Inklusion. Berlin.

Wagner, P. (2001): Kleine Kinder. Keine Vorurteile? Vorurteilsbewusste Pädagogik in Kindertageseinrichtungen. In: Diskurs 10 (2001) 2, S. 22-27.

Zimmer, J. (2007): Das kleine Handbuch zum Situationsansatz. Mannheim: Cornelsen.

10 Entwicklungsschritte zwischen dem 1. und 6. Lebensjahr

Dagmar Hörner und Marie Spiegelhalter

10.1 Der Säugling (1. Lebensjahr)

Viele junge Eltern freuen sich nach einer mehr oder weniger anstrengenden Schwangerschaft auf die Geburt ihres Kindes. Ist dieses Ereignis überstanden, folgen häufig viele Fragen rund um die Entwicklung des Kindes.

Nach der Geburt lernt ein Neugeborenes zunächst einmal eine physiologische Stabilität aufzubauen. Darunter fällt das Regulieren von körperlichen und psychischen Anspannungen, die durch Hunger oder Durst, Verdauungsprobleme, Über- oder Unterforderung sowie durch Einschlafprobleme entstehen können. Das Kind muss sich an den Alltagsrhythmus anpassen. Das Anpassen an den Tagesrhythmus von Sonnenauf- und Sonnenuntergang dauert mehrere Wochen (vgl. Ayres 1992).

Aufgrund ihrer beschleunigten Stoffwechselfunktionen verdauen Neugeborene ihre Nahrung sehr schnell. Säuglinge verlangen alle zwei bis vier Stunden nach Nahrung. Zudem schlafen sie in den ersten Lebensmonaten sehr erholsam. Die Schlafphasen dauern meist zwei bis vier Stunden. Insgesamt schlafen sie im Durchschnitt pro Tag 16 Stunden, drei Monate alte Kinder immer noch 15 Stunden (vgl. Kasten 2014).

Die zu früh Geborenen schlafen meist erschwert durch. Aufgrund ihrer Frühgeburt sind diese Kinder häufig entwicklungsverzögert, also nicht ihrem Alter entsprechend entwickelt. Eltern eines Frühgeborenen müssen daher besonders viel Geduld aufbringen bis ihr Kind den eigenen Schlafrhythmus gefunden hat (vgl. Elsner/Pauen 2012).

Säuglinge verfügen nach der Geburt schon über eine erhebliche Anzahl von Anlagen und Kompetenzen. Sie können sich im Umgang mit ihrer Umwelt austauschen und fordern ihre Bedürfnisse selbstständig ein. Trotzdem sind sie abhängig von mitmenschlicher Zuwendung, Versorgung und Betreuung. Ein Neugeborenes kann nach seiner Geburt bereits sehen, hören und seinen Körper empfinden. Es ist jedoch noch nicht in der Lage, diese Empfindungserlebnisse genau einzuordnen. Was dem Neugeborenen noch fehlt, ist das Raumgefühl, um die Distanz von Gegenständen richtig einzuschätzen zu können (vgl. Ayres 1992).

Von Geburt an sind Säuglinge lernbereite und neugierige Bindungswesen. Sie versuchen mimische Ausdrücke widerzuspiegeln, sich an den Gesichtern und der Sprache ihres Gegenübers in das Alltagsleben hineinzufinden (vgl. Kasten 2014). Das Kind möchte immer mehr die Welt entdecken und gibt sich mit seinen Fortschritten nicht zufrieden. Es ist bedingungslos lernbegierig (vgl. Gebauer-Sesterhenn/Pulkkinen/Edelmann 2016).

Ab dem 3. Lebensmonat sind Neugeborene zum größten Teil mit einem funktionsfähigen Wahrnehmungssystem ausgestattet. Innerhalb weniger Monate sind wichtige Fortschritte in den Lebensbereichen der Motorik, dem Denken, der Sprache, der Emotionssteuerung, sowie in den sozialen Beziehungen zu erkennen (vgl. Elsner/Pauen 2012).

Die kulturelle Umgebung, d. h. die üblichen Sitten und Gebräuche, spielen dabei eine entscheidende Rolle für die Entwicklung eines Kindes. Der Säugling passt sich den individuellen Entwicklungsbedingungen adäquat an (vgl. Ayres 1992). Säuglinge lernen z. B. schnell selbstständig aus einer Tasse zu trinken oder zu essen. Es begünstigt einen einheitlichen Tagesablauf und Versuchsmöglichkeiten, um dies zu erlernen (vgl. Gebauer-Sesterhenn/Pulkkinen/Edelmann 2016). Die Muttermilch wird allmählich durch Brei ersetzt (vgl. Kasten 2014).

Für die adäquate Entfaltung der Anlagen und Begabungen eines Säuglings, ist es besonders wichtig, dass Neugeborene in ihrem ersten Lebensjahr Förderung und Unterstützung erhalten. Wird dieses nicht ermöglicht bzw. findet die Entfaltung der Anlagen und Begabung nicht statt (vgl. ebd.).

10.1.1 Motorische Entwicklung

In ihrem ersten Lebensjahr vollziehen Neugeborene eine Reihe von Entwicklungsfortschritten. Besonders schnell entwickeln sie sich im Bereich der Motorik. Dies erfolgt von den Neugeborenen aus und ohne starke fremde Unterstützung (vgl. Kasten 2014).

Der Kopf ist im Vergleich zum Körper noch sehr groß. Die Muskulatur baut sich vom Kopf hin zu den Füßen auf. Es braucht eine gewisse Zeit, um dieses Gewicht auszubalancieren. Nach diesem Entwicklungsschritt lernen Säuglinge sich selbstständig vom Rücken auf den Bauch zudrehen. Dabei trainieren sie ihre Arm- und Oberkörpermuskulatur, indem sie sich in Bauchlage vom Boden hochstemmen. Es folgt das aufrechte Sitzen. Durch die feste Sitzbalance fangen Säuglinge allmählich an, zu krabbeln. Viele erlernen auch aus der Bauchlage heraus das Krabbeln. Sie schieben sich mit ihrem Gesäß nach hinten auf die Knie, wodurch sie in den Vierfüßlerstand gelangen (vgl. Ayres 1992). Sobald die Säuglinge frei sitzen können, beginnen sie ihre ersten Stehmomente zu erproben. Sie ziehen sich an Möbelstücken hoch, wodurch sie ihre Körperbalance festigen. Dies geschieht meist ab dem 12. Monat. Darauf folgen die ersten eigenständigen Laufversuche (vgl. Elsner/Pauen 2012).

Tabelle 1: Wichtige grobmotorische Fortschritte der ersten Lebensmonate

Bereich	Fähigkeiten	Auftreten
Kopfkontrolle	den Kopf alleine heben	Monate
	den Kopf frei bewegen	1-4 Monate
Rumpfkontrolle	sich in die Bauchlage mit gestreckten Armen aufstützen	2-6 Monate
	alleine sitzen	4-9 Monate
Beinkontrolle	sich alleine zum Stand hochziehen	6-12 Monate
	Stehen mit Festhalten	6-11 Monate
	alleine stehen	10-16 Monate
Fortbewegung am Boden	sich selbstständig auf dem Boden rollen	3-9 Monate
	vorwärts auf allen Vieren krabbeln	6-11 Monate
Fortbewegung im Stehen	an Möbeln und Gegenständen entlang gehen	8-13 Monate
	vorwärts laufen	11-18 Monate

Quelle: (vgl. Elsner/Pauen 2012, S. 172)

Während des ersten Lebensjahres machen Säuglinge auch in der Feinmotorik große Fortschritte. Sie lernen Gegenstände in ihrer Umgebung zu erreichen und ihre Hände gezielt einzusetzen. Die Greifhandlung von Säuglingen ist weitgehend reflexgesteuert. Dazu muss der Säugling zunächst die Koordination von Sehen und Greifen erlernen. Auch müssen sie die Größe eines Gegenstandes sowie die Position im Raum richtig einordnen können. Erst dann kann der Säugling den Arm in die richtige Richtung strecken und die Hand dementsprechend öffnen. Auch der Druck des Greifens muss erst erprobt werden, denn der Säugling kann das Gewicht eines Gegenstandes noch nicht richtig einordnen (vgl. Elsner/Pauen 2012).

Innerhalb des ersten halben Lebensjahrs entwickelt sich sukzessive das Sehvermögen. Je besser das Sehvermögen wird, desto aktiver wird der Säugling. In einigen Fällen entwickelt sich das Sehvermögen erst ab dem 6. Monat (vgl. Kasten 2014).

Tabelle 2: Wichtige weitere Fortschritte der ersten Lebensmonate

Bereich	Fähigkeiten	Auftreten
Hand-Körper-Koordination	eine Hand gezielt zum Mund führen	1-3 Monate
	Hände vor dem Körper zusammenführen	1-4 Monate
	Handflächen gezielt gegeneinanderschlagen	9-12 Monate
Objekte greifen und halten	gezielt nach hingehaltenen Spielzeug greifen	2-6 Monate
	Objekte im Zangengriff und halten	6-11 Monate
	Pinzettengriff	7-12 Monate
Gegenstände manipulieren	Objekt von einer in die andere Hand geben	4-8 Monate
	Spielzeug in einer Hand drehen und wenden	5-8 Monate
	Gegenstände mit zwei Händen bearbeiten	6-9 Monate

Quelle: (vgl. Elsner/Pauen 2012, S. 172)

Es ist zu erkennen, dass die Kinder erst mit einem Ganzhand- oder einem Grapschgriff die Gegenstände ertasten. Die Bewegung des Daumens ist parallel zu den anderen Fingern. Danach entwickelt sich der Zangengriff. Der Daumen wird abgespreizt und stellt sich den restlichen Fingern gegenüber. Eine weitere Entwicklung in der Greifhandlung des Kindes ist der Pinzettengriff. Dabei stehen sich der Daumen und der Zeigefinger gegenüber und können auf diese Weise kleine Gegenstände fassen (vgl. Elsner/Pauen 2012).

10.1.2 Sprachliche und kognitive Entwicklung

Neugeborene lernen in den ersten Monaten ihres Lebens, die Bedeutungen der einzelnen Laute und Betonungsmuster ihrer Muttersprache zu durchschauen. Erste Wörter können Säuglinge meist ab dem 7. Monat heraushören und darauf mit Lauten reagieren (vgl. Ayres1 992).

Ab dem 12. Monat können Kinder systematische Zusammenhänge zwischen Objekten, Ereignissen und Worten herstellen (vgl. Elsner/Pauen 2012). Im Laufe des 2. Monats wird ein typisches Kommunikationsmuster aus Aktion und Reaktion des Neugeborenen deutlich. Das Kind hört dem sprechenden Gegenüber aufmerksam zu und erst nach einer Pause reagiert es auf sein Gegenüber. In den ersten zwei Monaten erfolgt dies in Form eines „Gurrlautes". Ab dem 5. Monat plappern Säuglinge, indem die einfachen Silben verdoppelt werden (vgl. Kasten 2014).

Tabelle 3: Sprach- und Lautentwicklung in den ersten Lebensmonaten

Bereich	Fähigkeit	Auftreten
Sprachverstehen	Betonungsmuster unterscheiden	0-2 Monate
	Worte aus dem Wortfluss heraushören	7-10 Monate
	Unnatürliche Sprechpausen erkennen	8- 12 Monate
	Bedeutung einzelner Worte verstehen	7-10 Monate
Sprachproduktion	„Gurren"	1-2 Monate
	„Plappern"	5-9 Monate
	„Jargoning"	6-10 Monate
	einzelne Worte sprechen	11-15 Monate

Quelle: (vgl. Elsner, B./Pauen, S. 2012, 177)

Etwa ab dem 6. Monat kommt zu dem Plappern das Jargoning hinzu. Der Säugling kombiniert die unterschiedlichen Silben und probiert verschiedene Lautfolgen aus. Er imitiert Lautmuster und Sprachmelodien seiner Muttersprache, wodurch nach ersten Lautfolgen die Einwortphase folgt. Letzteres stellt den Beginn des Sprechens dar. Bevor der Säugling sich verbal verständigt, kommuniziert er durch Körpergesten und körperliche Bewegungen. Die Prinzipien der Basisgrammatik, die sogenannte Subjekt-Prädikat-Objekt- Relation (vgl. Elsner/Pauen 2012), werden erlernt. „Ich zeige auf etwas, du gibst es mir." (Kasten 2014: 4 f.)

10.1.3 Soziale Entwicklung

Von Beginn an treten Säuglinge mit ihrer Umwelt in Kontakt. Bleibt dies beispielsweise aus mangelnder Zuwendung aus, existiert die Gefahr einer anhaltend gestörten Entfaltung des Säuglings. Durch den Kontakt und Austausch festigt sich die Beziehung zwischen Eltern und Säugling in dessen ersten Lebensmonaten. Das Kind erprobt ab der 6. Lebenswoche durch Lächeln seine Gegenüber einzuschätzen und einzuordnen. Dies ist eines der wichtigen sozialen Erfahrung für den Säugling (vgl. Elsner/Pauen 2012). Kasten beschreibt dies so:

„Durch Rufen des Kindes („Guckguck") und rhythmische Laute erreichen die Eltern, dass es sich ihnen zuwendet und sie anschaut. Intuitiv nehmen sie die optimale Distanz von etwa 25 cm ein [..]." (Kasten 2014: 5)

Der soziale und emotionale Bereich des Kindes ist gebunden an den kommunikativen Austausch und die Anregung von Seiten der Bezugspersonen. Darunter fallen die mimischen Regungen des Säuglings, die aufgenommen und zurückgespiegelt werden müssen. Durch den wechselseitigen Austausch mit Mutter oder Vater, lernt das Kind eine Kommunikation zu führen (vgl. Kasten 2014).

Ab dem 3. Lebensmonat kann ein Säugling die Blickrichtung und den Gefühlsausdruck im Gesicht der Bezugspersonen sowie deren Stimme verfeinert wahrnehmen. Die Beziehung zu ihnen wird enger und vertrauter. Zudem kann ein Säugling vertraute und fremde Personen differenzieren (vgl. Elsner/Pauen 2012).

Ab dem 4. Lebensmonat lernen Säuglinge, was ihr Gegenüber ihnen mitteilen möchte. Sie lernen dann auch, sich auf einen bestimmten Aspekt der Umwelt zu beziehen. Die Eltern können die Zeigegeste benutzen, um ihrem Kind zu zeigen, was sie meinen. Die meisten Kinder können ihr ab dem 7. bis 9. Monat folgen (vgl. ebd.). Es gibt mehre Belege dafür, dass das Ich-Bewusstsein schon in den ersten Lebenswochen des Neugeborenen vorhanden ist. Das Neugeborene kann seine eigene Person und die Umwelt voneinander differenzieren (vgl. ebd.).

Ab dem 7. Lebensmonat beginnt meist die Fremdenangst, das sog. „Fremdeln". Das bedeutet, Säuglinge zeigen ein verstärktes Zurückhalten gegenüber unbekannten Menschen (vgl. ebd.).

Zudem lässt sich beobachten, dass die spielerischen Aktivitäten in den wechselseitigen Handlungen immer wichtiger werden. Der Säugling und eine Bezugsperson spielen sich gegenseitig im Spiel einen Ball zu. Das Kind und seine Bezugsperson erproben in dieser Situation zunächst gemeinsam und dann nacheinander neue Laute und Geräusche. Häufig überlassen die Eltern in solchen spielerischen Interaktionen zum größten Teil ihrem Säugling die Initiative und beziehen sich so gefühlsmäßig auf dessen Interessen (vgl. Kasten 2014).

„Solange das Kind Interesse signalisiert, halten die Eltern den Blickkontakt und die Kommunikationssituation aufrecht. Sie passen sich dabei dem Kind und seinem Auffassungsvermögen an. Das gilt für ihr gesamtes sprachliches Verhalten in Tonfall, Satzmelodie, Wortwahl, Länge der Äußerungen oder Wiederholungen. Genauso passen sie ihr nonverbales Verhalten an, also Mimik, Gestik und Körperhaltung. Verbal und nonverbal beziehen sie sich kontinuierlich auf alle vom Kind ausgehenden Signale." (ebd., 6)

10.2 Das einjährige Kind (2. Lebensjahr)

Das zweite Lebensjahr ist ein spannendes Jahr für das Kind. Ab dem ersten Geburtstag wird nicht mehr von einem Säugling gesprochen, sondern von einem Kleinkind. In dieser Lebensphase sind die sprachliche Entwicklung und die Bindung an Bezugspersonen elementar (vgl. Kasten 2014).

10.2.1 Motorische Entwicklung

Grobmotorisch beginnt das Kleinkind die ersten eigenen Schritte zu bewältigen. Auf eigenen Beinen laufend startet es, die immer interessanter werdende Umwelt zu erkunden. Selbstständig bzw. freihändig zu laufen, lernt das Kleinkind im Laufe des 2. Lebensjahres. Es zieht hinter sich die Gegenstände her oder trägt diese. Bis Ende des zweiten Lebensjahrs kann das Kind die Treppen mit Hilfe hinauf und herab steigen, die ersten Möbel, Stühle und andere Gegenständewerden zum Hochklettern genutzt und es lernt dabei auf Zehenspitzen zu stehen. Das Laufen wird durch das Rennen gesteigert. Zudem beginnt das Gehirn des Kindes Abläufe des Alltages zu speichern. Das Körpergefühl wird zunehmend stärker und das Kleinkind kann einen Ball mit dem Fuß kicken (vgl. Schniebel 2016).

Die Feinmotorik entwickelt und erprobt sich auch im zweiten Lebensjahr zunehmend. Die Kleinkinder fangen an zu kritzeln und lernen ihr Körpergefühl kennen. Sie sortieren die Formen und Farben von Gegenständen und entdecken die Unterschiede (vgl. Ayres 1992).

10.2.2 Sprachliche und kognitive Entwicklung

Das Kleinkind übernimmt die Zeigegeste der Eltern und fordert Gegenstände ein. Es lernt die Namen von beliebten Gegenständen und vertrauten Personen kennen. Die Einwortsätze werden erweitert und es kommen weitere Worte hinzu (vgl. Elsner/Pauen 2012). Im Alter von 15 - 18 Monaten kann das Kleinkind schon mehrere Wörter sprechen. Diese werden ab dem 18. Lebensmonat in Zwei- bis Vierwortsätzen angewandt. Ein typisches Verhaltensmuster der Kleinkinder ist das Nachsprechen von Wörtern, die das Kind zufällig gehört hat. Ab 18 Monaten können die meisten Kleinkinder ihren Namen selbstständig nennen.

10.2.3 Soziale Entwicklung

Ab dem 18. Monat entwickelt das Kind eine Selbstwahrnehmung und begreift langsam den Unterschied von sich selbst und von anderen Personen. Es entwickelt sich die Ich-Wahrnehmung des Kleinkindes (vgl. Elsner/Pauen 2012). „Hierbei unterscheidet man das Konzept des „Ich" [...], dass spätestens ab dem 3. Lebensmonat vorhanden ist, vom Konzept des „Selbst" [...], das sich gegen Ende des 2. Lebensjahrs entwickelt." (ebd., 179). Beim Ich-Konzept handelt es sich um die bewusste Wahrnehmung der (grundsätzlichen) Trennbarkeit des eigenen Körpers und seiner Umwelt. Das Kind steigert seine Aktivität beim Anblick seines Spiegelbildes. Ein Fleck im Gesicht wird jedoch nicht erkannt. Das Selbst-Konzept entwickelt sich meist zwischen dem 15. und 22. Lebensmonat. Das sich-selbst-Erkennen im Spiegel lässt das Selbst erkennen. Ein Fleck im Gesicht wird wahrgenommen und reflektiert.

Mit Anbruch des zweiten Lebensjahres entwickelt sich auch die eigene Körperwahrnehmung. Das heißt, das Kind beginnt das eigene Handeln zu kontrollieren. Es lernt seine eigenen Fähigkeiten, Gefühle, Wünsche und Interessen kennen. Das eigene Spiegelbild wird genauer betrachtet. Auch kann das Kind einen Farbfleck auf der Nase erkennen und versteht selbst, dass dieser nicht zum eigenen Körper gehört (vgl. ebd.).

Es sucht den Kontakt zu anderen gleichaltrigen Kindern. Das Kleinkind entwickelt einen eigenen Charakter und wird zunehmend trotzig (vgl. Schniebel 2016). Die Trotzphase beginnt meist ab dem 16. Monat. Das gegen die Bezugspersonen gerichtete Verhalten gehört zur Weiterentwicklung des Kleinkindes. Es beginnt, nach seinem eigenen Willen die Welt zu entdecken. Im zweiten Lebensjahr kann mit der Sauberkeitserziehung des Kindes begonnen werden.

10.3 Das zweijährige Kind (3. Lebensjahr)

Ein altersgemäßer Entwicklungsstand des zweijährigen Kindes kann nicht genau bestimmt werden. Seine Entwicklung ist von der individuellen Veranlagung und der vorangegangenen Förderung der Eltern abhängig. Im dritten Lebensjahr entfalten sich Sprache und Feinmotorik besonders (vgl. Schniebel 2016).

Zudem entwickelt das Kleinkind im Laufe des dritten Lebensjahres zunehmend die eigene Persönlichkeit. Die körperlichen und kognitiven Kompetenzen entfalten sich. Das Kind passt sich zunehmend dem Sozialverhalten seines Umfeldes an (vgl. Kasten 2014). Im Lauf des dritten Lebensjahrs lernen die Kinder selbstständig zur Toilette zu gehen und werden trocken. Die Harnblasen- und Darmkontrolle kann von den Kleinkindern unterschiedlich schnell entwickelt werden (vgl. ebd.). Nur wenige Kinder schaffen es bereits vor ihrem dritten Geburtstag.

Das Schlafverhalten zweijähriger Kleinkinder ist verschieden und weist in der Dauer große Variationen auf. So benötigen Kinder in diesem Alter zwischen 8 und 14 Stunden Schlaf (vgl. ebd.).

10.3.1 Motorische Entwicklung

Die Beweglichkeit und die Balance des Kleinkindes werden durch Spielplatz- oder Waldbesuche gefördert. Durch die größer werdende Beweglichkeit entdeckt das Kind die Umwelt auf immer vielfältigere und differenziertere Weise. Auch die Feinmotorik entwickelt sich zunehmend. Es lernt mit einer Kinderschere zu schneiden und das Halten eines Buntstiftes beim Malen. Ein Stift wird nun nicht mehr im Faustgriff gehalten, sondern im Pinzettengriff. Es ist wichtig, dass Kinder zum Malen einen guten Haltegriff haben, um die spätere Stifthaltung für das Schreiben in der Schule erlernen zu können. Kleinkinder möchten Anerkennung und Lob für ihre entstandenen Kunstwerke bekommen (vgl. Grentrup 2013).

Die Kinder können schon zum Teil selbstständig mit Bauklötzen ein Bauwerk bauen. Mit Beginn des dritten Lebensjahres, manchmal auch schon früher, möchten sie selbstständig mit einem Löffel essen und nicht mehr gefüttert werden. Zudem sind sie in der Lage, sich mit wenig Hilfe selbstständig an- und auszuziehen. Meistens benötigen sie bei kleinen Knöpfen und einem Reißverschluss Hilfe (vgl. Kasten 2014).

10.3.2 Sprachliche und kognitive Entwicklung

Die sprachliche Fähigkeit entwickelt sich in diesem Lebensjahr zunehmend. Der Wortschatz erweitert sich auf bis zu 300 Wörter. Kleinkinder reden viel mit sich selbst und ihrem Umfeld. Sie verstehen Anweisungen und können diese befolgen. Die Umgebung und Objekte können sie benennen und sich mit ihrer Umwelt verständigen. Für die Beziehung zwischen dem Kleinkind und seinen Eltern ist das miteinander kommunizieren bedeutend. Durch die Kommunikation lernt das Kind immer mehr Wörter und wendet diese im eigenen Sprachgebrauch an. Die Sätze werden komplexer und ihre Aussagen umfangreicher. Daher ist es wichtig, dass die Eltern viel mit dem Kind reden.

Genau wie die Sprache, entwickelt sich auch das abstrakte Denken des Kindes in diesem Zeitabschnitt stark. Das Kleinkind ist in der Lage, zwischen Ein- und Mehrzahl zu unterscheiden und zeitliche, sowie räumliche Bezüge zu deuten (vgl. Grentrup 2013).

10.3.3 Soziale Entwicklung

Im dritten Lebensjahr werden die Grenzen des Umfeldes getestet, weshalb klare Strukturen und Regeln wichtig werden. Regeln bedeuten nicht nur eine Einschränkung für die Kleinkinder, sondern vermitteln ihm auch die Sicherheit, die sie in ihrer Entwicklung benötigen.

Für Kleinkinder stellt das dritte Lebensjahr ein entwicklungsreiches Jahr dar. Sie wollen unabhängiger und selbstständiger werden. Dennoch fordern sie die Zuwendung und Aufmerksamkeit ihrer Eltern ein. Zweijährige Kinder entwickeln einen eigenen Willen und werden schnell trotzig, wenn dieser nicht erfüllt wird. Daher führen Kleinigkeiten oft zu einem großen Chaos mit Tränen und Wutanfällen. Dabei ist es wichtig für Eltern, Ruhe zu bewahren und die Konflikte verständlich zu lösen (vgl. Grentrup 2013). Einige Kleinkinder haben im 3. Lebensjahr Probleme, mit ihren Gefühlen und Ängsten umzugehen und benötigen dabei Unterstützung von ihren Eltern. Besonders im Dunkeln fürchten sich einige Kinder. Es ist sinnvoll, dass die Eltern dann erklären, warum sie keine Angst haben müssen, aber auch Verständnis für die Ängste zeigen. Ein kleines Licht im Zimmer aufzustellen, welches dem Kind beim Schlafen ein Gefühl von Geborgenheit gibt, ist ebenfalls sinnvoll, um es bei der Bewältigung seiner Ängste zu unterstützen. Wesentlich für Sicherheit und Geborgenheit ist das Gefühl der verlässlichen Gegenwart der Eltern (vgl. ebd.).

10.4 Das dreijährige Kind (4. Lebensjahr)

Das vierte Lebensjahr des Kindes ist von großer Bedeutung, denn etwa 80 % der dreijährigen Kinder in Deutschland besuchen ab diesem Lebensjahr einen Kindergarten. Zwischen dem ersten Besuch des Kindergartens und bis zur Vorbereitung auf die Schule werden noch zahlreiche körperliche, motorische und kognitive Entwicklungsschritte durchlaufen.

10.4.1 Motorische Entwicklung

Gegen Ende des dritten Lebensjahres hat das Kind seine Körpergröße seit der Geburt etwa verdoppelt und sein Gewicht sich verdreifacht. Ebenso erreicht das Kind etwa 50 % seiner späteren Größe im Erwachsenenalter. Ab dem vierten Lebensjahr wächst ein Kind bis zum Ende der Kindheit rund 4 - 6 Zentimeter pro Jahr. Dieses Wachstum beschleunigt sich erst wieder in der Pubertät. Nickel und Schmidt-Denter (1988) geben folgende Mittelwerte an:

„Ein dreijähriges Kind wiegt im Durchschnitt etwa 14 Kilogramm (+/- 2Kg) Und nimmt etwa 1,5 - 2,5 Kilogramm pro Jahr an Gewicht zu. Das Skelett, dass in den ersten Lebensjahren noch weich und biegsam ist, wird im Laufe des Vorschulalters durch Ablagerungen von Kalzium fester." (Nickel/Schmidt-Denter 1988: 34).

Ein neugeborenes Kind trägt mehr als 300 Knochen in sich. Durch die Ablagerung von Kalzium und durch das Zusammenwachsen von Knochen, wie beispielsweise bei der Fontanelle am Kopf, hat ein ausgewachsener Mensch dagegen nur noch rund 210 Knochen. Das Kind weist zu diesem Zeitpunkt noch seine Kleinkindfigur auf, mit einem immer noch dominanten Kopf, einer breiten Mittelpartie und vergleichsweise kurzen Armen und Beinen.

Zwischen dem 4. und 5. Lebensjahr wird der Körper des Kindes fortwährend länger. Diese Periode ist durch ein beschleunigtes Muskelwachstum bestimmt, wodurch sich die Zunahme an Kraft und Ausdauer erhöht (vgl. Schneider 2012). Weil der Körper des Kindes in dieser Periode schlanker und weniger kopflastig wird, wandert der Schwerpunkt zur Körpermitte hin. Durch dieses verbesserte Gleichgewicht hat das Kind nun einen festeren Stand. Arme und Oberkörper sind frei, um sich mit neuen Dingen wie dem Fangen oder Werfen eines Balles zu beschäftigen (vgl. Berk/Schönpflug 2011).

„Das Kind kann nun auch rückwärtslaufen, auf den Zehenspitzen stehen, zu Musik tanzen und auf schmalen Balken balancieren." (Schneider 2012: 188). Ein paar Stufen einer Treppe können schon im Wechselschritt hoch und runtergegangen werden, dabei hält sich das Kind noch am Geländer fest.

Da die Feinmuskulatur noch nicht ausreichend entwickelt ist, werden noch überwiegend grobe Bewegungen ausgeführt. Zeichenbewegungen erfolgen deshalb vorwiegend aus dem Schultergelenk und dem gesamten Arm (vgl. Nickel/Schmidt-Denter 1988).

Zu Beginn der Kindergartenzeit zeichnet das Kind sogenannte „Kopffüßler". An Kreisformen werden vom Kind bewusst Beine und Arme gezeichnet, anfangs oft in beliebiger Anzahl und Anordnung. Von Erwachsenen werden diese Gebilde dann manchmal irrtümlich als Sonnen interpretiert. In einigen Fällen werden die Gliedmaßen auch irgendwo anders auf das Blatt gemalt und nicht direkt an den Körper. Charakteristisch für Kopffüßler: Die Beine kommen direkt senkrecht unter den Körper und die Arme gehen rechts und links vom Körper ab. Die Augen werden häufig sehr viel größer dargestellt als Nase und Mund.

10.4.2 Sprachliche und kognitive Entwicklung

Beim Wiedererkennen leisten Kinder im vierten Lebensjahr bereits erstaunliches. Zeigt man Kindern Bilder, so erkennen sie meistens alle Bilder, die ihnen gezeigt wurden, auch wenn sie zwischenzeitlich 20 andere Bilder gesehen haben. Erwachsenen gelingt dies weniger gut. Sie können durchschnittlich nur etwa 90 % der Bilder wiedererkennen (vgl. Kasten 2015). Einfache Puzzles von 4 - 6 Teilen können gelöst werden und Ein- und Mehrzahl kann unterschieden werden.

Das Kind kann eigene Körperteile und Farben zeigen und benennen. Es spricht in Drei- bis Fünfwortsätzen und stellt häufig Warum- und Wie-Fragen (vgl. Stiftungsnetz 2017).

10.4.3 Soziale Entwicklung

Das Kind weiß nun, ob es ein Junge oder ein Mädchen ist. Es spielt gerne mit Gleichaltrigen und hält sich an die Regel, sich beim Spiel abzuwechseln: einmal ich, einmal du. Zudem kann es Hilfe anfordern, wenn es etwas nicht kann. Viele Kinder wiederholen Ausdrücke und Mimiken, über die andere gelacht haben und helfen gerne bei Hausarbeiten wie Kochen, Staubsaugen usw. (ebd.).

10.5 Das vierjährige Kind (5. Lebensjahr)

10.5.1 Motorische Entwicklung

Bei einem vierjährigen Kind hat die Größe des Kopfes ungefähr den einen Erwachsenen erreicht und wirkt deshalb noch überproportional groß (vgl. Schneider 2012).

Das Kind kann in diesem Alter einen Ball mit beiden Händen fangen, auf Dingen balancieren und über kleine Hindernisse springen. Treppen können nun im Wechselschritt hoch und runter gelaufen werden und das Kind muss sich dabei nicht mehr festhalten. Einfache Figuren können mit Knete hergestellt werden. Stifte werden nun mittels Dreipunktegriff, mit drei Fingern gehalten (vgl. Stiftungsnetz 2017).

Auch die Zeichnungen der Kinder verändern sich wieder: Ab etwa 4 Jahren beginnen Kinder ihre Bilder detaillierter zu zeichnen. Die Menschen bekommen nun Arme und Finger, Wimpern oder auch Haare. Striche über oder unter den Personen oder Tieren geben den Himmel oder auch den Untergrund wieder. Somit stellen die Bilder der Kinder nun zunehmend Erlebnisse oder Handlungen dar.

10.5.2 Kognitive Entwicklung

Im Laufe des 5. Lebensjahres machen Kinder die Erfahrung, dass sich ihre Wahrnehmung der Welt von anderen Menschen unterscheiden kann. Sie verstehen außerdem, dass ihre innere Welt, also Gefühle und Gedanken, von den anderen Menschen verschieden ist.

Kinder im 5. Lebensjahr können das Gewicht verschiedener Gegenstände schon gut einschätzen. Große Gegenstände sind schwer und können nur von Erwachsenen hochgehoben werden, kleine Gegenstände dagegen sind leicht und können auch von Kindern gehoben werden.

Dass Gegenstände unterschiedliche Dichten haben können, also kleine Dinge schwerer als große Dinge sein können, liegt außerhalb ihrer Vorstellungskraft und führt zu Verwirrungen. Ebenso können Kinder dieses Alters, aufgrund ihrer Erfahrungen, Temperaturen zwischen heiß, kalt und warm unterscheiden (vgl. Kasten 2015).

Die Gedächtniskapazität des Kurzzeitgedächtnisses hat sich seit dem vierten Lebensjahr nicht sonderlich erhöht. Nennt man Buchstaben, Wörter oder Zahlen, können vom Kind etwa vier richtig wiederholt werden.

Die räumliche Vorstellungskraft von vierjährigen Kindern lässt sich am besten durch die „Drei- Berge-Aufgabe" von Piaget beschreiben: Vor einem aus Pappmaschee hergestellten Bergmassiv sitzend, dessen drei Gipfel sich teilweise gegenseitig verdecken, werden sie aufgefordert zu beschreiben, wie das Kind, das auf der anderen Seite des Bergmassivs sitzt, die drei Berge wahrnimmt. Vierjährige Kinder können sich nun von ihrem eigenen „Standpunkt" lösen und die Sichtweise einer anderen Person übernehmen. Sie können sich also vorstellen und beschreiben, was andere Personen sehen, die sich an einem anderen Punkt im Raum befinden (vgl. Kasten 2015).

Nicht wenige der 3 – 4-jährigen Kinder glauben an übernatürliche Kräfte bei Märchenwesen. Für alle Vorgänge, die sich ein Kind in diesem Alter nicht erklären kann, scheint Magie verantwortlich zu sein. Gewinnen die Kinder mit zunehmendem Alter ein größeres Vertrauen in physikalische Vorgänge, so nimmt das magische Denken ab. Generell haben Kinder große Freude an einer Fantasiewelt. Dies zeigt sich auch durch imaginäre Freunde (vgl. Schneider 2012).

10.5.3 Soziale Entwicklung

Ein Kind traut sich in diesem Alter, zu anderen Kindern nach Hause zu gehen und lädt andere Kinder gerne zu sich nach Hause ein. Es erkennt sich auf eigenen Babyfotos wieder. Sie können sich etwa 10 Minuten durchgehend mit einer Aufgabe bzw. einem Spiel beschäftigen und etwa 5 Minuten einer Geschichte aufmerksam zuhören.

10.6 Das fünfjährige Kind (6. Lebensjahr)

In diesem Lebensabschnitt wird das Kind auf den Eintritt in die Grundschule vorbereitet. Damit gehen einige Veränderungen sowohl in körperlicher als auch in kognitiver Hinsicht einher.

10.6.1 Motorische Entwicklung

Während das Gehirn eines Zweijährigen nur etwa halb so schwer ist wie das eines Erwachsenen, ist es gegen Ende der Vorschulzeit auf etwa 90 % des erwachsenen Gehirns gewachsen.

Für gewöhnlich besitzt ein Kind mit 5 Jahren die Fähigkeit, auf jedem Bein einbeinig zu stehen, Bälle zu rollen und aufzufangen und auf Grund des mittlerweile recht ausgeprägten Gleichgewichtssinnes, auf einem schmalen Balkenbalancieren zu können (vgl. Schneider 2012). Auch in feinmotorischen Tätigkeiten wie malen, basteln oder zeichnen werden die Kinder immer geschickter.

Fünfjährige Kinder sind in der Lage einen Stift zwischen Daumen und Zeigefinger zu halten, eine Zick-Zack-Linie, Wellen oder Kreise mit der Schere auszuschneiden. Des Weiteren können Buchstaben, genauso wie der eigene Name mittels Vorlage abgeschrieben werden (vgl. Stiftungnetz 2017).

10.6.2 Sprachliche Entwicklung

Auch in der sprachlichen Entwicklung gibt es Fortschritte. Das Kind kann sich einfache Verse und Lieder merken und wiedergeben, außerdem wird sein Spiel durch Sprache begleitet. Es kann eine Geschichte erzählen und Erlebtes in logischer und zeitlich korrekter Reihenfolge wiedergeben. Dabei verwendet das Kind die Vergangenheitsform. Es werden korrekte Sätze in der Muttersprache gebildet und das Kind beantwortet wenn-dann-Fragen.

10.6.3 Soziale Entwicklung

In diesem Alter beginnt ein Kind erste Freundschaften zu schließen. Dinge wie Spielsachen oder auch Essen werden mit anderen geteilt. Die Regeln von Gesellschaftsspielen können gut eingehalten werden, das Verlieren fällt dem Fünfjährigen in den meisten Fällen jedoch noch schwer. Zudem interessiert er sich zunehmend für seine eigene Säuglingszeit.

10.7   Unterschiede zwischen den Geschlechtern

„Jungen sind häufig größer als Mädchen und nach dem Abbau des „Baby-specks" werden die Kinder allmählich dünner, wobei Mädchen etwas mehr Körperfett als Jungen behalten." (Berk/Schönpflug 2011: 286)

Der Testosteronspiegel der Jungen verdoppelt sich im Vorschulalter, wodurch sie meist ein „jungentypisches" Verhalten zeigen. Sie werden körperlich noch aktiver, rivalisieren mit anderen Jungen, sie werden „aufmüpfig" und zeigen oft im Vergleich zu Mädchen auch bereits in Alltagssituationen oder im Spiel ein höheres Aggressionspotential. Das Interesse an feinmotorischen oder kognitiven Spielen ist im Gegensatz zu gleichaltrigen Mädchen eher gering.

Im sechsten Lebensjahr nimmt der Testosteronspiegel der Jungen wieder etwas ab. Jedoch zeigt sich gerade im Spielverhalten ein großer Unterschied zwischen den Geschlechtern. Mädchen entwickeln in diesem Alter oft ein Interesse an Puppen, Stofftieren oder Geduldsspielen wie Puzzles und Rollenspielen. Sie wollen Vater-Mutter-Kind spielen und ahmen im Spiel das reale Leben nach. Jungen hingegen beschäftigen sich gerne mit Autos, Baggern oder Ritterburgen. Ihre Rollenspiele drehen sich dagegen häufig um Indianer, Polizisten oder Cowboys.

Zwischen vier und sechs Jahren zeigen Mädchen gegenüber gleichaltrigen Jungen in den meisten Bereichen einen Entwicklungsfortschritt. Beispielsweise bei feinmotorischen Tätigkeiten wie dem Umgang mit der Schere, beim Knöpfen und Schleife binden oder auch beim sich selbst anziehen können. Doch auch bei grobmotorischen Fertigkeiten, wie auf einem Bein hüpfen, über ein Hindernis springen oder beim seitlichen Springen, übertreffen die meisten Mädchen die Jungen. Beim Thema Muskelkraft und Ballwerfen liegen hingegen die Jungen vor den Mädchen (vgl. Kasten 2015).

Auch bei Zeichenübungen lassen sich schon Unterschiede in der Entwicklung von Jungen und Mädchen feststellen. Bei Jungen kann man eher grobmotorische Muster erkennen. Das heißt, dass an den Malbewegungen der ganze Körper beteiligt ist, vor allem aber Oberarm und Schulter. Mädchen hingegen setzen eher die Feinmotorik ein und malen dadurch kleinere und geschlossene Figuren (vgl. Nickel/Schmidt-Denter 1988).

10.8   Entwicklungsverzögerung

Die Geschwindigkeit, in der sich Kinder entwickeln, ist sehr individuell und läuft nicht bei allen gleich schnell ab. Auch die Geschwindigkeit, mit der die einzelnen Entwicklungsschritte aufeinander folgen, können in den einzelnen Entwicklungsbereichen sehr unterschiedlich sein. Manche Kinder lernen sehr schnell Bewegungsabläufe. Sie laufen früh, klettern überall hoch und sind sehr geschickt im Umgang mit ihren Händen, andere verwenden ihre Energie darauf, ihre sprachlichen Fertigkeiten zu erweitern. So hat jedes Kind in jedem Entwicklungsbereich sein eigenes Tempo und innerhalb definierter Grenzen sind Unterschiede im Entwicklungsstand zwischen Kindern gleichen Alters völlig normal.

In ärztlichen Früherkennungsuntersuchen-Untersuchungen (U-Untersuchungen) prüft man, ob das Kind innerhalb der jeweiligen Grenzwerte liegt, die ein Kind in einem bestimmten Alter erreicht haben sollte. Ist dies nicht der Fall, spricht man von einer Entwicklungsverzögerung.

Die Entwicklung kann in fünf Funktionsbereiche unterteilt werden, d.h. motorische, geistige, sprachliche, emotionale und soziale Funktionsbereiche. Manche Kinder weisen nur in einem Bereich Verzögerungen auf, bei anderen sind mehrere Bereiche betroffen. Der Schweregrad der Entwicklungsverzögerungen bemisst sich danach, wie weit ein Kind vom durchschnittlichen Entwicklungsstand entfernt ist.

Sollte ein Kinderarzt eine Entwicklungsverzögerung bei einem Kind feststellen, wird eine Behandlung bei Physiotherapeuten, Ergotherapeuten, Logopäden, Heilpädagogen oder Psychologen ärztlich verordnet und von der Krankenkasse übernommen.

Literatur

Ayres, A. (1992): Bausteine der kindlichen Entwicklung. Berlin, Heidelberg: Springer- Verlag.

Berk, L./Schönpflug, U. (2011): Entwicklungspsychologie. 5., aktualisierte Aufl. München: Pearson-Studium (PS Psychologie). http://lib.myilibrary.com/detail. Asp?id=404904. [09.06.2017].

Brand, A./Urban, K./Weinberger, N./Vedi, J. (EO): Kleinkind Entwicklung: 2. Lebensjahr. https://www.windeln.de/magazin/kleinkind/entwicklung/kleinkind-entwicklung-2-lebensjahr.html. [16.07.2017].

Brand, A./Urban, K./Weinberger, N./Vedi, J. (EO): Kleinkind Entwicklung: 3. Lebensjahr. https://www.windeln.de/magazin/kleinkind/entwicklung/kleinkind-entwicklung-3-lebensjahr.html [16.7.2017].

Elsner, B./Pauen, S. (2012): Vorgeburtliche Entwicklung und früheste Kindheit (0 - 2 Jahre). In: Schneider, W., Lindenberger U. [Hrsg.]: Entwicklungspsychologie. Bd. 7. vollständig überarbeitete Aufl. Weinheim, Basel: Beltz Verlag.

Elternimnetz.de (o. J.): Entwicklungsverzögerungen. https://www.elternimnetz. de/kinder/sorgenkinder/entwicklungsverzoegerungen.php [06.02.2018].

Grentrup, C. (2013): Die Entwicklung des Kindes im 3. Lebensjahr. https:// www.kinder.de/themen/kleinkind/entwicklung/artikel/die-entwicklung-des-kindes-im-3-lebensjahr.html [15.07.2017].

Kasten, H. (2014): Entwicklungspsychologische Grundlagen der frühen Kindheit und frühpädagogische Konsequenzen. https://www.kitafachtexte.de/uploads/media/KiTaFT_kasten_2014.pdf [16.07.2017]

Kasten, H. (2015): Entwicklungspsychologische Grundlagen der Kindergarten- und Vorschulzeit (4. - 6. Lebensjahr). Einige frühpädagogische Konsequenzen. https://www.kita-fachtexte.de/uploads/media/KiTaFT_Kasten_II_2015.pdf [16.07.2017]

König, D. (2000): Die Entwicklung des Kindes zwischen fünf und sieben Jahren. http://dk.akis.at/entwicklungspsychologie.html [09.06.2017]

Nickel, H./Schmidt-Denter, U. (1988): Vom Kleinkind zum Schulkind. Eine entwicklungspsychologische Einführung für Erzieher, Lehrer und Eltern. 3. neugestaltete und erweiterte Aufl. München: E. Reinhardt.

Schneider, W./Hasselhorn, M. (2012): Frühe Kindheit (3 - 6 Jahre). In: Schneider, W., Lindenberger U. [Hrsg.]: Entwicklungspsychologie. Bd. 7. vollständig überarbeitete Auflage. Weinheim, Basel: Beltz Verlag.

Schniebel, B. (2016): Entwicklung im dritten Lebensjahr (25 bis 36 Monate). http://www.hallo-eltern.de/kind/kind-2-jahre/ [12.07.2017]

Schniebel, B. (2016): Entwicklung im zweiten Lebensjahr (13 bis 24 Monate). http://www.hallo-eltern.de/kind/baby-1-jahr/ [09.07.2017]

Stiftungnetz.ch (o. J.): Das durchschnittlich entwickelte Kind von 1 bis 6 Jahren. https://www.stiftungnetz.ch/entwicklung_des_kindes.html#fuenfjaehrig [03.07.2017]

Vaterfreuden.de (o. J.): Der kleine Unterschied - Jungen und Mädchen in ihrer Entwicklung. http://www.vaterfreuden.de/vaterschaft/erziehungsfragen/der-kleine-unterschied-jungen-und-m%C3%A4dchen-in-ihrer-entwicklung [18.07.2017]

11 Bindung

Franziska Hahn und Robyn Riedel-Koenig

Das vorliegende Kapitel beschäftigt sich mit dem Thema der Bindungstheorie nach dem englischen Kinderpsychiater und Psychoanalytiker John Bowbly und der außerfamiliären Tagesbetreuung von Kindern unter drei Jahren.

„Mit dem Begriff der Bindung wird die enge soziale Beziehung zu bestimmten Personen, die Schutz und Unterstützung bieten können, bezeichnet." (Jung-mann/Reichenbach 2009: 15) Von Geburt an, hat jeder Mensch das Bedürfnis nach menschlicher Nähe und Zuneigung. Deshalb ist aus Sicher der Eltern die Fremdunterbringung ihrer Kinder in einer institutionellen Einrichtung oft ein umstrittenes Thema. Häufig ist der finanzielle Druckdurch das fehlende Einkommen der Mutter, aber auch der Wunsch der Mutter ihren Beruf nicht zu lange ruhen zu lassen, der ausschlaggebende Faktor warum viele Kinder einen Großteil ihrer Zeit in einer institutionellen Einrichtung verbringen. Für viele Eltern geht hiermit die Frage einher, welche Auswirkungen die Fremdbetreuung auf die Mutter-Kind-Bindung hat und wie negativen Auswirkungen vermieden werden können.

11.1 Bindungstheorie nach John Bowbly

„Der Begriff der Bindung bezeichnet in der Bindungstheorie das spezifische emotionale Band, das sich zwischen zwei Personen, insbesondere zwischen Kleinkindern und ihren hauptsächlichen Fürsorgepersonen, in der Regel den Eltern, entwickelt. Dieses Gefühlsband zwischen Mutter und Kind oder Vater und Kind ist jeweils einzigartig und von besonderer Qualität, es wird durch die Beziehung organisiert und verbindet beide Partner über längere Zeit und unabhängig von ihrem Aufenthaltsort." (Gloger-Tippelt/König 2016: 22)

Bindungsbeziehungen bieten Kindern Sicherheit und Schutz und ermöglichen es ihnen ihre Umwelt zu erkunden (vgl. ebd.). Bindung ist in nahezu allen kulturellen Kontexten zu beobachten da sie das Überleben des Kindes unterstützt. In der Bindungsforschung werden die primären Fürsorgepersonen als Bindungspersonen bezeichnet. Häufig sind dies die leiblichen Eltern. Aber auch Großeltern oder andere Personen, wie zum Beispiel Pflegeeltern, können für das Kind Bindungspersonen sein. In der Regel hat ein Kind mehr als eine Bindungsperson, die Anzahl ist jedoch begrenzt. Die Aufgabe der Eltern, als primäre Bindungspersonen, ist die weitblickende Fürsorge des Kindes. Die Grundlage für eine sichere Basis in der Bindungsentwicklung des Kindes ist ein kompetentes Fürsorgeverhalten von Seiten der Bindungspersonen (vgl. ebd.).

Im Jahre 1950 begründete der englische Kinderpsychiater und Psychoanalytiker John Bowbly die Bindungstheorie (vgl. Stegmaier o. J.: 1). Die Theorie besagt, dass ein Säugling das angeborene Bedürfnis besitzt, in bindungsrelevanten Situationen Schutz, Nähe und Zuwendung bei einer vertrauten Person zu suchen. Gleich nach der Geburt beginnt die Entwicklung der Bindungsverhaltensweisen (vgl. ebd.).

Bindung entsteht deshalb, weil eine Person andere Menschen benötigt, um bestimmte Triebe zu befriedigen, so zum Beispiel die Nahrungsaufnahme im Kleinkindalter (vgl. Bowbly 1987, in: Grossmann/Grossmann 2003: 22). Bindungsverhalten ist besonders deutlich erkennbar im Säuglingsalter und der frühen Kindheit (vgl. ebd.: 23). Das Kind zeigt Bindungsverhalten durch weinen, rufen, nachfolgen und festhalten. Es wird erst dann aktiviert, wenn das Kind allein gelassen oder bei einer fremden Person zurückgelassen wird, aber auch bei Bedrohung, Schmerz und Gefahr. Die Funktion der Bindungsperson besteht darin, dem Kind Schutz und Sicherheit in bedrohenden Situationen zu geben. Je älter ein Kind wird, desto mehr nehmen Häufigkeit und Intensität des Bindungsverhaltens ab (vgl. ebd.).

Um Nähe aufrechtzuerhalten, hat die Bindungstheorie nach John Bowbly sieben Merkmale der Bindung herausgearbeitet (vgl. ebd.: 22ff.):

Biologische Funktion (biologicalfunction)

Bindungsverhalten tritt nicht nur bei Menschen, sondern bei nahezu allen Säugetieren auf. In der Regel ist es so, dass ein junges Tier die Nähe zur Mutter sucht. Die Funktion des Bindungsverhaltens ist überlebenswichtig für das junge Tier, da es bei der Mutter vor Raubtieren geschützt ist.

Individuelle Entwicklung (ontogeny)

In den ersten neun Monaten entwickelt sich bei den meisten Kindern das Bindungsverhalten gegenüber einer bevorzugten Person. Je mehr soziale Interaktionen zwischen dem Kind und dieser Person stattfinden, desto wahrscheinlicher ist es, dass es an diese Person gebunden wird. Wer immer für ein Kind sorgt, wird zur Hauptbindungsperson. Das Bindungsverhalten bleibt bis zum dritten Lebensjahr aktivierbar und wird dann allmählich weniger.

Besonderheit (specificity)

Das Bindungsverhalten ist auf ein Individuum oder auf wenige besondere Individuen gerichtet.

Lernen (learning)

Während der Entwicklung der Bindung muss das Kind lernen, zwischen Vertrauten und Fremden zu unterscheiden.

Organisation (organization)

Anfänglich wird Bindungsverhalten durch einfach strukturierte Antwortmuster vermittelt. Zu den aktivierenden Bedingungen gehören Fremdheit, Hunger, Müdigkeit und alles was im Inneren des Kindes Angst auslöst. Die Mutter kann diese Bedingungen beenden, in dem sie das Kind in den Arm nimmt, wenn es Angst verspürt. Wenn das Kind weiß, dass seine Mutter ganz in der Nähe ist (und darauf vertraut, dass sich an diesem Zustand auch nichts ändern wird), wird es kein Bindungsverhalten mehr zeigen und stattdessen anfangen seine Umwelt zu erkunden.

Dauer (duration)

Eine gesunde Bindung dauert meistüber einen langen Zeitraum des Lebenslaufs an. Die Bindung zwischen dem Kind und seiner Hauptbindungsperson bleibt in der Regel ein Leben lang bestehen.

Emotionale Anteilnahme (engagement of emotion)

Die Bindung zu einer Person wird als Quelle der Sicherheit erfahren. Ein drohender Verlust löst Angst aus, ein tatsächlicher Verlust, beispielsweise durch den Tod der Bindungsperson, lässt Kummer und Leid aufkommen.

11.2   Bindungsentwicklung

11.2.1   Vierphasenmodell der Bindungsentwicklung nach Bowbly 1969

In den ersten Lebensjahren durchlaufen Kinder in Bezug auf das Sozialverhalten vier Hauptphasen. Alle vier Phasen gehen ohne klare Grenzen ineinander über (siehe Tab. 1).

Tabelle 1: Phasen der Bindungsentwicklung nach Bowbly

Bindungsphasen	Alter	Beschreibung
Vorphase der Bindung	zwischen Geburt und 6 Wochen	Bindungsverhalten bei jeder Person angeborene Signale, um Bedürfnisbefriedigung zu erreichen
Phase der entstehenden Bindung	zwischen 6 Wochen und 8 Monaten	zunehmend spezifische Reaktionen auf vertraute Personen Entwicklung spezifischer Erwartungen an das Verhalten der Bezugspersonen
Phase der ausgeprägten Bindung	zwischen 6 Monaten und 1,5 - 2 Jahren	Entstehen der spezifischen Bindung (aktive Kontaktaufnahme zur Bezugsperson, Unbehagen und Protest bei Trennungen, Spannung in Anwesenheit von Fremden)
Phase reziproker Beziehungen	ab 1,5 bis 2 Jahren	Entstehen eines inneren Arbeitsmodells zur Bindungsrepräsentation Akzeptieren von Trennungssituationen

Quelle: (zit. n. Lohaus/Vierthaler 2013: 99)

Phase 1: Vorphase der Bindung

Diese Phase beginnt mit der Geburt und dauert meist bis zur 12. Lebenswoche an (vgl. Rothgang/Bach 2015: 257). Die Fähigkeit, Personen zu unterscheiden, fehlt dem Säugling in dieser Phase oder ist zumindest sehr beschränkt. Es vermag zum Beispiel nur durch Hörreize Unterscheidungen zu treffen. Während dieser Phase zeigt der Säugling verschiedene Verhaltensweisen wie „mit den Augen verfolgen", greifen, lächeln. Wenn ein Säugling eine Stimme hört oder ein Gesicht sieht, hört es oft auf zu schreien. Nach etwa 12 Wochen nimmt die Intensität dieser Reaktionen zu (ebd.).

Phase 2: Phase der entstehenden Bindung

Diese Phase dauert bis zum 6. Monat (vgl. Rothgang/Bach 2015: 257). Während dieser Phase verhält sich das Baby ebenso offen wie in Phase 1. In dieser Phase richtet der Säugling sein Verhalten jedoch ausgeprägter auf die Mutterfigur (ebd.).

Phase 3: Phase der ausgeprägten Bindung

Phase 3 beginnt gewöhnlich zwischen dem 6. und 7. Lebensmonat und hält bis in das 2. und 3. Lebensjahr hinein an (vgl. Rothgang/Bach 2015: 257f.). In dieser Phase wird das Kind zunehmend wählerischer in Bezug auf Personen und reagiert nicht auf alle gleich. Das Repertoire an Reaktionen wird erweitert durch Nachfolgen der weggehenden Mutter und Begrüßung der Mutter bei ihrer Wiederkehr. Das Kind nimmt die Mutter als Ausgangsbasis, von der aus, das Kind die Umwelt erkundet. Gleichzeitig nehmen die freundlichen Reaktionen in Bezug auf andere Personen ab. Andere Personen werden als untergeordnete Bindungspersonen ausgewählt, andere dagegen nicht. Das Kind ist gegenüber fremden Personen äußerst vorsichtig und ruft in dem Kind früher oder später eine Alarm- und Rückzugstendenz hervor. Die Bindung an die Mutter tritt in dieser Phase deutlich in Erscheinung (ebd.).

Phase 4: Phase reziproker Beziehungen

Diese Phase beginnt ab dem 1. bis 2. Lebensjahr eines Kindes. In dieser Phase versetzt sich das Kind in die Rolle seiner Mutter, um ihre Gefühle und Motive zu verstehen (vgl. Rothgang/Bach 2015: 258). Dadurch, dass das Kind das Verhalten der Mutter beobachtet lernt das Kind etwas über die von der Mutter gesetzten Ziele und Pläne. (ebd.)

11.2.2 Das innere Arbeitsmodell

Das innere Arbeitsmodell ist die vereinfachte Form einer mentalen Bindungsrepräsentation. Am Anfang der Entwicklung zeigen Säuglinge Bindungsverhalten bei unterschiedlichen Personen, auch Fremden gegenüber (vgl. Lohaus/Vierhaus 2013: 99). Besonders wichtig hervorzuheben ist, dass Bindungsverhalten nicht mit Bindung gleichzusetzen ist. Bindungsverhalten können Verhaltensweisen wie weinen, lächeln oder Nähe suchen sein. Diese Verhaltensweisen dienen dem Kind dazu, sich Nähe und Fürsorge zu sichern. Bindung dagegen bezieht sich auf das emotionale Band zwischen dem Kind und seiner Bezugsperson (ebd.). Dementsprechend zeigt sich Bindungsverhalten von Seiten des Kindes früher als Bindung (vgl. Lohaus/Vierhaus 2013: 100). Im Laufe der weiteren Entwicklung richtet sich Bindungsverhalten spezifischer auf bestimmte Personen aus. Es bilden sich vertraute Interaktionsmuster zwischen dem Kind und seiner Bezugsperson und münden schließlich in eine spezifische emotionale Beziehung (ebd.).

In der weiteren Entwicklung des Kindes entwickelt sich ein inneres Arbeitsmodell der Bindung (vgl. Lohaus/Vierhaus 2013: 100). Das innere Arbeitsmodell fasst die bisherigen Bindungserfahrungen mit der Bezugsperson zusammen. Die bisherigen Bindungserfahrungen sind im inneren Arbeitsmodell repräsentiert. Dadurch kann das Kind auch zunehmend Trennungen von der Bezugsperson akzeptieren, da das Kind darauf vertraut, dass die Bezugsperson prinzipiell verfügbar ist, auch wenn sie einmal nicht anwesend sein sollte. Zwischen dem Bindungsverhalten und dem Explorationsverhalten eines Kindes wird ein antagonistisches Verhältnis angenommen. Damit ist gemeint, dass ein Kind, welches Bindungsverhalten zeigt und das Fürsorgeverhalten seiner Bezugsperson auf sich lenken will, nicht gleichzeitig seine Umwelt erkunden kann. Sind jedoch die Bedürfnisse nach Sicherheit und Nähe befriedigt, kann sich das Kind der Umgebung widmen (ebd.).

Zeitgleich mit der Entstehung der Bindung geht auch das Fremdeln eines Kindes einher (vgl. Lohaus/Vierhaus 2013: 100). Das Kind hat nun die Fähigkeit, zwischen fremden und vertrauten Personen unterscheiden zu können. Sicherheit empfindet das Kind ins Besondere im Kontakt zu vertrauten Personen, wohingegen Gefühle wie Unsicherheit und Angst, im Umgang mit fremden Personen entstehen (ebd.). Das Fremdeln tritt desto stärker auf, je weniger vertraut die Person dem Kind ist (vgl. Lohaus/Vierhaus 2013: 100). Der Höhepunkt des Fremdelns ist mit ca. 24 Monaten überschritten. Danach steigt die Bereitschaft, sich von der Bezugsperson mehr und mehr zu entfernen und die Umwelt zu erkunden und interessiert sich dabei auch für andere Menschen (ebd.). Zum Beispiel wird ein gesundes Kind, „[…] dessen Mutter sich gerade in einem Gartenstuhl ausruht, eine Reihe von Ausflügen von ihr wegmachen, wobei es jedes Mal zu ihr zurückkehrt, bevor es den nächsten Ausflug unternimmt. Bei manchen Gelegenheiten lächelt es, wenn es zurückkommt, und geht seiner Wege; bei anderen lehnt es sich an ihr Knie; bei wieder anderen will es auf ihren Schoß klettern. Aber niemals will es lange bleiben, außer es ist verängstigt oder es denkt, sie wolle gleich weggehen." (Grossmann/Grossmann 2003: 43-44) Die Mutter dient dem Kind als sichere Basis, von der aus es Erkundungen machen kann. Anderson (1972), der eine Studie hierzu in einem Londoner Park durchführte, beobachtete, dass sich Kinder während des zweiten und dritten Lebensjahres, sehr selten weiter als 65 Meter von der Mutter entfernen, bevor sie zurückkehren. Sollte aber die Mutter das Kind aus dem Blickfeld verlieren, ist die Erkundung vergessen. Seine Hauptpriorität ist dann, sie wiederzugewinnen, bei einem älteren Kind durch Suchen und bei einem jüngeren dadurch, dass es heult. (Anderson 1972: 199-215 zit. n. Grossmann/Grossmann 2003: 44)

11.3 Bindungsqualität

Um die Qualität der Bindung zwischen Kind und deren Bindungsperson zu erheben, wurde von Ainsworth, Blehar, Waters und Wall 1978 der „Fremde-

Situations-Test" eingeführt (vgl. Lohaus/Vierhaus 2013: 100). Der Test wird im Alter von 12 - 18 Monaten durchgeführt. In der klassischen Version besteht der Test aus mehreren Episoden. In den Episoden wird die Reaktion eines Kindes auf die Trennung von seiner Bindungsperson beobachtet, ebenso wie die anschließende Wiedervereinigung (ebd.). Tabelle 2 veranschaulicht die Episoden und den Ablauf der fremden Situation.

Tabelle 2: Episoden und Ablauf der fremden Situation

Episode	Ablauf der fremden Situation
1	Elternteil und Kind betreten einen unbekannten Raum mit Spielsachen
2	Elternteil und Kind sind allein, das Kind kann den Raum untersuchen
3	Fremde Person betritt den Raum, setzt sich, spricht erst mit dem Elternteil und nimmt dann Kontakt zum Kind auf
4	Elternteil verlässt den Raum; fremde Person und Kind bleiben zurück
5	Erste Wiedervereinigung; Elternteil kommt zurück, beruhigt das Kind – falls notwendig – und lässt dann das Kind explorieren; fremde Person verlässt den Raum
6	Elternteil verlässt den Raum; Kind bleibt allein zurück
7	Fremde Person betritt den Raum, beruhigt das Kind – falls notwendig – und lässt das Kind dann explorieren
8	Zweite Wiedervereinigung; Elternteil kehrt zurück, beruhigt das Kind – falls notwendig – und lässt es dann explorieren; die fremde Person verlässt den Raum

Quelle: (zit. n. Jungmann/Reichenbach 2009: 28)

Aus den Beobachtungen und anhand der Verhaltensweisen der Kinder, lassen sich vier charakteristische Bindungsmuster voneinander differenzieren (vgl. Lohaus/Vierhaus 2013: 100):

- sichere Bindung
- unsicher- vermeidende Bindung
- unsicher- ambivalente Bindung
- desorganisiert- desorientiere Bindung

Durch Bindungserfahrungen, die Kinder in der Interaktion mit ihren Bezugspersonen erlebt haben, kommen die einzelnen Bindungsmuster zustande (ebd.).

11.3.1 Die sichere Bindung

„Die sichere Bindung ist charakterisiert durch ein Vermissen der Bezugsperson in Trennungssituationen und Freude bei ihrer Wiederkehr." (Lohaus/Vierhaus 2013: 100)

Die Bezugsperson des Kindes wird als sichere Basis genutzt, um von dort aus die Umwelt zu erkunden (vgl. ebd.: 101). Bei Verunsicherungen kehrt das Kind zu seiner Bezugsperson zurück. Wird das Kind von der Bezugsperson getrennt, kann es womöglich weinen und/oder hinter ihr her krabbeln, um den Kontakt wiederherzustellen. Die Kinder vermissen ihre Bezugsperson und lassen sich von der fremden Person nur schwer trösten. Bei der Wiederkehr der Bezugsperson freuen sich die Kinder und lassen sich schnell von ihr beruhigen (vgl. ebd.).

Eine sichere Bindung kommt zustande, wenn sich die Bezugsperson feinfühlig um das Kind kümmert und die Verhaltenssignale des Kindes beantwortet (vgl. ebd.). Dadurch bekommt das Kind das Gefühl, dass seine Umgebung verlässlich ist. Es sieht die Bezugsperson als sichere Basis an, zu der es jederzeit zurückkehren kann, um seine Bedürfnisse befriedigt zu bekommen (vgl. ebd.).

11.3.2 Die unsicher-vermeidende Bindung

„Bei einer unsicher-vermeidenden Bindung verhält sich das Kind bei der Bezugsperson kaum anders als bei einer fremden Person." (Lohaus/Vierhaus 2013: 101) Solch gebundene Kinder zeigen kein deutliches Bindungsverhalten und reagieren auf die Trennung der Mutter mit wenig Protest (vgl. Rothgang/Bach 2015: 151f.). Sie registrieren zwar das Verschwinden der Mutter und folgen ihr mit den Augen, bleiben aber an ihrem Platz und spielen weiter. Kehrt die Mutter zurück, zeigen sie ihr gegenüber Ablehnung: Sie wollen nicht getröstet werden, lehnen Körperkontakt ab und wollen nicht auf den Arm genommen werden (vgl. ebd.).

Bei einer unsicher-vermeidenden Bindung hat das Kind die Erfahrung gemacht, bei seiner Bezugsperson keine Zuverlässigkeit und Sicherheit zu erfahren (vgl. ebd.). Demzufolge ist es für das Kind nicht bedeutsam, ob seine Bezugsperson anwesend ist oder nicht. Die Bedürfnisse des Kindes können von einer fremden Person ebenso befriedigt werden, wie von der Bezugsperson (vgl. ebd.).

11.3.3 Die unsicher-ambivalente Bindung

Bei der unsicher-ambivalenten Bindung verhalten sich die Kinder nach der Trennungssituation wütend bis aggressiv gegenüber der Bezugsperson (vgl. Lohaus/Vierhaus 2013: 101). Kinder dieses Bindungstyps reagieren nach die Trennung zur Mutter mit großem Stress, wie heftigem weinen sowie andere körperliche Reaktionen (vgl. Rothgang/Bach 2015: 152). Nach der Rückkehr der Mutter können sie kaum beruhigt werden und brauchen eine längere Zeit, um wieder einen ausgeglichenen Zustand zu erreichen. Erst nach einigen Minuten finden sie wieder zu ihrem Spiel zurück (vgl. ebd.). Es wurde beobachtet, dass unsicher- ambivalent gebundene Kinder ein widersprüchliches Verhalten zeigen. Zum einen haben sie den Wunsch nach Nähe, andererseits stoßen sie die Mutter weg und zeigen somit ein ablehnendes Verhalten (vgl. Rothgang/Bach 2015: 152).

Es ist davon auszugehen, dass das Kind wechselnde Erfahrungen mit seiner Bezugsperson gemacht hat (vgl. ebd.). Diese Erfahrungen bestehen aus Phasen, in denen sich die Bezugsperson zuverlässig um die Signale des Kindes kümmert und Phasen, in denen das Kind keine Zuverlässigkeit erlebt. Um Nähe und Sicherheit herzustellen, neigt das Kind dazu, sich an die Bezugsperson festzuklammern, verspürt aber ebenso in Trennungssituationen Wut und Aggression, weil es erneut von seiner Bezugsperson enttäuscht wurde (vgl. ebd.).

11.3.4 Die desorganisiert-desorientierte Bindung

„Bei einer desorganisiert-desorientierten Bindung zeigen die Kinder widersprüchliche Verhaltensmuster." (Lohaus/Vierhaus 2013: 101) Unsicher-desorganisierte Kinder konnten von Mary Ainsworth in keiner der beschriebenen Klassifikationen zugeordnet werden (vgl. ebd.). Die Kinder zeigen widersprüchliche Verhaltensmuster, die keinem der drei bereits genannten Bindungsmuster entsprechen. Diese bizarren Verhaltensmuster zeigen sich zum Beispiel durch Einfrieren von Bewegungen oder unvollständigen Bewegungsmustern (vgl. ebd.). Im Falle der desorganisiert- desorientierten Bindung, kann das Kind unter Umständen eine belastende Interaktionserfahrung mit der Bezugsperson erlebt haben, wie beispielsweise Missbrauchserfahrungen. (vgl. ebd.: 102)

11.4 Auswirkungen der verschiedenen Bindungsqualitäten

Bei den zuvor genannten Bindungsqualitäten wurde sehr gut deutlich wie diese zustande kommen. Die jeweiligen Ausprägungen haben insofern Auswirkungen auf die Zukunft von Kindern, da sie u. a. für die Entwicklung im sozial-emotionalen Bereich, wie auch der Anpassung im universellen Sinne prägend sind (vgl. Gloger-Tippelt 2008: 52f.). In vielen Untersuchungen sind Datenerhebungen zu finden, welche Bezüge zwischen der Qualität der Bindung und dem Sozialverhalten herstellen (vgl. ebd.).

In den meisten Studien wird zwischen internalisierenden und externalisierenden Verhaltensproblemen unterschieden: „Internalisierende Verhaltensprobleme umfassen sozialen Rückzug, ängstliches depressives Verhalten und psychosomatische Beschwerden, externalisierende Verhaltensweisen aggressive und dissoziale, regelverletzende Verhaltensweisen." (Döpfner et al. 1994, zit. nach Gloger-Tippelt 2008: 53) Hierbei wird deutlich, dass es sich um schwerwiegende Problematiken handelt, welche eine starke Beeinträchtigung der Kinder mit sich ziehen. Bei beiden Verhaltensproblematiken wird deutlich, dass sowohl Auswirkungen für die betreffende Person selbstentstehen (internalisierend), wie auch für die Allgemeinheit (externalisierend). Bei einem Kind mit einer internalisierenden Verhaltensproblematik findet häufig ein sozialer Rückzug statt, wodurch es nur geringfügig mit anderen Gleichaltrigen in Kontakt tritt, was jedoch für seine gute Weiterentwicklung notwendig ist. Im Gegensatz dazu kommt es bei einer externalisierenden Problematik eines Kindes häufig zu aggressivem, regelverletzendem Verhalten, was sich gegen Andere richten kann.

Zusammenhänge zwischen Sozialverhalten und Bindungsqualität wurden, wie bereits erwähnt, durch diverse Studien aufgezeigt. Sie belegen, „dass Kinder mit sicherer Bindung über ein höheres Maß an sozialer Kompetenz und eine geringere Ausprägung an internalisierenden und externalisierenden Verhaltensproblemen verfügen als Kinder mit unsicherer Bindung." (Gloger-Tippelt 2008: 53) Hierdurch wird deutlich, dass sichere Bindungen bei Kindern positive Effekte auf inter-/externalisierendes Problemverhalten erzielen. Im Gegensatz dazu wurde in den Studien deutlich, dass es bei Kindern mit desorganisierten Bindungsverhalten häufiger zum Problemverhalten kommt (vgl. van Ijzendoorn et al 1999, in: Gloger-Tippelt 2008: 53). Was bedeutet, dass diese Kinder häufiger und höhere (inter-/externalisierenden) Verhaltensauffälligkeiten aufweisen. Somit wird erkennbar das Kinder mit desorganisiertem (aber auch vermeidendem) Bindungsverhalten, ein höheres Ausmaß an problematischem Verhalten in der Schule, insbesondere in Interaktion mit Kindern gleichem Alters, entwickeln (vgl. Granot/Mayseless 2001: 538).

Sicher gebundene Kinder weisen nicht nur ein geringeres Maß an Verhaltensauffälligkeiten auf, sie treffen auch auf eine höhere Akzeptanz seitens

Gleichaltriger (vgl. ebd.). Dementsprechend treffen Kinder mit desorganisiertem bzw. vermeidendem Bindungsverhalten verstärkt auf Ablehnung innerhalb ihres sozialen Umfeldes (vgl. ebd.: 539). Bei diesen Kindern wurde durch die durchgeführten Studien festgestellt, dass sie die Ablehnung der anderen spüren und häufig noch stärker empfinden, als sie ihnen tatsächlich zu Teil wird (vgl. ebd.).

11.5 Fremdbetreuung und die Auswirkungen auf die Mutter-Kind-Bindung

11.5.1 Auswirkungen auf die Mutter-Kind-Bindung

Viele Eltern stehen spätestens einige Monate nach der Geburt ihres Kindes häufig vor der Frage, ob sie ihr Kind bereits zu solch frühen Zeitpunkt in fremde Hände geben können. Diese Frage wird durch vielseitige Faktoren beeinflusst, wie finanziellen Restriktionen oder durch die Frage nach der Beeinflussung der Mutter-Kind-Bindung und die Angst um resultierende „Bindungsschädigungen" für das Kind, durch die frühe Fremdbetreuung.

Wie bereits festgestellt, haben es sicher gebundene Kinder in einigen Bereichen hinsichtlich ihrer Zukunft oftmals „leichter" als unsicher gebundene Kinder. Somit stellt sich hinsichtlich der Fremdbetreuung die Frage, ob es sich negativ auf die Mutter-Kind-Bindung auswirkt. Diese Frage lässt sich mit einem „nein" beantworten, denn wenn das Kind eine sichere Bindung zur Mutter aufweist und sie gegenüber den kindlichen Signalen (ihres Kindes) eine adäquate Reaktion zeigt, sind bei einer frühen Fremdbetreuung keine negativen Auswirkungen auf die Bindung zu befürchten (vgl. Ahnert 2015: 170). „Weder irgendeine bestimmte Art der nichtmütterlichen Betreuung, noch deren Qualität, noch der Beginn und die Anzahl der Stunden hatten einen Einfluss auf die Bindungsqualität der Kinder zu ihren Müttern." (ebd.) Im Gegensatz dazu kommt es jedoch zu negativen Auswirkungen bezüglich der Mutter-Kind-Bindung, wenn die Fremdbetreuung, ebenso wie die mütterliche Betreuung, von schlechter Qualität sind (vgl. NICHD Early Child Care Network 1997: 68, in: Ahnert 2015: 170).

Es kann jedoch auch zu positiven Auswirkungen durch die Fremdbetreuung hinsichtlich der Mutter-Kind-Bindung kommen. Und zwar kann es bei unsicherer Bindung zwischen Mutter und Kind einen positiven Effekt auf diese Bindungsbeziehung haben, wenn innerhalb der Fremdbetreuung eine sichere Bindung zur Betreuungsperson aufgebaut werden kann (vgl. Laewen 2008, in: Bethke et al. 2009: 36). Ein wichtiger Punkt, der unbedingt beim Einstieg in eine Fremdbetreuung zu beachten ist, ist eine angemessene Eingewöhnung.

Denn selbst bei sicher gebundenen Kindern, kann auf Grund einer mangelhaften und nicht bedürfnisorientieren Eingewöhnung, eine Umkehrinnerhalb der Mutter-Kind-Bindung geschehen (vgl. ebd.). Daher ist es wichtig, dass während der Eingewöhnung darauf geachtet wird, dass die sichere Bindungsbeziehung des Kindes zur Mutter bestehen bleibt und keine unsicheren Bindungserfahrungen, wie sie etwa durch eine schnelle und zugleich schmerzliche Trennungserfahrung geschehen können, gemacht werden.

11.5.2 Die Erzieher-Kind-Bindung

„Selbstverständlich entwickeln Kinder in der Krippe auch Beziehungen zu ihren ErzieherInnen, die sogar Bindungscharakter haben." (Ahnert und Gappa 2008: 85) Hierdurch wird klar, dass der Beziehungsaufbau eines Kindes zu seiner ErzieherIn ein ganz natürlicher Prozess ist, der durch spezifische Eigenschaften charakterisiert ist.

Durch Analyse diverser Studien wurde festgestellt, dass es zwischen der Erzieher-Kind-Bindung und der primären Bindung deutliche Unterschiede gibt (vgl. Ahnert et al. 2006: 673f.). Es stellte sich heraus, dass die Bindung zwischen ErzieherIn und Kind durch die alltäglichen Interaktionserfahrungen innerhalb der Betreuungszeit entsteht. Somit sind für den Bindungsaufbau nicht unbedingt die gleichen Erfahrungen notwendig, die das Kind im familiären Kontext macht. Des Weiteren wurde deutlich, dass Mädchen, bei der Qualität der Bindungsbeziehung, häufiger eine sichere Bindung zu ihren ErzieherInnen aufweisen als Jungen. In Bezug zur Herausbildung der Bindungssicherheit der Beziehung stellte sich heraus, dass eher das gruppenorientiere Erzieherverhalten prägend ist, als die Zeit, in der die Kinder individuell durch die ErzieherIn beaufsichtigt werden (vgl. ebd.). „Die Beziehungen eines Kindes in der Krippe sind weder Abbildungen der jeweiligen Mutter-Kind-Bindung, noch können sie die Beziehung zur Mutter ersetzen." (Ahnert und Gappa 2008: 86) Hierdurch wird noch einmal ganz deutlich, dass die Sorgen vieler Mütter unbegründet sind, insofern dass sie nicht durch die ErzieherIn ersetzt werden. Die Bindung zur ErzieherIn ist für die Entwicklung des Kindes wichtig und relevant, jedoch wird die primäre mütterliche Bindung immer noch prägender und intensiver sein.

Wie schon erwähnt, bildet sich die Erzieher-Kind-Bindung durch Interaktionserfahrungen innerhalb der Betreuungseinrichtung und dessen gruppenspezifischen Alltags aus (vgl. ebd.). Eine sichere Bindung entsteht, wenn die ErzieherIn feinfühlig auf die Interessen aller Kinder reagiert und somit im Gruppenalltag individuellen wie auch gruppenspezifische Bedürfnissen nachkommt (vgl. ebd.). Dieses bedarfsgerechte Handeln der ErzieherIn wird eher sichergestellt, wenn ein gutes Verhältnis zwischen pädagogischer Fachkraft und den zu betreuenden Kindern besteht (vgl. Jungmann/Reichenbach 2009: 93). Was bedeutet, dass bei einer geringeren Anzahl zu betreuender Kinder, auch die Möglichkeit größer ist, dass sich sichere Bindungen zwischen ErzieherIn und Kindern festigen können, da die ErzieherIn im Gruppengeschehen mehr Zeit zur Verfügung steht, um die Bedürfnisse des einzelnen Kindes befriedigen kann (vgl. ebd.).

Zuwendung, Sicherheit, Stressreduktion, Explorationsunterstützung und Assistenz bilden die fünf Eigenschaften, welche die Beziehungserfahrungen innerhalb der Betreuungseinrichtung von Kindern charakterisieren (vgl. Booth et al. 2003 zit. nach Jungmann/Reichenbach 2009: 37). Die Erfahrung von Zuwendung macht das Kind, wenn die ErzieherIn gefühlvoll und herzlich mit ihm kommuniziert und somit beide Spaß am gemeinsamen Interagieren haben. Grundlage einer Bindungsbeziehung ist außerdem die Erfahrung von Sicherheit. Diese macht das Kind, wenn es beim eigenständigen Explorieren das Gefühl bekommt, dass die ErzieherIn jederzeit erreichbar ist. Somit kann das Kind aktiver und intensiver seine Umgebung erforschen. Wenn das Kind mal in Situationen kommt, in denen es zum Beispiel Angst hat oder einfach nicht allein mit der Situation fertig wird, dient die ErzieherIn als „Ruhepol". Das Kind wird in ruhiger Art und Weise unterstützt und schafft es somit, seine negativen Gefühle zu überwinden und wieder emotional ausgeglichener zu werden. Diese Eigenschaft stellt innerhalb der Erzieher-Kind-Beziehung die „Stressreduktion" dar. Explorationsunterstützung bietet die ErzieherIn, wenn sie das Kind ermutigt, das noch Fremde zu erfahren und kennenzulernen. Die letzte Eigenschaft der Erzieher-Kind-Bindung bildet die „Assistenz". Deutlich wird dies durch die Unterstützung des Kindes, bei scheinbar unüberwindbaren Aufgaben, die allerdings auch schnell durch das Kind eingefordert wird (vgl. ebd.).

Eine sichere Erzieher-Kind-Bindung ist wichtig für das Kind, damit es sich in der Betreuungseinrichtung geborgen fühlt und den Alltag sicher bewältigen kann (vgl. Bethke/Braukhane/Knobeloch 2009: 51). Hierbei wird noch einmal sehr deutlich, wie wichtig eine sanfte Eingewöhnung in Bezug zur Bindung ist. Denn nur, wenn das Kind (sichere) Bindungen zu den ErzieherInnen aufbauen kann, wird es sich in der Betreuungseinrichtung auf lange Sicht wohl fühlen.

11.6   Schlussbetrachtung

Im Rahmen der vorherigen Kapitel wurde deutlich, dass die Bindung zu Bezugspersonen für die gute Entwicklung eines Kindes wichtig und notwendig ist. Sie erfahren durch die Bindungsbeziehungen Sicherheit und Schutz. Diese Erfahrungen sind relevant, um den Kindern Unterstützung beim Explorieren ihrer Umgebung zu bieten. In Bezug zur Betreuung von Kindern in Krippen wird somit klar, dass der Bindungsaspekt für die Kinder zur Erkundung des neuen und fremden Umfelds unabdingbar ist.

Hinsichtlich der Bindungsqualität ist zu sagen, dass Kinder mit sicheren Bindungen zu ihren Bezugspersonen die besten Voraussetzungen für eine frühe Fremdbetreuung besitzen. Durch die sichere Bindung zur Mutter, kommt es zu keinen negativen Auswirkungen auf die Mutter-Kind-Bindung durch die Betreuung. Somit kann die in der Einleitung gestellte Frage, wie negative Auswirkungen auf die Mutter-Kind-Bindung vermieden werden können, beantwortet werden. Denn zur Vermeidung ist im Vorhinein eine sichere Bindung zwischen Mutter und Kind unabdingbar, wodurch das Kind im Kontext der Fremdbetreuung Sicherheit und Schutz erfährt und es die fremde Umgebung sorgenfrei erkunden kann.

Eine bedarfsorientierte Eingewöhnung ist ebenso relevant für die Vermeidung negativer Auswirkungen. Durch das Berliner Eingewöhnungsmodell des Instituts Infans wurde ein gelungenes Konzept vorgestellt, welches einer bedarfsorientierten Eingewöhnung entspricht. In diesem Modell steht das einzugewöhnende Kind im Mittelpunkt, was bedeutet, dass die Phase der Eingewöhnung an seine Bedürfnisse angepasst wird. Es wurde deutlich, dass die Bindung für die Entwicklung eines Kindes wichtig ist, weshalb bei diesem Konzept der Aufbau einer sicheren Bindung zwischen BezugserzieherIn und Kind im Vordergrund steht. Die Mitwirkung der Eltern wird in diesem Modell großgeschrieben, da sie in den ersten Tagen als Sicherheitsbasis für das Kind dienen und ihre Mitarbeit für einen gut ablaufenden (Trennungs-)Prozess unentbehrlich sind.

Viele Mütter haben große Ängste, dass die innige Bindung zu ihren Kindern durch die Bindung zur ErzieherIn abgelöst wird. Hier ist jedoch ganz klar zu sagen, dass die Bindung zur ErzieherIn keine Abbildung der Mutter-Kind-Bindung ist und die Beziehung zur Mutter auch nicht durch diese ersetzt werden kann. Die (sichere) Bindung zur ErzieherIn ist ein wichtiger und natürlicher Prozess, sodass sich das Kind in der Betreuungseinrichtung auf lange Sicht geborgen und sicher fühlen kann.

Somit ist abschließend festzuhalten, dass eine frühe Fremdbetreuung in Bezug zum Bindungsaspekt, für Kinder unter drei Jahren möglich ist und es sich bei Beachtung der genannten Aspekte auch nicht negativ auf das Kind auswirkt. Wichtig ist hierbei, dass die Betreuungseinrichtung von guter Qualität zeugt, was unter anderem bedeutet, dass gerade bei der Eingewöhnung die Bedürfnisse des Kindes starke Berücksichtigung erhalten und sich an Konzepten wie dem Berliner Eingewöhnungsmodell orientiert wird. Des Weiteren ist eine sichere Mutter-Kind-Bindung schon vor der Betreuung nötig, sodass das Kind Sicherheit und Schutz von Seiten der Mutter erhält und durch die Trennung zur Mutter keine schlechten Erfahrungen macht.

Literatur

Ahnert, L./Pinquart, M./Lamb, M. E. (2006): Security of children's relationships with nonparental care providers. A meta-analysis. In: Child Development, H. 74 (3). S. 664–679.

Ahnert, L./Gappa, M. (2008): Entwicklungsbegleitung in gemeinsamer Erziehungsverantwortung. In: Maywald, J./Schön, B. [Hrsg.]: Krippen: Wie frühe Betreuung gelingt. Fundierter Rat zu einem umstrittenen Thema. Weinheim, Basel: Beltz. S. 74-95.

Ahnert, L./Gappa, M. (2010): Bindung und Beziehungsgestaltung in öffentlicher Kleinkindbetreuung. Auswirkungen auf die Frühe Bildung. In: Leu, H. R/von Behr, A. [Hrsg.]: Forschung und Praxis der Frühpädagogik. Profiwissen für die Arbeit mit Kindern von 0-3. München: Ernst Reinhardt Verlag. S. 109-120.

Ahnert, L. (2015): Wie viel Mutter braucht ein Kind? Bindung - Bildung - Betreuung: öffentlich und privat. Berlin: Springer.

Anderson, J. W. (1972). Attachment behaviour out of doors. In: Grossmann K. E. /Grossmann K. (2003): Bindung und menschliche Entwicklung. John Bowbly und Mary Ainsworth und die Grundlagen der Bindungstheorie. Stuttgart: Klett-Cotta. S. 44.

Beller, E. K. (2002): Eingewöhnung in die Krippe. Ein Modell zur Unterstützung der aktiven Auseinandersetzung aller Beteiligten mit Veränderungsstress. In: Deutsche Liga für das Kind in Familie und Gesellschaft e. V.[Hrsg.]: Tagesbetreuung für Kinder unter Drei, Ausgabe 2/02. http://liga-kind.de/fk-202-beller/ [29.08.2017].

Bowbly, J. (1987): Bindung: Attachment. In: Grossmann, K. E./Grossmann, K. [Hrsg.]: Bindung und menschliche Entwicklung. John Bowbly und Mary Ainsworth und die Grundlagen der Bindungstheorie. Stuttgart: Klett-Cotta. S. 22-26.

Bethke, C./Braukhane, K./Knobeloch, J. (2009): Bindung und Eingewöhnung von Kleinkindern. Troisdorf: Westermann.

Gloger-Tippelt, G. (2008): Bindung in der Kindheit. Grundlagen, Auswirkungen von traumatischen Erfahrungen und Prävention. In: Franz, M./West-Leuer, B. [Hrsg.]: Bindung - Trauma - Prävention. Entwicklungschancen von Kindern und Jugendlichen als Folge ihrer Beziehungserfahrungen. Gießen: Psychosozial-Verlag. S. 39-71.

Glogler-Tippelt G./König L. (2016): Bindung in der mittleren Kindheit. Das Geschichtenergänzungsverfahren zur Bindung 5bis 8-jähriger Kinder. Weinheim, Basel: Beltz.

Granot, D./Mayseless, O. (2001): Attachment security and adjustment to school in middle childhood. In: International journal of behavioral development, H. 25 (6). S. 530-540.

Hédervári- Heller, É. (2008): Die Eingewöhnung des Kindes in die Krippe. In: Maywald, J./Schön B. [Hrsg.]: Krippen: Wie frühe Betreuung gelingt. Fundierter Rat zu einem umstrittenen Thema. Weinheim, Basel: Beltz. S. 97-102.

Jungmann, T./Reichenbach, C. (2009): Bindungstheorie und pädagogisches Handeln. Ein Praxisleitfaden. Basel: Borgmann Media.

Lohaus A./Vierhaus M. (2013): Entwicklungspsychologie des Kindes- und Jugendalters. Berlin, Heidelberg: Springer.

Rothgang G. W./Bach J. (2015): Entwicklungspsychologie. Stuttgart: Kohlhammer.

Stegmaier S. (o. J.): Grundlagen der Bindungstheorie. In: Textor, M. [Hrsg.]: Das Kita-Handbuch. http://www.kindergartenpaedagogik.de/1722.html [29.08. 2017].

12 Beziehungsgeflechte in Kindergärten. Die Bedeutung der Elternarbeit

Daniela Knierim und Natascha Wilding

Was geschieht eigentlich in der Beziehung zu meinem Kind, wenn ich es immerzu in den Kindergarten bringe? Fühlt es sich vielleicht alleingelassen oder gar abgeschoben? Welche Rolle spielen die Erzieher und muss ich mir Gedanken machen, wenn mein Kind plötzlich ganz vernarrt ist in einen von ihnen? - Fragen, die sicherlich dem einen oder dem anderen Elternteil schon durch den Kopf gegangen sind, als sie ihr Kind in den Kindergarten gebracht haben. In der Tat ist es interessant, welche Wechselwirkungen in Beziehungen entstehen, wenn Kinder in den Kindergarten kommen. Ein Geflecht aus Familie, Einrichtung, Erziehern und anderen Kindern entsteht. Es kann dabei eine höchst positive Auswirkung auf alle Beteiligten haben und erweiternd, sowie ergänzend wirken, aber auch Spannung bringend und kontraproduktiv sein. Denn nach wie vor gilt die allgemeine Faustregel: „Eltern sind die besten Experten für ihre Kinder" - dementsprechend sollten diese auch stets in den Entwicklungsprozess ihrer Kinder mit einbezogen werden. Doch wie genau können Eltern in den Kindergartenalltag mit eingebunden werden und wodurch kann die Kooperation zwischen Erziehern und Eltern positiv gefördert werden? Diese Fragen sollen im Folgenden beantwortet werden.

12.1 Beziehungsdreieck Eltern-Erzieher-Kind

Die positive Entwicklung eines Kindes zu gewährleisten ist wohl die erste Priorität eines jeden Pädagogen und aller Eltern. Was aber braucht es dafür und welche Rolle spielt der Kindergarten bzw. die pädagogische Fachkraft dabei? Das nachfolgende Zitat dient als Ausgangshypothese dieses Kapitels:

> „Bindung, Erziehung und Bildung sind die Voraussetzungen dafür, dass sich ein Kind ganzheitlich und positiv entwickeln kann. Die Erzieherin geht auf das Kind mit einem Beziehungsangebot und einem Erziehungs- und Bildungsauftrag zu. Das Kind bringt seine bisherigen Beziehungs- und Erziehungserfahrungen aus seiner Familie sowie sein eigenes Vorwissen und Kompetenzen mit." (Becker-Stoll et al. 2007: 10).

Zusammengefasst bedeutet dies:

- Für die positive kindliche Entwicklung braucht es Bindung, Erziehung und Bildung.
- Der Erzieher hat einen Erziehungs- und Bildungsauftrag, sowie die Aufgabe dem Kind mit einem Beziehungsangebot entgegenzukommen.
- Bisherige Lebenserfahrungen, Vorwissen und Kompetenzen des Kindes kommen aus der eigenen Familie.

Dies verdeutlicht das Beziehungsdreieck Eltern-ErzieherIn-Kind. Hierbei stellt die Bindung den Grundpfeiler für eine gelingende kindliche Entwicklung dar. Sie ist nicht nur wichtig für die kindliche Entwicklung und familiären Beziehungen, sie ist auch Grundlage für alle weiteren zwischenmenschlichen Beziehungen, die das Kind im Laufe seines Älterwerdens eingeht. Der Kindergarten ist dabei eine erste Lebensstation, in der das alles zum Tragen kommt (Becker-Stoll et al. 2007).

Durch eine sichere Bindung zu den eigenen Eltern, fühlt sich das Kind geliebt und angenommen, was wiederum seiner Persönlichkeitsentwicklung zugutekommt. Wann es sinnvoll ist, aktiv zu werden und mit der Umwelt in Austausch zu gehen und wann eher ein Rückzug ratsam ist, um vor Verletzungen und Fehlschlägen bewahrt zu werden - all das lehrt das familiäre, strukturelle Umfeld in den ersten Lebensjahren. Ein autonom denkender Mensch ist schließlich Voraussetzung für gelingende Beziehungen, d. h. er führt eine selbstbestimmte Interaktion mit der Umwelt, kann sich und sein eigenes Handeln dabei aber reflektieren und regulieren.

Ausgangslage ist also, dass Bindung das Fundament ist, auf das die weitere Entwicklung eines Kindes aufbaut, unabhängig davon, in welcher Lebensphase es sich befindet. Die erste Bewährungsprobe außerhalb der Familie stellt für die meisten Kinder der Kindergarten dar. Dieser stellt das Kind vor viele neue Herausforderungen und neue Situationen. Zudem muss eine neue Beziehung aufgebaut werden, nämlich zum Erzieher.

Steht nun also ein kleiner Mensch auf der Schwelle der Kindergartentür, sieht er sich einer großen, neuen und unbekannten Welt gegenüber. Viele fremde Menschen, Kinder und Erwachsene, ein neues Umfeld und vieles mehr. Da die primären Bindungspersonen nicht vorhanden, rückt die Rolle des Erziehers in den Vordergrund.

Die Bindung eines Kindes zu den eigenen Eltern unterscheidet sich erheblich von der Erzieher-Kind-Bindung (vgl. Ahnert/Pinquart/Lamb 2006). Es ist weniger bedeutsam, wie feinfühlig der Erzieher mit dem Kind im Individuellen interagiert. Es steht vielmehr das gruppenorientierte Erziehungsverhalten im Vordergrund. „Sichere Erzieherinnen-Kind-Bindungen entstehen [...] in jenen Kindgruppen, in denen die Gruppenatmosphäre durch ein emphatisches Erzieherverhalten bestimmt wird, das gruppenbezogen ausgerichtet ist und die Dynamik in dieser Gruppe reguliert. Die wichtigsten sozialen Bedürfnisse eines jeden einzelnen Kindes müssen dabei unter der Einbeziehung der Anforderungen der Gruppe zum richtigen Zeitpunkt bedient werden." (Becker-Stoll et al. 2007: 35)

Dies bedeutet also, dass das Kind vom Erzieher nicht dasselbe Bindungsangebot und -verhalten verlangt, wie von seinen Eltern. „Eine intensive Mutter-Kind-Bindung wird durch die institutionelle Betreuung nicht beeinträchtigt. Sie bleibt neben der sekundär sich entwickelnden Bindung zur Betreuungsperson bestehen." (Wagner 2010) Das Kind versteht, dass es sich bei der neuen Person um jemand handelt, der ihm eine Beziehung anbietet, eine andersartige, wie die zu seinen Eltern, und doch auf Vertrauen basierend.

Das Kind wird Teil einer Gruppe und lernt in dieser Dynamik mit zufließen. Schafft es der Erzieher diese gelingend zu regulieren, erfährt das Kind emotionale Sicherheit und Geborgenheit, auch wenn es nicht immer individuell begleitet wird.

Becker-Textor (2012) beschreibt in diesem Zusammenhang Erziehung wie folgt: „Kinder erziehen, eine Beziehung aufbauen, ist jeden Tag ein neuer Anfang und ein neues Erlebnis. Es gibt keine Methode und kein Angebot, das täglich, bei jedem Kind, bei jeder Erzieherin funktioniert." (Becker-Stoll et al. 2007, 61) Es gibt also kein Patentrezept für eine gute Erziehung. Was ist dann aber das Ziel einer gelingenden Erziehung? Auch darauf gibt es keine allumfassende Antwort. Um eine gelingende Basis schaffen zu können, müssen jedoch liebevolle Fürsorge, Vertrauen, Konsequenz, Regeln und die allgemeine Sozialisation, an oberster Stelle stehen. All diese Dinge können nicht theoretisch auf dem Papier erlernt werden, es geht immer nur in der gegenwartsgebundenen Praxis und in dieser Herausforderung steht jeder Erzieher. „Die Erzieherin muss entscheiden, wie mit der komplexen Situation umgegangen werden soll - und zwar in dem möglichen Erziehungsrahmen." (ebd.: 64) Die erzieherischen Möglichkeiten sind begrenzter Natur, da das Setting ein ganz anderes als in der eigenen Familie ist. Die ErzieherIn hat eine Gruppe von Kindern zu führen und ist darauf angewiesen, dass ein Kind wichtige Grundlagen, wie z. B. das Teilen innerhalb einer Gruppe, von zu Hause bereits mitbringt.

Warum ist Erziehung darüber hinaus noch wichtig? „Kinder lernen am Modell: Was die Erwachsenen können, das kann ich auch. Wer nicht als Kind in Ausstellungen geht, Bücher liest, Konzerte besucht, wird später schwerer Zugang zu solch kulturellen Angeboten finden." (Becker-Textor 2012: 62) Was dieses Zitat beispielhaft erläutern soll, ist die Tatsache, dass Kinder gerade in den ersten Lebensjahren nachhaltige Grundlagen für ihr ganzes Leben erwerben. Die Vorbildfunktion der Erwachsenen ist in dieser Entwicklungsphase sehr groß und positive, sowie negative Verhaltensmuster werden schnell adaptiert. Die Herausforderung für Eltern und Erzieher besteht also darin mit gutem Beispiel voranzugehen und sensibel auf die Bedürfnisse des Kindes einzugehen (vgl. ebd.).

Beispiel: Ein Kind baut eine Eisenbahn auf, sehr kompliziert und umständlich. Der Erwachsene sieht einfachere Wege -wartet jedoch ab, wie das Kind es selbst löst und demonstriert nicht „von oben herab" seine Macht. Erst im Anschluss erklärt er dem Kind gegebenenfalls alternative, einfachere Herangehensweisen.

Die Erziehungsperson unterstützt das Kind am besten, indem sie das Kind durch die selbstbestimmte Exploration unterstützt von Situationen fördert. „Die Erzieherin ist sich immer bewusst, dass sie neben dem Kind und keineswegs über dem Kind steht, und nimmt sich - wenn notwendig - zurück (Becker-Stoll 2007: 65). So wird ein Zusammenleben möglich und das Kind kann zu einer eigenständigen Persönlichkeit heranreifen. Dennoch bleiben auch dabei Liebe, Vertrauen, Konsequenz und Regeln die wichtigsten Grundpfeiler, auf die sich eine gelingende Erziehung stützt (vgl. Becker-Stoll et al., 2007; siehe Kapitel „Pädagogische Konzepte").

Darauf aufbauend stellen der Bildungsauftrag eines Erziehers sowie die Weiterentwicklung und die Förderung zum Erwerb von Kompetenzen und Kenntnissen des Kindes eine wichtige Rolle dar. Damit sind nicht nur extrinsische Aspekte, wie malen, basteln, singen usw. gemeint, sondern auch intrinsische, wie Problemlösekompetenzen, strategisches Vorgehen usw. Ostermayer (2006) sieht Erzieher in der Verantwortung verschiedene Rollen zu übernehmen:

- Kooperationspartner und Initiator von Konstruktionsprozessen: Die pädagogische Fachkraft hält sich fortlaufend über neueste Erkenntnisse in Lern- und Bildungsprozessen auf einem möglichst aktuellen Stand. So fällt ein Verstehen leichter, wie Kinder lernen, sich entwickeln und welche Rolle dem Erzieherdabei zuteilwird, was innerhalb der erzieherischen Verantwortung liegt und was nicht.
- Verlässlicher Anker, Beobachter und Entwicklungsbegleiter: Welche Entwicklungsstufen ein Kind durchläuft und wie eine sichere Bindung hergestellt wird, sind bedeutsame Aspekte in der Bildungsrolle des Erziehers. Es braucht adäquate Kenntnisse über entwicklungspsychologische Erklärungsmodelle und -muster. So kann ein Erzieher in angemessener Weise zum Begleiter und Unterstützer des Kindes werden.
- Impulsgeber und Gestalter von Lernumgebung und Lernarrangements: Die neuesten Erkenntnisse aus Wissenschaft und Forschung liefern ein immer genaueres Bild über die kognitive Entwicklung eines Kindes, so etwa die Reifung des Gehirns und lassen dadurch bessere Rückschlüsse auf das Lernverhalten und dessen begünstigenden Voraussetzungen ziehen. Wer als Erzieher diesbezüglich informiert ist, ist selbst in der Lage, lernfreundliche Arrangements zu entwickeln. Als Bildungspartner kann er günstige Lernsettings schaffen, die mit gezielten Methoden und Konzepten das Lernen des Kindes unterstützen. Die pädagogische Fachkraft hat auch

die Aufgabe durch bewusstes Fragen Lernprozesse zu initiieren und das Kind zum Nachdenken anzuregen.

- Anwalt des Kindes und Berater für Familien: Nicht nur pädagogische und psychologische Kompetenzen, auch der Einsatz auf politisch-administrativer Ebene, sind im Bildungsprozess gefragt. Es gilt zum Wohl des Kindes auch auf Ungereimtheiten aufmerksam zu machen und über den Kindergartenalltag hinauszublicken. So gehört es auch zur Aufgabe die familiäre Situation des Kindes im Blick zu behalten und falls nötig auch Institutionen der Jugendhilfe zu kontaktieren.

Allein aus dieser Aufzählung wird deutlich, wie umfassend der Bildungsauftrag des Erziehers ist und was seine umfangreichen Rollen im Entwicklungsprozess des Kindes sind. Beachtenswert sind dabei verschiedene Studien und dessen Ergebnisse zu diesem Thema. Die englische Längsschnittstudie EPPE (Effective Provision of Per-School Education) beispielsweise untersuchte „die Effekte der Qualität von außerfamilialer Bildung, Erziehung und Betreuung von knapp 3.000 Kindern im Vorschulalter." (Wagner 2010) Die Studie belegt einen Zusammenhang zwischen der Dauer von vorschulischer Bildung und dem Reifestand der kognitiven Entwicklung bei Schuleintritt. Sie zeigt, dass ein längerer Kindergartenbesuch die kognitive Entwicklung bei Schulbeginn begünstigt.

12.2   Der Dreiklang: Erzieher-Eltern-Kind

Die vorangegangenen Ausführungen haben bereits deutlich gezeigt: Man kann nicht die Erzieher-Kind-Beziehung von der Eltern-Kind-Beziehung trennen und umgekehrt. Die Arbeit des Erziehers wird durch die Fähigkeiten, die ein Kind von Zuhause bereits mitbringt, in seiner täglichen Arbeit beeinflusst. Eine sichere familiäre Bindung bedingt zum Beispiel einen gelingenden Beziehungsaufbau vom Kind zu anderen Personen. Somit sollte idealer Weise die Triade Erzieher-Eltern-Kind in einem Einklang bestehen und ein ständiger Austausch stattfinden. Wechselwirkungen in dieser Triade fördern innerliche Reifeprozesse und zwar bei Eltern, Kind und Erzieher. Ingeborg Becker-Stoll hält dabei jedoch fest: „Alle Beteiligten lernen nur, wenn sie frei und um der Sache willen handeln, und nicht aus den Beweggründen wie um mehr Macht zu erreichen oder besser zu sein als andere (Becker-Stoll et al. 2007: 68). Ein Beispiel:

> „Es kann vorkommen, dass Eltern unbegründet richtige Eifersucht auf die Erzieherin entwickeln. Sie haben Angst, dass sich ihr Kind zu stark an sie binden könnte. Dazu trägt bei, dass Kinder auf Drängen der Eltern kaum etwas aus ihrem Tag in der Einrichtung erzählen. Sie berichten nur, wann und was sie

wollen. Und sie lassen die Eltern auch deutlich spüren, dass sie selbst eine andere Beziehung zur Erzieherin haben, über andere Dinge mit ihr sprechen und auch bestimmte Fragen lieber mit ihr als den Eltern diskutieren." (ebd.: 69)

Genau an diesem Punkt wird das harmonische Zusammenspiel der „drei Parteien" wichtig: Es geht nicht um ein Gegeneinander, sondern um ein harmonisches Miteinander. Im Wissen, dass dabei jeder einzelne Beteiligte auf seine Art und Weise wichtig und einzigartig ist, Funktionen trägt, die auch nur er übernehmen kann, wird eine gelingende Zusammenarbeit möglich. In vielen Bereichen spricht man darum heute von der Notwendigkeit zur Gründung einer „Bildungs- und Erziehungspartnerschaft" zwischen Eltern und Erziehern.

12.2.1 Elternarbeit

„Bindung, Erziehung und Bildung müssen immer zusammen gesehen werden. Nur wenn die Beziehung eines Kindes zu seinen Eltern und Erzieherinnen positiv ist, wird es sich wohl fühlen und alle Entwicklungschancen nutzen können. Und dann werden Bildung und Erziehung erfolgreich verlaufen." (Becker-Stoll et al. 2007: 11)

Dusolt (2001) hält jedoch fest, dass es neben den positiven Seiten auch eine Kehrseite der Medaille gibt:

„Bestehen nun langfristig Spannungen zwischen Eltern und Pädagoginnen, so ist die Gefahr groß, dass das Kind ebenfalls in Loyalitätskonflikte kommt, die es in seiner Entwicklung und persönlichen Entfaltung behindern und damit auch die pädagogischen Bemühungen der Einrichtung in Frage stellen." (Dusolt 2001: 15).

Seiner Meinung nach haben spätere Schulschwierigkeiten häufig ihre Wurzeln in psychologisch-familiären Hintergründen. Darum sei es wichtig, nicht erst in der Schule zu beginnen die Eltern mit einzubeziehen, wenn dann die Probleme schon überhandnehmen, sondern bereits im Kindergarten stets das Kind in seiner Ganzheit zu sehen und davon ausgehend die jeweilige Lebenslage zu betrachten.

Um zu verstehen, wieso Elternarbeit gerade in der aktuellen Gesellschaftsentwicklung zunehmend wichtig wird, malt Dusolt einen roten Faden in der Funktionsentwicklung des Kindergartens auf: Wo früher eine vordergründige Betreuungsfunktion im Zentrum erzieherischen Wirkens stand, ist heute die Komponente der Sozialisation noch stärker in den Vordergrund gerückt. Was ist damit gemeint?

„Die Kleinfamilie als Regelfall, die Anonymität insbesondere im städtischen, häufig aber auch bereits im ländlichen Wohnumfeld sowie die zunehmende Zahl an Kleinstfamilien, bestehend aus einem allein erziehenden Elternteil und dem Kind – all dies macht es den Kindern immer schwerer sich als Teil einer sozialen Gemeinschaft zu verstehen." (ebd.: 12)

Der Kindergarten ist in vielen Fällen somit grundsätzlich überhaupt der erste Ort, an dem das Kind soziale Verhaltensmuster erlernen kann. Es entsteht ein Konflikt: „Während die Kleinfamilie aufgrund ihres engen Horizonts hierzu nicht in der Lage ist, wird in der Schule die Beherrschung der sozialen Basisfertigkeit als Grundlage zur Wissensvermittlung in der Regel bereits vorausgesetzt." (ebd.: 13) Und diese Basisfertigkeiten sollen in erster Linie im Kindergarten gelernt werden.

Dusolt hält fest, dass die zunehmende Frustration, auch von qualifiziertem, engagiertem Fachpersonal, häufig genau aus dieser Funktionsverschiebung des Kindergartens entsteht. Neben der reinen Betreuungsfunktion gilt es also soziale Defizite auszugleichen und das Kind ausreichend auf die Schulzeit vorzubereiten. Viele Erzieher seien enttäuscht und häufig ende das auch in Klagen über die mangelnde Erziehung seitens der Eltern (vgl. ebd.: 11). Doch genau das ist leider genauso kontraproduktiv, wie das Verdrängen und Nicht-wahrhaben-wollen neuer gesellschaftlicher Entwicklungen und die angemessene Reaktion darauf: „Schuldzuweisungen werden - zu Recht - als Angriff verstanden und provozieren Verteidigung und Gegenangriff. Damit entsteht ein „Gegeneinander" von Eltern und Pädagoginnen, welches sich hemmend auf die Entwicklung des Kindes auswirkt und damit absolut unpädagogisch ist." (ebd.: 15)

Doch inwiefern kann „Elternarbeit" hier helfen und was ist mit diesem Begriff überhaupt gemeint? „Bei der Elternarbeit handelt es sich um einen wechselseitigen Kommunikationsprozess, in dem es darum geht, Informationen über das Kind und sein jeweiliges Umfeld auszutauschen und - darauf aufbauend - ein größeres Verständnis für das Verhalten des Kindes zu gewinnen, eigene Einstellungen zu überprüfen und gegebenenfalls zu verändern." (Dusolt 2001: 16) Es entsteht dabei großes Potential für alle Parteien: Der Erzieher bekommt die Chance das Verhalten des Kindes vor dem Hintergrund familiärer Bedingungen besser verstehen und einordnen zu können. Dies hat zur Folge, dass er in seinem erzieherischen Wirken bewusster auf das Kind eingehen und es gezielter fördern kann. Für die Eltern - oder auch alle anderen in engem Kontakt zu dem Kind Stehenden - bedeutet dies einen Blick über den eigenen familiären Tellerrand hinaus: „Wie verhält sich mein Kind außerhalb der Familie? Inwiefern nimmt es sich als soziales Gruppenmitglied wahr?", usw. Der Austausch mit dem Erzieher ermöglicht darüber hinaus auch ein konstruktives Auseinandersetzen mit den eigenen Erziehungsvorstellungen bzw. dem eigenen Erziehungsverhalten, sowie einen Abgleich oder auch eine Diskussion über diejenigen des Erziehers. So wird ein gemeinsamer Konsens auf einer nicht „kämpferischen" Ebene möglich. Wer profitiert noch davon? Das Kind. Denn wenn die wichtigsten Bezugspersonen streiten, dann ist das auch eine große psychische Belastung für die kindliche Seele. Hingegen ist ein harmonisches Miteinander wie fruchtbarer Boden, auf dem das junge Pflänzchen gedeihen kann.

12.2.2 Ziele der Elternarbeit

Furian et al. (1982) definiert in seinen Ausführungen drei grundsätzliche Ziele der Elternarbeit:

- „Es gelte die Eltern für den Gedanken der Elternbildung zu gewinnen: Ihnen klar zu machen, dass Erziehung gelernt werden muss.
- Diese Elternbildung sollte jedoch ansprechend gestaltet werden, sodass sie interessant und reizvoll ist und eine Teilhabe flächendeckend gewährleistet sei.
- Die vorausgehenden Punkte summieren sich dann in Lernprozessen, die bei den Eltern ausgelöst werden, sodass diese befähigt sind, die eigene Erziehung in Selbstverantwortung zu bewältigen. Im Prinzip ist das Ergebnis: Hilfe zur Selbsthilfe."

Elternbildung ist aber nur *ein* Ziel der Elternarbeit. Das Bundesministerium für Familie, Senioren, Frauen und Jugend befürwortet darüber hinaus die sogenannte „Erziehungspartnerschaft". In dieser wird, neben dem einseitigen Informationsfluss in der Elternbildung, die Kooperation und der gegenseitige Austausch zwischen Eltern und Erziehern in den Vordergrund gerückt. „Erziehungspartnerschaft ist vielmehr ein gemeinsamer Lernprozess: Eltern und Erzieherdiskutieren über Ziele und Methoden der Erziehung von Kindern, die dabei auftauchenden Probleme und Lösungsvorschläge." (IFK Vehlefanz e. V., Bundesministerium für Familie, Senioren, Frauen und Jugend 2011) Und dabei steht wiederum das Kindeswohl an erster Stelle. Denn wenn sich die Kompetenzen der Erzieher und die der Eltern bündeln, dann ergeben sich die besten Entwicklungsbedingungen für die junge Generation, so Heidi Volz und Malte Mienert in ihrer Publikation „Von der Elternarbeit zur Erziehungspartnerschaft" (2007). Ob Elternbildung oder Erziehungspartnerschaft -ganz allgemein formuliert könnte es auch noch einmal wie folgt zusammengefasst werden:

„Zentrales Ziel der Elternarbeit im Kindergarten ist der Austausch über Entwicklung und Verhalten des jeweiligen Kindes in Familie und Tageseinrichtung, über Erziehungsziele und -verhalten der Eltern und über die pädagogische Arbeit der Fachkräfte. Dabei sollen auch erzieherische Handlungen gegenüber dem Kind wechselseitig abgestimmt werden. Weitere Ziele sind die Stärkung der Erziehungskompetenz der Eltern, die Unterstützung der Familie bei Transitionen, die Beratung von Eltern bei Problemen (inkl. Vermittlung relevanter Hilfsangebote), die Einbindung interessierter Eltern in die pädagogische Arbeit und die Ermöglichung von informeller und formeller Mitbestimmung (Elternbeirat)." (Becker-Textor 2012)

12.2.3 „Der Weg zum Erfolg"

Als Grundlage für eine erfolgreiche Zusammenarbeit von Eltern und Erziehern können folgende acht praktische Tipps dienen.

* Unterschiede der Eltern wahrnehmen

„Die" Eltern gibt es nicht. Jeder Mensch ist anders und geht mit den Dingen vergleichsweise anders um. Während eine alleinerziehende Mutter etwa Schwierigkeiten hat konkrete Termine, wie Elternabende, usw. wahrzunehmen, kümmert sie sich doch zu Hause liebevoll um ihr Kind. Oder ein Vater ist wenig interessiert an Austausch und Kommunikation, aber zur tatkräftigen handwerklichen Unterstützung beim Umbau des Außengeländes jederzeit bereit. Die Liste könnte endlos fortgesetzt werden. Auch in der Elternarbeit ist es wichtig, jedes Elternteil individuell wahrzunehmen.

* Familienstrukturen berücksichtigen

Das soziale Milieu der Familienspielt eine große Rolle. Kinder aus Migrationsfamilien lernen z. B. häufig erst spät die deutsche Sprache. In sozial benachteiligten Familien sind vermehrte Defizite im motorischen, sozialen und sprachlichen Bereich nicht ungewöhnlich. Es ist darum wichtig, diese Faktoren bei der Terminplanung, der Themen und auch der Aufbereitung der jeweiligen Themen zu berücksichtigen.

* Eltern wertschätzen, Empathie entwickeln

Die Eltern sind die Experten ihrer Kinder, darum ist es wichtig ihnen mit Respekt zu begegnen und sie mit in die Prozesse einzubeziehen. Auch positive Rückmeldung ist für eine gelingende Zusammenarbeit gewinnbringend.

* Eltern persönlich ansprechen

Bei wichtigen Informationen und Nachrichten reicht oft ein Aushang nicht aus: Es ist gut den direkten Kontakt zu den Eltern zu suchen. Auch wenn es um Probleme und Konflikte des Kindes geht, ist es wichtig, den direkten Weg zu wählen. So können Missverständnisse vermieden werden. Eltern erhalten das Gefühl von Wertschätzung, ihnen und ihres Kindes gegenüber.

* Eltern beteiligen, Geschehen durchschaubar machen

„Eltern möchten über Veränderungen im Umfeld des Kindes mitentscheiden (Partizipation) und informiert sein (Transparenz). Dies ist auch nach dem Kinder- und Jugendhilfegesetz ihr gutes Recht." (BZgA 2017) Und es profitieren dabei nicht nur die Eltern, auch die Einrichtung gewinnt an Unterstützung, denn je mehr Eltern partizipieren, desto einfacher und effektiver wird die Zusammenarbeit.

- Mit anderen zusammenarbeiten

Es macht Sinn Vernetzungsarbeit zu leisten und mit anderen wichtigen Schnittstellen kooperieren. So etwa mit Familienberatungsstellen, sozialen Diensten, Kinderärzten, Feuerwehr, Polizei usw. Auch andere Kitas sind gute Kooperationspartner, mit denen Erfahrungswerte und in der Praxis bewährte Konzepte ausgetauscht werden können.

- Systematisch und regelmäßig vorgehen

Elternarbeit sollte nicht nebenher, als „nötiges Übel" laufen, sondern plan- und regelmäßig stattfinden. Sie sollte als eigener Baustein in die Kindergartenkonzeption mit aufgenommen werden. Dabei sollten von Zeit zu Zeit auch Evaluationen stattfinden, ob die angewandten Strategien gewinnbringend waren oder nicht. Es lohnt sich darüber hinaus, auch die Eltern selbst nach ihren Wünschen und Meinungen zu befragen. Dies schafft Transparenz und fördert das Bewusstsein der kooperativen Partnerschaft.

- Verschiedene Formen der Elternarbeit anbieten

Unterschiedliche Bildung, zeitliche Ressourcen, Nationalitäten und familiäre Zusammensetzungen - es gilt für alle Zielgruppe etwas Passendes zu finden. Dabei muss überlegt werden, wie man möglichst viele Eltern erreichen kann sowie situativschnellen Zugang zu ihnen bekommt. Eine sorgfältige Vorbereitungsarbeit lohnt sich in diesen Fällen (vgl. BZgA 2017).
Dem zu Folge hat solch eine Elternarbeit viele Facetten. Je nach Blickwinkel unterscheiden sich Sinn und Ziel der praktischen Arbeit. Der Erzieher richtet dabei seinen Fokus ggf. auf andere Aspekte der Entwicklung als die Eltern. Furian (1982) sieht vor allem drei verschiedene Ansatzpunkte:

- adressatenorientierte Arbeit
- themenorientierte Arbeit
- situationsorientierte Arbeit

Alle Ansatzpunkte überschneiden sich in gewissen Themenkreisen, es hilft aber eine übergreifende Differenzierung zu finden und verschiedene Blickwinkel zu beleuchten.

12.2.4 Adressatenorientierte Arbeit

Der adressatenorientierte Ansatz „geht von den Bedürfnissen und Problemen der Betroffenen aus und thematisiert sie. Voraussetzung für eine so angelegte Arbeit ist, dass die Gruppe in möglichst vielen Punkten gleiche Interessen und Bedürfnisse hat." (Furian et al. 1982: 24) In einer Regel-Kita wird das nicht immer gegeben sein, sodass es vielleicht notwendig wird einzelne Teilgruppen zu erstellen. Denn allein die jeweilige soziale Schichtzugehörigkeit, Natio-

Rollenverhältnis zwischen Erziehern und Eltern (vgl. ebd.: 198). Auch wenn manche Bundesländer diese Ansätze schon mit in den Bildungsplan aufgenommen haben, so sei dies erst ein erster Schritt in Richtung einer wirklich effektiven, kooperativen Elternarbeit.

12.3 Mögliche Konflikte und Schwierigkeiten

Eine erfolgreiche und effektive Elternarbeit benötigt vor allem Zeit und Qualifikationen. Bereits hier können die ersten Schwierigkeiten entstehen. Sei es aus Fachkräftemangel, einem verstärkten Krankheitsausfall, zu große Gruppen - aus diesen Dauerbelastungen heraus resultiert oftmals ein Mangel an Zeit für Fort- und Weiterbildungen. Aber auch finanzielle Mängel können die Elternarbeit erschweren. Denn auch Investitionen sind für eine gute Zusammenarbeit erforderlich, wenn beispielsweisekeine Ausgaben für einen externen Fachreferenten getätigt werden können. Über diese strukturellen Punkte hinaus, entstehen häufig Konflikte auf Grund verschiedener Interessen: Die Einstellung der Eltern und Erzieher zur Elternarbeit, allgemeine sowie spezifische Erziehungsfragen, können divergieren. Es ist wichtig konstruktiv und im Sinne der Erziehungspartnerschaft einen wertschätzenden Austausch darüber zu finden, da es sonst schnell zu Frust und Zerwürfnissen kommt. Zuletzt generieren jedoch auch spezifische familiäre Lebensbedingungen schnell Besonderheiten und in ihrer ausgeprägten Form, Schwierigkeiten in der Elternarbeit: Eltern in Trennung, Alleinerziehende, Pflege- und Adoptivfamilien, Familien mit Migrationshintergrund, Elternarbeit bei Verdacht auf Missbrauch oder bei verhaltensauffälligen Kindern (vgl. Furian et al. 1982: 6).

Das vom Bundesministerium für Bildung und Forschung geförderte Forschungsprojekt „Bielefelder Evaluation von Elternedukationsprogrammen" (2006-2009), kurz BEEP, untersuchte beispielsweise Elternbildungsprogramme mit Fokus auf „sozial benachteiligte Eltern". In der Endauswertung kamen die Forschenden zum Resümee, dass gut gelingende Elternarbeit von vielen Faktoren abhängt. Sie verweisen darauf, dass gerade an dieser Stelle die politischen Reformen der letzten Jahre in eine Richtung lenken, die eine präventive Elternarbeit massiv erschweren. An Kindertagesstätten, Schulen aber auch in sozialen Einrichtungen wie Jugendämtern, kommt es zunehmend zu Ressourcenverknappungen und Stellenstreichungen. „Eine gute Pädagogik [...] braucht jedoch vor allem Zeit. Gerade zeitliche Ressourcen sind aber unter den gegebenen Rahmenbedingungen kaum vorhanden." (Hartung et al. 2009: 44) Und dieses genannte Missverhältnis wirkt sich am Ende auch negativ auf die kindliche Entwicklung aus.

12.4 Fazit

Das vorliegende Kapitel hatte zum Ziel, die Beziehungsgeflechte in Kindergärten und die damit verbundene Elternarbeit darzustellen. In dem Dreiklang Erzieher-Eltern-Kind spielt sich viel Verborgenes ab. Und doch ist es für das Kind ein prägendes und bindendes Beziehungsgefüge, welches seine Entwicklung nachhaltig beeinflusst. Die verschiedenen Abschnitte haben gezeigt, dass es sich dabei um ein hochsensibles und ineinander verwobenes Netz aus Bindung, Beziehung und Wahrnehmung handelt. Eine gelingende kindliche Entwicklung hängt von einem harmonischen Einklang der jeweiligen Bezugspersonen ab. Sehr deutlich ist dabei geworden, dass jeder einzelne Beteiligte eine ganz individuelle und spezifische Rolle dabei innehat, die auch nur derjenige ausfüllen kann. Nur wenn gegenseitiger Respekt und wertschätzender Umgang es ermöglichen, dass jeder in seinem Teil, das für ihn Bestmögliche geben kann, wird dies gelingen. All diese Faktoren legen dem Leser nahe, wieso Elternarbeit ein ganz wichtiger und nicht zu unterschätzender Teil des Kindergartenalltags sein sollte. Eltern sind und bleiben die Experten für ihre eigenen Kinder und dies sollte auch seitens des Kindergartens anerkannt und gefördert werden. Andererseits sind Erzieher in der modernen Gesellschaftsentwicklung zunehmend herausgefordert, da ihnen immer weitreichendere Erziehungsaufgaben zugeschrieben werden. So ist es den Autoren ein großes Anliegen, auf dieses wechselseitige Geflecht im Besonderen aufmerksam zu machen und sowohl Eltern als auch Erzieher zu ermutigen, eigene Stärken und Kompetenzen zu nutzen und dabei die jeweils andere Seite nicht aus dem Blick zu verlieren.

Offen bleibt die Kritik Kalickis, ob es sinnvoll ist die genannte Unidirektionalität der Elternarbeit zu durchbrechen und wenn ja, ob dies überhaupt möglich ist. Welchen Einfluss haben Erzieher tatsächlich auf familiäre Strukturen und können sie nachhaltig zu Veränderungsprozessen anleiten? Dieses Feld gilt es weiter und tiefgründiger zu erforschen, um Antworten sowie praktische Ergebnisse zu erhalten. Ein weiterer Punkt ist die politische und gesellschaftliche Entwicklung der vergangenen Jahre. Ist die zunehmende Schwerpunktverschiebung der Kindergartenfunktion eine durchweg positive Entwicklung? Wir meinen Nein. Doch wie effektive Lösungsansätze aussehen könnten, das bleibt für die weitere Forschung offen.

Literatur

Becker-Stoll, F. (2009): Von der Mutter-Kind-Bindung zur Erzieherin-Kind-Beziehung. http://nwg. Glia.mdc-berlin.de/media/pdf/education/Gruss_Magdeburg_2009.pdf [28. 06 2017].

Becker-Stoll, F. et al (2007): Die Erzieherin-Kind-Beziehung. Berlin, Düsseldorf, Mannheim: Cornelson.

Becker-Textor, I. (2012): Elternarbeit im Kindergarten. https://www.nifbe.de/component/themensammlung?view=item&id=200:elternarbeit-im-kindergarten& catid=58 [30.08.2017].

Kindergesundheit-info.de: Grundlagen für eine erfolgreiche Zusammenarbeit mit Eltern in der Kita. https://www.kindergesundheit-info.de/fuer-fachkraefte/pra xis-wissen/zusammenarbeit-mit-eltern/grundlagen-fuer-erfolg/ [29.08.2017].

Dusolt, H. (2001): Elternarbeit. Ein Leifaden für den Vor- und Grundschulbereich. Weinheim, Basel: Beltz.

Furian, M. [Hrsg.] (1982): Praxis der Elternarbeit in Kindergarten. Hort, Heim und Schule. Heidelberg: Quelle + Meyer.

Hartung, S./Kluwe, S./Sahrai, D. (2009): Neue Wege in der Elternarbeit. Evaluation von Elternbildungsprogrammen und weiterführende Ergebnisse zur präventiven Elternarbeit. http://instep-online.de/App_Data/upload/pdf/Kurzbericht_Kluwe_komplett_14 %2006_09.pdf [29.08. 2017].

Bundesministerium für Familie, Senioren, Frauen und Jugend. (2011): Partizipation leben in Kindergarten und Grundschule. http://www.partizipationsnetzwerk.de/download/Erziehungspartnerschaft.pdf [30.08.2017].

Kalicki, B. (2010): Spielräume einer Erziehungspartnerschaft von Kindertageseinrichtung und Familie. In: Zeitschrift für Pädagogik. Jg. 56, H. 2. Frankfurt am Main. S. 193-205.

König, E./Volmer, G. (1982): Mit Eltern arbeiten. Im Kindergarten, in der Schule, in der Erwachsenenbildung. Weinheim, Basel: Beltz.

Ostermayer, E. (2006): Bildung durch Beziehung. Wie Erzieherinnen den Entwicklungs- und Lernprozess von Kindern fördern. Freiburg, Basel, Wien: Herder.

Vorholz, H./Mienert, M. (2007): Von der Elternarbeit zur Erziehungspartnerschaft. Neue Chancen für die Zusammenarbeit mit Eltern. http://www.mamie. de/pdf/Erziehungspartnerschaft02Raabe.pdf [30.08.2017].

Wagner, A. (2010): Zum Stand frühkindlicher Bildung, Erziehung und Betreuung in Kindertageseinrichtungen. Internationale Ansätze und Ergebnisse der Wirkungsforschung. http://www.kindergartenpaedagogik.de/2071.html [24.08. 2017]

13 Logopädie bei Sprachschwierigkeiten und ihre Bedeutung innerhalb der Kindertagesstätte

Rebekka Gildermann

„Menschen sind ‚soziale Wesen‘, welche auf den Kontakt mit Mitmenschen angewiesen sind" (Kern 2016: 49). Das bedeutet, dort, wo Menschen zusammenkommen, findet Kommunikation statt. Menschen setzen zur Kommunikation unterschiedliche Formen, darunter die Sprache, ein. Sie wird im frühkindlichen Alter erworben. Folglich ist der Spracherwerb zu den bedeutendsten Entwicklungsaufgaben des Kindesalters zu zählen (Schneider/Lindenberger 2012). Spracherwerb bedeutet das

> „Erlernen der Regeln der jeweiligen Muttersprache, [und darüber hinaus] auch zu lernen, wie mit Sprache eigene Gedanken und Gefühle ausgedrückt, wie Handlungen vollzogen und die von anderen verstanden werden können." (Klann-Delius 1999: 22).

Ein Kleinkind beginnt zunächst erste Wörter zu sprechen und mit zunehmender kognitiver Entwicklung sowie Erfahrung, Sätze zu bilden. Das Kind lernt grammatische Regeln kennen und diese immer besser anzuwenden. Im Laufe der Jahre sammelt es Erfahrungen im sprachlichen Bereich und theoretisches Wissen. Die sprachlichen Grundkompetenzen erwirbt das Kind im Elternhaus, in der Kindertagesstätte und später in der Schule. Bis zum Vorschulalter bilden das Elternhaus und die Kindertagesstätte die wichtigsten Instanzen zum Spracherwerb.

Die im Kindesalter erworbenen, sprachlichen Grundkompetenzen sind für die spätere Schullaufbahn und die Berufsfindung von entscheidender Bedeutung. Deshalb gilt es, insbesondere für Eltern und ErzieherInnen, das Kind sowohl in seiner sprachlichen Entwicklung zu unterstützen und zu fördern, als auch bei sprachlichen Auffälligkeiten beziehungsweise Störungen frühzeitig entgegenzuwirken. Auf diese Weise kann die Gefahr für eine Beeinträchtigung der Schullaufbahn oder schwerwiegende Folgen für das berufliche Leben, verhindert oder zumindest abgeschwächt werden (Grohnfeldt 2012). Wendlandt (2015) ist sogar der Meinung, dass Eltern und ErzieherInnen viel zu wenig über Sprachauffälligkeiten wissen und dies die mögliche Früherkennung von Auffälligkeiten oder sogar Beeinträchtigungen verhindert, was zu einem verspäteten Therapiebeginn führen kann.

13.1 Begriffserklärung der Logopädie

Der Terminus Logopädie entstammt dem griechischen Begriff „logos" und bedeutet „das Wort" und dem „pädeuein" und meint „erziehen". Abgeleitet von den beiden Worten, ist Logopädie die Erziehung zum Wort, also die Sprecherziehung. Der Begriff wurde zu Beginn des neunzehnten Jahrhunderts erstmals in der Stimmheilkunde vom Wiener Mediziner Emil Fröschels eingeführt (Grohnfeldt 2012).

„Die Logopädie ist sowohl ein wissenschaftlicher Fachbereich als auch eine eigenständige Profession. Als interdisziplinäre wissenschaftliche Disziplin grenzt sie an Teilgebiete der Medizin, der Linguistik[8], der Pädagogik sowie der Psychologie und beschäftigt sich dabei mit der Ätiologie[9], Diagnostik, einschließlich (in-) formeller Verfahren; Erkennung, Diagnose und Evaluation und Intervention, einschließlich Prävention, Förderung, Therapie, Beratung, Begleitung, Management sowie Rehabilitation im Gesundheits- und (Aus-) Bildungsbereich, hinsichtlich sämtlicher Kommunikations- und Schluckstörungen." (Deutscher Bundesverband für Logopädie 2011).

Die logopädische Versorgung dient der Erhaltung, Wiederherstellung und Erweiterung der Kommunikationsfähigkeit des Klienten mit dem Ziel die Lebensqualität zu erhöhen. LogopädInnen erstellen eine Diagnose, bezüglich der vorliegenden Störungen, und einen Therapieplan auf Basis der ärztlichen Verordnung (Brauer/Tesak 2014). Neben der Diagnostik und Therapie, werden Betroffene und ihre Angehörigen beraten. Eine interdisziplinäre Zusammenarbeit zwischen LogopädInnen und ErzieherInnen ist für die bestmöglichen Therapieerfolge bedeutend (Wiedemann o. J.).

13.2 Spracherwerbstheorie – Interaktionismus

Die Erklärungen für den kindlichen Spracherwerb sind sehr vielfältig und an verschiedenen Ansätzen angelehnt. Ein grundlegender Ansatz ist der des Interaktionismus, welcher auf Jerome Bruner zurückgeführt werden kann (Kannengieser 2009).

Bruner geht davon aus, dass das Kind die biologische Voraussetzung zum Spracherwerb besitzt, die jedoch durch die Umwelt aktiviert werden muss (Rupp 2013). Mit anderen Worten: Die sprachliche Entwicklung eines Kindes erfordert frühe soziale Interaktion (Nonn et al. 2011). Unter Interaktion wird „die sozial motivierte und […] [gezielt] gesteuerte Kommunikation zwischen

---

8   Linguistik= Sprachwissenschaft
9   Ätiologie= Lehre der Ursachen (für Krankheiten)

dem Kind und seinen Bezugspersonen" verstanden (Kannengieser 2009: 367).
Seit der Geburt sind Kinder aktiv an der Gestaltung der Interaktion mit den
Bezugspersonen einbezogen. Die jeweiligen Personen passen ihre Sprache gezielt an die Bedürfnisse und Fähigkeiten des Kindes an. Sie unterbreiten dem
Kind, entsprechend seines kognitiven und sprachlichen Entwicklungsstandes,
ein angemessenes Sprachangebot (Wendlandt 2015). Demnach spielt der Input
für den Spracherwerb eine wichtige Rolle. Die dem sprachlichen Entwick-
lungsniveau des Kindes angepasste Sprache der Bezugspersonen wird als
„motherese" bezeichnet. Diese vereinfachte Sprache ermöglicht dem Kind,
sich die Grammatik leicht zu erschließen. „Motherese" ist gekennzeichnet
durch die „Verwendung kurzer Sätze, Wiederholungen und Umschreibungen,
langsame Sprechgeschwindigkeit, häufige Verwendung von Verniedlichungs-
formen (Hündchen), steigende Intonation („Ja?"; „Gut?"), einen hohen Anteil
an affektiven Elementen („Ohh", „Ahh")" (ebd.: 25).

13.2.1 Die altersgemäße Sprachentwicklung

Der Spracherwerb ist eine wichtige Entwicklungsaufgabe in der frühen Kindheit (Schneider/Lindenberger 2012). Säuglinge besitzen die Fähigkeit Sprache
zu erlernen (Wendlandt 2015). Folglich müssen „Strukturen und Inhalte der
menschlichen Sprache" gelernt werden und sind nicht angeboren (Szagun
2016: 17). Der primäre Spracherwerb[10] ist etwa mit dem vierten oder fünften
Lebensjahr abgeschlossen. Für den sprachlichen Erwerb „gibt es innere und
äußere Bedingungen" (Kannengieser 2009: 6). Zu diesen gehören die anato-
mischen, kognitiven und sozial-emotionalen Voraussetzungen. Auch die Umwelt des Kindes begünstigt oder behindert seine sprachliche Entfaltung. Zudem braucht das Kind eine intensive und verlässliche Beziehung zum Erwachsenen.

Weitere Grundlagen für den Spracherwerb bilden die Hörfähigkeit, „Motorik, Spielverhalten, Aufmerksamkeit, auditive Wahrnehmung und Sprachbe-
wusstheit" (Wendlandt 2015: 38).

„Säuglinge sind genetisch auf die Interaktion mit anderen Individuen vorbereitet" (Zollinger 1991, zit. n. Finger 2012: 13). Durch Blickkontakt kommen sie mit Erwachsenen in Interaktion. Ein Kleinstkind „spricht seine Eltern
an, indem es sich ihnen zuwendet" (ebd.: 18). Anfänglich nutzt das Kind Körpersprache, wie „Anblicken, Lächeln, Hinwendungs-Gesten" (ebd.), um sich
mitzuteilen. Ein Lächeln des Säuglings führt in der Regel zu einer verlängerten
sozialen Interaktion mit dem Erwachsenen. Hierbei entsteht eine kommunikative Situation. Verhaltensweisen wie Schreien haben ebenso eine kommuni-

---

10 Primärer Spracherwerb: Umfasst grammatische Strukturen, Aussprache aller Laute, altersgemäßen Wortschatz, etc. Sekundärer Spracherwerb: Meint den Erwerb der Schrift-
sprache (Neumann et al. 2009)

kative Funktion. Schreien ist ein Signalverhalten, welches zeigt, dass der Säugling beispielsweise die Nähe der Menschen wünscht.

Bereits in den ersten Lebenstagen gibt er einzelne Laute von sich. Seine Bezugsperson nimmt diese im Sinne von Mitteilungen auf und antwortet darauf. Innerhalb von wenigen Monaten reagiert der Säugling auf Mitteilungen der Mutter mit Vokalisationen. Hierbei handelt es sich um einen ersten sprachlichen Austausch (Zollinger 1995). Das Kleinstkind lernt, dass zur Verständigung die Abwechslung von Zuhören und Vokalisieren gehört.

Es wird davon ausgegangen, dass Säuglinge ab dem Alter von sechs Monaten Silbenketten, wie „bababa" oder „dadada", etc., produzieren und bestimmte Lautkombinationen ihrer Muttersprache erkennen (Berk 2011; Szagun 2016). In Untersuchungen konnte nachgewiesen werden, dass sie phonotaktische Regelhaftigkeiten[11] erkennen. Dies lässt sich an folgendem Experiment bestätigen: Niederländisch aufwachsenden Säuglingen wurden Silben, den phonotaktischen Regeln entsprechend und die ihnen nicht entsprachen, vorgeführt. Nach jeder Silbe wurde eine Pause eingelegt. Kleinstkinder im Alter von neun Monaten neigten dazu, Silben, entsprechend den phonotaktischen Regeln, länger zuzuhören, als den anderen (ebd.).

Mit zehn Monaten beginnen Kinder Worte zu verstehen (Wendlandt 2015). Demgemäß wird zunächst ein Sprachverständnis entwickelt und dann folgt der Sprachgebrauch. Erste Wörter sind beispielsweise Mama und Papa (Berk 2011).

Im Alter von fünfzehn Monaten, bis spätestens zwei Jahren, erreichen Kleinkinder die 50-Wort-Grenze (Rupp 2013). Ein Erreichen dieser Grenze führt zu einem rasanten Zuwachs von verstandenen und gesprochenen Wörtern. Dies ist auch der Zeitpunkt, an dem das Kind Zweiwortäußerungen, beispielsweise „Ball weg", zu produzieren beginnt. Des Weiteren kann es sich und Bezugspersonen mit Namen benennen.

Bis zum dritten Lebensjahr ist ein Kleinkind in der Lage, Verben zu verwenden und Artikel zu nutzen. Es werden Mehrwortäußerungen produziert, die noch Fehler im Satzbau enthalten können. Das Kind ist fähig, Selbstgespräche und Gespräche mit beispielsweise Puppen zu führen. Das dritte und vierte Lebensjahr ist gekennzeichnet durch häufiges Fragenstellen.

Im Alter von vier Jahren ist ein Kind fähig, Haupt- und Nebensätze miteinander zu verbinden, welche stetig komplexer werden. Die Vergangenheitsform und der Plural können richtig gebildet werden (Rupp 2013). Dem Kind gelingt es über Erlebnisse verständlich zu berichten. Auch Zusammenhänge im Bilderbuch zu begreifen und diese zu schildern.

Im fünften Lebensjahr können Vorschulkinder Fragen stellen, Antwort geben, Wünsche mitteilen und eigenes Verhalten mit Worten erklären. Es wird davon ausgegangen, dass das Kind alle Laute und ihre Mitlautverbindungen

---

11 Phonotaktische Regelhaftigkeiten geben vor, wie Laute, nach bestimmten Regeln, zu Wörtern zu kombinieren sind.

erworben hat (Wendlandt 2015). Sätze können grammatikalisch richtig, unter Verwendung von Haupt- und Nebensätzen, gebildet werden. Der passive Wortschatz eines Schulanfängers umfasst ungefähr zwanzig- bis dreißigtausend Wörter, wovon etwa zwei- bis dreitausend Wörter aktiv genutzt werden (Schneider/Lindenberger 2012). Das Alter zwischen vier und sechs Jahren gilt als Phase der Sprachbeherrschung (Braun 2006).

13.2.2 Sprachentwicklungsstörungen

Auffälligkeiten in der Sprache und im Sprechen im Kindesalter haben verschiedene Ursachen und weisen vielfältige Symptome auf. Eine Störung des Sprechens und der Sprache wird als Sprachentwicklungsstörung bezeichnet, welche von Logopäden diagnostiziert und therapiert wird (Wendlandt 2013). Sie gilt als die am häufigsten vorkommende Sprachstörung insbesondere unter Vorschulkindern (Grohnfeldt 2012). Bei der Beurteilung, was als „normal" gilt, darf nicht unbeachtet bleiben, dass die Vorstellungen in Abhängigkeit von der Kultur und dem jeweiligen Zeitalter zu sehen sind (Brauer/Tesak 2014). Beispielsweise wurde die Dyslalie beziehungsweise das Stottern, eine Entwicklungsstörung der Lautbildung, zur „Gründerzeit" von Sprachheilkunde bei Vorschulkindern toleriert und demgemäß waren Kinder in wenigen Fällen „behandlungsbedürftig" (Kolonko 2011: 119; Wendler et al. 2005: 262). In der aktuellen Zeit gehören diese in den sprachtherapeutischen Ambulanzen zu den meist behandelten Störungsbildern. Ebenso verhält es sich auf dem Gebiet der Sprachentwicklungsstörungen. Auf den einzelnen sprachlichen Ebenen, haben im Laufe der Jahre zunehmend Ausdifferenzierungen stattgefunden (Grohnfeldt 2012).

Heutzutage versteht man unter einer Sprachentwicklungsstörung eine Verzögerung oder Abweichung vom altersgemäßen Spracherwerb (ebd.). In der Literatur wird zwischen den allgemeinen und spezifischen Sprachentwicklungsstörungen differenziert. Allgemeine Sprachentwicklungsstörungen sind Störungen, die im Zusammenhang mit anderen Beeinträchtigungen beziehungsweise Erkrankungen auftreten. Es handelt sich um Sprachstörungen, die im Rahmen einer Primärerkrankung oder sekundär als Folge eintreten (Rupp 2013). Beispielsweise können Sprachentwicklungsstörungen als Folge einer geistigen Retardierung oder emotionalen Belastung einhergehen (Wendlandt 2015).

Unter spezifischen Sprachentwicklungsstörungen sind hingegen „alle umschriebenen Entwicklungsstörungen der Sprache (zu) [subsumieren], bei denen – bei zumindest durchschnittlicher [...] Intelligenz – insbesondere der Erwerb und Gebrauch sprachlich-strukturellen Wissens beeinträchtigt ist" (Weigl/Reddemann-Tschaikner 2009: 74). In dieser Definition geht es um isolierte Störungen in Bezug auf den Spracherwerb. Die intellektuelle

Leistungsfähigkeit des Kindes ist durchschnittlich und andere Fähigkeiten entsprechen einer altersgemäßen Entwicklung.

In der Wissenschaft herrscht ein Konsens darüber, dass bei dieser Art der Störungen „ein quantitativer und qualitativer abweichender Spracherwerbsprozess vorliegt" (Fox-Boyer 2014: 56). Hierbei handelt es sich um zeitliche und inhaltliche Abweichungen auf den sprachlichen Ebenen bzw. Bereichen. Die Abweichungen können die Ebene der Aussprache (verwaschene Aussprache, untypische Betonungsmuster), die Ebene des Wortschatzes (geringer Wortschatz, Fehlbenennungen), die Ebene der Grammatik (Wortendungen fehlen oder sind nicht korrekt) und den Bereich Kommunikation und Pragmatik betreffen (Rupp 2013).[12]

Zusammengefasst liegen die Störungen im Bereich des Sprechens, in der Verarbeitung und im Gebrauch der Sprache vor. Bei einer Sprachentwicklungsstörung ist der Spracherwerb auf mindestens einer der genannten Ebenen gestört und der Sprachentwicklungsrückstand beträgt mindestens sechs Monate (Wendlandt 2015). Meist treten jedoch Störungen nicht isoliert auf, das heißt sie betreffen nicht nur eine Ebene, sondern treten in Kombination mit anderen Störungen auf.

Sprachstörungen können sich auf verschiedener Art und Weise manifestieren. Hierbei spielt das Alter des Kindes und die individuellen Ausprägung der Störung eine Rolle (Niebuhr-Siebert/Wiecha 2012). Kinder mit einer spezifischen Sprachentwicklungsstörung beginnen ab einem späteren Zeitpunkt zu sprechen, als es der Altersnorm entspricht. Auffällig ist, dass es bei den betroffenen Kindern, aufgrund einer verlängerten Einwortphase, zur Verzögerung der Produktion von Zweitwortsätzen kommt. Die Sprache und der Lexikon werden langsamer erworben und der Erwerb wird als anstrengend erlebt. Die betroffenen Kinder erreichen im Alter von zwei Jahren häufig nicht die fünfzig-Wort-Grenze (Rupp 2013). Folglich besitzen sie einen eingeschränkten aktiven Wortschatz. Sätze werden verkürzt oder auch unvollständig gebildet, die Anordnung von Wörtern erfolgt nicht nach den Regeln, ihre Beugung erfolgt fehlerhaft und die Lautproduktion ist gestört (Wendler et al. 2005). Häufig ist die Produktion der Sprache in besonderem Maße betroffen, wie auch ihre Rezeption (Siegmüller/Bartels 2006).

Kinder mit einem eingeschränkten aktiven Wortschatz und fehlenden Mehrwortäußerungen gelten als Late-Talker (Fox-Boyer 2014). Es sind rund achtzehn Prozent der Gesamtpopulation betroffen. Etwa fünfzig Prozent der Late-Talker holen bis zum dritten Lebensjahr den sprachlichen Entwicklungsrückstand auf, sie werden als sogenannte Late-Bloomer bezeichnet. Die anderen fünfzig Prozent der Late-Talker holen den Sprachrückstand nicht auf. Sie weisen vielfältige Störungen in den sprachlichen Fähigkeiten auf (Rupp 2013).

---

12 Pragmatik ist die Fähigkeit, sprachliche (Laute, Wörter, Sätze) und nicht-sprachliche (Gestik, Mimik) Zeichen in der Interaktion (z. B. im Gespräch) so zu vermitteln und zu verstehen, wie es die jeweilige Situation erfordert (dbl).

„Schweregrad, Verlauf und Dauer der spezifischen Sprachentwicklungs-störungen können sehr variabel sein" (Wendler et al. 2015: 251). Werden je-doch sprachliche Rückstände des Kindes nicht nach einer gewissen Zeit auf-gearbeitet, dann folgt eine Verschiebung von der einen sprachlichen Ebene zur nächsten Ebene, was die weitere Entwicklung hemmt. Ein Beispiel für die Ver-schiebung wäre, wenn ein Kind Schwierigkeiten mit dem Wortschatz hat. In diesem Fall verschiebt sich der Schwerpunkt der Störung auf die Grammatik. Wird eine Therapie nicht innerhalb einer bestimmten Zeit verordnet, verfestigt sich die Störung und diese Defizite können vom Schul- bis zum Erwachsenen-alter persistieren (Fox-Beyer et al. 2014).

Abschließend ist darauf hinzuweisen, dass sich die Symptome der spezifi-schen und allgemeinen Sprachentwicklungsstörungen nicht voneinander un-terscheiden. Die Differenz besteht in den Ursachen der beiden Sprachstörun-gen (Wendlandt 2015).

13.2.3 Mögliche Ursachen von Sprachentwicklungsstörungen

Eine allgemeine Sprachentwicklungsstörung wird durch primäre Beeinträchti-gungen verursacht (ebd.). Sie ist Folge einer sensorischen Behinderung, neu-rologischen Schädigung, mentalen Retardierung, pervasiven Störung oder see-lischen Belastungen (Grimm 1999).

Bei einer spezifischen Sprachentwicklungsstörung liegen beim Kind keine Schädigungen vor, welche die Störung verursacht haben und das Kind wächst unter „optimalen" Entwicklungsbedingungen auf (Wendlandt 2015). Zu spe-zifischen Sprachentwicklungsstörungen führen nicht einzelne Ursachen, son-dern sie sind immer multikausal (Weigl/Reddemann-Tschaikner 2009; Wend-ler et al. 2005). Als Hauptursache für die Entstehung einer spezifischen Spra-chentwicklungsstörung werden genetische Faktoren benannt. Es wird davon ausgegangen, dass die Vererbung mehrere Gene betrifft. Belege für die Ver-erbbarkeit der spezifischen Sprachentwicklungsstörung sind Zwillingsstudien und die familiäre Häufung (Grohnfeldt 2014). In etwa vierzig Prozent der Fa-milien, mit einem sprachentwicklungsgestörten Kind, sind weitere Fälle in der Verwandtschaft vorgekommen. Darüber hinaus besteht bei Kindern in belas-teten Familien, ein um das zwei- bis siebenfach erhöhtes Risiko, eine Sprach-entwicklungsstörung zu entwickeln (Suchodoletz 2003). Gleichwohl zeigen Zwillingsstudien, dass bei eineiigen Zwillingspaaren eine spezifische Sprach-entwicklungsstörung viel häufiger vorkommt im Vergleich zu zweieiigen Zwillingspaaren (Drügh et al. 2012).

Außerdem weist die differierende Prävalenz bei Jungen und Mädchen auf die genetische Bedeutsamkeit hin. Im Verhältnis von 3:1 sind Jungen häufiger von Sprachentwicklungsstörungen betroffen, als Mädchen (Rupp 2013).

In sprachdiagnostischen Untersuchungen wird vorerst ermittelt, ob nicht primäre Störungen, welche eine Sprachentwicklungsstörung verursacht haben können, erkennbar sind. Liegen diese nicht vor, wird von einer spezifischen Sprachentwicklungsstörung ausgegangen (Wendlandt 2015). Für Kinder mit der Diagnose einer Sprachentwicklungsstörung sind Sprachtherapien vorgesehen (Kauschke/Langen-Müller 2014). Eine Therapiemethode, die LogopädInnen bei Sprachentwicklungsstörungen verwenden, ist der handlungsorientierte Therapieansatz.

13.2.4 Handlungsorientierter Therapieansatz

Der handlungsorientierte Therapieansatz, nach Reddemann-Tschaikner, ist nicht nur in logopädischer Praxis für das Einzelsetting, sondern auch im Kindergarten für die Förderung der Sprachentwicklung in einer Kleingruppe anwendbar (Bosshard/Dirnberger 2010).

Ursprünglich ist der Ansatz für Vorschulkinder konzipiert worden, die von spezifischen Sprachentwicklungsstörungen betroffen waren. Die Kinder wiesen Probleme auf der sprachlichen Ebene wie Syntax[13] und Morphologie[14] auf. Daneben zeigten manche Kinder Sprachverständnisstörungen oder auch Schwierigkeiten im nonverbalen Bereich. In den letzten Jahren wurde der Therapieansatz bei Kindern mit allgemeinen Sprachentwicklungsstörungen, wie zum Beispiel mit einer geistigen Beeinträchtigung, durchgeführt.

Dem Therapieansatz nach, ist der Spracherwerb ein multidimensionaler, integrativer Prozess von Kognition, Wahrnehmung, Motorik, Emotionen, Motivation und Kreativität. Daher richtet sich der Blick nicht allein auf die Sprache, sondern auf die Gesamtentwicklung des Kindes. Spracherwerb wird im Rahmen dieses Ansatzes als Teil der Gesamtentwicklung gesehen (Weigl/Reddemann-Tschaikner 2009).

Die logopädische Diagnostik umfasst eine Anamnese und eine Entwicklungsdiagnostik (ebd.). Die Therapie baut auf dieser Entwicklungsdiagnostik, welche aus zwei Bereichen besteht, auf. Die beiden Bereiche sind, die Ermittlung des gegenwärtigen Entwicklungsstands oder „Ist-Zustands" und die Ermittlung des Entwicklungspotenzials oder „Soll-Zustands" (Weigl/Reddemann-Tschaikner 2009: 8). Zur Ermittlung des gegenwärtigen Entwicklungsstands, wird im Rahmen einer logopädischen Befunderhebung ein objektives Bild mittels Test- und Screeningverfahren und auch einer Spontansprach-

13 Syntax befasst sich mit den Regeln, nach denen sich Wörter zu Sätzen kombinieren (Szagun 2016).
14 Morphologie befasst sich mit der internen Struktur von Wörtern; z. B. Blume und Blumen bilden ein Wort, aber Blumen besteht aus Singular Blume + ein -n für Plural; Blume-n besteht somit aus zwei Teilen → solche Elemente von Wörtern sind sog. Morpheme.

analyse durchgeführt. Daraus lässt sich das kindliche Entwicklungspotential ableiten. Dies wird auch als die Zone der nächsten Entwicklung bezeichnet und ist das eigentliche Therapieziel. Die Therapie setzt beim Potenzial des Kindes an und verfolgt kompensatorische Ziele und gilt daher als fähigkeitsorientiert. Im Therapieansatz werden drei Zielkomplexe voneinander unterschieden. Abhängig vom Ausgangsbefund, können sich Ziele im verbalen und nonverbalen Bereich, sowie im Bereich der Handlungskompetenz erschließen (ebd.).

In der Therapie wird nach fünf Phasen vorgegangen. Im Mittelpunkt des Ansatzes steht die Verknüpfung von Handlung mit Sprache im interaktiven Prozess zwischen Kind und TherapeutIn (ebd.: Vorwort VIII). TherapeutInnen sind bestrebt, gemeinsam mit dem Kind strukturierte Situationen und geordnete Handlungen zu schaffen. Diese sollen mit Sprache begleitet werden. Die erste Phase wird als „Vorstellen der Zutaten (oder) Materialien und Geräte" bezeichnet (Rupp 2013: 90). Es geht um die Arbeit an Realgegenständen, die Benennung dieser durch TherapeutIn und Kind, sowie „Frage-Antwort-Situationen" (Siegmüller/Bartels 2006: 94). Daraufhin folgt die Phase der „Übertragung der Begriffe auf die Bildebene" (Weigl/Reddemann-Tschaikner 2009: 91). Das Kind erhält das entsprechende Bildmaterial, benennt Gegenstände und ordnet das Material Kategorien zu. In der dritten Phase, der „Handlungsplanung", werden einzelne Handlungsschritte festgelegt. Die Planung erstellen TherapeutIn und Kind gemeinsam. Die vierte Phase wird als „Durchführung der Handlung" bezeichnet. Das Kind soll den Handlungsplan möglichst selbständig, bis zur Erstellung des Resultates, umsetzen (Siegmüller/Bartels 2006). Abschließend folgt die Phase „Versprachlichung der Handlung auf Bildebene". Es geht darum, dass das Kind berichtet was gemacht wurde, indem es die Handlungsschritte chronologisch memoriert. Anhand von Bildmaterial soll das Gesprochene verinnerlicht werden. Abschließend werden die Ergebnisse der Therapie, durch Kind und TherapeutIn, den Bezugspersonen präsentiert.

In der Therapieplanung ist der Schwierigkeitsgrad den Voraussetzungen des Kindes anzugleichen und im Therapieverlauf zu modifizieren (Weigl/Reddemann-Tschaikner 2009). Für bestmögliche Therapie erfolge ist die Zusammenarbeit von LogopädInnen, Eltern und ErzieherInnen ratsam.

13.2.5 Rolle der ErzieherInnen

Aufgrund des sich wandelndem Verständnis bezüglich Familie und Beruf, nimmt der Kindergarten im Leben eines Großteils der drei- bis sechsjährigen Kinder, zunehmend eine zentrale Rolle ein und ist infolgedessen als eine wichtige Sozialisationsinstanz zu sehen (Kolonko 2011). Folglich kommt neben den Eltern, auch den ErzieherInnen eine bedeutende Rolle zu. Sie sind für Kinder wesentliche Bezugspersonen und stellen demnach wichtige KommunikationspartnerInnen dar. Im Kindergarten funktioniert die gegenseitige Verständigung, ob bei alltäglicher Kommunikation zwischen ErzieherInnen und Kindern, oder zwischen den Kindern, größtenteils über Sprache. Kinder befinden sich im Prozess der Sprachentwicklung und Sprachbeherrschung. In diesem Zeitabschnitt entwickeln Kinder auch vielfältige Sprachstörungen. Um ein Kind als „sprachauffällig" zu klassifizieren, ist das Wissen der KommunikationspartnerInnen über Sprachentwicklung und Sprachentwicklungsstörungen gefragt. Je breiter das Wissen der KommunikationspartnerInnen ist, desto sensibler und aufmerksamer werden Entwicklungsrückstände und Normabweichungen wahrgenommen und beurteilt. ErzieherInnen können dazu beitragen, Sprachstörungen frühzeitig zu erkennen und demgemäß die betroffenen Kinder im pädagogischen Alltag zu unterstützen (ebd.).

Um Sprachstörungen einschätzen zu können, sind zwei Kriterien entwickelt worden, die ErzieherInnen eine Orientierung geben sollen: Kommunikationsfähigkeit und Störungsbewusstsein (ebd.). Zu den grundlegenden kindlichen Bedürfnissen gehören erfolgreiche kommunikative Austauschprozesse mit der sozialen Umgebung. ErzieherInnen beurteilen sprachlich-kommunikative Leistungen nach der Fähigkeit des Kindes, die Sprache zur Bedürfnisbefriedigung und sozialem Austausch zu gebrauchen. Ein Kind ist dann „behandlungsbedürftig", wenn es seine sprachlichen Mittel nicht gezielt zur Kommunikation verwenden kann. Ist eine für das Kind zufriedenstellende Kommunikation möglich, aber in der Sprachproduktion und in der Erwachsenennorm gibt es Abweichungen, bedeutet das nicht in jedem Fall eine Sprachstörung. Das zweite Kriterium besteht aus Störungsbewusstsein und Sozialverhalten. Das Vertrauen in die eigene Sprach- und Kommunikationsfähigkeit ist für eine erfolgreiche Kommunikation bedeutend. Diese Sicherheit gewinnt das Kind durch positive Erfahrungen in der Verständigung mit verlässlichen KommunikationspartnerInnen, wie mit Kindern, Eltern und ErzieherInnen. Die ständige Korrektur einer auffälligen Sprechweise des Kindes führt zu Störungsbewusstsein und folglich zieht sich das Kind zurück. Dies kann aber auch dadurch entstehen, dass das Kind selbst die Feststellung macht, andere und sich selbst nicht verstehen zu können. Sprachstörungen können weitere Schwierigkeiten, wie beispielsweise im Sozialverhalten, verursachen. Aufgrund der Schwierigkeiten in der Sprache, greifen Kinder auf Strategien zurück, die als „Störverhalten" gelten (Kolonko 2011: 122). Auf den beiden Kriterien bauen alle weiteren Handlungen der ErzieherInnen, wie Beobachtungen, Unterstützungsangebote, etc., auf.

Die Beobachtung von Sprache und Kommunikation bildet eine Basis für die Unterstützung des sprachlichen Lernens von Kindergartenkindern. Es lassen sich zwei Formen von Beobachtung differenzieren, die Alltagsbeobachtung und die gezielte Beobachtung (ebd.). Unter Alltagsbeobachtung ist eine Beobachtung zu verstehen, die ungeplant erfolgt. Sie steht unter Einfluss von subjektiven Einstellungen und Voreingenommenheit der ErzieherInnen und ist selektiv. Selektiv, da besondere Merkmale, wie etwa „Besonderheiten im

Sprachverhalten des Kindes" und Situationen, zum Beispiel „Kommunikations- und Verständnisschwierigkeiten", beobachtet werden (ebd.: 139). Informationen, die allein aus der Alltagsbeobachtung zur Unterstützung sprachlichen Lernens und zur Einschätzung von Sprach- und Kommunikationsfähigkeiten stammen, genügen nicht. Die gewonnene Information ist durch gezielte Beobachtung zu präzisieren (ebd.).

Gezielte Beobachtung findet geplant statt, das heißt sie orientiert sich an einer spezifischen Fragestellung. Des Weiteren erfolgt sie theoriegeleitet unter der Berücksichtigung des Wissens über kindlichen Spracherwerb. Möglichkeiten und Schwierigkeiten des Kindes können dann nicht nur wahrgenommen, sondern auch durch ihre Interpretation verstanden werden.

Die Beobachtung und Beschreibung der kindlichen Kompetenzen liefert Informationen zu Entwicklungsstand und -möglichkeiten, auf welchen die Unterstützung aufbaut. Die Beobachtung der Kommunikation hat Vorrang vor den formal-sprachlichen Aspekten. Fragestellungen könnten daher folgendermaßen lauten, „Wie gehen Kinder mit den ihnen zur Verfügung stehenden sprachlich-kommunikativen Mitteln um?", oder „Können Kinder sprachliche Handlungen initiieren?", usw. (ebd.: 140).

Für die Beobachtung gibt es Items, wie zum Beispiel den Beobachtungsbogen[15], welche helfen sollen die Sprache und Kommunikation des Kindes zu erfassen.

ErzieherInnen können das sprachliche Lernen eines Kindes beispielsweise durch gemeinsame Aktivitäten, wie dialogisches Bilderbuchlesen, Lieder singen oder Spiele am Tisch und im Kreis, etc., unterstützen. Ob die Aktivitäten oder Spiele sprachunterstützend wirken, hängt von der Qualität der Kommunikation innerhalb der Spielsituation und der Qualität der Beziehung ab (Kolonko 2011). ErzieherInnen sind Personen, die Kindern den Rückhalt und die Sicherheit für die Umwelterkundung vermitteln. Für Entwicklungsschritte des Kindes ist die Beziehung derart zu gestalten, dass ihm Freiraum erlaubt wird. Das Kind darf selbst aktiv werden und soll nicht mit Aktivitäten bedrängt werden. Solch eine Beziehung bildet auch die Grundlage für Kinder mit Sprachentwicklungsstörungen. Für das sprachliche Lernen braucht das Kind ein „Gegenüber", welches für die Erlebnisse, Bedürfnisse, etc. offen ist und umgekehrt die Aussagen des „Gegenübers" verstehen möchte. Hierbei ist das Vertrauen, welches das Kind diesem Gesprächspartner entgegenbringt, von Bedeutung.

Kinder mit sprachlichen Schwierigkeiten machen negative Erfahrungen und benötigen die Akzeptanz ihrer Kommunikationsversuche. Diese erhalten sie, indem ErzieherInnen nicht auf die Form der Mitteilung reagieren, sondern auf den Inhalt. Somit sind für die Erkundung der Sprache Freiräume, für ein eigeninitiatives Lernen, notwendig (ebd.).

---

15 Eine Beobachtungshilfe ist auf S.217-222 von Kolonko (2011) zu finden.

Des Weiteren braucht ein Kind für das sprachliche Lernen Umwelterfahrungen. Durch die Erfahrungen erweitert ein Kind sein Verständnis von der Welt. Sie sind die Basis „für die Entwicklung und Ausdifferenzierung des kindlichen Begriffssystems" (ebd.: 173). Für anregende Umwelterfahrungen sind durch ErzieherInnen Rahmenbedingungen zu schaffen. Eine Alternative, um den Erfahrungsspielraum zu gestalten, ist das themenorientierte Arbeiten. Eine mögliche Herangehensweise dabei ist, „ein übergeordnetes Thema über einen längeren Zeitraum hin zu verfolgen und Angebote zur Sprachförderung in dieses Thema" einzubetten (ebd.: 174). Die Thematik ist an den kindlichen Bedürfnissen und Interessen auszurichten. Dies ermöglicht die sogenannte „offene Planung" (ebd.: 175). Ein Aspekt der offenen Planung ist die Orientierung an der kindlichen Lebenswelt. Hierbei wird vorausgesetzt, dass ErzieherInnen Kenntnisse über die Erfahrungswelt im bestimmten Sozialisationsumfeld besitzen und daraus Themenschwerpunkte ableiten. Kindliche Lebensbedingungen werden reflektiert und auf dieser Grundlage relevante Inhalte ermittelt. Eine weitere Möglichkeit zur Ermittlung bedeutsamer Themen für das Kind, ist die Beobachtung von Freispielsequenzen. Im Freispiel wählen Kinder Spiele und Handlungen, die für sie bedeutsam sind.

Der nächste Aspekt der offenen Planung ist die Flexibilität der Planung. Sie äußert sich im Wechselspiel zwischen Angebot, Freispiel und Beobachtung. Im Angebot erwirbt ein Kind, zu einem bestimmten Thema, Wissen und Fertigkeiten. Im Freispiel kann das Kind die erworbenen Fertigkeiten und Wissen wiederholen. Im Sinne von Assimilation werden neu erworbene Strukturen verfestigt. Welche Lernerfahrungen angenommen wurden und wo noch Hilfestellungen gebraucht werden, können ErzieherInnen durch Beobachtung und Reflexion des Freispiels entnehmen. Zuletzt sind die Merkmale „Individualisierung und innere Differenzierung" zu nennen (Kolonko 2011: 176). Die Angebote sind an individuelle Entwicklungsvoraussetzungen der Kinder auszurichten. Die Merkmale der offenen Planung haben Gültigkeit für eine themenorientierte, sprachpädagogische Arbeit.

Abschließend ist festzuhalten, dass eine gezielte Unterstützung der Kinder beim sprachlichen Lernen im Kindergartenalltag einen wichtigen Beitrag zur Prävention von sprachlichen Störungen leistet. Bleibt ein Kind, trotz der sprachlichen Unterstützung und Förderung, „sprachauffällig" können ErzieherInnen ihre Beobachtungen mit einer zweiten Fachkraft in der Kindergruppe oder im Team besprechen (Textor 1999, o. S.). In einem weiteren Schritt können sie Elterngespräche führen. Das Elterngespräch erfolgt zunächst in Form eines Informationsgespräches. Im Gespräch stellen ErzieherInnen ihre Beobachtungen aus dem Kindergartenalltag dar und thematisieren weitere Schritte. ErzieherInnen können Eltern beratend Hilfestellungen anbieten. So können sie ihnen zum Beispiel Adressen von Instituten mitgeben, welche weiteren Ratschlag bieten. Die Hauptaufgabe der ErzieherInnen besteht darin, die

Eltern über die Auffälligkeiten zu informieren und dies zu dokumentieren, weitere Schritte sind den Eltern überlassen (Mannhard 2012).

Literatur

Adler, Yvonne (2011): Kinder lernen Sprache(n). Alltagsorientierte Sprachförderung in der Kindertagesstätte. Stuttgart: Kohlhammer Verlag.

Berk, Laura (2011): Entwicklungspsychologie. München: Pearson.

Bosshard, Sarah /Dirnberger, Ladina (2010): Der handlungsorientierte Therapieansatz (HOT) in einem integrierten Gruppensetting. Kriterien zur Durchführung des HOT als Sprachförderung in einer Gruppe. Zürich: Interkantonale Hochschule für Heilpädagogik.

Brauer, Thomas/Tesak, Jürgen (2014): Logopädie – Was ist das? Eine Einführung mit Tonbeispielen. Idstein: Schulz-Kirchner Verlag.

Braun, Otto (2006): Sprachstörungen bei Kindern und Jugendlichen. Diagnostik – Therapie – Förderung. Stuttgart: Kohlhammer.

Deutscher Bundesverband für Logopädie e. V. (o. J.): Pragmatische Störungen, https://www.dbl-ev.de/kommunikation-sprache-sprechen-stimme-schlucken/stoerungen-bei-kindern/stoerungsbereiche/sprache/pragmatische-stoerungen.html [03.02.2018].

Drügh, Heinz/Komfort-Hein, Susanne/ Kraß, Adreas/Meier, Cécile/Rohowski, Gabriele/ Seidel, Robert/Weiss, Helmut/Ewers, Hans-Heino/ Fuß, Eric/Grimm, Angela/ Jäger, Agnes/Metz, Christian/ Schulz, Petra/ Toepfer, Regina/Zegowitz, Bernd (2012): Germanistik: Sprachwissenschaft – Literaturwissenschaft – Schlüsselkompetenzen. Stuttgart: J. B. Metzler.

Finger, Gertraud (2012): Sprichst du mit mir? Basiswissen zum kindlichen Spracherwerb. Frühe Bildung und Erziehung. Göttingen: Vandenhoeck und Ruprecht.

Fox-Boyer, Annette (2014): Handbuch Spracherwerb und Sprachentwicklungsstörungen. Kindergartenphase. München: Urban und Fischer.

Grimm, Hannelore (1999): Störungen der Sprachentwicklung. Göttingen: Hogrefe.

Grohnfeldt, Manfred (2014): Grundwissen der Sprachheilpädagogik und Sprachtherapie. Stuttgart: Kohlhammer.

Grohnfeldt, Manfred (2012): Grundlagen der Sprachtherapie und Logopädie. München: Ernst Reinhardt.

Hellrung, Uta (2012): Sprachentwicklung und Sprachförderung: beobachten – verstehen – handeln. Freiburg im Breisgau: Herder.

Janczyk, Markus et al. (2004): Arbeitsgedächtnis und Aufmerksamkeit bei Vorschulkindern mit gestörter und unauffälliger Sprachentwicklung. In: Zeitschrift für Entwicklungspsychologie und Pädagogische Psychologie, 4, S.200-206.

Kannengieser, Simone (2009): Sprachentwicklungsstörungen. Grundlagen, Diagnostik und Therpaie. München: Urban und Fischer.

Kauschke, Christina (2012): Kindlicher Spracherwerb im Deutschen. Verläufe, Forschungsmethoden, Erklärungsansätze. Berlin/Boston: Walter de Gruyter.

Kauschke, Christina/Langen-Müller, Ulrike (2014): Sprachtherapeutische Intervention bei Kindern mit Sprachentwicklungsstörungen. Sprachstörungen. In: Kinder- und Jugendmedizin, 5, S.306-316.

Kern, Peter (2016): Sicherheit – interdisziplinärer Perspektiven. Polizei und taktische Kommunikation. Wiesbaden: Springer.

Klann-Delius, Gisela (1999): Spracherwerb. Stuttgart: Metzler.

Kolonko, Beate (2011): Spracherwerb im Kindergarten. Grundlagen für die sprachpädagogische Arbeit von Erzieherinnen. o. O.: Centaurus Verlag und Media KG.

Mannhard, Anja (2012): Mit Eltern sprechen – Das lösungsorientierte Entwicklungsgespräch bei Sprachauffälligkeiten. In: KiTa BW, 5, S.121-125.

Neumann, Katrin/Keilmann, Annerose/Rosenfeld, Jochen/Schönweiler, Rainer/Zaretsky, Yevgen/Kiese-Himmel, Christiane (2009): Sprachentwicklungsstörungen bei Kindern. Leitlinien der Deutschen Gesellschaft für Phoniatrie und Pädaudiologie. In: Kindheit und Entwicklung, 18 (4), S.222-231.

Niebuhr-Siebert, Sandra/Wiecha, Ulrike (2012): Kindliche Sprach-, Sprech-, Stimm- und Schluckstörungen. Gezielte Elternberatung. München: Urban und Fischer.

Nonn, Kerstin/Engl-Kasper, Eva-Maria/Lell, Maria/Päßler-van Rey, Daniela (2011): Unterstützte Kommunikation in der Logopädie. Stuttgart: Georg Thieme.

Rupp, Stephanie (2013): Semantisch-lexikalische Störungen bei Kindern. Sprachentwicklung: Blickrichtung. Wortschatz. Berlin/Heidelberg: Springer.

Scharff Rethfeldt, Wiebke/Bauer, Maya/Kjaer, Bent/Heinzelmann, Bettina/Leijenaar, Bauke/Magnusdottir, Sigga/Overton Venet, Mary/Rygvold, Anne-Lise/Trinite, Baiba (2011), Deutscher Bundesverband für Logopädie e. V.: Definition der Logopädie: Ergebnis einer internationalen Zusammenarbeit auf CPLOL-Ebene, https://www.dbl-ev.de/service/meldungen/einzelansicht/article/definition-der-logopaedie-ergebnis-einer-internationalen-zusammenarbeit-auf-cplol-ebene.html [19.05.2017].

Schneider, Wolfgang/Lindenberger, Ulman (2012): Entwicklungspsychologie. Weinheim und Basel: Beltz.

Siegmüller, Julia/Bartels, Henrik (2006): Leitfaden. Sprache. Sprechen. Stimme. Schlucken. München: Urban und Fischer

Suchodoletz, Waldemar (2003): Umschriebene Sprachentwicklungsstörungen. In: Monatsschrift Kinderheilkunde, 1, S.31-37.

Szagun, Gisela (2016): Sprachentwicklung beim Kind. Ein Lehrbuch. Weinheim und Basel: Beltz.

Textor, Martin/Winterhalter-Salvatore, Dagmar (1999): Hilfen für Kinder, Erzieher/innen und Eltern. Vernetzung von Kindertageseinrichtungen mit psychosozialen Diensten. In: Bayerisches Staatsministerium für Arbeit und Sozialordnung, Familie, Frauen und Gesundheit, o. H., S. 5-17.

Weigl, Irina/Reddemann-Tschaikner, Marianne (2009): Hot – ein handlungsorientierter Therapieansatz. Für Kinder mit Sprachentwicklungsstörungen. Stuttgart: Thieme.

Wendlandt, Wolfgang (2015): Sprachstörungen im Kindesalter. Stuttgart: Thieme.

Wendler, Jürgen / Seidner, Wolfram/Eysholdt, Ulrich (2005): Lehrbuch der Phoniatrie und Pädaudiologie. Stuttgart: Thieme.

Zollinger, Barbara (1995): Die Entdeckung der Sprache. Beiträge zur Heil- und Sonderpädagogik. Bern, Stuttgart, Wien: Haupt.

14 Tiergestützte Förderung in der vorschulischen Betreuung am Beispiel von Therapiehunden

Kathrin Schlieber

Einleitung

Dieses Kapitel beschreibt den Einsatz von Hunden in der Arbeit mit Kindern in der vorschulischen Betreuung. Zunächst wird der Begriff „tiergestützte Therapie" definiert. Mit Hilfe dieser Definition sollen erste Begriffe geklärt und eine transparente Grundlage für das weitere Kapitel geschaffen werden. Dazu werden „Therapiehund", die Wirkung und die Ziele der tiergestützten Arbeit erläutert. Diese sind ausschlaggebend für den Einsatz von Therapiehunden in der Arbeit mit Kindern. Tiergestützte Förderung wird bei der Arbeit mit Kindern in verschiedenen Feldern eingesetzt. Dies geschieht seit einiger Zeit besonders häufig im Bereich der Sozialen Arbeit und dort in der Kinder- und Jugendhilfe, sowohl im stationären als auch ambulanten oder projektorientierten Bereich. Der Einsatz von Hunden in der vorschulischen Betreuung und die dafür notwendigen Voraussetzungen werden in den folgenden Kapiteln behandelt. Ihre Erfahrungen aus der Praxis berichtet Frau Kraft, die ihren Schulhund Kalle in ihre Arbeit im Naturkindergarten in Gensingen intergiert. Sie berichtet in einem Interview von den bewegenden Momenten und der Herausforderungen, die eine solche Arbeit mit sich bringt. Abschließend wird das Kapitel Tiergestützte Förderung in der vorschulischen Betreuung mit seinen Vorteilen, besonderen Merkmalen und weiteren Einsatz- und Ausbaumöglichkeiten zusammengefasst.

14.1 Definition tiergestützte Therapie

14.1.1 Was ist ein Therapiehund?

Therapiehunde sind ruhige, ausgeglichene Hunde, die gezielt in der Therapie bei Kindern oder behinderten Menschen in Privathaushalten oder in Einrichtungen eingesetzt werden (z. B. Behinderteneinrichtungen oder Krankenhäuser). Dort können sie positive Impulse zur weiteren Entwicklung geben und auch zur schnelleren Genesung bei Krankenbeitragen. Auch für ältere

Menschen in Altenheimen sind Therapiehunde oft eine Bereicherung und angenehme Abwechslung in ihrem Leben.

Ein Therapiehund ist kein Behindertenbegleithund, der eine Serviceleistung für Menschen mit Einschränkungen verrichtet, sondern der durch seine bloße Anwesenheit, aber auch durch Schmusen und Spielen, Wohlbefinden vermittelt. Nur in Zusammenarbeit mit einem Therapeuten wird aus einem Besuchshund ein Therapiehund (Strube 2017).

14.1.2 Wirkung eines Therapiehundes

Es ist erwiesen, dass die tiergestützte Therapie sich durchaus positiv auf den Menschen auswirkt. Zum Beispiel senkt sich der Blutdruck, wenn man einen Hund streichelt. Weiterhin ist durch Studien erwiesen, dass durch Hunde Depressionen gelöst werden können. Tiere nehmen Alleinstehenden das Gefühl der Einsamkeit.

Auch in Krankenhäusern ist die tiergestützte Therapie mittlerweile gern gesehen. Sie bringen Glück und Wärme in die Krankenzimmer und wecken dadurch die Selbstheilungs- und Abwehrkräfte der PatientInnen. Neuesten Forschungen zufolge sind die Vierbeiner sogar bei der Diagnose seelischer Krankheiten hilfreich. Bei einem ersten Versuch, wie psychisch gestörte Kinder auf die tiergestützte Therapiemit Hunden reagieren, stellte man fest, dass es bei bestimmten Erkrankungen ähnliche Verhaltensweisen dem Hund gegenüber gibt. So kennen z. B. misshandelte Kinder keine Grenze zwischen sich und dem Hund: entweder sie umklammern ihn fest oder lassen sich das ganze Gesicht abschlecken, ohne sich zu wehren. Ähnliches zeigt sich auch bei der Arbeit mit Scheidungskindern, sie brechen die Beziehung zu ihrem Hund nach einigen Sitzungen ab, selbst wenn sie vorher besonders innig mit ihm geschmust haben (Strube 2017).

14.1.3 Ziel der tiergestützten Therapie mit Hunden

Im Allgemeinen kann man sagen, dass die tiergestützte Therapie mit dem Ziel eingesetzt wird,

- zur psychischen Aufhellung der Patienten beizutragen,
- lebensbejahenden Einfluss auf die Patienten auszuüben,
- einen Sozialpartner zur Verfügung zu stellen, dem man etwas anvertrauen kann,
- Einsamkeit abzubauen, indem durch das Tier Kontakte zu anderen Menschen hergestellt werden können,
- eine soziale Integrationshilfe zu sein,

- das Selbstwertgefühl zu steigern und einem das Gefühl zu geben, dass man noch gebraucht wird,
- eine gesundheitliche (physische und/oder psychische) Stabilisierung und/oder Rehabilitation, z. B. in der Ergotherapie, zur erreichen,
- ein lockeres, entspanntes Klima zu schaffen.

Besonders im Bereich der vorschulischen Betreuung kann die tiergestützte Therapie beim Angstabbau helfen. Der tierische Therapeut spendet Zärtlichkeit und Trost. Kindern mit Beeinträchtigung kann so die Integration in die Gruppe erleichtert werden. Zudem wird die Kommunikation erhöht und ein vertrauensvoller Umgang mit dem Therapiehund ist möglich (Strube 2017).

14.1.4 Hunde in der Sozialen Arbeit

Experten berichten davon, wie Tiere gegenüber aggressiven, oppositionellen, verschlossenen oder in sich gekehrten Kindern als Eisbrecher fungieren und sie für neue Erfahrungen öffnen. Das ist für die Arbeit mit Kindern, die in Erwachsenen bisher keine zuverlässigen Beziehungspartner gefunden haben, die Möglichkeit, über die positive Beziehung zwischen Mensch und Tier wieder Vertrauen zu fassen und den Teufelskreis der Unsicherheit und des Misstrauens gegenüber Erwachsenen Pädagogen, Lehrern oder Therapeuten zu durchbrechen und zu beenden (Leitner 2011). Therapiehunde beeinflussen die sozialen Kompetenzen der Menschen in ihrem Umfeld und tragen positiv dazu bei mehr Kontakte zu anderen Personen aufzunehmen. Oftmals ist der Hund ein erster Einstieg, um in alltäglichen Situationen in Kontakt mit anderen Menschen zu kommen. Gerade ältere Menschen reagieren besonders positiv auf den Umgang mit Tieren. Zunehmend werden in Seniorenheimen auch Haustiere zugelassen oder regelmäßige Besuche besonders geduldiger, speziell ausgebildeter Vierbeiner und ihrer Begleiter organisiert (Heyne 2007). Hunde können also in nahezu allen Bereichen der Sozialen Arbeit einen positiven Effekt haben.

14.2 Kinder- und Jugendhilfe

„Jungen Menschen, die zum Ausgleich sozialer Benachteiligungen oder zur Überwindung individueller Beeinträchtigungen in erhöhtem Maße auf Unterstützung angewiesen sind, sollen im Rahmen der Jugendhilfe sozialpädagogische Hilfen angeboten werden, die ihre schulische und berufliche Ausbildung, Eingliederung in die Arbeitswelt und ihre soziale Integration fördern." (§13 Abs. 1 Jugendsozialarbeit - Sozialgesetzbuch (SGB) - Achtes Buch (VIII) Kinder- und Jugendhilfe).

Hundgestützte Maßnahmen sind unter diesem Paragraphen, sowie §11 SGB VIII, als Maßnahmen der Sozialen Arbeit zu fassen, da sie geeignet sind, die genannten Ziele umzusetzen. Mögliche Arbeitsfelder im Rahmen der Kinder- und Jugendhilfe könnten die Bereiche der aufsuchenden Jugendarbeit oder Streetworking, offenen Kinder- und Jugendarbeit inklusive der schulbezogenen Jugendarbeit, Kindertagesbetreuung und Maßnahmen innerhalb von Einrichtungen der Jugendhilfe umfassen (Kirchpfening 2014: 19). Hunde sollen in der Sozialen Arbeit helfen, Stress bei den Kindern und Jugendlichen abzubauen. Zudem soll durch den Einsatz von Hunden in der Sozialen Arbeit eine Verbesserung von Anpassungsleistungen im sozialen Kontext, eine Vermittlung von sozialer Kompetenz und eine soziale Integration und Inklusion erreicht werden. Jedes sozial geprägte Tier, wie der Hund, bringt sein eigenes Wesen, seinen eigenen Charakter in die Soziale Arbeit mit ein. Mit diesem speziellen Wesen gilt es dann zu arbeiten, das Wesen als solches in seiner Eigenart zu akzeptieren und wertschätzen zu lernen (Kirchpfening 2014: 24).

14.3 Tiergestützte Pädagogik im Kindergarten

Tiere, als soziale Partner, verbessern die Lebensqualität: Sie bereiten Freude, spenden Trost in schwierigen Lebenslagen und begünstigen den zwischenmenschlichen Beziehungsaufbau. Sie lenken von sozialen Etikettierungen und Defiziten ab, sodass die Integration der ‚Außenseiter‘ in die Gruppe der Gleichaltrigen oftmals besser gelingt. Im professionell gelenkten Kontakt mit dem Tier kann zudem die Bewältigung anstehender Entwicklungsaufgaben (z. B. im Bereich der Motorik oder der Sprachentwicklung) förderlich unterstützt werden (Vernooij/Schneider 2008: 109ff).

Aus anthropologisch-pädagogischer Perspektive lassen sich in einer partnerschaftlichen Mensch-Tier-Beziehung Erfahrungen sammeln, die über rein kognitives Lernen hinausreichen, denn die Perspektive erfasst den Menschen in seiner Ganzheit. Tiere regen die menschlichen Sinne an, wecken Gefühle und begünstigen die Entwicklung von Achtsamkeit, Mitgefühl und Respekt (Meves/Illies 1981: 72). Tiergestützt arbeitende Einrichtungen stellen folglich für das Einüben von Rücksichtnahme, Einfühlungsvermögen, Geduld und anderen wichtigen sozialen Kompetenzen ein besonders geeignetes Übungs- und Lernumfeld dar, denn das Wohlergehen der Tiere verlangt danach (Strunz 2014).

Den verschiedenen Tierarten fällt die Rolle des zu respektierenden ‚Miterziehers‘ zu. Verhält sich ein Kind nämlich so, dass es beispielsweise einem Kaninchen unangenehm ist, so reagiert es sofort körpersprachlich eindeutig, indem es sich rasch im Stroh versteckt. Das unmittelbare Erleben von Wirkungen bietet wertvolle Erfahrungen für die kritische Auseinandersetzung mit den eigenen Denk- und Verhaltensweisen (Strunz 2014). Das beobachtbare Verhalten und die Bedürfnisse der Tiere – aber auch das Verhalten der Kindergartenkinder gegenüber den Tieren – so zu erklären und zu kommentieren, dass die Kinder lernen, auf den körper- und lautsprachlichen Ausdruck der Tiere zu achten, diesen richtig zu interpretieren und angemessen darauf zu reagieren, zählt ebenfalls zu den Aufgabentiergestützt arbeitender Erzieherinnen und Erzieher. Allmählich verstehen die Kinder dann, was das Klopfen der Kaninchen mit den Hinterläufen bedeutet und was das Knurrendes Hundes ‚sagen' will (Strunz 2014).

Grundvoraussetzung für die gelingende Mensch-Tier-Interaktion ist stets die positive Haltung aller Beteiligten gegenüber den eingesetzten Tieren. Hierbei muss auf die Konstitution, den Gesundheitszustand, das Alter und auf die spezifische Tagesverfassung eines Tieres Rücksicht genommen werden. Auch das Tier kann im Rahmen der Interaktion an seine Grenzen gelangen und dies sollte im Auge behalten werden (Strunz 2014). Ein großer Vorteil der tiergestützten Arbeit ist, dass ein Kind den von ihm erwünschten Kontakt zum Tier nicht bewusst mit einer ‚Lernabsicht' verknüpft. Das durchaus zielgerichtete Handeln des Kindes, zum Beispiel das Anlocken eines Tieres, um es zu füttern, dient also nicht dem Erwerb biologischen Wissens (Oerter 2012).

Erst mit der Zeit erwacht der Wunsch, mehr über ein bestimmtes Tier wissen zu wollen („Welches Futter braucht mein Kaninchen?" „Braucht es ein Spielzeug?" „Weshalb buddelt ‚Blacky' in der Erde?"). Individuelle Interessen spielen eine bedeutende Rolle für die intensive und überdauernde Beschäftigung mit einer bestimmten Sache. Mit Hilfe von Lern-, Spiel- und Bastelmaterialien, thematisch passenden Medien und originalen Gegenständen(z. B. Feder, Horn) samt Werkzeugen und Geräten (Hammer, Lupe, Thermometer etc.) können Kinder (in kleinen Gruppen) ihren eigenen Fragen forschend nachgehen und das bereits vorhandene Wissen erweitern (Strunz 2014).

14.4   Voraussetzungen für die hundgestützte Arbeit

Neben einer guten Führigkeit und Kontrollierbarkeit des Hundes durch den Menschen, muss der Hund gut sozialisiert und in dem Hund-Mensch-Team sicher und orientiert sein. Der Hundeführer muss Stressanzeichen des Hundes erkennen können und auch in unübersichtlichen oder kritischen Situationen muss eine gute Kommunikation mit dem Hund möglich sein (Kirchpfening 2014: 28). Nach der Frage welcher Hundetyp für die Soziale Arbeit geeignet ist, kann keine pauschale Aussage getroffen werden, da jeweils die Aufgabenstellung, die sozialpädagogischen Ziele und der Einsatzort des Hundes zu bedenken sind (Kirchpfening 2014: 31).

Neben einer normalen körperlichen Fitness des Hundes ist auch eine Wesens-Eignung des Tieres wichtig. Diese Eignung muss vor und während einer Ausbildung zum Therapiehund durch den Ausbilder bestätigt werden. Hat ein Hund diese Tests hinter sich, kann davon ausgegangen werden, dass er ausreichend auf unterschiedliche Umweltgegebenheiten vorbereitet wurde und auch vom Grundcharakter gute Voraussetzungen für die Soziale Arbeit mitbringt (Kirchpfening 2014: 34).

Grundlage für den Hundeführer sollte eine sozialpädagogische oder ähnliche Qualifikation darstellen. Theoretische und praktische Kenntnisse in Bereichen der Hundeausbildung, sowie eine Fortbildung im Bereich der tiergestützten Intervention sind ebenfalls hilfreich. Jeder Einsatz des Hunde-Mensch-Teams in der Sozialen Arbeit hat Grenzen. Diese individuellen körperlichen und seelischen Grenzen des Hundes müssen durch den Hundeführer, der die Verantwortung hat, erkannt werden (Kirchpfening 2014: 42).

14.5 Erlebnisbericht aus dem Naturkindergarten Gensingen

Im Naturkindergarten in Gensingen wird seit kurzem regelmäßig tiergestützt gearbeitet. Jo Kraft, gelernte Erzieherin, wird drei Mal wöchentlich von ihrem ausgebildeten Schulhund „Kalle" begleitet. Jens Schneider, der Leiter des Naturkindergartens in Gensingen, lebt selbst in einem Haushalt mit Hund und weiß um die Qualitäten der tiergestützten Arbeit, von der die 20 Kinder des Naturkindergartens profitieren können (Schneider 2017).

Der Einsatz von „Kalle" im Naturkindergarten in Gensingen begann vor den Sommerferien 2017. Jo Kraft startete ein Hundeprojekt mit 5 Kindern aus dem Kindergarten. Diese führten allen Gästen des Sommerfestes das Gelernte in einer Abschlusspräsentation vor. Die Begeisterung bei den Kindern und Gästen des Sommerfestes war so groß, dass sich Frau Kraft entschied ihren Hund Kalle nun regelmäßig mit in den Kindergarten zu nehmen. Die Regeln im Umgang mit dem Hund sind sehr wichtig. So darf beispielsweise nur ein Kind am Hund sein. Zudem ist seine Decke für den Hund ein Ruhebereich, in dem ihn die Kinder nicht stören dürfen. Der Hund darf von den Kindern nicht bedrängt und ein Abstand soll eingehalten werden. Diese klaren Regeln tragen dazu bei, dass es dem Hund gut geht und dass auch er gerne in der Einrichtung zu Besuch ist. Frau Kraft legt viel Wert auf den richtigen Umgang und die richtige Ansprache des Hundes. Die Kinder sollen von Anfang an lernen, dass der Hund klare Kommandos braucht, um diese korrekt ausführen zu können. So lernen die Kinder den Hund erst anzusprechen und auf sich aufmerksam zu machen, bevor sie etwas von ihm möchten.

Kalle absolvierte die Ausbildung zum Schulhund in einer Hundeschule in der Nähe von Bad Kreuznach. Die Begleithundeprüfung, welche Kalle mit 15 Monaten absolvierte, ist die Grundvoraussetzung, bei der der Grundgehorsam geprüft wird. Am wichtigsten ist jedoch der Umgang des Hundes mit stressigen Situationen. Hier sollte der Hund angstfrei sein und kein Meide- oder Angstverhalten vor Geräuschen und neuen Situationen zeigen. Hunde, die dauerhaft Angst haben, stehen immer unter Stress und werden nie mit Spaß arbeiten, weshalb diese Angstreaktionen als Ausschlusskriterium für die Ausbildung zählen. Wenn Kalle mit in den Kindergarten kommt, findet die Arbeit mit ihm dort auch aus Versicherungsgründen immer an der Leine statt. Der Hund soll als Anlaufpunkt für die Kinder da sein, wenn sie traurig sind oder ihm etwas erzählen möchten.

Die Kinder für das Hundeprojekt hat sich Jo Kraft bewusst gewählt. Der Schwerpunkt sollte auf der Selbstkompetenz, der Körpersprache und der Aussprache liegen. Die Kinder aus dem Projekt waren fünf Vorschulkinder. Ein Junge zeigte besonders auffälliges aggressives Verhalten. Er spielte oft „Hund", wobei es sich dort immer um Polizeihunde handelte, die sich beißen. Sein Bild von Hunden war aus dem familiären Kontext grundsätzlich aggressiv geprägt. Generell war dieser Junge aber sehr tierlieb und am freundlichen Umgang mit Tieren interessiert. Der Junge hat sich von Beginn des Projektes an auf den Hund und die Arbeit mit ihm eingelassen. Er hat schnell gemerkt, dass der Umgang mit Kalle ihm viel Spaß bereitet, da er mit ihm lernen konnte, dass Hunde sehr soziale, vertrauensvolle Tiere sind. Über den Hund wurde die Motivation gesteigert sich mit Materialien zu beschäftigen, die die Feinmotorik trainieren. So haben die Kinder beispielsweise aus Ton einen Hund oder ein Hundekörbchen geformt. Ein anderes Kind versuchte einen Hund aus einem Stock zu schnitzen. Durch die Regeln im Umgang mit dem Hund haben die Kinder gelernt, dass sie sich bewusst sein müssen, was sie tun möchten, damit der Hund ihnen vertrauen und folgen kann. Die Kinder machen vieles für den Hund, das ihnen oft sonst schwerfällt. Sie nehmen Rücksicht und sind dem Hund zuliebe leise und ruhig damit dieser keine Angst hat und sich in ihrer Nähe wohl fühlen kann. Zeigt der Hund Symptome für Stress oder Angst wird er von Frau Kraft auf seine Decke, den Ruheort, gebracht. Die Kinder können mit ihrem Verhalten also die Interaktion mit dem Hund steuern. So lernen sie Verantwortung für ihr Verhalten und das Wohlbefinden des Hundes zu übernehmen. Die am Hund gelernten Regeln übertragen die Kinder sowohl auf ihr Sozialverhalten und in ihre Spiele, als auch auf andere Tiere in anderen Situationen. Auch in der Sprachförderung setzte Frau Kraft ihren Hund bereits erfolgreich ein. Er vermittelte durch seine Anwesenheit Ruhe und die Kinder konnten ihm gegenüber ihre Scheu beim Sprechen vergessen und ungehemmt in Bezug auf ihre Sprachdefizite sein. Der Vorteil bei dem Einsatz eines Hundes in der Sprachförderung liegt klar in der Neutralität des Tieres. Dieses bewertet oder korrigiert die Kinder nicht, wenn sie beim Sprechen einen Fehler machen. Sie bieten Ruhe und Geborgenheit für die unsicheren Kinder.

Natürlich ist der Einsatz von Hunden in der Sprachförderung oder generell in der Arbeit mit Kindern kein Allheilmittel. Er bietet eine neue Möglichkeit einen Zugang zu den Kindern zu bekommen und bringt diese oft dazu über ihre Grenzen zu gehen und sich zu trauen neue Erfahrungen mit Sprache zu sammeln.

Frau Kraft ist es im Hinblick auf ihren Hund wichtig, dass dieser alltagsfähig ist. Beide fungieren als Team und sind so nahezu überall konzentriert arbeits- und einsatzfähig. Sie hat in der Arbeit mit ihrem Hund und den Kindern ein besonderes Augenmerk auf das Wohlergehen von beiden Seiten. Sie muss die Bedürfnisse und auch die Grenzen der Kinder und des Hundes immer im Blick behalten und dafür sorgen, dass beide zu keinem Zeitpunkt überfordert sind. Der Hund dient ihr in ihrer Arbeit als wertvoller Vermittler zwischen ihr und den Kindern. Sie hat bereits viele positive Erfahrungen in ihrer Arbeit mit dem Hund gemacht und freut sich auf die noch bevorstehenden Momente (Kraft 2017).

14.6 Fazit

Der Einsatz von Hunden in der Arbeit mit Kindern und im Besonderen in der vorschulischen Betreuung kann eine große Bereicherung für die Kinder sein. Sie lernen mit dem Hund das Übernehmen von Verantwortung für sein Wohlbefinden und für ihr Verhalten, das dieses beeinflusst. Sie haben einen ausgebildeten, urteilsfreien Sozialpartner an ihrer Seite, der ihnen eine Stütze im Lernen der Regeln der Gesellschaft bietet. Kinder sind eher bereit für einen Hund leise zu sein und sich an Regeln zu halten, die dafür sorgen, dass es dem Tier gut geht.

Natürlich bietet der Einsatz von Tieren in der Arbeit mit Kindern kein Allheilmittel gegen Aggression, Unsicherheit oder andere soziale Differenzen, aber der Hund als Vermittler zwischen dem Erwachsenen und dem Kind ist sehr wertvoll und kann die Kinder auf seine ganz eigene Art motivieren über ihre Grenzen zu gehen, etwas Neues auszuprobieren oder auch einfach nur ruhig zu sitzen und aufzupassen.

Für den Hundeführer und gleichzeitig Betreuer der Kinder ist es eine besondere Herausforderung die Bedürfnisse und Grenzen beider immer im Blick zu haben und für das Wohlbefinden von allen Beteiligten zu sorgen. Aber trotz dieser Herausforderung ist es eine so unersetzliche Bereicherung der Arbeit mit den Kindern, dass es diese Anstrengungen wert sind. Die tiergestützte Arbeit wird immer weiter erforscht und ausgebaut und wird die Kinder und ihre

BetreuerInnen wahrscheinlich noch lange erfolgreich begleiten und unterstützen.

Literatur

Heyne, F. (2007): Tiere als Therapeuten: wie Katze, Hund und Co. der Seele gut
tun. Im Internet: http://www.ipersonic.de/blog_files/Tiere-als-Therapeuten-
wie-Katze-Hund-und-Co-der-Seele-gut-tun.html [01.10.2016].
Kirchpfening, M. (2014): Hunde in der Sozialen Arbeit mit Kindern und Jugendlichen. 2. Auflage. Ernst Reinhardt Verlag, München.
Kraft, J. (2017): Interview mit dem Verfasser am 22.08.2017. Gensingen.
Leitner, B. (2011): Tiere als Therapeuten. http://www.deutschlandfunk.de/tiere-
als-therapeuten.1148.de.html?dram:article_id=180820 [01.10.2016].
Meves, Ch./Illies, J. (1981): Geliebte Gefährten. Tiere als Hausgenossen und Mit-
erzieher. Freiburg: Herder.
Oerter, R. (2012): Lernen en passant. www.edu.uni-muenchen.de/~oerter/index.
php?option=com_docman&task=cat_view &gid=14&Itemid=33 [01.10.2016].
Schneider, J. (2017): Interview mit dem Verfasser am 22.08.2017. Gensingen.
Strube, J. (2017): Malteser Hilfsdienst e. V. Bad Kreuznach, Ausbildungsmaterial
Therapiehundeausbildung.
Strunz, I. A. (2014): Tiergestützte Pädagogik im Kindergarten. Textsammlung.
GRIN Verlag, Open Publishing GmbH.
Vernooij, M. A./Schneider, S. (2008): Handbuch der tiergestützten Intervention.
Grundlagen, Konzepte, Praxisfelder. Wiebelsheim: Quelle & Meyer.

15 Generationen lernen gemeinsam – Konzepte aus Theorie und Praxis

Annemarie Freudenberg und Tatjana Höfler

Hintergrund

Der demografische Wandel ist im vollen Gange und beeinflusst unter anderem das gesellschaftliche Zusammenleben. Zurückzuführen ist er auf drei grundlegende Dimensionen: das Geburtenverhalten (Fertilität), die Sterblichkeit (Mortalität) und die Zu-/Abwanderung (Migration). Mit einer Geburtenrate von 9,3[16] (Eurostat 2016) gehört Deutschland zu den Ländern mit der niedrigsten Geburtenrate in Europa.

Abbildung 1: Lebenserwartung von Männern und Frauen

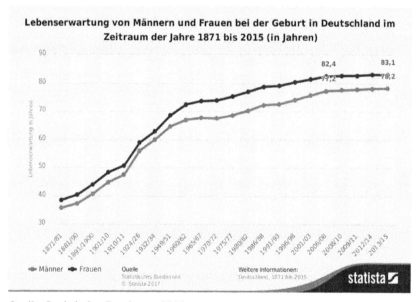

Quelle: Statistisches Bundesamt 2016

---

16   Lebendgeburten je 1.000 Einwohner

Gründe dafür liegen nicht nur bei durchschnittlich sinkender Familiengröße, sondern auch im gestiegenen Durchschnittsalter der Frauen bei der Geburt ihres ersten Kindes, sowie der wachsenden Zahl an Menschen, die ihr Leben lang kinderlos bleiben (Wilkoszewski 2011).

Die Sterblichkeitsrate dagegen ist in Zusammenhang mit der Lebenserwartung zurückgegangen. In Deutschland betrug die Lebenserwartung im Jahr 2015 für Frauen 83,1 Jahre und für Männer 78,2 Jahre. Im Vergleich dazu betrug sie zwischen 2006 und 2008 bei Frauen 82,4 und bei Männern 77,2 Jahre (siehe Abbildung 1).

Für die erhöhte Lebenserwartung lassen sich verschiedene Gründe nennen, neben medizinischem Fortschritt und verbesserten hygienischen Verhältnissen, ist auch die Ernährung ein wichtiger Faktor. Die beiden Faktoren – sinkende Geburtenrate und steigende Lebenserwartungen – lassen die Gesellschaft immer älter werden. „Der demografische Wandel stellt als Querschnittsphänomen Herausforderungen an fast alle Bereiche von Gesellschaft und Politik, so etwa Gesundheit, Wohnen, Arbeit und Bildung." (Wilkoszewski 2011: 167)

Vor diesem Hintergrund ergibt sich die Frage, wie mit einer größer werdenden älteren Generation und einer kleiner werdenden jungen Generation umgegangen werden kann und besonders welche Ressourcen sich daraus für die Einzelnen und die Gesellschaft ergeben. Eine Möglichkeit den demografischen Wandel zu nutzen, ist Generationen zusammenzuführen und sie voneinander und durcheinander lernen zu lassen. Dies kann auch im Kontext von Kinderbetreuung gelingen.

15.1 Generationsübergreifendes Lernen und Intergenerationalität

In abstrakten gesellschaftlichen Generationsbeziehungen geht es um die Weitergabe von Wissen der alten an die neue Generation. Intergenerationalität meint den Bereich zwischen verschiedenen Generationen und verweist auf Beziehungen verschiedener Generationen zueinander.

Die Neue eignet sich dieses Wissen an und verknüpft es mit eigenen Erfahrungen, um dieses dann selbst weiterzugeben. Lernen in einer Generationenfolge wird als Motor gesellschaftlicher Entwicklungen gesehen. Diese Wissensweitergabe findet konkret innerhalb von Lernprozessen in der Familie, im Beruf oder in Gemeinschaften (z. B. Vereinen) statt. In der modernen Gesellschaft von heute lösen sich traditionelle Wissens- und Erfahrungsaustausche jedoch auf. Das fortgeschrittene Lebensalter wird nicht länger mit einem Mehr an Wissen gleichgesetzt. Gerade das Internet mit einer Allverfügbarkeit von Wissen, spielt hier eine besondere Rolle. In der dynamischen Generation der

Moderne gibt es keine eindeutige Richtung mehr für intergenerationelle Bildungsprozesse. Sowohl im gesellschaftlichen als auch im sozialen Kontext ist ein Wandel festzustellen. Genau in diesem Wandel liegt das Potential der Generationen wechselseitig voneinander zu lernen. Genauer gesagt ist es sogar notwendig, einen gemeinsamen Lernprozess anzustreben, um gesellschaftliche Entwicklungen und Herausforderungen gemeinsam zu meistern (Franz 2014).

Als wichtige gesellschaftliche Ressource gelten stabile und intensive Generationsbeziehungen. Die Gestaltung dieser Beziehungen stellt sich in der modernen Gesellschaft als generationsübergreifende Aufgabe dar, besonders da sich die Generationsgrößen verschieben. Um allen Generationen in ihren Bedürfnissen im Zusammenleben gerecht zu werden und deren Potentiale für die Gesellschaft zu nutzen, ist Verständigung nötig. Es besteht eine Ungleichheit zwischen den Generationen bei Kompetenzen, Wissen, Erfahrungen und Einstellungen. Ältere verfügen eher über ein hohes Maß an Erfahrungswissen und Souveränität bei der Problemlösung, die Jüngeren zeichnen sich dagegen durch frisches Technikwissen, Spontanität und Kreativität aus. Werden diese Stärken zusammengeführt, können interessante und lohnenswerte Neuerungen entstehen durch die beide Seiten profitieren (MGFFI 2007).

Trotz dieser lohnenswerten Möglichkeiten ist festzustellen, dass Kontakte zwischen den Generationen immer seltener werden. Veränderungen im familiären Zusammenleben, sowie die späte Geburt des ersten Kindes lassen Generationsunterschiede in Familien räumlich wie zeitlich wachsen (MGFFI 2007). Entfernungen zwischen den Wohnorten der Familienmitglieder und auch die Altersunterschiede werden größer.

Außerfamiliäre Kontakte zwischen den Generationen kommen sogar noch seltener zustande. Zum einen liegt das an den Besonderheiten dieser Beziehungskonstellation und zum anderen an der Art wie sich Menschen ihre Interaktionspartner wählen. Der Spruch „Gleich und Gleich gesellt sich gern" drückt am besten aus, wonach man auf der Suche nach FreundInnen, oder Gleichgesinnten schaut. Übereinstimmungen können dabei auf verschiedenen Ebenen zum Tragen kommen, beispielsweise durch gleiche Religionszugehörigkeit oder politische Einstellung, aber eben vor allem auch über das Alter. Gerade die besonderen Beziehungskonstellationen und Interaktionen bei der Zusammenkunft verschiedener Generationen machen es notwendig Räume zu schaffen, in denen verschiedene Generationen aufeinandertreffen können, um Gemeinsamkeiten zu entdecken (Wissenschaftlicher Beitrag für Familienfragen 2012).

Im Zusammenkommen von Generationen können verschiedene Funktionen erfüllt werden. Das Initiieren von intergenerationellen Lernräumen beispielsweise, kann die Abnahme generationsübergreifender Lernerfahrungen im Alltag kompensieren, darüber hinaus kann auch die Beteiligung an Gesellschaftsprozessen durch gemeinsames Lernen gestärkt werden. Durch Lernen von-, mit- und übereinander können Sichtweisen besser nachvollzogen und eingeschätzt werden. Zusätzlich kann gelernt werden, wie gemeinsam an verschiedenen Themen gearbeitet werden kann. Darüber hinaus kann ein Perspektivwechsel durch Austausch ermöglicht werden, um Unterschiede reflektiert wahrzunehmen (Franz 2014).

15.1.1 Bedürfnisse der Beteiligten

Bevor konkrete Konzepte betrachtet werden, sind hier die Bedürfnisse der beteiligten Kinder und SeniorInnen im Generationsaustausch beschrieben.

15.1.1.1 Kinder

Neben den Entwicklungsaufgaben der frühen Kindheit bei den Kindern in der Vorschule, ist es für sie ebenso wichtig, eine „Brückenperson" zu haben, die ihre Entwicklung begünstigt. Diese Person ist jemand, der dem Kind vertraut ist, sich aber anders als seine primären Bezugspersonen[17] verhält. Hier kommen auch die Großeltern oder andere ältere Bezugspersonen in Frage. Die Kinder bekommen durch sie Werte vermittelt, die sich durchaus von denen ihrer primären Bezugspersonen unterscheiden können und auch aufgrund des Generationensprungs anders ausgerichtet sind. Sie sind für die Kinder ein lebendes Beispiel für die Bewältigung von Schwierigkeiten und können wertvolle Ratschläge als außenstehende Personen geben. Die Kinder können viel Neues lernen und ihre Neugier befriedigen (Staudinger/Kessler 2012).

15.1.1.2 SeniorInnen

Das höhere Erwachsenenalter umfasst die Zeitspanne vom 65. bis zum 80. Lebensjahr (Lindenberger/Staudinger 2012). Sich um die nachfolgende Generation zu bemühen, ihnen Wissen zu vermitteln und mit dem eigenen Dasein wirken zu können. Diese Entwicklungsaufgabe begleitet einen jeden Menschen vom mittleren Erwachsenalter an, ist aber zentral im hohen Alter. Es steht die Weitergabe von Kompetenzen, Erfahrungen und Werten, auch außerhalb der eigenen Familie im Mittelpunkt. Das Gefühl, über den Tod hinaus etwas leisten zu können und im Gedächtnis zu bleiben, wird in dieser Altersspanne zusätzlich als eine Entwicklungsaufgabe beschrieben. Die eigenen Bedürfnisse werden als weniger wichtig angesehen und man wird bescheidener. Die Erfüllung solcher Entwicklungsaufgaben wird angestrebt, jedoch kann nicht garantiert werden, dass sie erfolgreich umgesetzt werden, da die körperliche Verfassung im Prozess des Alterns hierfür eine große Rolle spielt und dieser sehr individuell ist. Daher kommt ein aktives Engagement nicht für

---

17 Primäre Bezugspersonen für Kinder sind ihre Eltern oder Erziehungsberechtigte.

jeden alten Menschen in Frage, es gibt aber Möglichkeiten das Engagement an den Gegebenheiten zu orientieren. Dies hängt vor allem auch von der Umwelt des alten Menschen ab (Staudinger/Kessler 2012).

Das Alter ist durch viele negative Stereotype belastet. Der Abbau körperlicher, aber auch geistiger Leistungsfähigkeit wird häufig in Zusammenhang mit dem Älterwerden gestellt. Das Alter kann jedoch auch als Möglichkeit gesehen werden, sein Leben neu auszurichten und mehr Zeit zu haben, um sich selbst zu verwirklichen. Für den Menschen ist es besonders wichtig, möglichst lange selbstständig und selbstbestimmt zu leben und aktiv zu sein. Viele wünschen sich im Alter wertgeschätzt zu werden. Auch der Wunsch nach einer sinnvollen Tätigkeit im Ruhestand ist hoch, gerade bei denjenigen, die körperlich und geistig noch fit sind. Ein produktiver Umgang mit dem Alter stellt die Kunst dar, mit den Einbußen des Alters produktiv umzugehen, aber auch neue Möglichkeiten zu finden, um die eigene Produktivität mit allen Einschränkungen, die man hat, fördern zu können (Staudinger/Kessler 2012). Gerade die Großelternschaft und der Kontakt zu jüngeren Generationen ist für alte Menschen ein Meilenstein in ihrem Leben mit vielen positiven Aspekten. Zum einen erfahren sie von den Kindern Wertschätzung und werden in ihrem Dasein als weiser und hilfreicher Mensch geschätzt. Zum anderen bietet sich für sie die Möglichkeit, sich mit der eigenen Vergangenheit auseinanderzusetzen, Geschichten und eigene Werte an eine neue Generation weiterzugeben. Außerdem genießen sie es, mit den Kindern schöne Momente zu erleben, ohne dabei eine schwerwiegende Verantwortung in der Erziehung zu haben. Die Beziehung zu der jüngeren Generation kann hierbei von vielen Faktoren abhängen. Gerade finanziell schwache Familien oder solche ohne intakte Familienbeziehungen, sind auf die Unterstützung und Hilfe der älteren Generation angewiesen (Berk 2012).

15.2 Generationsübergreifende Konzepte

In Folgendem werden Konzepte zusammengetragen, nach denen generationsübergreifendes Lernen stattfinden kann. Es wurde sich an Praxisbeispielen orientiert, welche hier verallgemeinert dargestellt sind, damit ein Eindruck entsteht, wie Lernen zwischen Kindern und SeniorInnen organisiert und durchgeführt werden kann. Als Ort für die Umsetzung solcher Projekte eignen sich besonders handlungsorientierte Lernumgebungen, also solche, in denen ein festes Setting zur Verfügung gestellt wird (Franz 2010). Unter dem Punkt *Konkrete Projekte* sind im weiteren Verlauf Praxisbeispiele genauer beschrieben.

Abbildung 2: Angaben der freiwilligen Engagierten zu deren Motiven

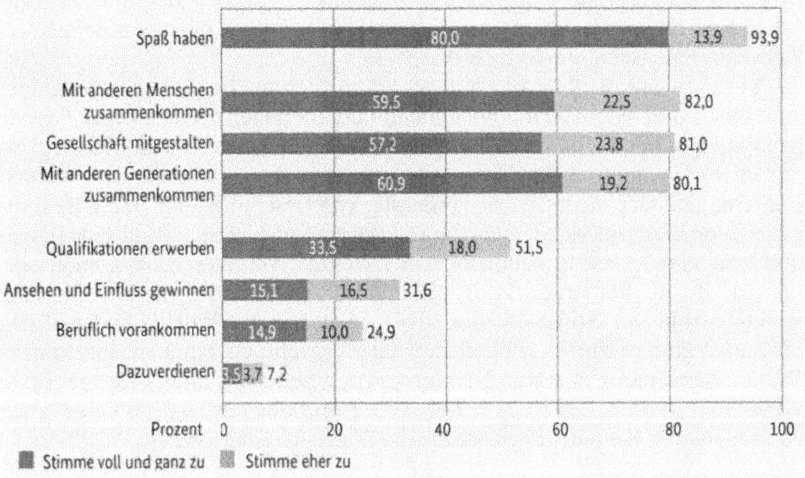

	Stimme voll und ganz zu	Stimme eher zu
Spaß haben	80,0	13,9 93,9
Mit anderen Menschen zusammenkommen	59,5	22,5 82,0
Gesellschaft mitgestalten	57,2	23,8 81,0
Mit anderen Generationen zusammenkommen	60,9	19,2 80,1
Qualifikationen erwerben	33,5	18,0 51,5
Ansehen und Einfluss gewinnen	15,1	16,5 31,6
Beruflich vorankommen	14,9	10,0 24,9
Dazuverdienen	3,5 3,7 7,2	

Quelle: FWS 2014, gewichtet, eigene Berechnungen (DZA). Basis: Alle Engagierten (n = 11.651-12.506).

15.2.1 Ehrenamt und Patenschaft

Eine Möglichkeit, Kontakte zwischen älteren Menschen und Kindern herzustellen, besteht darin, das Bedürfnis der SeniorInnen nach einer sinnstiftenden Tätigkeit zu nutzen und ihnen Möglichkeiten aufzuzeigen, sich im Rahmen von ehrenamtlichen Tätigkeiten z. B. als PatIn zu engagieren (Wissenschaftlicher Beitrag für Familienfragen 2012). Gleichzeitig wird auf das Bedürfnis der Kinder, eine Bezugsperson zu haben, eingegangen. Sie können in der Zusammenarbeit ihren Horizont erweitern (Staudinger/Kessler 2012).

Die Bereitschaft zu ehrenamtlichem Engagement wird auch aus folgenden Zahlen deutlich: Im Jahr 2014 engagierten sich 45,5 % der 50-64 Jährigen und 34 % der 65 und älteren Menschen ehrenamtlich. Am meisten aufgeführte Motive waren dabei: Spaß (80 %), mit anderen Generationen zusammenkommen (60,9 %), mit anderen Menschen zusammenkommen (59,5 %) und Gesellschaft mitgestalten (57,2 %) (BMFSFJ 2016). Schlussfolgern lässt sich aus diesen Zahlen, dass es Ehrenamtlichen, SeniorenInnen damit eingeschlossen, neben Spaß auch um den Kontakt zu anderen Altersgruppen geht.

15.2.1.1 Lese- und LernpatInnen

Eine andere Form des intergenerationellen Lernens ist die Übernahme von Patenschaften mit verschiedenen Schwerpunkten. So können SeniorInnen beispielsweise Lese- oder Lernpatenschaften übernehmen, bei denen Bildung in Zusammenhang mit Schule oder Vorschule steht. Besonders Kindern mit Migrationshintergrund wird hier die Möglichkeit gegeben sich mit der deutschen Sprache, durch hören von und verständigen über Inhalte, auseinanderzusetzen (Patenschaften-Aktiv e. V. 2014).

Vorlesen und Erzählen bietet in der Frühförderung die Möglichkeit, Kinder zum Lesen und lernen zu motivieren und Lesekompetenz zu erreichen. Gerade nach Studien der Stiftung Lesen, in denen mangelnde und schlechte Fähigkeiten im Lesen bei verschiedenen Altersgruppen festgestellt wurden, werden Forderungen nach umfassender Förderung von Lesemotivation und Lesekompetenz von klein auf laut. LesepatInnen können eine wichtige Rolle einnehmen und dem Trend, dass in Familien immer weniger vorgelesen wird, entgegenwirken. In der Förderung bildungsbenachteiligter Kinder nehmen sie eine wichtige Rolle ein (Stiftung Lesen 2014). LesepatInnen Projekte finden häufig in Kindergärten, Schulen, Bibliotheken oder in Mehrgenerationenhäusern statt. Wo Kindern, meist in festen Kleingruppen, regelmäßig altersgerechte Texte vorgelesen werden. Ziel ist es, neben der Vermittlung zur Lust am Lesen, auch zu Fragen oder Kommentaren anzuregen (Patenschaften-Aktiv e. V. 2014).

15.2.1.2 Private Betreuung durch „Adoptiv" Großeltern

Eine weitere Form der Patenschaft bilden Angebote von „Leih- Omas/Opas", bei denen SeniorInnen regelmäßig im Austausch mit Familien mit Kindern stehen und Zeit mit ihnen verbringen. Gerade bei Alleinerziehenden werden die Ehrenamtlichen sehr nachgefragt. Die Vermittlung und finanzielle Unterstützung erfolgt über Wohlfahrtsverbände oder spezialisierte Vermittlungen (Patenschaften-Aktiv e. V. 2015). Im Kontakt zu den Kindern geht es darum, Eltern zu entlasten, sowie Kinder und ältere Menschen auf einer emotionalen Ebene zusammenzubringen. Gerade für Kinder, deren Großeltern in großer Distanz leben, bietet sich hier die Möglichkeit, Kontakte zur älteren Generation aufzubauen (MGFFI 2007).

15.2.1.3 Mehrgenerationenhäuser

„Mehrgenerationenhäuser sind Begegnungsorte, an denen das Miteinander der Generationen aktiv gelebt wird." (BMFSFJ 2016). So wird das grundlegende Konzept der Mehrgenerationenhäuser, das durch ein Bundesprogramm gefördert wird, vom Bundesministerium für Familie, Senioren, Frauen und Jugend beschrieben. Das Mehrgenerationenhaus bietet für jeden Menschen Platz, unabhängig von Geschlecht, Alter, Herkunft oder anderen Dingen. Der generationsübergreifende Ansatz ist allgegenwärtig und gilt als Alleinstellungsmerkmal. „Jüngere helfen Älteren und umgekehrt" (BMFSFJ o. J.). Nach dieser Grundlage bestehen bundesweit bereits 550 Häuser, die am Bundesprogramm

Mehrgenerationenhäuser teilnehmen. Häufig wächst ein Mehrgenerationenhaus aus einem „Offenen Treff" heraus, der Platz bietet, ins Gespräch zu kommen und Kontakte zu knüpfen, aber auch Interessen und Erfahrungen auszutauschen. Aus diesem Austausch heraus ist es möglich, weitere Angebote zu entwickeln, die sich an den Bedürfnissen der Menschen einer Kommune, in der ein Mehrgenerationenhaus entstehen soll, orientieren. Durch das Einbeziehen der Bevölkerung im näheren Umfeld, gewinnt ein solches Angebot an Attraktivität für verschiedene Zielgruppen. Denn: Jeder der Ideen hat bekommt die Möglichkeit diese einzubringen. Ein gutes Beispiel für gelungene Angebote in Mehrgenerationenhäusern sind Betreuungs- und Lernangebote für Kinder oder auch Leihgroßeltern. Die Angebote in den Mehrgenerationenhäusern leben von Freiwilligkeit und ehrenamtlichem Engagement. Ohne diese Grundlage ist es nicht möglich ein umfassendes, auf die Bedürfnisse der Umgebung angepasstes Angebot zu bieten (ebd.). Durch Mehrgenerationenhäuser ist es möglich jüngere und ältere Generationen zusammenzubringen, den Dialog zu fördern und gegenseitig voneinander zu profitieren.

15.2.1.4   Kitaintegrierte Seniorenwohnheime: Alt und Jung unter einem Dach

Möglichkeiten engagierte SeniorInnen in den Kindertagesstättenbetrieb einzubinden gibt es verschiedene. Ältere Menschen können sich beispielsweise durch Wissen aus ihrem Berufsleben mit in den Alltag der Kinder einbringen. Neben Reparatur- oder Instandhaltungsarbeiten, bei denen die Kinder nur in indirekten Kontakt mit den SeniorInnen kommen, gibt es auch die Möglichkeit ganz bewusst mit den Kindern zu arbeiten und ihnen eigene Begeisterung oder Fachwissen, beispielsweise in den Naturwissenschaften, zu übermitteln. Durch regelmäßige Experimente rund um naturwissenschaftliche Phänomene in der Einrichtung können SeniorInnen ihr Berufswissen weitergeben und kleine ForscherInnen beim Entdecken begleiten (MGFFI 2007).

15.3   Konkrete Projekte

15.3.1   Praxisbeispiel 1: Waldzwerge-Kindergarten im Seniorenwohnheim

In dem Ort Rees-Haldern in Nordrhein Westfalen gibt es die Kindertageseinrichtung Waldzwerge, welche in die Räumlichkeiten der stationären Pflegeeinrichtung St. Marien eingegliedert ist.

Begonnen hat die Kooperation mit gemeinsamen Mittagsessen im Jahre 2008 und anschließendem Einzug der Kindergartengruppe in das Erdgeschoss des Seniorenwohnheims. Mittlerweile erstreckt sich die Gruppe über Räume in zwei Geschossen des Gebäudes und hat Platz für bis zu 25 Kinder ab dem Alter von zwei Jahren bis zum Schuleintritt.

Ein Grund für den Einzug ins Seniorenwohnheim war die Verfügbarkeit der Räume, darüber hinaus kann so aber auch eine Separierung der Generationen durch unterschiedliche und getrennte Institutionen verhindert werden. Durch das gemeinsame Gebäude können Kontakte zwischen Kindern und alten Menschen hergestellt werden. Zufällige und geplante Alltagsbegegnungen ermöglichen ein Kennenlernen, gegenseitiges Verständnis, Raum gemeinsame Erfahrungen zu machen und voneinander zu lernen. Kinder und SeniorInnen erhalten, durch eigenständige Bereiche, Rückzugsorte und dennoch die Möglichkeit zur Begegnung (Ferschweiler 2010).

Geplante Begegnungen finden durch verschiedene Projekte oder Aktionen statt. So werden beispielsweise in dem wöchentlich stattfindenden Angebot „Experimente für Groß und Klein" Versuche gemeinsam durch Kinder und BewohnerInnen auf einem Wohnbereich durchgeführt. Auch das zweimal in der Woche stattfindende Essen mit den SeniorInnen gehört zu den generationsübergreifenden Alltagserlebnissen. Darüber hinaus werden gemeinsam Feste gefeiert, gemeinsam gesungen, gebastelt und gespielt.

Hauptziel der intergenerationellen Arbeit der Waldzwerge Kindertagesstätte ist die positive Entwicklung und Persönlichkeitsentfaltung der Kinder, sowie das Vorbereiten der Kinder auf künftige Anforderungen, mit der Entwicklung erforderlicher Fähigkeiten durch Spielen. Der Kontakt zu den SeniorInnen soll in natürlicher, unbefangener Weise in spontanen und geplanten Begegnungen stattfinden, in denen Kinder den Zugang zu alten Menschen und deren Erfahrung bekommen. Die SeniorInnen dagegen können durch Fröhlichkeit und Vitalität der Kinder neu aktiviert werden, sich mit eigenen Fähigkeiten und Wissen einzubringen und einer sinnvollen Aufgabe nachzugehen.

Die Zielgruppen können hierbei gegenseitig von ihren Stärken und Möglichkeiten profitieren. Hier können die Beteiligten auch Parallelen bei Bedürfnissen, Wissen und Wirksamkeit feststellen. Über den Kontakt zu alten Menschen kann Kindern die Angst vor Behinderung, Krankheit und Gebrechen genommen und ein Bewusstsein für Bedürfnisse und Fähigkeiten im Alter geschaffen werden. Das Erleben von alten Menschen kann zusätzlich ein Bewusstsein für das eigene Altern sein und dient als Hilfe für die eigene Lebensplanung (Ferschweiler 2010).

Zusammengefasst sollen in der Kindergartengruppe folgende Ziele erreicht werden:

- Stärken von Kontaktfähigkeit, Toleranz, Gemeinschaftsfähigkeit
- Kreativer Austausch

- Verständnis für einander, für mangelnde Beweglichkeit, eingeschränkte Sinnesleistung der SeniorInnen fördern
- Experimentierfreudigkeit der Kinder steigern
- Geborgenheit bieten: aufgenommen sein, Vertrauen können, in festem sozialen Netz einen Platz zu haben -> dadurch Kindern ermöglichen Selbstbewusstsein zu entwickeln
- Stärkung des Selbstwerts, Erlernen sozialer Kompetenz (Miteinander leben, für einander da sein, voneinander lernen), soziale Sensibilität vermitteln
- Gegenseitige Bereicherung
- SeniorInnen bekommen Aufgabe, fühlen sich gebraucht, neue Lebensfreude bei SeniorInnen, Aktivierung der SeniorInnen
- Kinder lernen Rücksicht zu nehmen

Die Rolle der ErzieherInnen besteht darin, die Kinder im Kontakt mit den alten Menschen zu begleiten, unterstützen, fördern, anzuleiten, zu vermitteln, zu animieren, zu korrigieren und zu konfrontieren, dabei geht es auch darum, Kinder entdecken, erproben und erfahren zulassen. Um die Kooperation gelingend zu gestalten, ist gemeinsame Planung, Absprache und der Austausch zwischen dem Kita- und Seniorenheim Personal wichtig (Halderner Waldzwerge e. V.).

15.3.2 Praxisbeispiel 2: Kinder und Demenzkranke

In der Bildungsstadt Arnsberg wurde 2013 ein Projekt ins Leben gerufen, in dem Kinder Einrichtungen mit alten und demenzkranken Menschen besuchen. Die Besuche leben von Spaß, Gesprächen, Musik und Bewegung. In der Vorbereitung für den Kindergarten erhielten Eltern und ErzieherInnen eine Einführung zu dem Thema Demenz, um eine Vorstellung davon zu bekommen, und diese auch an die Kinder weitergeben zu können. Mit einer kindgerechten Aufarbeitung werden die Kinder in einer Gruppe von maximal 10 TeilnehmerInnen auf das Thema Demenz vorbereitet. Auch eine Auswahl an Büchern wird vorgeschlagen.

Die Besuche sollen in einem regelmäßigen Rhythmus erfolgen und hängen von den Abmachungen zwischen den Einrichtungen ab. Auch die Wünsche der Kinder sollten mit einfließen. Im Kontakt mit den SeniorenInnen lernen die Kinder mehr aus sich herauszugehen. Aufgelockert wird die Atmosphäre durch gemeinsames Essen. Auch bei den BewohnerInnen ist durch die Besuche eine Veränderung festzustellen, sie öffnen sich und beteiligen sich am Programm. Die 10 beteiligten BewohnerInnen befinden sich im ersten oder zweiten Stadium der Demenz, das spielt für die Kooperation eine wichtige Rolle. Es sollte ein ungezwungener Raum geschaffen werden, der sich aber dennoch vom üblichen Alltagsgeschehen abhebt.

Die Kinder profitieren von den Besuchen, indem sie ihre sozialen Fähigkeiten stärken. Sie erfahren Dinge von früher und spüren die Dankbarkeit der BewohnerInnen des Seniorenheims. Die alten Menschen erinnern sich durch den Kontakt mit Kindern an ihre eigene Kindheit, daran kann in der Biografiearbeit neu angeknüpft werden. Über das Projekt hinaus sind auch neue Kontakte zwischen den Kindern, ihren Eltern und den alten Menschen im Seniorenwohnheim entstanden. Zusammenfassend können beide Seiten von diesem Projekt profitieren und der Wunsch nach mehr Projekten mit diesem Konzept wird deutlich (Hoppe 2014).

15.4 Auswertung

Betrachtet man die aufgeführten Konzepte und vorangegangenen Schilderungen der Bedürfnisse von SeniorInnen und Kindern, lassen sich für generationsübergreifende Angebote verschiedene Vor- und Nachteile nennen. Neben der individuellen Perspektive aus Sicht der SeniorInnen und Kinder, lassen sich auch gesellschaftliche Effekte festhalten.

In der intergenerationellen Arbeit haben Kinder wenige Berührungsängste. Sie sind sehr kontaktfreudig und fühlen sich im Kontakt mit den älteren Menschen häufig sehr wohl. Sie profitieren davon, dass sie über die innerfamiliäre Erziehung Wissen und Werte vermittelt bekommen und diese können sie im Kontakt mit älteren Menschen ausprägen und vertiefen. Erfahrungen, die sie in ihrem Leben machen, sind davon beeinflusst, was sie von Älteren lernen. Sie können unter anderem ihr Wissen über Herausforderungen des Alters und Geschichten der vergangenen Jahrzehnte erweitern. Außerdem bekommen sie vermittelt, wie sie mit anderen in Kontakt treten können, insbesondere auch im Umgang mit älteren Menschen. Ein vertrauter Umgang mit Personen aus anderen Generationen stellt für sie eine Bereicherung dar (Franz 2010).

Ein sehr hohes Interesse an Veranstaltungen des intergenerationalen Lernens zeigt, dass SeniorInnen gezielt den Kontakt zur jüngeren Generation suchen und dort für sich viel mitnehmen können. Im Kontakt zu jüngeren Menschen sehen SeniorInnen sich selbst als WissensvermittlerInnen und geben gerne ihre Lebenserfahrung weiter. Sie können außerdem zu Veränderungen ihrer womöglich veralteten Ansichten kommen. Die Lebenswelt der Kinder ist im Gegensatz zu ihrer eigenen Kindheit stark verändert und durch den Kontakt mit ihnen können die alten Menschen viel über die neuen gesellschaftlichen Entwicklungen lernen (Franz 2010). Zusätzlich können Beziehungen zu anderen Generationen außerhalb der Verwandtschaft fehlende Familienbeziehungen kompensieren (Wissenschaftlicher Beirat für Familienfragen 2012), indem soziale Eingebundenheit sichergestellt wird, auch ohne intaktes oder vor Ort vorhandenes Familiennetz. Hinzu kommt die protektive Wirkung auf die kognitive Entwicklung älterer Menschen, deren Gehirn durch neue und ungewohnte Reize stimuliert wird. Positiv für beide Seiten ist der Abbau negativer Stereotype durch den generationsübergreifenden Austausch (Staudinger, Kessler 2012). Kinder können ältere Menschen als BegleiterIn, ExpertIn oder FreundIn kennenlernen und feststellen, dass Altwerden mehr ist als Gebrechen und Verfall. Diese Erfahrung kann eine neue Perspektive auf das eigene Altern eröffnen.

Ein Problem generationsübergreifender Beziehungen außerhalb eines familiären Kontextes, könnte ein Ungleichgewicht zwischen Geben und Nehmen sein. Bekommt eine Seite das Gefühl vergleichsweise mehr zu investieren, führt dies meist zur Beendigung des Kontaktes. Ältere Menschen wollen, aufgrund ihres Alters und damit verbundenen körperlichen Einschränkungen, nicht nur Hilfe und Unterstützung erfahren. Daher ist ein Ausgleich in gleicher Weise zu bewältigen, wie sie Hilfe von Jüngeren erhalten (Wissenschaftlicher Beitrag für Familienfragen 2012). Angebote wie zum Beispiel Patenschaften oder Zusammenarbeit von Kindergärten und Seniorenwohnheimen, in denen es um einen gegenseitigen Austausch geht, vermeiden genau diese aufkommenden Gefühle von Abhängigkeit oder Inkompetenz. Beide Seiten werden mit ihren Fähigkeiten und Interessen eingebunden, was gerade bei älteren Menschen für die Aufrechterhaltung von Wohlbefinden sorgt (ebd.). Einer möglichen Überforderung der TeilnehmerInnen ist, durch konzeptionelles Einplanen genügender Rückzugsorte und Freiräume für die einzelne Generation, zu verhindern. Durch das erhöhte gesellschaftliche Lebensalter leben mehr Generationen gleichzeitig. Dadurch ergibt sich die Chance, Erfahrungen und Wissensformen zu mehren und neue Lernmöglichkeiten herauszubilden (Franz 2014).

Intergenerationelles Lernen hat im Wesentlichen zwei gesellschaftliche Funktionen: Zum einen Kompensation fehlender Lernerfahrungen und zum anderen Partizipation. „Bildungsarbeit kann das Abnehmen impliziter Lernmöglichkeiten im Alltag kompensieren, indem sie bewusst verschiedene Generationen zusammenführt oder in zufällig altersheterogenen Veranstaltungen Intergenerationalität thematisiert" (Franz 2014). So wird die Abnahme der generationsübergreifenden Lernerfahrungen im Alltag, durch das Schaffen von intergenerationellen Lernräumen kompensiert. Durch die Beteiligung an Bildungsarbeit durch gemeinsames Lernen wird Teilhabe ermöglicht. Durch Lernen von-, mit- und übereinander können Sichtweisen besser nachvollzogen und eingeschätzt werden. Zusätzlich kann gelernt werden, wie gemeinsam an verschiedenen Themen gearbeitet werden kann. (Franz 2014).

In der eigenen Recherchearbeit fiel auf, dass aktuell erst wenige generationsübergreifende Lernprojekte für SeniorInnen und Vorschulkinder umgesetzt werden. Es sind bereits gute Konzepte ausgearbeitet, diese erfahren jedoch bislang noch zu wenig Aufmerksamkeit und sollten durch gezielte Förderungen auch in mehr Einrichtungen der Kinderbetreuung mitgedacht werden.

Literatur

Berk, Laura (2012): Entwicklungspsychologie. 5. Auflage. München: Pearson Studium.

Bundesministerium für Familie, Senioren, Frauen und Jugend (2016): Freiwilliges Engagement in Deutschland. Zentrale Ergebnisse des Deutschen Freiwilligensurveys 2014. Berlin: https://www.bmfsfj.de/blob/93914/e8140b960f8030 f3ca77e8bbb4cee97e/freiwilligensurvey-2014-kurzfassung-data.pdf [18.09.17]

Bundesministerium für Familie, Senioren, Frauen und Jugend (o. J): Was ist ein Mehrgenerationenhaus? https://www.mehrgenerationenhaeuser.de/mehrgenerationenhaeuser/was-ist-ein-mehrgenerationenhaus/ [18.09.17].

Eurostat (2017): Europäische Union: Geburtenraten in den Mitgliedsstaaten im Jahr 2016 (Lebendgeburten je 1.000 Einwohner). http://ec.europa.eu/eurostat/ tgm/table.do?tab=table&init=1&language=de&pcode=tps00112&plugin=1 [06.07.17].

Ferschweiler, Anja (2010): Voneinander – Miteinander lernen: Generationsübergreifende Pädagogik in der Kindertageseinrichtung Waldzwerge in Zusammenarbeit mit der stationären Pflegeeinrichtung St. Marien in Rees-Haldern. http://www.waldzwerge-kindergarten.de/wp-content/uploads/2015/08/Voneinander_Miteinander_lernen.pdf [13.07.17].

Franz, Julia (2010): Intergenerationelles Lernen ermöglichen. Orientierung zum Lernen der Generationen in der Erwachsenenbildung. W. Bielefeld: Bertelsmann.

Franz, Julia (2014): Intergenerationelle Bildung - Lernsituationen gestalten und Angebote entwickeln. W. Bielefeld: Bertelsmann.

Halderner Waldzwerge e. V. (o. J): Konzept. http://www.waldzwerge-kindergarten.de/?page_id=23 [13.07.17].

Hoppe, Angela (2014): Kinder und Demenzkranke. http://www.bildungsstadt-arnsberg.de/medien/demenz-kinder-senioren.pdf [01.08.2017].

Lindenberger, Ulman/Staudinger, Ursula M. (2012): Höheres Erwachsenenalter, In: Schneider, Wolfgang; Lindenberger, Ulman [Hrsg.]: Entwicklungspsychologie. 7. Auflage. Basel: Beltz.

Ministerium für Generationen, Familie, Frauen und Integration des Landes Nordrhein- Westfalen [Hrsg.] (2007): Generationsübergreifende Projekte. Beispiele aus der Praxis für die Praxis. Düsseldorf. http://www.ref-sg.ch/anzeige/projekt/187/470/generationenuebergreifende_projekte_nrw.pdf [10.07.17].

Patenschaften-Aktiv e. V. (2014): Lernpaten. http://lesepaten.net [13.06.17].

Patenschaften-Aktiv e. V. (2015.): Kinderpaten. http://www.leihomas-leihopas.de [12.06.17].

Patenschaften-Aktiv e. V. (o. J.): Aktivpaten. Lernpaten. http://aktivpaten.de/lernpaten/ [14.06.17].

Statistisches Bundesamt (2016): Lebenserwartung von Männern und Frauen bei der Geburt in Deutschland im Zeitraum der Jahre 1871 bis 2015 (in Jahren).

https://de.statista.com/statistik/daten/studie/185394/umfrage/entwicklung-der-lebenserwartung-nach-geschlecht/ [06.07.17].

Staudinger, Ursula M./Kessler, Eva-Marie (2012): Produktives Leben im Alter, In: Schneider, Wolfgang; Lindenberger, Ulman [Hrsg.]: Entwicklungspsychologie. 7. Auflage. Basel: Beltz.

Stiftung Lesen (2014): Ehrenamtliches Engagement in der Leseförderung. Rolle, Qualifikation und Motivation. Mainz: Stiftung Lesen. Institut für Lese- und Medienforschung.   http://www.netzwerkvorlesen.de/download.php?type=documentpdf&id=1201 [10.07.17].

Wilkoszewski, H. (2011): Demografischer Wandel In: Deutscher Verein für öffentliche und private Fürsorge e. V.: Fachlexikon der sozialen Arbeit. 7. Auflage. Baden-Baden: Nomos.

Wissenschaftlicher Beirat für Familienfragen (2012): Generationsbeziehungen. Herausforderungen und Potentiale. Wiesbaden: Springer.

16 Hochbegabung

Johanna Gmeiner

„Rund 2,2 Prozent der Deutschen gelten als hochbegabt, darunter 300.000 Kinder. Das klingt erstmals toll, führt aber im Alltag mitunter zu Problemen. Hochbegabung sollte daher früh erkannt werden" (Mitteldeutscher Rundfunk 2017), um so den Kindern bestmögliche Chancen zu eröffnen und ihnen passende Entwicklungsbedingungen zu schaffen. Hochbegabung ist in den letzten Jahren immer mehr in den Fokus von Schulen, aber auch Kindergärten gerückt. Dadurch sind viele Unsicherheiten entstanden, da eine solide Aus- und Weiterbildung in diesem Themengebiet fehlt. Mittlerweile bessert sich dies und es wird gerade an Volkshochschulen oder auch speziellen Hochbegabtenkursen spezifische Förderung angeboten. Viele Kinder werden schon im frühen Alter auf ihren Intelligenzquotienten getestet, sodass eine eventuelle Hochbegabung der Kinder festgestellt werden kann. „Die Intelligenz" als solche gibt es nicht, sondern es ist immer ein Zusammenspiel verschiedener Prozesse.

Intelligenz nach Rolf Oerter ist „die Fähigkeit sich neuen Gegebenheiten anzupassen, zugleich aber auch die Fähigkeit die Umwelt zu verändern" (Oerter 2008). Eine rein wissenschaftliche Definition findet man im Entwicklungspsychologie Sammelband Schneider und Lindenberger. Dort wird Intelligenz als „Oberbegriff für verschiedenartige kognitive Leistungsfähigkeiten, die mit Test gemessen werden" (Schneider/Lindenberger 2012: 771) definiert.

Man könnte weitere solcher Definitionen von Intelligenz aufführen. Dabei wird deutlich, dass Intelligenz als solche schwer zu beschreiben ist. Intelligenz galt früher als Bündel konkreter Leistungen, welche man mit einem Test messen kann. Durch neuere Forschungen wurde deutlich, dass es nicht nur konkrete Leistungen sind, sondern grundlegende mentale Prozesse, die in jedem menschlichen Organismus vorkommen. Intelligenz wird durch die Umwelt und die eigene Persönlichkeit beeinflusst. Dies wird vor allem beim Lernprozess deutlich. Ein effizientes und kontinuierliches Lernen hängt auch von Bedingungen wie Motivation und Wille sowie Gewohnheiten ab (vgl. Oerter 2008: 249).

Amerikanische Wissenschaftler der „Proceedings of the National Academy of Sciences", haben in einer Studie die Wirkung des familiären Umfeldes auf die Intelligenz der im Haushalt lebenden Kinder untersucht. Die Studie war als Zwillingstudie angelegt. Eines der Geschwister verblieb im Haushalt der leiblichen Eltern, während das andere in einer Adoptivfamilie mit deutlich höherem Bildungsniveau der Eltern aufwuchs. Die Studie ging davon aus das 50 % der Intelligenz genetisch bedingt ist. Das Ergebnis der Studie, zeigte, dass das Bildungsniveau der Eltern durchaus Einfluss auf die Intelligenz der Kinder hat.

Allerdings weit weniger als man zuvor vermutete. Die Intelligenz hängt noch von einer Vielzahl von Umweltfaktoren ab, auch Schule und andere Faktoren können diese beeinflussen (PNAS, zit. nach Baier 2015). Es wird deutlich, dass die Intelligenz ein geerbtes Gut ist, welches auch von verschiedenen Umweltbedingungen abhängt. Im Rahmen der ganzen Entwicklung sollten Eltern ihren Kindern immer wieder Entwicklungsgelegenheiten bieten, sodass die kognitive, körperliche und auch persönliche Entwicklung gut voranschreiten kann.

Die Intelligenz kann mit einem sogenannten Intelligenzquotienten-Test, kurz IQ-Test, gemessen werden. Die Kinder bekommen verschiedene Aufgaben, welche sie lösen müssen. Der oder die durchführende PsychologIn kann anhand der Lösungen den IQ eines Kindes errechnen und somit die Intelligenz messbar machen. Ab einem Wert von 100-130 Punkten ist ein Kind überdurchschnittlich intelligent. Erst ab einem Wert von 130 Punkten spricht man von einer Hochbegabung. Der durchschnittliche Intelligenzquotient liegt bei 85-115 Punkten (vgl. Haese 2017). Es gibt nach wie vor nur diesen IQ-Test und keine allgemeingültige wissenschaftlich fundierte Definitionen was eine Hochbegabung ist. Es lässt sich aber feststellen, dass die hochbegabten Kinder ihren Altersgenossen in vielen Bereichen, zum Beispiel dem musischen, weit voraus sind. In unserer Gesellschaft sind hauptsächlich die musischen und sportlichen Leistungen angesehen. Die intellektuellen werden weit weniger beachtet. Bevor die sechs Typen der Hochbegabung näher erläutert werden, sollen allgemeine Merkmale der Kinder mit einer eventuellen Hochbegabung aufgeführt werden.

- „Das Kind hat sehr früh ein starkes Interesse an seiner Umgebung.
- Es fängt früh an zu sprechen, ‚überspringt' die Baby-Sprache, bildet sehr schnell ganze Sätze und verfügt über einen großen Wortschatz.
- Es zeigt früh ein starkes Interesse an Symbolen, wie Automarken, Firmen-Logos und dann auch an Buchstaben und Zahlen.
- Es löchert Erwachsene mit aufeinander aufbauenden Fragen - auch zu nicht vermeintlich ‚altersgerechten' Themen.
- Es erfasst komplexe Zusammenhänge und überträgt diese auf andere Fragestellungen.
- Es hat Spaß am Lernen von unterschiedlichsten Themen.
- Es zeigt einen starken Gerechtigkeitssinn und hinterfragt Entscheidungen von ‚Autoritäten'. Hat es den Sinn dieser Entscheidungen aber eingesehen, folgt es ihnen manchmal mehr als 100-prozentig.
- Es verblüfft Erwachsene häufig mit Fragen nach Ursprung und Sinn des Lebens.
- Es bringt sich selber Lesen und Rechnen bei, ohne sagen zu können, wie es das geschafft hat.
- Es fällt durch eine starke Phantasie auf und zeigt Initiative und Originalität bei intellektuellen Herausforderungen.
- Es verblüfft durch ein gutes Gedächtnis.
- Es ist ausgesprochen sensibel für zwischenmenschliche Beziehungen.

- Es unterhält sich und spielt lieber mit älteren Kindern oder Erwachsenen als mit Gleichaltrigen.
- Es hat nur ein geringes Schlafbedürfnis." (Deutsche Gesellschaft für das hochbegabte Kind e. V. 2017)

16.1 Typen von hochbegabten Kindern

Brackmann (2005) beschreibt in ihrem Buch „Jenseits der Norm- hochbegabt und hoch sensibel?" verschiedene Typen von hochbegabten Kindern und die damit verbundenen Merkmale. Sie beschreibt einen Jungen, welcher sehr nachdenklich ist und die Natur liebt. Er züchtet verschiedene Tierarten und kann sich stundenlang draußen aufhalten. Außerdem liest er sehr gerne. In der Schule erbringt er mittlere bis schlechte Leistungen. Freunde hat er kaum. Teamsport fällt ihm schwer. Er braucht sehr lange um Kontakte zu knüpfen und neue Situationen überfordern ihn schnell. Von der Umwelt wird er oft als Mimose beschrieben. Er beginnt früh sich über soziale Themen wie Armut, Hungersnöte, Krieg und Frieden etc. Gedanken zu machen und fragt diesbezüglich genau nach. Außerdem kann er sich stundenlang zurückziehen, um irgendetwas zu tüfteln oder bauen. Er ist der *sensible Träumer*.

Mit dem Typus *Daniel Düsentrieb* wird ein Kind beschrieben, welches sehr viele verschiedene Ideen entwickelt, ständig unter Strom steht und viel und laut redet. Es kann sich hochkonzentriert verschiedenen technischen Konstruktionen und seinen eigenen Ideen widmen. Allerdings kommt es häufig zu heftigen Wutausbrüchen, wenn etwas nicht klappt und wenn es nicht nach seinem Kopf geht. Wenn es eine neue Idee hat, bleiben angefangene Arbeiten häufig unvollendet liegen. Die Kinder probieren sich in vielen Hobbies aus, bleiben aber nicht ständig bei einer Sache. Misserfolge sind für diesen Typus schwer einzugestehen, denn eigene Fehler kann er nicht zugeben. Für ihn sind immer die widrigen Umweltbedingungen schuld. In der Schule ist das Kind schnell für Neues zu begeistern. Mathe, Sachkunde und Werken sind seine Spezialgebiete. Er kommt häufig zu den richtigen Ergebnissen, es schleichen sich aber immer wieder Flüchtigkeitsfehler ein. Denn ein großer Schwachpunkt ist seine Ungeduld und sein starker Wille. Dadurch fällt es ihm schwer, sich an Regeln zu halten und abzuwarten, bis er sprechen darf. Der Daniel Düsentrieb Typus hat viele Freunde, möchte über diese aber oft bestimmen.

Der *Künstler Typus* hat häufig eigenwillige Vorstellungen und Erklärungen, wie er seinen Alltag gestalten will. In den Zimmern, wie auch in den Schulranzen herrscht Chaos. Häufig hören sie klassische Musik und toben sich künstlerisch aus. Pflichten im Haushalt übernehmen sie nur ungern. Äußerlichkeiten spielen für diese Kinder keine Rolle. Auch hier ist zu beobachten, dass Wut- Zornausbrüche durch nicht hundertprozentige Umsetzung ihres Willens hervorgerufen werden. Dieser Typus trödelt und träumt gerne. Meistens gibt es ein paar Freunde, allerdings ist er lieber alleine. In der Schule beteiligt er sich nur in den Fächern, welche ihn interessieren. Häufig beginnt dieser Typus sehr spät mit dem Lesen, Rechnen und Schreiben.

Bei vielen Hochbegabten setzt die Pubertät früher ein, als bei „normal" begabten. Der *Typus Rebell* beschreibt genau dieses Phänomen. Die Kinder beginnen früh, sich für besondere Gebiete zu interessieren. Häufig schreiben und lesen sie viel alte Literatur. In der Schule fallen sie auf, da sie von ihren Mitschülern verspottet werden und sich nicht an Pausenaktivitäten beteiligen. Im Unterricht fallen sie durch kritisches Nachfragen und Hinterfragen bestehender Strukturen auf. Der Rebell lehnt jegliche Konventionen ab und vertritt nach außen hin abwegige Standpunkte. Autoritäten kann er sich nicht unterordnen. Daher eskalieren oft Konflikte mit Lehrern, Eltern und Freunden. Innerlich fühlt sich dieses Kind isoliert und unsicher. Dieser Typus ist besonders gefährdet, durch seine Isolation eine Störung zu entwickeln. Die Verunsicherung wird immer größer, da dieses Kind vordergründig niemanden findet, der seine Meinung teilt. Unter besonders ungünstigen Bedingungen kann dies zu einer Depression, Drogenmissbrauch und impulsiven Verzweiflungstaten führen. Bei diesem Typus muss die rasche Entwicklung erkannt und gefördert werden.

Der Besserwisser fängt schon früh an, seinen Wissensdurst durch Bücher zu beruhigen. Hauptsächlich beschäftigt er sich mit naturwissenschaftlichen, komplexen Themen. Anderen, die seiner Meinung nach weniger wissen, begegnet er mit Arroganz und Überheblichkeit. Er weist seine Mitmenschen auf grammatikalische und inhaltliche Fehler hin. Auch er zeigt immense Wutausbrüche, ist der Auslöser dafür auch noch so klein. Nach diesen Ausbrüchen schämt er sich und ist sehr auf Harmonie bedacht. Das Kind ist Perfektionist. Klappt etwas nicht wie er will oder wird er bei seinen Experimenten gestört, zerlegt er all seine Ergebnisse in einem einzigen Tobsuchtsanfall. Danach ist er sehr niedergeschlagen. Der Besserwisser will immer über alles genauestens informiert sein und einen Plan haben und sei es bei einer Urlaubsreise. Von Gleichaltrigen ist er isoliert, sie kommen mit der Besserwisserei nicht zurecht. Durch die fehlenden Freunde hat er auch keine Austauschpartner und lebt seinen Unmut darüber häufig zuhause aus. Die Hochbegabung des Besserwissers liegt im mathematisch-naturwissenschaftlichen Bereich. *Der Unbeirrbare* folgt allem was passiert mit einem aufmerksamen Blick. Er ruht in sich selbst. Verletzungen von anderen nimmt er ohne Gegenwehr entgegen. Streit versucht er durch sachliche Argumentation zu schlichten. Lügen verurteilt er und kann sich selbst noch nicht mal eine kleine Notlüge zu eigen machen.

Der Unbeirrbare ist resistent gegenüber anderen, die versuchen ihn zu animieren etwas zu tun, was er nicht möchte. Gefühle zeigt er seinen Mitmenschen nur selten. Dieser Typus ist meist musikalisch und bringt sich Lesen, Schreiben und Rechnen selbst bei. Vorgenommenes wird hartnäckig verfolgt.

Mit dem Erlenen von Uhrzeiten und der Reihenfolge der Wochentage hat dieser Hochbegabungstypus Probleme.

Nach dieser, vielleicht auch etwas alltäglichen Typisierung, wird klar, dass eine Hochbegabung die unterschiedlichsten Facetten und Merkmale haben kann. Nicht jeder, der die beschriebenen Merkmale zeigt, ist hochbegabt, aber vieles spricht dafür, schon früh auf die Eigenschaften aufmerksam zu werden. Viele dieser bestimmten Verhaltensweisen können schon im Kindergarten zum Vorschein kommen. Nicht jedes hochbegabte Kind muss alle Merkmale eines Typus vereinen. Häufig kommt es auch zu Überschneidungen, was die Erkennung der hochbegabten Kinder nochmals deutlich schwerer macht (vgl. Brackmann 2005: 24-36).

16.2 Was tun bei einem Verdacht auf Hochbegabung? – Die Stiftung „Kleine Füchse"

Erkennt man nun Merkmale einer Hochbegabung bei seinem Kind, oder wird von anderen Betreuungspersonen darauf angesprochen, stellt sich schnell die Frage „Was nun?" Die Stiftung *Kleine Füchse* Wiesbaden nimmt sich dieser Thematik an. Sie wurde 2003 von Horst Raule als Antwort auf die schlecht ausgefallene Pisa-Studie gegründet. Ihm und seiner Frau war und ist es nach wie vor noch eine Herzensangelegenheit, die Begabungen und Hochbegabungen von Vorschulkindern zu erkennen und zu fördern. Die Stiftung setzt somit neue Impulse für Bildungsinitiativen und macht auf Hochbegabung aufmerksam. 2012 wurde die Stiftung mit der Georg August Zinn-Medaille ausgezeichnet. Diese wird an Einzelpersonen oder Institutionen, welche sich um das Gemeinwohl von Hessen verdient gemacht haben, verliehen. Die Stiftung beschäftigt in ihrer Begabungspsychologischen Beratungsstelle vier Mitarbeiter.

Sie hat sich zum Ziel gesetzt, Begabungen von Vorschul- und Kindergartenkindern früh zu erkennen und die Kinder mit ihren Eltern an entsprechende Stellen zu vermitteln, damit die Kinder individuell gefördert werden können. Dabei richtet sich die Begabungspsychologische Beratungsstelle vor allem an Kinder und deren Eltern, bei denen ein hoher Intelligenzquotient vermutet wird. Als begabt oder hochbegabt erkannte Kinder sollen dabei nicht aus den bestehenden Kindergruppen herausgenommen werden, sondern vielmehr wird genau dort gefördert, um auch die soziale Kompetenz der Hochbegabten nicht aus den Augen zu verlieren.

Damit können auch die anderen Kinder in der Gruppe von den neuen und verbesserten Rahmenbedingungen profitieren und die Stiftung leistet so einen Beitrag zur Chancengerechtigkeit – die Kinder werden dort von erfahrenen Fachkräften begleitet, wo alle Kinder ungeachtet ihrer sozialen und ethnischen Herkunft zu finden sind. Damit die oben genannten Ziele erreicht werden können, hat die Stiftung ein Modell entwickelt, welches auf drei Säulen ruht. Zum einen gibt es die Fortbildung zur „Begabungspädagogischen Fachkraft Stiftung *Kleine Füchse*" und die Partner-Kindertagesstätten, das Pädagogische Forum und die Begabungspsychologische Beratungsstelle in Wiesbaden.

Aus diesen drei Säulen ergeben sich dann drei verschiedene Arbeitsbereiche, in welchen die Stiftung tätig ist. Der erste Arbeitsbereich ist die Ausbildung von ErzieherInnen zur „Begabungspädagogischen Fachkraft Stiftung *Kleine Füchse*". Hierzu gibt es eine modular angelegte, 5-6-mal jährlich beginnende Fortbildung. In der Fortbildung gibt es fünf pädagogische Schwerpunkte, die vermittelt werden, damit man Hochbegabungen früh erkennt und dementsprechend fördern kann. Zum einen wird der Blickwinkel der ErzieherInnen auf die individuellen Stärken der Kinder gelenkt, denn nur mit einem positiven Blick auf das Kind kann eine Hochbegabung rechtzeitig erkannt und gefördert werden. Ein weiterer Punkt ist die inklusive Förderung zur Stärkung der sozialen Kompetenz aller Kinder. Deshalb ist es wichtig, dass sowohl begabte Kinder (IQ zwischen 120 und 130), als auch hochbegabte Kinder (IQ ab 130) gemeinsam mit allen anderen Kindern in einer Gruppe sind und gemeinschaftlich an Angeboten und Projekten teilnehmen können. So wird das Miteinander und die soziale Kompetenz gefördert. Die ErzieherInnen lernen ebenfalls, wie die Kinder aktiv in Lernprozesse mit einbezogen werden können. Hier wird vor allem Wert auf Projektarbeit in bestimmten Themenfeldern und der Austausch des Kindes mit Erwachsenen gelegt. Elternarbeit spielt dabei eine große Rolle. Die pädagogischen Fachkräfte lernen, die Entwicklung des Kindes in Kooperation mit den Eltern zu begleiten und auch in kritischen Situationen eine Stütze zu sein. Damit die hochbegabten Kinder einen guten Wechsel von der Kindertagesstätte in die Schule vollziehen können, wird hier eine noch engere Zusammenarbeit angestrebt. Die ErzieherInnensind wichtige Schnittstellen, um begabte und hochbegabte Kinder zu fördern und ihre Bedürfnisse rechtzeitig zu erkennen. Am Ende der Fortbildung erhalten die pädagogischen Fachkräfte nach bestandener Prüfung ein Zertifikat.

Der zweite Arbeitsbereich ist die begabungspsychologische Beratung und Diagnostik in Wiesbaden. Die Beratungsstelle ist spezialisiert auf die Testung und Diagnose von begabten und hochbegabten Kindern. Es wird zudem eine Beratung für pädagogische Fachkräfte und Eltern angeboten. Für Familien aus Partner-Einrichtungen sind die Leistungen der Beratungsstelle dank eines Förderers aus Wirtschaft oder Stiftungswesen kostenlos. Für alle anderen fallen Kosten an.

Der dritte Arbeitsbereich ist das Pädagogische Forum. Hierbei werden regelmäßige Treffen für die Partner-Kindertagesstätten angeboten. Ziel ist es, eine kontinuierliche Wissenserweiterung, sowie den Erfahrungsaustausch und die Vernetzung weiter voranzutreiben.

Die Stiftung hat mittlerweile über 100 Partner-Kindertagesstätten im Großraum Rhein-Main-Nahe im Netzwerk. All diese pädagogischen Partner-einrichtungen arbeiten nach dem Modell *Kleine Füchse*, also mit den begabungspädagogischen Fachkräften. In der Zeit von 2003 bis heute konnten über 850 begabte und hochbegabte Kinder durch die Arbeit der Stiftung entdeckt werden. Dadurch profitieren mehr als 8000 Kinder in Kindertagesstätten von der begabungsgerechten Förderung. Seit der Gründung der Stiftung haben über 450 ErzieherInnen an der Fortbildung zur „Begabungspädagogischen Fachkraft" erfolgreichteilgenommen. Pro Jahr erhalten 75-100 ErzieherInnen das Zertifikat (vgl. Stiftung 2017).

Die ErzieherInnen sind eine wichtige Stütze, wenn es um Hochbegabung oder Begabung eines Kindes geht. Sie haben durch ihre Ausbildung einen Grundstock an Informationen zur kindlichen Entwicklung erhalten und können hauptsächlich Abweichungen nach unten feststellen. Damit dieser auf Defizite gerichtete Blickwinkel auch nach oben hin zu den positiven Abweichungen wie der Hochbegabung gelenkt wird, werden Fort- und Ausbildungen zum Thema angeboten. Allerdings wird deutlich, dass viel zu wenige ErzieherInnen in diesem speziellen Bereich ausreichend aus- bzw. fortgebildet sind. Hier soll nochmals die Schlüsselrolle der Kindertagesstätte bei der Bildung der Kinder hervorgehoben werden. Im Vergleich zur Schule hat eine Kindertageseinrichtung deutlich mehr Freiheiten und ist nicht an einen Lehrplan gebunden. Somit können sie die Bildung der Kinder freier und individueller gestalten.

Damit dies gelingt, ist es im Kindergarten wichtig, dass die Kinder das Gefühl haben, ernst genommen zu werden so wie sie sind. Die ErzieherInnen nehmen somit eine ganz wichtige Stelle als Bezugsperson ein. Daher ist es von großer Bedeutung, dass dieses Thema in Fortbildungen und in der Ausbildung deutlich mehr in den Fokus rückt. Denn nur so können Unsicherheiten abgebaut und eine angenehme, wertschätzende und individuelle Förderung entwickelt werden. Wichtig sind und bleiben die Beobachtungen und Dokumentationen der pädagogischen Fachkräfte im Kindergartenalltag. Sie sind am nächsten an den Kindern und können entsprechende Merkmale, die für eine Hochbegabung sprechen, feststellen, sofern sie dafür ausgebildet sind (vgl. Bundesministerium 2015: 70-80).

Viele hochbegabte Kinder wollen kognitiv herausgefordert werden. Sowohl die ErzieherInnen als auch die Eltern sind dann gefragt, in richtiger Weise darauf einzugehen und dabei nicht zu überfordern, denn auch das ist bei hochbegabten Kindern trotz allem möglich. Auch hier ist es wichtig, dass man als Betreuungsperson nicht vergisst, dass man trotz Hochbegabung immer noch ein Kind vor sich hat, welches seinen Alltag nicht nur durch komplexe Aufgaben gestalten will. Dies wird im Kapitel „Fördern, fordern, überfordern von Kindern" nochmals näher betrachtet.

Für ErzieherInnen ist es wichtig einen fundierten Wissensstand über Hochbegabung zu erhalten, damit sie die Kinder entsprechend stützen und auch fördern können. Denn jeder Hochbegabte bleibt ein Individuum und muss dementsprechend gefördert werden. „Begabung ist keine Krankheit oder Behinderung, sondern ein Geschenk für das Kind, für die Familie und für die ganze Gesellschaft. Hochbegabte Kinder sind keine „besseren" Kinder. Sie brauchen aber, um sich harmonisch und glücklich entwickeln zu können - genauso wie jedes andere Kind auch- eine Förderung, die ihren Bedürfnissen gerecht wird" (Deutsche Gesellschaft für das hochbegabte Kind e. V. 2017).

Literatur

„Kleine Füchse"- Raule Stiftung (2017): Stiftung Kleine Füchse. http://www.stiftung-kleine-fuechse.de/index.php?id=14 [24.10.2017].

Baier, T. (2015): Intelligenzforschung. Schlaue Eltern, schlaue Kinder?. Süddeutsche Zeitung, 24. März.

Brackmann, A. (2005): Jenseits der Norm- hochbegabt und hoch sensibel. Stuttgart: Pfeiffer bei Klett-Cotta.

Bundesministerium für Bildung und Forschung (2015): Begabte Kinder finden und fördern. Ein Wegweiser für Eltern, Erzieherinnen und Erzieher, Lehrerinnen und Lehrer. Berlin.

Deutsche Gesellschaft für das hochbegabte Kind e. V. (2017): DGhK e. V.. http://www.dghk.de/hochbegabung [08.01.2018].

Haese, D. (2017): Begabtenpädagogik. https://www.begabtenpaedagogik.de [08.01.2018].

Kray, J./ Schaefer, S. (2012): Mittlere und späte Kindheit (6-11 Jahre). In: U. Lindenberger & W. Schneider, Hrsg. Entwicklungspsychologie. Weinheim, Basel: Beltz Verlag, p. 221.

Mitteldeutscher Rundfunk (2017): Mdr Umschau. http://www.mdr.de/umschau/quicktipp/quicktipp-kinder-hochbegabung-erkennen-100.html [24.10.2017].

Montada, L./Oerter, R. (2008): Glossar. In: L. Montada/Oerter, R., [Hrsg.] Entwicklungspsychologie. Weinheim, Basel: Beltz Verlag, p. 960.

Oerter, R. (2008): Kindheit. In: R. Oerter& L. Montada, Hrsg. Entwicklungspsychologie. Weinheim und Basel: Beltz Verlag, p. 249.

Oerter, R./ Montada, L. [Hrsg.], 2008. Entwicklungspsychologie. Weinheim und Basel: Beltz Verlag.

Oerter, R./Montada, L., 2012. Entwicklungspsychologie. Weinheim, Basel: Beltz Verlag.

Preckel, F./Stumpf, E./Schneider, W., 2012. Hochbegabung, Expertise und außergewöhnliche Leistung. In: W. Schneider & U. Lindenberger, Hrsg. Entwicklungspsychologie. Weinheim und Basel: Beltz Verlag

17 Kinder von psychisch kranken Eltern

Franziska Kneib, Clarissa Schmidt und Christina Völker

Mehr als eine halbe Millionen Kinder in Deutschland leben mit einem psychisch kranken Elternteil. Diese hohe Zahl an Kindern zeigt, von welch großer Bedeutung das Thema ist, denn oft wird den Auswirkungen der Krankheiten der Eltern auf die Kinder viel zu wenig Beachtung geschenkt und so kann keine adäquate Aufmerksamkeit auf jene gelenkt werden, auf die ein großer Fokus gelegt werden sollte – gar gelegt werden muss.

Kindern von psychisch kranken Eltern begegnet man überall – sei es in der offenen Kinder- und Jugendarbeit, genauso wie im Bereich der stationären oder ambulanten Unterbringung in Form von Notunterkünften, oder stationären Einrichtungen wie Kinderhäusern. In solchen Bereichen der sozialarbeiterischen und pädagogischen Arbeit, sollten Mitarbeitende auf diese Problematik hin geschult sein und wissen um den Umgang und die Bedürfnisse von betroffenen Kindern, die ein oder zwei psychisch kranke Elternteile haben und wie die Elternarbeit ablaufen kann.

Nach unseren Erfahrungen und Recherchen herrscht oft Unsicherheit, die aus Unwissenheit über dieses tiefgehende Thema resultiert. Wir möchten mit diesem Kapitel all jenen ErzieherInnen die Möglichkeit geben, sich überblickgebende Informationen über ein brisantes Thema zu verschaffen. Es soll einen Einstieg dahingehend leisten, dass sich mehr mit der Thematik auseinander gesetzt wird, Betroffene ernst genommen werden, erste Richtlinien zum Umgang geben und das Einleiten von nötigen Maßnahmen erleichtern.

17.1 Psychische Erkrankung

Die Weltgesundheitsorganisation (WHO) definiert psychische Erkrankungen wie folgt:

> „Eine psychische oder seelische Störung ist eine krankhafte Beeinträchtigung der Wahrnehmung, des Denkens, Fühlens, Verhaltens oder der sozialen Beziehungen. Auch das Selbstbild (Ich-Erleben), die Erlebnisverarbeitung und die Willensstärke können betroffen sein. Es gehört daher gerade zum Wesen dieser Störungen, dass sie durch Selbstdisziplin kaum oder gar nicht mehr zu beeinflussen sind."(Waller 2007: 217f)

Zudem gibt es weitere Klassifikationsmöglichkeiten. Dies ist einmal die Klassifikation psychischer Störungen mittels des ICD-10 (International Statistical Classification of Diseases and Related Health Problems), nach der WHO. Ärzte diagnostizieren mittels des ICD-10 psychische Störungen. Weiter bietet der DSM-IV (der „American Psychiatric Association") eine Möglichkeit der Klassifizierung. Der Einfachheit halber wird nun ausschließlich auf die Klassifizierung nach ICD–10 eingegangen. Hier werden die unterschiedlichen Diagnosen noch einmal feiner differenziert, nach so genannten F-Schlüsseln.

17.1.1 Häufigkeit von psychischen Erkrankungen

Im Folgenden steht eine Auflistung der zehn häufigsten psychischen Krankheiten und Verhaltensstörungen, die 2015 in Deutschland vollstationär in einem Krankenhaus behandelt wurden.

Die häufigsten psychischen Erkrankungen bei Erwachsenen sind: Angststörungen (wie zum Beispiel die Agoraphobie, soziale Phobie, spezifische Phobie: Angst wird ausgelöst durch spezifische Objekte oder Situationen, wie z. B. Tiere, Höhen, geschlossene Räume, Zahnarztbesuch etc.) oder andere Störungen wie Panikstörungen und generalisierte Angststörungen.

Tabelle 1: ICD-10 Diagnose und Anzahl in der Bevölkerung

ICD-10	Diagnose/Behandlungsanlass	Anzahl
F00-F99	Psychische und Verhaltensstörungen	1.230.330
F10	Psychische und Verhaltensstörungen durch Alkohol	326.971
F33	Rezidivierende depressive Störung	141.013
F32	Depressive Episode	121.989
F20	Schizophrenie	88.995
F43	Reaktionen auf schwere Belastungen und Anpassungsstörungen	70.514
F05	Delir, nicht durch Alkohol oder andere psychotrope Substanzen bedingt	46 094
F45	Somatoforme Störungen	42.441
F19	Psychische und Verhaltensstörungen durch multiplen Substanzgebrauch und Konsum anderer psychotroper Substanzen	35.731
F11	Psychische und Verhaltensstörungen durch Opioide	34.916
F60	Spezifische Persönlichkeitsstörungen	31.409

Quelle: Destatis (2016). Die 10 häufigsten psychischen und Verhaltensstörungen insgesamt

Alkoholstörungen sind ein gesellschaftlich weit verbreitetes Erkrankungsbild. So gibt es Schätzungen, die besagen, dass deutschlandweit circa zwei Millionen Kinder einen alkoholkranken Elternteil haben. Weitestgehend werden die Abhängigen aber nicht behandelt, was die oben gezeigte Zahl erklärt. Außerdem häufig sind die unipolaren Depressionen, bipolare Störungen, Zwangsstörungen, Posttraumatische Belastungsstörungen und Psychosen.

Laut einer Untersuchung des Instituts für Gesundheitsforschung und Soziale Psychiatriegeben 27 % der 808 befragten PatientInnen an, sie hätten Kinder unter 18 Jahren. Drei Viertel lebten mit ihren Kindern zusammen (mehr Frauen als Männer). Diagnostisch fanden sich praktisch alle seelischen Leiden bei den Eltern, am häufigsten Depressionen, Persönlichkeitsstörungen, Neurosen und Psychosen. Jedes vierte Kind wird von einem psychisch erkrankten Elternteil als selber nicht (mehr) „gesund" bezeichnet. Die häufigsten Probleme sind sozialer Rückzug, körperliche Beschwerden, Ängstlichkeit, Depression, dissoziales oder gar aggressives Verhalten.

17.1.2   Verhaltensauffällige Kinder

Laut diversen Untersuchungen werden heute knapp ein Viertel (ca. 20-25 Prozent) der 3-6 jährigen Kinder als verhaltensauffällig oder psychisch erkrankt klassifiziert. Schätzungen zufolge sind davon rund fünf Prozent behandlungsbedürftig (Textor 2008).

17.1.2.1   Symptome und Formen von Verhaltensauffälligkeiten

Die Symptome hierfür können sowohl im physischen und psychischen, als auch im sozialen Bereich liegen. Zwei Beispiele für körperliche Auswirkungen bei betroffenen Kindern können Nägelkauen oder Essstörungen sein. Psychische Symptome sind häufig Angst, Depressivität und Konzentrationsdefizite bzw. Konzentrationsstörungen. Im sozialen Handeln zeigt sich oft ein erhöhtes Aggressivitätspotenzial oder die Kinder sind extrem schüchtern. Die Vielzahl der betroffenen Kinder zeigt, dass der Umgang mit verhaltensauffälligen Kindern zu einer großen Belastung – wenn nicht sogar zur größten Belastung für die Arbeit von ErzieherInnen geworden ist.

Man unterscheidet bei Verhaltensauffälligkeiten zwei Formen: Externalisierende und internalisierende Verhaltensauffälligkeiten.

Unter externalisierenden Verhaltensweisen versteht man beispielsweise sogenannte „Zappelphillip-Kinder", die sich leicht ablenken lassen und deren Verhalten sich durch impulsives Agieren auszeichnet. Aber auch aggressives Verhalten, wie beispielsweise schlagen, treten und Vandalismus gehört zu den externalisierenden Verhaltensweisen.

Daneben gibt es eben noch internalisierende Verhaltensauffälligkeiten, zu denen Trennungsängste, Kontaktvermeidung und ängstlich-depressives Verhalten zählen.

Verhaltensauffälligkeiten bei Kindern können ganz unterschiedliche Ursachen haben. Um diese zu erkennen muss man ein ganzheitliches Bild vor Augen haben, bei dem somatische, emotionale und psychische Faktoren berücksichtigt werden müssen. Hält man sich vor Augen, dass der Mensch grundsätzlich in diversen Systemen und nicht isoliert lebt, so muss eine ganzheitliche Betrachtung in alle Richtungen (Einflüsse durch Familie, Kindertageseinrichtung bzw. Kindergarten und die Peer-Group) erfolgen. Auszugehen ist von einer Multikausalität.

Diese Multikausalität bedeutet, die Ursachen können zum einen im Kind selbst liegen, wie z. B. durch Erbanlagen, Dispositionen, Entwicklungsverzögerungen, Krankheiten, Fehlernährungen oder anderes. Ein großer Teil der Kinder erlernt auffällige Verhaltensweisen in der eigenen Familie durch unbewusste Nachahmung anderer Familienmitglieder. So versuchen beispielsweise von ihren psychisch erkrankten Eltern vernachlässigte Kinder, durch ein sozial nicht akzeptiertes Verhalten, die Aufmerksamkeit ihrer Eltern zu erhaschen.

Ursachen für Verhaltensauffälligkeiten können also auch in der Familie begründet liegen. So sind Kinder, welche einen psychisch erkrankten Elternteil haben (z. B. Depression oder Suchtkrankheit), häufiger verhaltensauffällig als jene, die in einem gesunden innerfamiliären Klima aufwachsen. Ihre Symptome kann man an dieser Stelle als Reaktion zur Verarbeitung ihrer gestörten Umwelt annehmen.

Kinder werden in ihrer normalen Entwicklung beeinträchtigt, wenn Eltern nicht ihrer erzieherischen Funktion nachkommen. So fehlen manchen erkrankten Müttern die Fertigkeiten einer angemessenen Pflege und Erziehung für ihre Kinder. Bedingt durch psychische Erkrankungen, die oft in Schüben auftreten, sind sie nicht in der Lage, für ihren Nachwuchs zu sorgen. In solchen Fällen braucht es externe Hilfen, auf die später noch eingegangen wird.

ErzieherInnen stehen nun vor der Herausforderung, mit solchen Verhaltensauffälligkeiten richtig umzugehen. Schnell entsteht durch falsches, wenn auch gut gemeintes Agieren ein „Teufelskreis der pädagogischen Maßnahmen". Hat das Kind das subjektive Gefühl, Ablehnung seitens der Mitarbeiter der Einrichtung und der anderen Kinder zu erfahren, führt dies nicht selten zu einer Vermehrung auffälligen Verhaltens bis hin zu einer Eskalation.

Auch muss darauf geachtet werden, dass ErzieherInnen und die Leitungsebene nicht stigmatisierend agieren. So wird Familien, die von Suchtkrankheiten oder anderen psychischen Erkrankungen betroffen sind, schnell zugeschrieben, dass deren Kinder verhaltensauffällig sein müssten. Solche Prophezeiungen neigen dazu, sich selbst zu erfüllen. Damit dies vermieden werden kann, wird im Folgenden nun darauf eingegangen, wie ErzieherInnen frühzeitig Verhaltensauffälligkeiten erkennen und welche Interventionsmöglichkeiten-gepaart mit Strategien und Maßnahmen-es gibt (vgl. Textor 2008).

17.1.2.2 Erkennen von Verhaltensauffälligkeiten

Fällt ErzieherInnen auf, dass ein Kind vermehrt ungewöhnliches bis auffälliges Verhalten zeigt, steht erst einmal eine genaue Beobachtung an. Die Kinder sollten in täglichen Situationen beobachtet werden, sei es in der Gruppe, beim Sozialspiel oder gemeinsamen Mahlzeiten. Jedoch sollte man seinen Blick für das Gesamtbild behalten und sich nicht nur auf das negative Verhalten des Kindes konzentrieren. Wie immer spielt in einen solchen Beobachtungsprozess die subjektive Sicht eine große Rolle- auch wenn dies oft nicht gewollt ist. Als Hilfestellung kann ein Beobachtungsbogen, wie beispielsweiße der „BEK-Beobachtungsbogen zur Erfassung von Entwicklungsrückständen und Verhaltensauffälligkeiten von Kindergartenkindern" des IFP (Staatsinstitut für Frühpädagogik) dienen. Der Bogen kann als PDF heruntergeladen werden.

Nach Textor (2008), sollten „Instrumente wie der Beobachtungsbogen zur Erfassung von Entwicklungs- und Verhaltensauffälligkeiten bei Kindergartenkindern (BEK; Mayr 1998), die diagnostischen Einschätzungsskalen (DES; Barth 1998) oder die Beobachtungsbögen von Pfluger-Jakob (1994) hinzugezogen werden, wenn erhebliche Unsicherheiten nach einer ausführlichen Beobachtung verwendet werden und wenn einrichtungsintern alle pädagogischen Maßnahmen gescheitert sind. Das heißt: „Solche Instrumente sollten also erst relativ spät eingesetzt werden. Sie haben den Nachteil, dass sie zum einen eher defizitär orientiert sind (also auf Probleme fokussieren) und zum anderen den Blick rein auf das Kind lenken. Beides leistet einer individuumszentrierten Sichtweise Vorschub, die leicht zu einer Pathologisierung des Verhaltens und zu einer Stigmatisierung des Kindes führt. Aufgrund der weiter oben beschriebenen Ursachen von Verhaltensauffälligkeiten in Familie, Kindertageseinrichtung und Peergroup ist jedoch prinzipiell eine systemische Perspektive der individuumszentrierten vorzuziehen. Hier wird das Kind in seinem Umfeld betrachtet, werden interaktive Prozesse, erzieherische Verhaltensweisen, pathogene Strukturen, Rahmenbedingungen und Einflüsse von außen berücksichtigt." (Textor 2008)

17.1.2.3 Interventionsmöglichkeiten in der Gruppe

ErzieherInnen haben grundsätzlich verschiedene Möglichkeiten mit verhaltensauffälligen Kindern innerhalb ihrer Gruppe umzugehen. So sollten Fachkräfte den Anspruch an sich selbst haben, immer präventiv zu arbeiten. D.h. in alltäglichen Situationen im Vorfeld Verhaltensauffälligkeiten zu erkennen und entsprechend entgegen zu wirken, um diese nicht entstehen zu lassen, bzw. zumindest zu reduzieren. Nach Textor (2008), sollten immer positive Entwick-

242

lungsbedingungen in einer Kindertagesstätte oder einem Kindergarten vorherrschen. Um, vor allem teamintern, die pädagogische Arbeit sinnvoll reflektieren zu können, schlägt er folgende Fragestellungen, die zur Prävention von neu aufkeimenden Verhaltensabweichungen dienen sollen, vor:

„Haben wir zu Beginn des Kindergartenjahres eine gründliche Situations- und Bedarfsanalyse gemacht? Das heißt: ‚Kennen' wir wirklich jedes einzelne Kind in unserer Gruppe, seinen Entwicklungsstand, seine Bedürfnisse und Interessen? ‚Kennen' wir alle Eltern, ihre Erziehungsvorstellungen, eventuelle Belastungen und Familienprobleme? Von welcher Qualität ist unsere pädagogische Arbeit? Wie kommt sie bei den Kindern an? Sprechen wir mit unseren Angeboten jedes einzelne Kind an? Machen wir zu viele gezielte Beschäftigungen, bei denen alle Kinder mitmachen müssen - ob sie wollen oder nicht? Berücksichtigen wir alle Entwicklungsbereiche (‚allseitige' bzw. ‚ganzheitliche' Förderung des Kindes)? Beachten wir die Vorgaben der Bildungspläne? In welchem Kontext findet unsere pädagogische Arbeit statt? Sind die Gruppenräume mit unnötigen Möbeln zugestellt? Sind die Regale überfüllt (insbesondere mit Spielsachen, die nicht mehr auf das Interesse der Kinder stoßen)? Nutzen wir Nebenräume und Gänge angemessen? Gibt es für das einzelne Kind Rückzugsbereiche? Ermöglicht das Außengelände abwechslungsreiche Aktivitäten? Oder sollten wir mehr öffentliche Räume (Wald, Park, Spielplatz) aufsuchen? Welche Faktoren in unserer Einrichtung könnten zum Auftreten von Verhaltensauffälligkeiten beitragen? Entsprechen z. B. unsere pädagogischen Angebote nicht den Bedürfnissen und Interessen der ganz kleinen oder der älteren Kinder? Ignorieren wir einzelne Kinder (z. B. schüchterne Kinder, weil sie keine Probleme machen)? Widmen wir einigen Kindern zu viel Aufmerksamkeit (z. B. „Problemkindern")? Begegnen wir einzelnen Kindern mit Voreinstellungen oder gar Vorurteilen? Achten wir zu wenig auf das Einhalten von Regeln?"

Durch eine selbstkritische Analyse, können nun Verbesserungen und somit positive Veränderungen innerhalb der Einrichtung erarbeitet werden.

17.1.2.4   Erzieherische und heilpädagogische Maßnahmen

Trotz aller Bemühungen um Prävention wird es immer verhaltensauffällige Kinder in einer Gruppe geben. Hier sollten die ErzieherInnen zunächst prüfen, inwieweit diesen Kindern mit den Möglichkeiten der Kindertageseinrichtung geholfen werden kann. Je früher eingegriffen wird, umso leichter lassen sich in der Regel die Auffälligkeiten reduzieren.

Ferner sollten ErzieherInnen verhaltensauffälligen Kindern neue Erfahrungsräume erschließen, zum Beispiel durch Psychomotorik[18], Spiele, Kunst,

---

24   Die Psychomotorik beschreibt den kausalen Zusammenhang zwischen psychischen Vorgängen und Bewegung.

Musik und beruhigende, entkrampfende Schritte wie Autogenes Training, progressive Muskelentspannung, Meditation, Malen von Mandalas usw.

Bei der Arbeit mit verhaltensauffälligen Kindern gilt es, erst einmal festzustellen, was einer auffälligen Reaktion vorausging, in welchem Kontext sich die Geschehnisse abspielten und was ihre Folgen waren.

Die Einwirkung erfolgt dann mit verhaltenstherapeutischen Techniken wie Verstärkerentzug, positive Verstärkung erwünschter Verhaltensweisen, Lehren erwünschter Verhaltensweisen (z. B. Würdigung erster Ansätze eines angemessenen Verhaltens), Auszeiten, Entspannungsverfahren/-übungen, Training sozialer Fertigkeiten und Verhaltensverträgen. Mit älteren Kindern werden Verhaltensziele vereinbart, die mit Strafen und Belohnungen belegt sein können. (vgl. Textor 2008).

17.2 Wie nehmen Kinder die Krankheit ihrer Eltern wahr?

17.2.1 Erleben der Krankheit

Kinder wollen wissen, was um sie herum geschieht. Das ist besonders wichtig, um Situationen verstehen und einordnen zu können. Kinder, deren Eltern an einer psychischen Erkrankung leiden, sind oft nicht in der Lage die Situation, die sich im Familienleben durch die Erkrankung zeigt, richtig zu interpretieren und einzuordnen. Es fehlt ihnen oft der Bezug dazu, die Situation zu verstehen und nachzuvollziehen. Das wiederum stellt für die Kinder eine große Belastungssituation dar. Sie können die Erkrankung des Elternteils weder verstehen, noch können sie eine Erklärung für das Verhalten der Eltern finden. Sie erleben, dass ein Elternteil sich beispielsweise aggressiv, ablehnend, aufbrausend oder auch abwesend verhält. Das erschwert die Eltern- Kind- Beziehung ungemein. Der Elternteil ist im subjektiven Erleben für das Kind nicht erreichbar.

Hinzu kommen die vielfältigen Ausdrucksformen, in denen sich die psychische Erkrankung zeigen kann, wie beispielsweise bei Schizophrenie. Der Vater oder die Mutter sehen oder hören Dinge, die nicht real vorhanden sind. Bekommt ein Kind dies im engen Kontakt der Familie mit, reagiert es oft mit Angst und Schrecken (Brockmann/Lenz 2011). Kinder beobachten den Elternteil mit der psychischen Erkrankung sehr genau. Sie nehmen sehr sensibel wahr, ob sich der Krankheitsverlauf der Mutter oder des Vater verschlechtert. Eine Verschlechterung im Krankheitsverlauf stellt für sie eine höhere Belastung dar, auf die sie in der Regel mit Anpassungsverhalten reagieren. Relativ drastisch wird das Isolationsverhalten des Elternteils erlebt, welches für gewöhnlich bei einer Depression vorkommt. Der Elternteil zieht sich zurück und das Kind erhält in seiner ohnehin schon prekären Situation noch weniger Zuwendung. In der Gefühlswelt der Kinder zeigen sich in Phasen der Erkrankung des Elternteils, viele Ängste, Gefühle von Hoffnungslosigkeit, von Verlust und von Trauer (Lenz 2014).

Ein weiteres Problem stellt die Tabuisierung dar. Ein unausgesprochenes oder ausgesprochenes Kommunikationsverbot bezüglich der Erkrankung, innerhalb der Familie und nach außen hin, beherrscht das Familienklima. Kinder halten sich intuitiv an dieses Verbot und wenden sich im seltensten Fall mit der Problematik an das weitere soziale Netzwerk. Die Erkrankung des Elternteils wird somit zum Familiengeheimnis, welches gewahrt werden muss. Damit wird deutlich, dass das Kind niemanden hat, mit dem es seine Erlebnisse, Befürchtungen, Ängste und Sorgen teilen kann. Es ist in der Situation hilflos sich selbst überlassen. Jegliche Versuche das Verhalten des erkrankten Elternteils zu erklären, macht das Kind mit sich alleine aus, was fatale Folgen haben kann, da die Erklärungsmodelle der Kinder oft dahin zurückgehen, dass sie sich für die Erkrankung des Elternteils verantwortlich fühlen oder machen (Brockmann/Lenz 2014). Die Tabuisierung geschieht häufig vor dem Hintergrund, dass Familienmitglieder sich gegenseitig rücksichtsvoll schonen möchten. Das Problem wird dem Kind gegenüber verschleiert und oft verharmlost, gerade deshalb um das Kind in seinen Interaktionen außerhalb der Familie zu schützen. Das Anliegen der Eltern besteht darin, dass das Kind durch die Erkrankung des Elternteils nicht bei Freunden ausgeschlossen wird, falls diese von der Erkrankung erfahren sollten (Lenz 2014).

17.2.2 Subjektive Krankheitstheorien der Kinder

Bleiben die Vorstellungen über die Krankheitsentstehung und den Krankheitsverlauf für das Kind weitgehend unklar, zieht es ein Register von eigenen Fantasien und Vorstellungen über die Krankheitsursachen des erkrankten Elternteils heran. Diese sind oft übertönt von eigenen Schuldzuweisungen und bestimmt durch die Frage, ob das Kind etwas falsch gemacht hat (Brockmann/Lenz 2011). Diese subjektive Erklärungstheorie kommt daher, dass der Mensch grundsätzlich das Bedürfnis hat, Kausalitäten herzustellen. Um genauere Informationen zu den Erklärungsversuchen der Kinder zu bekommen, hat man sie befragt. Kindern fällt es grundsätzlich schwer, Ursachen für die Erkrankung eines Elternteils zu finden. Jüngere Kinder äußern meistens, dass sie nicht wüssten, woher die Erkrankung käme. Sie erkennen jedoch relativ deutlich den Unterschied zwischen einer somatischen Erkrankung und der psychischen Erkrankung des Elternteils. Kinder geben an, dass eine allgemeine Überlastung oder Überforderung, zum Beispiel der Mutter, ursächlich für die Erkrankung sei. Sie stellen dabei die vielfältigen Aufgaben im Haushalt oder die Versorgung anderer Geschwister in einen Zusammenhang mit der Entstehung der psychischen Erkrankung. Besonders hier führt das Kind die Ursache der Entstehung der Erkrankung auf sich zurück, indem es sich die Schuld dafür gibt, die Mutter nicht genug unterstütz zu haben. Sie sehen sich dabei als einen auslösenden Faktor, der durch schlechtes Benehmen, Herumtoben, unfolgsam sein und lautes Schreien die Entstehung der Erkrankung durch ihr Verhalten mit verursachen.

Ein weiterer Erklärungsversuch der Kinder ist, dass sie die Erkrankung des Elternteils einem belasteten Lebensereignis zuschreiben. Das ist zum Beispiel die Trennung oder die Scheidung der Eltern, welche eine Reihe an Konflikten und Auseinandersetzungen mit sich bringt, die für die Mutter sehr verletzend sein müssen. Aber auch dieses Erklärungsmodell bleibt letztendlich diffus. Weiteres Wissen über die Entstehung der Erkrankung bleibt für das Kind verborgen. Seine Lösung, mit der Situation umzugehen liegt darin, dass es dem erkrankten Elternteil sehr viel Ruhe und Unterstützung zuspricht. Andere Erklärungsversuche, die Erkrankung in Zusammenhang zu stellen mit familiär vererbten Dispositionen, mit Traumata oder das Zusammenwirken von mehreren Belastungssituationen, sind Erklärungsversuche, die Kinder im Kindergartenalter nicht in Erwägung ziehen (Lenz 2014).

17.2.3 Bewältigungsstrategien innerhalb der Familie

Kinder, bei denen ein Elternteil an einer psychischen Erkrankung leidet, sind im Alltag mit vielen stressauslösenden Problemen konfrontiert. Sie können die Probleme der Eltern nicht greifen und somit auch nicht verstehen. Darauf reagieren sie oft mit Angstgefühlen und Verwirrung. Sie wissen nicht, woran sie sich orientieren können. Die Neigung dazu, sich die Schuld für die Erkrankung zu geben, versetzt das Kind in einen enormen Stresszustand. Zudem herrscht in der Familie ein bewusstes oder unbewusstes Kommunikationsverbot, welches verhindert, dass das Kind durch Erklärungen eines Erwachsenen die Erkrankung verstehen könnte. Kinder haben das Gefühl, dass sie, wenn sie Informationen nach außen tragen, die Eltern verraten würden. Dadurch isolieren sie sich und sind mit der Problematik alleine. Von Seiten der Eltern kann es zu einem Betreuungsdefizit kommen, da die Eltern durch ihre Erkrankung in der Erfüllung ihrer Erziehungsaufgaben eingeschränkt sein können. Der erkrankte Elternteil trägt quasi eine Doppelbelastung. Die alltägliche Belastung mit den Krankheitssymptomen und die hinzukommenden zusätzlichen Belastungen in der Alltagsgestaltung, wie zum Beispiel das Führen des Haushaltes, können den Elternteil schnell an den Rand seiner Belastungsgrenze bringen. Hier kommt es auch häufig zu einer Verantwortungsverschiebung. Die Kinder fühlen sich für das erkrankte Elternteil verantwortlich und übernehmen häufig elterliche Funktionen. Abwertungserlebnisse wirken sich ebenfalls signifikant auf das Stresserleben der Kinder aus. Sie bemerken, dass der erkrankte Elternteil und auch sie selber von außenstehenden Personen abgewertet werden. Das kann dazu führen, dass das Kind sich für seinen Elternteil schämt und somit in einen Konflikt zwischen Loyalität und Distanzierung gegenüber seiner Familie gerät. Dieser Loyalitätskonflikt kann auch innerhalb der Familie bestehen und zwar dann, wenn das Kind eine vermittelnde Rolle bei Konflikten zwischen den Eltern übernimmt. Sie bekommen schnell den Eindruck, sich für ein Elternteil entscheiden zu müssen.

Bei der Betrachtung der verschiedenen Probleme, die sich für das Kind ergeben, wenn ein Elternteil an einer psychischen Erkrankung leidet, wird deutlich, dass ein Handlungsbedarf für Eltern und Kinder besteht. Vor allem Eltern können sehr viel tun, um das Zusammenleben signifikant zu erleichtern. Das Wichtigste, neben einer therapeutischen Hilfe, ist jedoch, dass die Eltern gemeinsam auf ihre seelische und körperliche Verfassung achten. Je besser diese ist, umso mehr können sie die Erziehung der Kinder gut und sinnvoll gestalten. Eltern sollten den Blick dafür nicht verlieren, dass Kinder von Zeit zu Zeit ganz normale Probleme haben, die nichts mit ihrer Erkrankung zu tun haben. Erkrankte Eltern fühlen sich im Umgang mit ihren Kindern oft unsicher und behandeln sie oft sehr vorsichtig oder versuchen, zum Beispiel durch Verwöhnen, die Probleme wieder gut zu machen. Beide Strategien sind nicht notwendig. Kinder bedürfen in der Situation eines ganz normalen Umgangs und keiner Sonder- oder Extrabehandlung. Kinder können sehr gut lernen, mit Belastungssituationen umzugehen, wenn alle Beteiligten angemessen offen und so normal wie möglich mit der Situation umgehen. Um die familiäre Situation zu entlasten, ist es sinnvoll, darauf zu achten, dass das Kind genügend andere Bezugspersonen an seine Seite gestellt bekommen hat. Das können Freunde der Kinder sein, oder auch andere erwachsene Personen, zu denen das Kind eine vertrauensvolle Beziehung besitzt. Ein letzter wichtiger Punkt ist der, dass Eltern versuchen sollten, die Erkrankung für das Kind verständlich zu machen. Kindern fällt es schwer, wenn sie belastende Gegebenheiten in der Familie bemerken, diese jedoch nicht besprochen werden. Sie werden für die Kinder abstrakt und als Bedrohung wahrgenommen. Dem ist einfach entgegen zu wirken, indem das Kind über die Krankheit und auch darüber, wie sich die Krankheit äußert, aufgeklärt wird. Somit wird das Problem für das Kind verstehbar und es verliert seinen Schrecken. Das Kind sollte das Gefühl haben, dass es mit seinen Ängsten und Sorgen Gehör findet (Mattejat 1998).

17.2.4 Bewältigungsstrategien der Kinder

„Coping oder Bewältigung ist als das kognitive, emotionale und aktionale Bemühen einer Person zu verstehen, Belastungen innerpsychisch zu verarbeiten und aufzufangen sowie durch Handeln auszugleichen oder zu meistern" (Lenz 2014). Somit ist Coping eine Reaktion des Menschen auf destabilisierende

Ereignisse. Erfolgreiche Bewältigung ist abhängig von den vorhandenen Ressourcen, die eine Person hat, um auf das belastende Ereignis mit konstruktiven Denk-, Empfindungs- und Verhaltensstrategien zu reagieren. Grundsätzlich können dabei vier Bewältigungsstrategien unterschieden werden.

Zum einen kann hier die *problemorientierte Bewältigung* genannt werden. Das Kind in einer Belastungssituation bemüht sich um eine Lösung, indem es sich aktiv auf die Suche nach geeigneten Handlungsalternativen begibt. Der Fokus liegt hierbei auf dem Problem und dessen Lösung. Eine weitere Strategie ist die *emotionsregulierende Bewältigung*. Hierbei passt sich das Kind den belasteten Bedingungen an. Die dabei aufkommenden Emotionen werden mit Hilfe von Strategien verarbeitet. Konstruktive Strategien sind in etwa: Sich ablenken, an etwas Schönes denken oder sich entspannen. Als eher destruktive Strategie gilt das Herauslassen von Ärger. Eine andere Strategie ist die *Suche nach sozialer Unterstützung*. Diese Strategie ist direkt an die ersten beiden Strategien Problemorientierung und Emotionsregulation gekoppelt. Sie wirkt problemlösend, da sich das Kind beispielsweise aktiv auf die Suche nach Hilfe begibt und emotionsregulierend, da das Kind höchstwahrscheinlich durch das Anwenden dieser Strategie Trost und Verständnis erfährt. Die letzte Bewältigungsstrategie, die mit sehr viel Passivität verbunden ist, ist die *Problemmeidung*. Bei der Problemmeidung wird versucht dem Problem aus dem Weg zu gehen oder es gar zu verleugnen.

Bei der Auswahl oder Anwendung der richtigen Bewältigungsstrategie kommt es vor allem auf einen wichtigen Faktor an, der Kontrollierbarkeit der Belastungssituation. Jedoch wäre es nicht richtig zu behaupten, dass lediglich diese oder jene Bewältigungsstrategie für die jeweilige Belastungssituation die geeignetste wäre. Allerdings ist eine problemlöseorientierte Bewältigungsstrategie bei kontrollierbaren Ereignissen dienlich. Bei nicht kontrollierbaren Ereignissen sind die emotionsregulierende Strategie, die Suche nach sozialer Unterstützung und die Problemmeidung eher günstig. Festzustellen ist, dass das Anwenden einer geeigneten Bewältigungsstrategie sich äußerst positiv auf das Wohlbefinden auswirkt (Lenz 2014).

Kinder, deren Eltern an einer psychischen Erkrankung leiden, sind in der Anwendung geeigneter Bewältigungsstrategien jedoch benachteiligt. Es zeigt sich deutlich, dass solche Kinder weniger auf den konstruktiv emotionsregulierenden Bewältigungsstil zurückgreifen. Sie können sich sehr schwer ablenken, entspannen, beruhigen oder auf etwas Schönes konzentrieren. Doch gerade diese Bewältigungsmöglichkeiten würden sich in der unkontrollierbaren Situation, mit der sich das Kind konfrontiert sieht, als geeignet und förderlich erweisen. Leider reagiert das Kind eher mit der destruktiven emotionsregulierenden Strategie auf die Belastungssituation. Das äußert sich vor allem in aggressiven Verhaltensweisen. Verhält sich das Kind in seiner Umgebung aggressiv, handelt es sich meist noch zusätzliche Probleme ein. Dieses Verhalten wirkt keineswegs stressreduzierend, es führt eher dazu, dass der Stress sich kumuliert. Die Suche nach sozialer Unterstützung wäre ebenso ein geeigneter Bewältigungsstil, der sich konstruktiv emotionsregulierend auswirken könnte. Kinder psychisch erkrankter Eltern zeigen ein hohes Bedürfnis nach sozialer Unterstützung, nach Trost und nach Verständnis. Die Hilfen, die sich ihnen bieten, werden jedoch selten in Anspruch genommen. Dem könnten Loyalitätskonflikte der Familie gegenüber, Ängste den Eltern in den Rücken zu fallen, das Kommunikationsverbot oder auch Schuldgefühle zu Grunde liegen (Lenz 2014).

Das folgende Fallbeispiel möchte zeigen wie das Coping ablaufen kann.

„Martin ist 12 Jahre alt und besucht die 6. Klasse der Hauptschule. Er lebt bei seiner Mutter, die seit seiner Geburt an einer Borderline-Persönlichkeitsstörung und seit einigen Jahren außerdem auch an einer Magersucht leidet. Seinen Vater hat Martin nie kennengelernt. Martin ist ein stark übergewichtiger, sehr zurückhaltender, schüchterner und gehemmt wirkender Junge. Er hilft seiner Mutter viel im Haushalt, räumt die Wohnung auf, „wenn sie sich schlecht fühlt", geht einkaufen und versucht sie abzulenken und aufzuheitern. Kontakt hat Martin nur zu seiner Großmutter und zu einer im Haus wohnenden Nachbarin, die häufiger zu Besuch kommt. Martin hat kaum Freunde und wenig Kontakt zu Gleichaltrigen außerhalb der Schule. In der Schule wird er wegen seines Übergewichts und seiner „komischen" Mutter manchmal gehänselt, was er aber meist einfach „überhört". An für sich geht er gern in die Schule. Er ist ein guter Schüler und bei den Lehrern beliebt, die auch eine Empfehlung zum Übertritt auf die Realschule gegeben haben. Seit einigen Wochen macht sich Martin große Sorgen um die Gesundheit seiner Mutter. Er hat große Angst, sie könnte sich etwas antun oder sterben, weil sie kaum etwas isst und er sie auch nicht mehr dazu überreden kann. Am liebsten würde Martin nicht mehr in die Schule gehen, damit er besser auf seine Mutter aufpassen kann. Da er in letzter Zeit häufiger ohne Hausaufgaben in die Schule kommt, wird er vom Klassenlehrer dafür getadelt. Als er eines Tages von den Klassenkameraden wegen seiner Ungeschicklichkeit im Sportunterricht ausgelacht und gehänselt wird, rastet er aus und die Gefühle platzen aus ihm heraus. Er beginnt heftig zu weinen und wild um sich zu schlagen. Dabei trifft er einen Klassenkameraden so, dass dieser mit dem Kopf an die Kante eines Turngeräts stürzt und heftig blutet. In Panik rennt Martin in das Klassenzimmer, holt seine Schultasche und läuft einfach nach Hause. Am nächsten Tag weigert er sich in die Schule zu gehen. Auch an den folgenden Tagen überzeugt er seine Mutter, ihn wegen Bauchschmerzen in der Schule zu entschuldigen. Martin weigert sich, in die Schule zu gehen. Die Schulverweigerung dauert mittlerweile über vier Wochen. Die Mutter meidet den Kontakt mit der Schule, da sie sich nicht ernst genommen fühlt. Auf Anregung des Jugendamtes und der behandelnden Psychiaterin nimmt die Mutter familientherapeutische Hilfe in Anspruch."

17.2.5 Auswirkungen der Krankheit der Eltern auf die Kinder

Nach Betrachtung der Bewältigungsstrategien können drei Copingtypen identifiziert werden, die eine erste Einschätzung erlauben, wie hoch das Risiko für das Kind ist, selbst an einem psychischen Leiden zu erkranken.

Aggressives Coping als Typ I, macht sich dadurch deutlich, dass in einer Stresssituation weniger auf konstruktiv emotionsregulierende Strategien zurückgegriffen wird. Er zeichnet sich durch hohe Aggressionswerte aus und in Stresssituationen wird vermehrt auf die destruktiven emotionsregulierenden Strategien zurückgegriffen. Ungünstig hinzukommend sind die Tendenzen zur Resignation, die gedankliche Weiterbeschäftigung mit dem Problem und die passive Vermeidung. Kinder des Typ I weisen diese negativen emotionsregulierenden Strategien überdurchschnittlich häufig auf und somit auch ein signifikant höheres Risiko, an einem psychischen Leiden zu erkranken.

Typ II ist das kontrollierende Coping. Kinder, die das kontrollierende Coping als Stressbewältigungsstrategie anwenden, greifen öfter auf positiv emotionsregulierende Strategien zurück. Merkmal des Typ II ist ein sehr hohes Bedürfnis nach sozialer Unterstützung, jedoch hat er die Tendenz, Probleme zu bagatellisieren. Durch ein hohes Maß an Selbstkontrolle reagiert er auf Probleme mit aktiv problemorientierten Bewältigungsmaßnahmen. Er hat eine ausgeprägte Neigung zur Verantwortungsübernahme. Da der Typ II gerne das Gefühl von Kontrolle in Belastungssituationen hat, kann es in Situationen, in denen das Problem schwer zu kontrollieren ist, zu erheblichen Schwierigkeiten in der Bewältigung kommen. Wenn zudem sein Bedürfnis nach sozialer Unterstützung familiär oder außerfamiliär nicht befriedigt werden kann, da ein Kommunikationsverbot in der Familie vorherrscht oder er durch Schuldgefühle gehemmt ist, sich jemandem anzuvertrauen, kann eine Anpassung an eine unkontrollierbare Situation praktisch nicht mehr stattfinden. Dennoch ist bei Typ II die Wahrscheinlichkeit, an einer Störung zu erkranken, geringer ausgeprägt als bei Typ I.

Der dritte Typ ist das moderate Coping. Kinder zeigen hier unauffälliges Bewältigungsverhalten. Sie scheinen adäquate und vielschichtige Bewältigungsstrategien zur Verfügung zu haben, um problematische Situationen zu bewältigen. Dementsprechend ist die Gefahr im Verlauf des Lebens an einer psychischen Störung zu erkranken deutlich geringer (Lenz 2014).

Die psychische Erkrankung der Eltern hat einen direkten Einfluss auf die seelische Gesundheit ihrer Kinder und wirkt sich stark belastend aus (Mattejat 1998). Generell haben Kinder ein erhöhtes Risiko im Laufe ihres Lebens ebenfalls psychisch zu erkranken, wenn die Eltern an einer psychischen Störung leiden. Das Risiko ist dabei im Vergleich zu Kindern aus weniger belasteten Verhältnissen zwei bis viermal höher. Die Wahrscheinlichkeit an einer affektiven Störung zu erkranken, wenn die Mutter und der Vater beispielsweise an einer Depression erkrankt sind, liegt bei 70 %. Nun ist jedoch nicht nur das spezifische Risiko für die gleiche Krankheit erhöht, sondern auch das generelle Risiko (Brockmann/Lenz 2011). Ob das Kind nun erkrankt, ist zusätzlich vom Verlauf der elterlichen Erkrankung abhängig. Parameter sind hier der Schweregrad, die Chronizität und das Alter des Kindes zu Beginn der elterlichen Erkrankung. Bestimmen lange, schwere und häufige Krankheitsepisoden den Krankheitsverlauf der elterlichen Erkrankung, steigert sich das Erkrankungsrisiko für das Kind deutlich (Brockmann/Lenz 2011).

17.3 Nutzung externer Ressourcen

17.3.1 Hilfsangebote psychosoziale Dienste

All diejenigen, welche mit Kindern arbeiten, sollten Grundkenntnisse über die Institutionen, Träger und Angebote der Kinder- und Jugendhilfe haben, welche in der Nähe des Kindergartens Leistungen anbieten. Denn so kann im Ernstfall eine schnelle Vermittlung zu den entsprechenden Institutionen gelingen. Da das Aufwachsen mit einempsychisch kranken Elternteil oft zu einer familiären Belastung führt, ist es wichtig, dass ErzieherInnen/PädagogInnen sich über die Hilfsangebote für Familien einen Überblick verschaffen (Textor 2008).

Zu den Hilfsangeboten gehören Beratungsstellen und psychosoziale Dienste, Verbände und Selbsthilfegruppen sowie Erholungsangebote, Leistungen nach dem Familienlastenausgleich, weitere finanzielle gesetzliche Leistungen und Ehe- und Familienbildung (vgl. Textor 2008: 134-136).

17.3.1.1 Vernetzung der psychosozialen Dienste mit dem Kindergarten

Die Vernetzung und Kooperation von Institutionen und Organisationen hat große Bedeutung in der Arbeit mit Menschen, da der Kontakt zueinander bereits hergestellt ist. Durch persönlichen Kontakt, beispielsweise durch die Einladung der Mitarbeiter der psychosozialen Dienste an der Teamsitzung des Kindergartens, kann man sich über Aufgaben, Methoden und Arbeitsschwerpunkte austauschen und bisherige Kooperationserfahrungen reflektieren. „So können z. B. eine bessere Früherkennung, die Verminderung von Entscheidungsunsicherheiten hinsichtlich einer Weitervermittlung [...], eine verstärkte Nutzung der Beobachtungen und Erfahrungen der Erzieherin mit dem Kind bzw. der Familie, ein besseres Handlungskonzept durch ihre Einbindung in die Planung und Durchführung von Maßnahmen und damit eine größere Effektivität der Hilfsangebote angestrebt werden" (Textor 2008: 137). Zudem ist es sinnvoll, in den jeweiligen Institutionen zu hospitieren, um die Arbeitsweisen praxisnah kennenzulernen.

Angebote der psychosozialen Dienste in den Kindergärten sind unter anderem Elternabende, in denen Mitarbeitende vom sozialen Dienst Vorträge halten, Elterngruppen/Alleinerziehendentreffs, Maßnahmen der Familienbildung, Projekte sowie Elternbriefe (Textor 2008).

17.3.2 Elternberatung/Was können Erzieher tun?

Fällt einer Erzieherin oder einem Erzieher auf, dass bei einem Kind Veränderungen im Verhalten auftreten, ist es ratsam, das Gespräch mit den Eltern zu suchen. So können ErzieherInnen ihre Gesprächsbereitschaft, Interesse und Empathie den Eltern mitteilen und zugleich ihre Eindrücke und Wahrnehmungen kundtun. Angst vor Stigmatisierung kann ein Grund sein, weshalb psychisch kranke Eltern nicht auf das Gesprächsangebot eingehen möchten. Hier gilt es, den Eltern ein Gefühl von Sicherheit zu vermitteln und Grenzen des Gegenübers zu respektieren (Lenz/Wiegand-Grefe 2016).

Findet ein Beratungsgespräch statt, sollten sogenannte „Ich- Sätze" formuliert werden. So wird deutlich, dass „es sich bei dem Gesagten um [...] persönliche Beobachtungen, Gedanken und Eindrücke handelt" (Lenz/Wiegand-Grefe 2016: 62). Des weiteren sollten Situationen konkret beschrieben werden, in denen das veränderte Verhalten des Kindes sichtbar wird. Ein weiterer wichtiger Punkt ist, dass von der Gegenwart und Zukunft gesprochen wird und gemeinsam lösungsorientiert Ziele erarbeitet werden (Lenz/Wiegand-Grefe 2016).

Wenn die Eltern das Beratungsangebot annehmen und von ihren Schwierigkeiten im Alltag erzählen, ist es wichtig, dass die Erzieherin oder der Erzieher Interesse am Gespräch zeigt, nachfragt ob Gesagtes korrekt verstanden wurde und „am Ende des Gesprächs Anerkennung für das Vertrauen" (Lenz/Wiegand-Grefe 2016: 64) äußert.

Falls die Eltern abweisend oder ablehnend auf das Gesprächsangebot reagieren, ist es wichtig zu wissen, dass sich diese Abneigung meist nicht gegen die Erzieherin oder den Erzieher als Person richtet, sondern ein Bewältigungsverhalten der Eltern ist, da sich diese vor Stigmatisierung und Diskriminierung fürchten. Diese Ablehnung gilt es zu akzeptieren. Des Weiteren sollten die Eltern nicht bedrängt werden. ErzieherInnen können in solch einer Situation ihre Wahrnehmungen und Eindrücke den Elternbeschreiben, welche dazu geführt haben, den Kontakt zu den Eltern zu suchen (Lenz/Wiegand-Grefe 2016).

17.3.3 Unterstützungsangebote für die Kinder

Entlastende *Hilfen im Alltag*, wie Tagesbetreuung oder *therapeutische Hilfen*, wie das Einbeziehen der Kinder in die Behandlung, Therapie für das Kind oder gemeinsame stationäre Aufnahme in die Klinik, sind Bereiche, in denen sich psychisch kranke Eltern Unterstützung wünschen. Unterstützungsmöglichkeiten für die Kinder psychisch kranker Eltern finden sich im SGB VIII, dem Kinder- und Jugendhilfegesetz. Gemäß §27 SGB VIII hat ein Personensorgeberechtigter bei der Erziehung eines Kindes oder Jugendlichen Anspruch auf Hilfe zur Erziehung, wenn eine dem Wohl des Kindes oder Jugendlichen entsprechende Erziehung nicht gewährleistet ist und die Hilfe für seine Entwicklung geeignet und notwendig ist. Das bedeutet, dass das Jugendamt Familien unterstützt, um den Eltern eine dem Wohl des Kindes entsprechende Erziehung zu ermöglichen. Zu den Hilfen gehört zum einen die Sozialpädagogische Familienhilfe, hier wird die Familie von einer pädagogischen Fachkraft begleitet, die mit einer festgelegten Stundenzahl in der Woche für die Familie zuständig ist. Die Fachkraft unterstützt die Familie bei der Lösung von Problemen und dient als Ansprechpartner. Zum anderen sind Erziehungsberatungsstellen wichtig, denn „diese Einrichtungen bieten Hilfe bei Entwicklungsproblemen […] der Kinder oder auch bei allgemeinen Erziehungsfragen an. Es werden Familien- und Elternberatung sowie Einzel- und Gruppenbetreuung für Kinder von Psychologen, Sozialpädagogen und Therapeuten durchgeführt" (Lenz/Brockmann 2013: 128). Die Erziehungsberatungsstellen unterstützen die Familien auch, indem sie den Kontakt zum Jugendamt herstellen, damit die Familie umfassende Hilfe, wie zum Beispiel sozialpädagogische Familienhilfe, erhält (Lenz/Brockmann 2013).

Weitere Möglichkeiten, in denen Kinder psychisch kranker Eltern Unterstützung erfahren können sind Sportvereine, Familie, Freunde, Nachbarn oder Kindergarten/Schule.

17.4   Hilfen für die betroffenen Familien

17.4.1   Resilienz in der Familie stärken

Mit dem Begriff Resilienz wird die Widerstandsfähigkeit einer Person bezeichnet, die der Person ermöglicht, stark belastende Lebenssituationen zu überstehen bzw. zu bewältigen. Der Begriff stammt aus der Entwicklungspsychopathologie und beschreibt eine stabile Persönlichkeitsentwicklung, welche trotz belastender Erfahrungen in der Kindheit erreicht werden konnte. Von zentraler Bedeutung sind in der Resilienzforschung die Faktoren, welche den Kindern dabei helfen, die belastenden Lebensumstände zu überstehen. Speziell die Faktoren, die dazu beitragen, die physische und psychische Gesundheit zu erhalten, werden in der Resilienzforschung in den Blick genommen (Bartmann 2007).

Mit anderen Worten: „Eine Vielzahl risikoerhöhender Faktoren (Vulnerabili-
täts- und Risikofaktoren) tragen zur Entstehung psychischer Störungen im Kin-
des- und Jugendalter bei. Demgegenüber stehen risikomildernde Faktoren, die
die Risiken ´puffern´ bzw. eine Widerstandsfähigkeit (Resilienz) fördern, wesentliche Schutzfaktoren und Faktoren, die zu einer Widerstandsfähigkeit
(Resilienz) gegenüber psychischen Störungen beitragen" (Weiß et al. 2016:
466).

Die Erkenntnisse aus der Resilienzforschung wurden genutzt, um präventive Konzepte für Kinder mit psychisch kranken Eltern zu erstellen. Durch
diese präventive Arbeit kann sich das Risiko der Kinder und Jugendlichen,
selbst eine psychische Krankheit zu bekommen, verringern (Gundelfinger
1998). „Bei der Übertragung von Störungen von Eltern auf Kinder spielen genetische und psychosoziale Faktoren eine Rolle. Im psychosozialen Bereich
scheinen vor allem Erziehungsschwierigkeiten und Ehekonflikte die Entwicklung der Kinder zu beeinträchtigen" (Gundelfinger 1998: 120-121). Demzufolge muss die Kommunikation innerhalb der Familie unterstützt und verbessert werden (Gundelfinger 1998). Dies gelingt mittels Transparenz der Krankheit. Es ist von hoher Bedeutung, dass die Eltern genau über ihre Erkrankung
sowie dessen Einfluss auf ihre Kinder aufgeklärt werden. Außerdem, um wieder auf den Resilienzbegriff zurückzukommen, ist es wichtig, dass mit den Fa-
milienmitgliedern gemeinsam erörtert wird, welche Ressourcen jedes Subjekt
hat und wie es diese nutzen kann.

17.4.2 Patenschaften für Kinder von psychisch kranken Eltern

Eine wichtige Schutzfunktion eines Kindes stellt die Beziehung zu einer erwachsenen Person außerhalb der Familie mit psychisch erkranktem Elternteil
dar. Durch diese externe Person erfährt das Kind Rückhalt und Unterstützung.
Diese Person kann ein Verwandter, Erzieher oder auch Nachbar sein. Diese
Person wird auch „Pate" genannt. Die Aufgabe eines Paten ist es, kurzfristige
und verlässliche Hilfe und Unterstützung anzubieten und zum Kind und den
Eltern ein vertrauensvolles Verhältnis zu haben. Dies ist besonders wichtig,
wenn ein Klinikaufenthalt notwendig ist, oder sich der Gesundheitszustand des
psychisch kranken Elternteils verschlechtert hat (Lenz/Brockmann 2013).

17.4.3 Kooperation und Öffentlichkeitsarbeit

Die interdisziplinäre Zusammenarbeit verschiedener Professionen, Diszipli-
nen, Institutionen und Organisationen ist sehr wichtig, um den erkrankten Eltern, sowie den beteiligten Kindern eine gute Hilfe anbieten zu können.

Rechtliche Grundlagen - Kooperation zwischen Kinder- und Jugendhilfe und Kindergarten

Die Kooperation zwischen Kinder- und Jugendhilfe und Kindergarten/Kindertagesstätte soll hier erwähnt werden. Denn gemäß §§22 ff. SGB VIII ist der Kindergarten eine Jugendhilfeeinrichtung.
Laut §22 Abs. 2 Nr. 1 & 2 SGB VIII sollen Tageseinrichtungen die Entwicklung des Kindes zu einer eigenverantwortlichen und gemeinschaftsfähigen Persönlichkeit fördern, sowie die Erziehung und Bildung in der Familie unterstützen und ergänzen. §22 Abs. 3 SGB VIII sagt zudem, dass der Förderungsauftrag Erziehung, Bildung und Betreuung des Kindes umfasst und bezieht sich auf die soziale, emotionale, körperliche und geistige Entwicklung des Kindes.
§22a SGB VIII beinhaltet, dass die Träger der öffentlichen Jugendhilfe die Qualität ihrer Förderung durch geeignete Maßnahmen in ihren Einrichtungen sicherstellen und weiterentwickeln. Die Fachkräfte sollen mit den Erziehungsberechtigten, mit anderen kinder- und familienbezogenen Institutionen und Initiativen im Gemeinwesen, sowie Schulen zusammenarbeiten. §22a Abs. 3 SGB VIII besagt, dass sich das Angebot pädagogisch und organisatorisch an den Bedürfnissen der Kinder und ihrer Familien orientieren soll. Was bedeutet dies im Kontext von Kindern mit psychisch kranken Eltern?
Der präventive Schutz der Kinder und Jugendlichen und die Stärkung der Erziehungsverantwortung der Eltern stehen im Kinder- und Jugendhilfegesetz im Vordergrund. Die Jugendhilfe hat primär die Aufgabe, junge Menschen in ihrer Entwicklung zu fördern, sowie Familien in ihrer Erziehungskompetenz zu unterstützen. Nur wenn das Wohl des Kindes gefährdet ist, ist der Staat gezwungen einzugreifen. In Hilfeplangesprächen wird gemeinsam überlegt, welche (ergänzenden) Hilfen die Familie oder einzelne Familienmitglieder in Anspruch nehmen können oder notwendig sind. „Gerade Familien mit einem psychisch kranken Elternteil brauchen sehr viel Mut, um über ihre Situation überhaupt sprechen zu können" (Bischoff 1998: 156). Hier ist es von Bedeutung, die Ängste abzubauen. In der Zusammenarbeit zwischen Familie und Fachleuten, ist es wichtig, die Ressourcen herauszuarbeiten, also was die Eltern trotz ihrer Erkrankung ohne Hilfe bewältigen können. Aber auch, wofür sie im Alltag für sich und ihre Kinder Unterstützung benötigen. Somit wächst die Chance, die Kinder zu entlasten, sowie altersgerecht zu fördern (Bischoff 1998).

17.4.4 Vorurteile in Gesellschaft durch Öffentlichkeitsarbeit abbauen

Mittels der Öffentlichkeitsarbeit in der Gesellschaft können zum einen Vorurteile abgebaut und zum anderen Hilfsnetzwerke aufgebaut werden. Verschiedene Gruppen müssen angesprochen werden. Zum einen müssen die betroffenen Familien erkennen, dass die psychische Erkrankung Angehörige beeinflusst und damit Entwicklungsrisiken für die Kinder einhergehen. Zum anderen müssen die Fachleute die Kinder als Angehörige mit einbeziehen und deren Bedürfnis nach Information und Unterstützung wahrnehmen. Zudem müssen Fachleute wissen, dass das Zusammenleben mit einem psychisch kranken Elternteil das Verhalten der Kinder im Alltag beeinflusst. Schließlich muss die Gesellschaft verinnerlichen, dass nicht nur der/die psychisch Kranke von der Krankheit betroffen ist, sondern dass die ganze Familie involviert ist. Das bedeutet, dass sich eine negative Haltung gegenüber psychisch kranken Mitmenschen auch auf die Angehörigen auswirkt (Gundelfinger 1998).

Die MitarbeiterInnen des Kindergartens könnten zu einem Elternabend einladen und darüber informieren.

17.5 Weiterbildung mit dem Netzwerk „Kinder psychisch kranker Eltern"

„In vielen Städten und Regionen haben sich mittlerweile solche Netzwerke *Kinder psychisch kranker Eltern* gebildet. Mitglieder dieser Netzwerke sind in aller Regel Vertreter des Jugendamtes, Mitarbeiter der Erziehungs- und Familienberatungsstellen und anderer Jugendhilfedienste, z. B. des Kinderschutzbundes, Mitarbeiter von Frühförderstellen, Mitarbeiter der psychiatrischen Kliniken für Erwachsene sowie kinder- und jugendpsychiatrische Einrichtungen, Vertreter des Gesundheitsamtes sowie Ärzte und Psychotherapeuten" (Lenz/Brockmann 2013: 148). Die Netzwerke arbeiten mit dem Ziel, sich gegenseitig kennenzulernen, Informationen auszutauschen und in Fortbildungen Kompetenzen unterschiedlicher Professionen zu vermitteln. Schwerpunkt dieser Netzwerke ist die Hilfe für Kinder psychisch kranker Eltern besser aufeinander abzustimmen. Beim Jugendamt oder Gesundheitsamt der Stadt oder der Region kann man sich informieren, ob ein Netzwerk *Kinder psychisch kranker Eltern* besteht (Lenz/Brockmann 2013).

17.6 Fazit

Kinder psychisch kranker Eltern benötigen sensible Unterstützung seitens des Kindergartens. Die Mitarbeitenden des Kindergartens benötigen fachliche und professionelle Aufklärung mit dieser Thematik, um das Kind sowie die Familie bestmöglich zu unterstützen und/oder an externe Kooperationspartner weiterzuleiten. Öffentlichkeitsarbeit und Aufklärung über Kinder psychisch kranker Eltern ist ein wichtiger Schritt, um die Enttabuisierung innerhalb unserer Gesellschaft weiter voranzutreiben. So soll am Ende dieser Arbeit noch einmal herausgestellt werden, dass psychisch erkrankte Elternteile niemals alleine von ihrer Krankheit betroffen sind, da solche Störungsbilder Auswirkungen auf die ganze Familie und somit auf das innerfamiliäre Zusammenleben haben. Leider ist das Thema, wie in den obigen Ausführungen dargestellt, immer noch in unserer Gesellschaft tabuisiert. Auch wenn Kinder primär selbst gesund sind, so reagieren sie doch mit unterschiedlichen Symptomen, Strategien und Verhaltensweisen auf ihre krankmachende Umwelt und laufen in Gefahr, selbst zu erkranken.

Es ist die Verantwortung insbesondere derer, welche mit Kindern zusammenarbeiten, Probleme und Auffälligkeiten zu erkennen, diese zu beobachten und bei Bedarf verschiedene Mittel anzuwenden und Wege zu gehen, um die Kinder zu fördern. Besonders diese Kinder brauchen eine individuelle und fundierte Unterstützung. Selbstverständlich können ErzieherInnen in Betreuungseinrichtungen in ihrem Arbeitsalltag dies nicht immer – wie es eigentlich von Nöten wäre – leisten. Umso wichtiger ist es für sie, sich einen Überblick über externe Hilfsangebote und Ansprechpartner zu verschaffen, um in Fällen von betroffenen Kindern, effizient und korrekt reagieren zu können. Nicht zuletzt wird dies auch ihnen selbst zu Gute kommen und ihre tägliche Arbeit ungemein erleichtern, wenn beispielsweise mit einem verhaltensauffälligen Kind so gearbeitet wird, dass sein deviantes Verhalten keine negativen Auswirkungen mehr auf das Zusammenleben innerhalb der Gruppen hat. So kann ein harmonischeres Klima in jeder Kindertagesstätte herbeigeführt und gefestigt werden.

Literatur

Barth, K. (1998): Die diagnostischen Einschätzskalen (DES) zur Beurteilung des Entwicklungsstandes und der Schulfähigkeit. München, Basel: Reinhardt.

Bartmann, S. (2007): Resilienz. In: Feuerhelm, W. (Hg.): Taschenlexikon der Sozialarbeit und Sozialpädagogik. 5. Auflage. Wiebelsheim: Quelle & Meyer Verlag.

Bischoff, A. (1998): Verbindliche Strukturen schaffen. Kooperation zwischen Jugendhilfe und Jugendpsychiatrie. In: Mattejat, F.; Lisofsky, B. [Hrsg.]: Nicht von schlechten Eltern. Kinder psychisch Kranker. Bonn: Psychiatrie-Verlag.

Gundelfinger, R. (1998): Die Widerstandskraft der Familien stärken. Der Präventivansatz von William Beardslee und seinen Mitarbeitern. In: Mettejat, F./Lisofsky, B. [Hrsg.]: ... nicht von schlechten Eltern. Kinder psychisch Kranker. Bonn: Psychiatrie-Verlag.

Gundelfinger, R. (1998): Vorurteile durch Öffentlichkeitsarbeit abbauen. In: Mettejat, F./Lisofsky, B. [Hrsg.]: ... nicht von schlechten Eltern. Kinder psychisch Kranker. Bonn: Psychiatrie-Verlag.

Lenz, A. (2011): Empowerment Handbuch für ressourcenorientierte Praxis. Tübingen: dgvt-Verlag.

Lenz, A. (2014): Kinder psychisch kranker Eltern. Göttingen: Hogrefe Verlag GmbH & Co. KG.

Lenz, A. (2014) Kinder und Kinder psychisch kranker Eltern. Informationen für Betroffene, Eltern, Lehrer und Erzieher. Göttingen: Hogrefe Verlag GmbH & Co. Kg.

Lenz, A./Brockmann, E. (2013): Kinder psychisch kranker Eltern stärken. Informationen für Eltern, Erzieher und Lehrer. Göttingen: Hogrefe Verlag GmbH & Co. Kg.

Mayr, T. (1998): Beobachtungsbogen für Verhaltens- und Entwicklungsauffälligkeiten bei Kindergartenkindern (BEK). München: Staatsinstitut für Frühpädagogik.

Pfluger-Jacob, M. (1994): Ein Kind fällt auf. Auditive Wahrnehmung und Sprache. Kindergarten heute, 24 (9).

Textor, M. R. [Hrsg.] (2004): Verhaltensauffällige Kinder fördern. Praktische Hilfen für Kindergarten und Hort. Weinheim, Basel: Beltz.

Textor, M. R. (2008): Hilfsangebote psychosozialer Dienste. In: Textor, M. R. 2008: Verhaltensauffällige Kinder fördern. Praktische Hilfen für Kindergarten und Hort. 3. Auflage. Berlin: Cornelsen

Waller, H. (2007): Sozialmedizin. Grundlagen und Praxis. 6. Aufl. Kohlhammer

Weiß, W./Kessler, T./Gahleitner, S. B. [Hrsg.]: Glossar. In: Handbuch Traumapädagogik. Weinheim: Beltz Verlag

AutorInnenverzeichnis

Christoph Bemsch ist staatlich anerkannter Sozialarbeiter (B.A.) und tätig in der Migrations- und Flüchtlingsberatung des Diakonischen Werkes Rheinhessen. Sein Schwerpunkt ist die Migrationsberatung für erwachsene Zuwanderer (MBE).

Francesca Beyer ist staatlich anerkannte Sozialarbeiterin (B.A.) im Gemeindepsychiatrischen Zentrum der gpe Mainz. Arbeitsschwerpunkt ist die Psychosoziale Einzelhilfe.

Prof. Dr. Nicole Biedinger ist Professorin für Soziologie und Empirische Sozialforschung an der Katholischen Hochschule Mainz im Fachbereich Soziale Arbeit und Sozialwissenschaften. Ihre Forschungsschwerpunkte liegen in der Bildungs- und Migrationssoziologie mit besonderer Schwerpunktsetzung auf den Vorschulsektor.

Annemarie Freudenberg ist Sozialarbeiterin und Sozialpädagogin (B.A.) und in der kommunalen Kinder- und Jugendpflege tätig. Ihre Schwerpunkbereiche liegen allgemein bei der Arbeit mit verschiedenen Altersgruppen im Bildungsbereich, entsprechend absolviert sie zurzeit einen dualen Master Soziale Arbeit mit dem Schwerpunkt Bildung an der Hochschule RheinMain in Wiesbaden.

Lea Gießler ist Sozialarbeiterin (B.A) und in der ambulanten Kinder- und Jugendhilfe St. Hildegard als Erziehungsbeistand und SPFH tätig.

Rebekka Gildermann ist Sozialpädagogin/Sozialarbeiterin (B.A.) und arbeitet im Betreuungsverein als Querschnittsmitarbeiterin und Vereinsbetreuerin.

Johanna Gmeiner ist Sozialpädagogin/Sozialarbeiterin (B.A.) und arbeitet auf dem Jugendamt als Amtsvormund und Amtspfleger.

Franziska Hahn ist Studentin des Masterstudiengangs „Beratung & Case Management" mit Schwerpunkt Beratung an der Katholischen Hochschule Mainz im Fachbereich Soziale Arbeit.

Sarah Haupt ist Sozialarbeiterin (B.A.), momentan in Elternzeit, der Arbeitsschwerpunkt davor lag auf dem Jugendstrafvollzug.

Tatjana Höfler ist Sozialarbeiterin/Sozialpädagogin (B.A.) und arbeitet als Behindertenbeauftragte für den Landkreis Aschaffenburg. Sie ist Ansprechpartnerin für Menschen mit Behinderung, deren Angehörige, Selbsthilfegruppen und die Verbände. Zusätzlich ist sie verantwortlich für die Umsetzung des Integrierten Gesamtkonzepts für Seniorinnen, Senioren und Menschen mit Behinderung.

Dagmar Hörner ist Sozialarbeiterin/ Sozialpädagogin (B.A.) und arbeitet als Sozialdienst in einem Inklusionsbetrieb in Mannheim.

Tabea Hottum ist als Sozialpädagogin/Sozialarbeiterin (B.A.) in einer Kinderwohngruppe bei der Stiftung Juvente Mainz tätig.

Christine Karsch ist Sozialarbeiterin (B.A.).

Janine Kastello ist als Sozialarbeiterin (B.A.) tätig in der Kinder- und Jugendhilfe St. Hildegard im Bereich „JuLe".

Franziska Kneib ist Sozialarbeiterin (B.A.) in einer Frauenwohngemeinschaft für geflüchtete Frauen.

Daniela Knierim ist staatlich anerkannte Sozialarbeiterin (B.A.) und arbeitet derzeit in der ambulanten Kinder- und Jugendhilfe. Schwerpunkte sind dabei die soziale Gruppenarbeit in Mädchengruppen sowie Unterstützungsdienste für Familien in ihrer Vielfalt.

Katharina Lühnsdorf ist Sozialpädagogin (B.A.) und praktische Theologin (B.A.). Zur Zeit ist sie im MädchenHaus Mainz gGmbH in der Mädchenwohngruppe tätig. Ihr Schwerpunkt liegt in der pädagogischen und therapeutischen Arbeit mit Mädchen und jungen Frauen.

Tobias Otto (B.A. Soziale Arbeit) ist Lehrer an der Berufsbildenden Schule des Deutschen Roten Kreuzes Rheinland-Pfalz. Er unterrichtet im Fachbereich Sozialpädagogik Erzieher und Sozialassistenten. In seiner Funktion als Fachlehrer ist er Ansprechpartner hinsichtlich der praktischen Erzieherausbildung für Kindertagesstätten und Einrichtungen der Jugendhilfe.

Johannes Rausch ist Sozialarbeiter/Sozialpädagoge (B.A.). Seinen Bachelor schloss er 2018 an der Katholischen Hochschule Mainz ab und arbeitet seitdem in der offenen Kinder- und Jugendarbeit in einem städtischen Jugendzentrum. Besondere Schwerpunkte sind die Felder der Jungenarbeit (Geschlechterspezifische Arbeit), die offene Jugendarbeit und die Medienpädagogik.

Robyn Riedel-Koenig ist Sozialarbeiterin/Sozialpädagogin (B.A.) und arbeitet in einer teilstationären Mutter-Kind-Einrichtung in Rheinland-Pfalz.

Lea Schlesinger ist Sozialarbeiterin (B.A.) und arbeitet in einer Heilpädagogischen Tagesgruppe im Vincenzhaus Hofheim, die dem Caritasverband Frankfurt e.V. angegliedert ist

Kathrin Schlieber arbeitet als Sozialpädagogin (B.A.) bei der EVIM Jugendhilfe in einer stationären Wohngruppe im Landkreis Mainz-Bingen. Tiergestützte Pädagogik, im Besonderen der Einsatz von Hunden in der Sozialen Arbeit, gehört mit ihrer ausgebildeten Hündin Cora zu ihrem beruflichen Alltag dazu.

Clarissa Schmidt ist staatlich anerkannte Sozialpädagogin/ Sozialarbeiterin (B.A.) und arbeitet in einer stationären Kinder- und Jugendhilfeeinrichtung.

Marie Spiegelhalter arbeitet als Sozialpädagogin (B.A.) im Sozialen Beratungsdienst des Universitätsklinikum Augsburg. Der Soziale Beratungsdienst ergänzt die ärztliche und pflegerische Betreuung des Patienten im Sinne einer ganzheitlichen Versorgung.

Hannah Schwitalla (Soziale Arbeit; BA) ist derzeit in der ambulanten Kinder- und Jugendhilfe des Jugendhilfezentrums Lionhof e.V. Mainz tätig. Schwerpunkte der Arbeit sind dabei die Unterstützung von Familien, Jugendlichen und Kinder in Form von Erziehungsbeistandschaften und Betreuungsweisungen.

Julia Traska ist Schulsozialarbeiterin (B.A.) im Landkreis Alzey-Worms. Ihre Arbeitsschwerpunkte liegen in der Einzelfallhilfe und der Prävention in der Schule.

Christina Völker ist Sozialarbeiterin (B.A.).

Samira Wellnitz ist Sozialarbeiterin (B.A.) in der Beruflichen Rehabilitation der Rheinhessen-Fachklinik Alzey. Der Schwerpunkt ihrer Arbeit liegt in der Beruflichen Neu- und Umorientierung psychisch kranker Erwachsener. Dies findet im Rahmen einer unterstützten Beschäftigungsmaßnahme statt.

Carlotta Wenke ist Sozialarbeiterin (B.A.) und studiert derzeit Ethnologie und Soziologie (MA) an der Universität Konstanz.

Jennifer Werner ist Sozialarbeiterin (B.A.) in der MädchenZuflucht der Mädchenhaus Mainz gGmbH. Der Schwerpunkt ihrer Arbeit liegt auf dem Kinder- und Jugendhilferecht sowie der Entwicklungspsychologie im Kindes- und Jugendalter.

Natascha Wilding ist Sozialarbeiterin (B.A.) im klinischen Sozialdienst der neurologischen Frührehabilitation.

Mona Zimmermann ist Sozialpädagogin/Sozialarbeiterin (B.A.) und arbeitet an einer Gesamtschule. Sie ist dort für die Medienkompetenz sowie die Unterrichtsbegleitung und Unterstützung von SchülerInnen zuständig. Ein weiterer Schwerpunkt ihrer Arbeit ist die Berufseinstiegsbegleitung.

Johannes Schopp

Eltern Stärken
Die Dialogische Haltung
in Seminar und Beratung

Ein Leitfaden für die Praxis
Mit Vorworten von Gerald Hüther
und Sigrid Tschöpe Scheffler

6., vollständig überarbeitete Auflage 2019
296 Seiten • Kart. • 19,90 € (D) • 20,50 € (A)
ISBN 978-3-8474-2346-1 • eISBN 978-3-8474-1503-9

Das zunächst für die Elternbildung konzipierte „Dialogische Konzept" wurde 2005 erstmalig veröffentlicht. Die sich daraus entwickelnde Kraft wirkt spürbar in die angrenzenden gesellschaftlichen Felder hinein. Zentraler Gedanke des Autors: Ob Kindertageseinrichtung, Schule, Gesundheitswesen, Behörden, Rechtswesen, Vereine – das System, in dem um Beziehung und Bildung, Gesundheit und Potenzialentfaltung gerungen wird, braucht statt der wertenden und belehrenden eine Dialogische Kultur. Eine Kultur, die es schafft, dass Erwachsene untereinander und auch Erwachsene und Kinder sich gleichwürdig begegnen, sich bedingungslos schätzen und respektieren. Eine Kultur, die Bildung als Persönlichkeitsbildung versteht.

www.shop.budrich.de

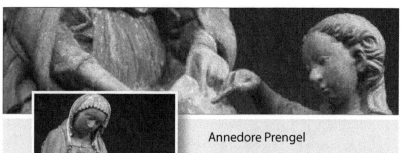

Annedore Prengel

Pädagogische Beziehungen zwischen Anerkennung, Verletzung und Ambivalenz

2., aktualisierte und erweiterte Auflage 2019
168 Seiten • Kart. •17,90 € (D) • 18,50 € (A)
ISBN 978-3-8474-2286-0 • eISBN 978-3-8474-1339-4

Die Art, wie Pädagoginnen und Pädagogen die Lernenden ansprechen, ist für deren Wohlergehen und Leistungen in allen Bildungsstufen folgenreich. Anerkennende, verletzende oder ambivalente Handlungsmuster wirken sich auf Entwicklung und Lernen ebenso aus wie auf die demokratische Sozialisation. Das Buch bietet Einblicke in historische, theoretische und empirische Grundlagen der Analyse pädagogischer Beziehungen. Es stellt Ansätze zu einer interdisziplinär fundierten aktuellen Theorie pädagogischer Relationalität und Intersubjektivität, die die Vielfalt der Lernenden einbezieht, vor.

www.shop.budrich.de